高等学校土木建筑工程类系列教材

工程项目管理

■ 主　编 吴贤国

■ 副主编 陈跃庆 骆汉宾 张 伟

WUHAN UNIVERSITY PRESS
武汉大学出版社

图书在版编目(CIP)数据

工程项目管理/吴贤国主编;陈跃庆,骆汉宾,张伟副主编．—武汉:武汉大学出版社,2009.5
高等学校土木建筑工程类系列教材
ISBN 978-7-307-06956-5

Ⅰ.工… Ⅱ.①吴… ②陈… ③骆… ④张… Ⅲ.基本建设项目—项目管理—高等学校—教材 Ⅳ.F284

中国版本图书馆 CIP 数据核字(2009)第 044062 号

责任编辑:李汉保　　责任校对:王　建　　版式设计:支　笛

出版发行:武汉大学出版社　(430072　武昌　珞珈山)
(电子邮件:cbs22@ whu. edu. cn 网址:www. wdp. com. cn)
印刷:通山金地印务有限公司
开本:787×1092　1/16　印张:19.5　字数:467 千字　插页:1
版次:2009 年 5 月第 1 版　2012 年 12 月第 3 次印刷
ISBN 978-7-307-06956-5/F·1257　定价:30.00 元

高等学校土木建筑工程类系列教材

编　委　会

内容简介

本书系统地介绍了工程项目从策划、决策、实施到竣工验收全过程的管理理论和方法，主要包括工程项目组织、工程项目策划、工程项目成本管理、工程项目进度管理、工程项目质量管理、工程项目安全管理、工程项目采购管理、工程项目合同管理与索赔、工程项目风险管理、工程项目信息管理和工程项目信息化等内容。

本书注重项目管理理论与工程实践相结合，内容新颖，体系完整，可以作为工程管理专业和土木建筑工程学科其他专业的"工程项目管理"课程的教材，也可以供从事工程技术和工程项目管理工作的人员参考。

序

建筑业是国民经济的支柱产业，就业容量大，产业关联度高，全社会50%以上固定资产投资要通过建筑业才能形成新的生产能力或使用价值，建筑业增加值占国内生产总值较高比率。土木建筑工程专业人才的培养质量直接影响建筑业的可持续发展，乃至影响国民经济的发展。高等学校是培养高新科学技术人才的摇篮，同时也是培养土木建筑工程专业高级人才的重要基地，土木建筑工程类教材建设始终应是一项不容忽视的重要工作。

为了提高高等学校土木建筑工程类课程教材建设水平，由武汉大学土木建筑工程学院与武汉大学出版社联合倡议、策划、组建高等学校土木建筑工程类课程系列教材编委会，在一定范围内，联合多所高校合作编写土木建筑工程类课程系列教材，为高等学校从事土木建筑工程类教学和科研的教师，特别是长期从事土木建筑工程类教学且具有丰富教学经验的广大教师搭建一个交流和编写土木建筑工程类教材的平台。通过该平台，联合编写教材，交流教学经验，确保教材的编写质量，同时提高教材的编写与出版速度，有利于教材的不断更新，极力打造精品教材。

本着上述指导思想，我们组织编撰出版了这套高等学校土木建筑工程类课程系列教材，旨在提高高等学校土木建筑工程类课程的教育质量和教材建设水平。

参加高等学校土木建筑工程类系列教材编委会的高校有：武汉大学、华中科技大学、南京航空航天大学、湖北工业大学、汕头大学、南通大学、江汉大学、三峡大学、孝感学院、长江大学、昆明理工大学、江西理工大学12所院校。

高等学校土木建筑工程类系列教材涵盖土木工程专业的力学、建筑、结构、施工组织与管理等教学领域。本系列教材的定位，编委会全体成员在充分讨论、商榷的基础上，一致认为在遵循高等学校土木建筑工程类人才培养规律，满足土木建筑工程类人才培养方案的前提下，突出以实用为主，切实达到培养和提高学生的实际工作能力的目标。本教材编委会明确了近30门专业主干课程作为今后一个时期的编撰，出版工作计划。我们深切期望这套系列教材能对我国土木建筑事业的发展和人才培养有所贡献。

武汉大学出版社是中共中央宣传部与国家新闻出版署联合授予的全国优秀出版社之一，在国内有较高的知名度和社会影响力。武汉大学出版社愿尽其所能为国内高校的教学与科研服务。我们愿与各位朋友真诚合作，力争使该系列教材打造成为国内同类教材中的精品教材，为高等教育的发展贡献力量！

高等学校土木建筑工程类系列教材编委会

2008年8月

前　言

《工程项目管理》是一门具有很强的理论性、综合性和实践性的课程。本书作者在参阅了大量国内外参考资料的基础上，依据国家教育部高等学校土木建筑工程类学科教学指导委员会和工程管理专业指导委员编制的《全国高等学校土木建筑工程类专业本科教育培养目标和培养方案及主干课程教学基本要求》，结合“一级注册建造师”执业资格考试的内容编写。

本书从对工程项目全过程进行管理的角度编写：

第 1 章主要介绍了工程项目管理的概念和相关内容，包括工程项目的内涵和特点、工程项目管理的概念、工程项目生命周期、工程项目建设程序及相应的主要工作、工程项目管理的类型、工程项目各参与方的目标和任务、现代工程项目管理的发展。

第 2 章介绍工程项目组织问题，包括组织的基本原理，即组织论中关于组织、组织构成和组织设计原则、组织管理内容等；工程项目常用的几种组织结构形式及特点；项目组织分工和工作流程组织方法；项目结构分解方法和项目结构编码方法；工程项目组织策划过程，项目资本结构的主要模式，工程项目承发包模式；项目经理部的结构和运作过程；项目人力资源管理工作；工程项目组织协调内容、范围和层次。

第 3 章介绍工程项目策划过程，包括策划类型和任务；工程项目决策策划过程和工作，工程项目实施策划过程和工作；项目可行性研究工作阶段划分及基本要求，可行性研究内容。

第 4 章介绍工程项目费用管理，包括工程项目费用的组成，工程项目投资管理任务；工程项目各阶段费用估计方法；项目费用计划编制原则和编制方法；项目资金计划编制方法；费用控制步骤和基本方法。

第 5 章介绍工程项目进度管理，包括进度管理的基本概念和基本流程；进度计划常用方法；网络计划技术中双代号网络计划、单代号网络计划、双代号时标网络计划、单代号搭接网络计划的绘制和计算；施工进度计划编制依据与步骤；常用进度计划检查方法；进度控制和调整的主要措施。

第 6 章介绍工程项目质量管理，包括工程项目质量的基本概念、特点和影响因素；工程项目质量管理原则和基础工作，工程项目质量管理体系和工程项目质量管理制度；建设参与各方的质量责任和义务；工程项目质量控制的基本原理，工程项目设计质量控制和施工质量控制的内容;工程项目质量问题与工程项目质量事故划分,工程项目质量事故处理。

第 7 章介绍工程项目安全管理，包括工程项目安全管理的概念和基本方针；工程项目安全管理制度；职业健康安全管理体系的基本结构、模式、内容和建立程序；工程项目施工现场安全控制的基本内容；我国工程建设安全生产的监管体制和重大安全事故发生后的应急救援制度、报告和调查制度、行政责任追究制度。

第8章介绍工程项目采购管理，包括工程项目采购的概念、原则和主要方式，我国《招标投标法》等相关法规规定的工程施工、材料设备、咨询服务必须实行招标的范围；我国工程招、投标的基本程序，工程招标、投标、开标、评标、中标等主要阶段及其内容；工程咨询服务包含的内容；施工招标、材料设备招标、工程咨询服务招标的评标方法。

第9章介绍工程项目合同管理与索赔，包括工程合同管理和索赔的基本概念、原则和类型；工程项目合同体系的结构；工程合同审查、谈判和签订等；工程项目合同履行过程的工程合同分析、实施控制、变更管理、价格调整、支付管理和争端解决；工程索赔的程序和索赔的计算方法。

第10章介绍工程项目风险管理，包括风险的概念，风险的种类，风险识别方法，风险评价方法，风险应对方法，风险监控基本程序。

第11章介绍工程项目信息管理，包括工程项目信息的概念、范围、分类；工程项目信息管理的含义、任务、原则、基本要求以及基本内容；工程项目文档管理类型和系统；工程项目信息管理组织、工程项目信息日常管理以及工程项目信息系统开发及硬件平台建设；工程项目信息安全管理。

第12章介绍工程项目管理信息化，包括工程信息化的定义和意义；工程项目管理信息化的发展历程及发展趋势，工程项目管理软件的产生背景及发展历程，工程项目管理软件的应用规划；常用的工程项目管理软件的特点和功能；工程项目信息系统的概念、特点、结构、功能定位；工程项目管理信息系统的发展趋势；项目信息门户的内涵、意义、特征；目前比较流行的项目信息门户产品。

本书注重反映工程项目管理的实务，注重理论联系实际，注重实用性、可操作性；注重项目知识体系的完整性；将管理学基本原理、项目管理的基本理论与工程项目的特殊性相结合；内容新颖，力求反映工程项目管理领域的科研成果和最新动向，体现最新知识、最新技术、最新规范和标准；注重与国际惯例接轨，关注国内外工程项目管理的研究成果和研究热点问题。通过本书的阅读，使读者对工程项目管理形成系统的、全面的、整体性的管理理念，掌握常用的工程项目管理理论和方法。

本书可以作为工程管理、土木建筑工程类及其他相关专业的“工程项目管理”课程的教材，也可以作为从事工程项目管理工作的人员学习、应用和研究的参考资料。

第1章工程项目管理概论、第2章工程项目组织、第4章工程项目费用管理由吴贤国、陈跃庆、骆汉宾编写，第3章工程项目策划由周诚、陈晓红编写，第5章工程项目进度管理由孙丰旋、黄雁南编写，第6章工程项目质量管理由陈晓阳、蔡心田编写，第7章工程项目安全管理、第8章工程项目采购管理、第9章工程项目合同管理与索赔、第10章工程项目风险管理由张伟编写，第11章工程项目信息管理、第12章工程项目管理信息化由祁神军编写。全书由吴贤国教授统稿。

在本书的编写过程中参考了许多国内外专家学者的论著，在此向他们表示衷心的感谢！

工程项目管理是一门发展中的学科，由于作者水平有限，不妥之处在所难免，敬请广大读者批评指正。

作　者

2008年7月

目　录

第1章　工程项目管理概论

本章学习要点：本章要求掌握项目和工程项目的概念和特征，工程项目管理的概念；熟悉工程项目的生命周期，项目生命周期各个阶段的工作；掌握工程项目管理的类型，工程项目参与方项目管理的任务；了解工程项目管理的发展。

§1.1　项目和工程项目管理

1.1.1　项目及其特征

1. 项目

伴随人类文明的出现，人们就开始从事项目。中国的万里长城、埃及的金字塔等都是早期成功项目的典范。目前，"项目"被越来越广泛地应用于社会经济和文化生活的各个方面。

关于项目的定义有很多。其中，国际标准《质量管理——项目管理质量指南》(ISO10006) 定义项目为：具有独特的过程，有开始和结束日期，由一系列相互协调和受控的活动组成。过程的实施是为了达到规定的目标，包括满足时间、费用和资源等约束条件。

因此，项目是指一个过程，而不是指过程终结后所形成的成果，例如某建筑物的建设过程是一个项目，而建设完成后的房屋是这个项目完成后形成的产品。项目是一种非常规性、非重复性和一次性的任务，通常有确定的目标和确定的约束条件（时间、费用和质量等）。而许多制造业的生产活动往往是连续不断和周而复始的活动，这种活动可以称为作业，如预制厂生产预制构件，每次活动都受相同的资源条件限制，人们不断地重复上一次的活动，每次活动的结果也是相同的。

2. 项目的特征

项目通常具有以下特征：

(1) 一次性，单件性

项目是一次性的任务，由于目标、环境、条件、组织和过程等方面的特殊性，不存在两个完全相同的项目，即项目不可能重复。项目在其进行过程中，往往有许多不确定的因素。因此，进行项目管理要学会用新的思想思考项目中的新问题，而不能停留在一种固定不变的思维模式上。

(2) 目标性

一个项目必须有明确的目标，项目的目标是在符合技术性能要求的条件下，在规定的时间和预算内完成项目，并最终使客户满意。因此项目目标包括客户满意度、时间、技术标准以及费用等方面。一个项目在计划的时候，或者在进行过程中，平衡这些目标是极为必要的。

(3) 具有一定的约束条件

任何项目都是在一定的限制条件下进行的，包括资源条件的约束（人力、财力和物力等）和人为的约束，其中质量、进度、费用目标是项目普遍存在的三个主要约束条件。如何协调和处理这些约束条件，是项目管理的重要内容。

(4) 临时性的组织

一方面，项目有明确的开始时间和结束时间，项目持续的时间是有限的，这使得项目组织都是临时性的组织。一般在项目开始时组成专业项目团队，项目结束后，团队即解散。因此，如何在短暂的时间内将来自不同岗位的成员快速组成一个有效的团队是项目组织的重要工作。另一方面，项目总会导致新问题的出现，带来各种变化和不确定性，因此，项目的组织必须具有很大的灵活性，能够有适应变化和应对不确定性的职能，有效的组织对于项目的成功至关重要。

1.1.2 工程项目及其特征

1. 工程项目

本书用的术语“工程项目”即建设项目。《辞海》(1999 年版) 中“建设项目”的定义为:“在一定条件约束下，以形成固定资产为目标的一次性事业。一个建设项目必须在一个总体设计或初步设计范围内，由一个或若干个互有内在联系的单项工程所组成，经济上实行统一核算，行政上实行统一管理。”一般而言，建设项目是指为了特定目标而进行的投资建设活动，以下简称为工程项目，其内涵如下:

(1) 工程项目是一种既有投资行为又有建设行为的项目，其目标是形成固定资产。工程项目是将投资转化为固定资产的经济活动过程。

(2)“一次性事业”即一次性任务，表示项目的一次性特征。

(3)“经济上实行统一核算，行政上实行统一管理”，表示项目是在一定的组织机构内进行，项目一般由一个组织或几个组织联合完成。

(4) 对一个工程项目范围的认定标准是，具有一个总体设计或初步设计。凡属于一个总体设计或初步设计的项目，不论是主体工程还是相应的附属配套工程，不论是由一个还是由几个施工单位施工，不论是同期建设还是分期建设，都视为一个工程项目。

2. 工程项目的特征

工程项目除了具有一般项目的特点外，还具有其自身的特征。工程项目的特点表现在以下几个方面:

(1) 具有明确的建设任务，如建设一个住宅小区、一所学校、一条高速公路或一座发电厂等。

(2) 具有明确的质量、进度和费用目标。建设项目受到多方面条件的约束：时间约束，即有合理的工期时限；资源约束，即要在一定的人力、财力和物力投入条件下完成建设任务；质量约束，即要达到预期的使用功能、生产能力、技术水平、产品等级等的要求。这些约束条件形成了项目管理的主要目标，即进度目标、费用目标和质量目标。

(3) 受一定的环境条件限制。建设成果和建设过程固定在某一地点，建筑施工和安装活动一般是在露天进行，受当地资源、气象和地质条件的制约，受当地经济、社会和文化的影响。

（4）建设产品具有唯一性的特点。建设成果和建设过程的固定性，设计的单一性，施工的单件性，管理组织的一次性，使建设过程不同于一般商品的批量生产过程，其产品具有唯一性。

（5）建设产品具有整体性的特点。一个工程项目往往是由多个相互关联的子项目构成的系统，其中一个子项目的失败有可能影响整个项目的功能的实现。项目建设包括多个阶段，各阶段有着紧密的联系，各阶段的工作都对整个项目的完成产生影响。

（6）工程项目管理的复杂性。工程项目一般规模大、范围广，涉及的单位多，各单位之间关系协调的难度和工作量大；工程技术的复杂性不断提高，出现了许多新技术、新材料和新工艺；社会、政治和经济环境对工程项目的影响，特别是对一些跨地区、跨行业的大型工程项目的影响，越来越复杂，加之项目管理组织是临时性的组织，大大增加了工程项目管理的复杂性。

1.1.3　工程项目管理

工程项目管理的概念有多种表述，英国皇家特许建造学会对其定义为：自项目开始至项目完成，通过项目策划和项目控制，以使项目的费用目标、进度目标和质量目标得以实现。

其中："自项目开始至项目完成"指的是项目的实施期；"项目策划"指的是目标控制前的一系列筹划和准备工作；"费用目标"对业主而言是投资目标，对施工方而言是成本目标。工程项目管理的核心任务是使项目的目标得以实现。

工程项目管理的核心任务是目标控制，包括：投资（成本）控制、进度控制、安全管理、质量控制、合同管理、信息管理、组织和协调。

工程项目管理的三大基本目标是投资（成本）目标、质量目标、进度目标。它们的关系是对立统一的关系。要加快进度往往需要增加投资，欲提高质量往往也需要增加投资，过度地缩短进度会影响质量目标的实现，这些表现了目标之间关系矛盾的一面；但通过有效的管理，在不增加投资的前提下，也可以缩短工期和提高工程质量，这反映了关系统一的一面。工程项目管理的目的就是在保证质量的前提下，加快施工速度，降低工程造价。

§1.2　工程项目生命周期和工程建设程序

1.2.1　工程项目生命周期

工程项目的全寿命周期包括项目的决策阶段、实施阶段和使用阶段。项目的实施阶段包括设计前的准备阶段、设计阶段、施工阶段、动用前准备阶段和保修期，招、投标工作分散在设计前的准备阶段、设计阶段和施工阶段中进行，因此可以不单独列为招、投标阶段。工程项目的阶段划分如图 1.1 所示。

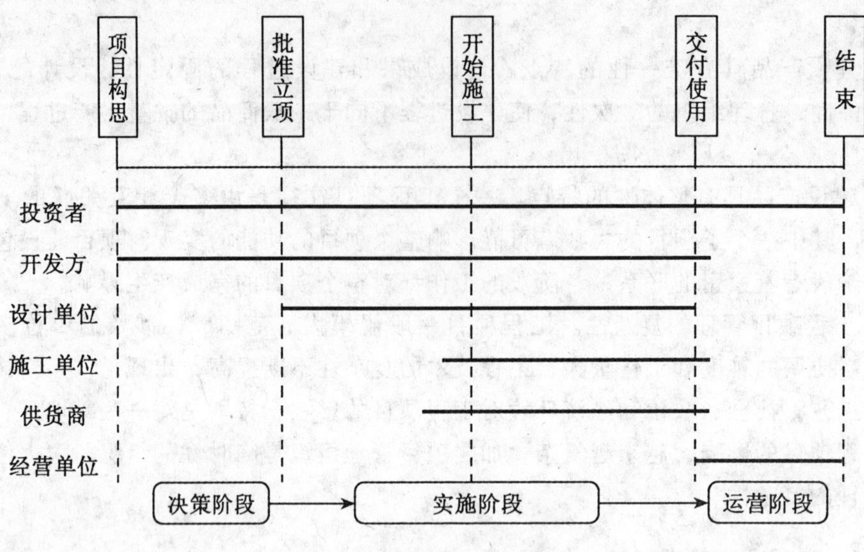

图 1.1 建设项目的生命周期

1. 决策阶段

工程项目的决策阶段包括项目的前期策划和决策（又被称为概念阶段）。这个阶段从项目构思到批准立项为止，主要包括编制项目建议书、编制可行性研究报告。

2. 实施阶段

工程项目的实施阶段包括项目的设计阶段和项目的施工阶段。

(1) 项目的设计阶段。这个阶段从项目的批准立项到施工前，主要是对批准立项的项目进行计划和设计，包括编制设计任务书、初步设计、技术设计、施工图设计。

(2) 项目的施工阶段。这个阶段从现场开工直到项目的可交付成果完成，工程竣工并通过验收为止。

3. 运营阶段

在项目生命期内上述阶段可能会出现交叉和重叠。例如实施阶段的有些工作会延伸到运营阶段。

工程项目阶段的划分和界定是项目管理的一项重要工作，这项工作对项目目标的分解，项目结构分解，责任体系的建立，进度、成本和质量的监控，风险分析等具有重要作用。

1.2.2 工程项目建设程序

在工程项目的生命期中，每个阶段都有复杂的过程，形成工程项目建设程序。任何工程项目在其生命期中都必须经历一个完整的工程建设程序。

1. 决策阶段

即工程项目的前期策划阶段。工程项目前期策划过程主要包括如下工作：

(1) 项目构思的产生和选择。这项工作是对项目机会的寻求、分析和初步选择。

(2) 确定项目建设要达到的预期总体目标。针对上层系统的情况和存在的问题、上层组织的战略，以及环境条件，提出通过项目所要达到的主要指标。

(3) 项目的定义和总体方案策划。项目的定义是指划定项目的目标系统的构成、范围界限，并对项目的各个目标指标作出说明。根据项目总目标，对项目的总体实施方案进行策划，如工程总的功能定位和各部分的功能分解、总的产品方案、工程总体的建设方案、工程的总布局,项目阶段的划分、总的融资方案、设计、实施、运营方面的组织策略等。

(4) 提出项目建议书。项目建议书是对项目总体目标、情况、问题、环境条件、项目定义、总体方案的说明和细化，同时提出可行性研究的各个细节和指标，作为后继的可行性研究、技术设计和计划的依据。项目建议书已将目标转变成具体实在的项目任务。

(5) 可行性研究，即对实施方案进行全面的技术经济论证，看能否实现目标。

(6) 工程项目的评价和决策。在可行性研究的基础上，对工程项目进行财务评价、国民经济评价和环境影响评价。根据可行性研究和评价的结果，由上层组织对工程项目的立项作出最后决策。

可行性研究经过批准，项目即立项，经批准的可行性研究报告就作为工程项目的任务书，作为项目初步设计的依据。

2. 实施阶段

(1) 工程项目的设计和计划过程阶段

这个阶段的主要工作有：

①项目管理组织筹建。按照我国的情况，在可行性研究报告批准后，项目即立项，就应正式组建工程建设单位，也就是通常意义上的业主，由业主负责工程项目的建设管理。尽管有些大型工程项目在可行性研究阶段就有项目管理班子，但由于那时项目尚未立项，经过可行性研究还可能会发现该项目是不可行的，所以那时的项目管理班子还不能算通常意义上的本项目的业主。

②设计。设计是对工程的技术系统的定义和说明。通过设计文件，如图纸、规范及模型，对拟建的工程技术系统进行详细的描述。

按照工程规模和复杂程度的不同，工程项目的设计阶段划分会有所不同。对一般的工程项目，设计分为两个阶段：初步设计和施工图设计。对技术比较复杂（如工业工程项目），设计分为三个阶段：初步设计、技术设计、施工图设计。

③计划。计划是对工程建设和运营的实施方法、过程、费用（投资、资金）、时间（进度）、采购和供应、组织作详细的安排，以保证项目目标的实现。

在项目立项后应作项目计划。随着设计的不断深入，计划也在同步地细化，即每一步设计，有相应的计划。如初步设计后应作工程项目总概算；技术设计后应作修正总概算；施工图设计后应作施工图预算。同样，实施方案、进度计划、组织结构也在不断细化。

④工程招标，即通过招标委托工程项目范围内的设计、施工、供应、项目管理（咨询、监理）等任务，选择这些项目任务的承担者。对这些项目任务的承担者来说，就是通过投标承接项目任务。

根据招标对象的不同有些招标工作会延伸到工程的施工过程中，如有些装饰工程、部分材料和设备的采购等。

⑤各种审批手续的完成。在工程项目设计和计划阶段有许多审批手续，这些手续是项目行政性管理工作的一部分。有些必须经过政府部门的审批，如用地许可的审批、工程建设规划的批准、施工许可的批准等；有些必须由投资者、工程项目的上层组织审批，如每

一步设计成果的审批、实施计划的审批、设计和实施计划重大修改的审批等。

⑥现场准备。包括征地、拆迁、场地的平整、现场施工用水电气、通信等条件的准备等。

(2) 工程项目的施工阶段

在这个阶段，工程施工单位、供应商、项目管理（咨询、监理）公司及设计单位按照合同规定完成各自的工程任务，并通力合作，按照实施计划将项目的设计经施工一步步形成符合要求的工程。这个阶段是项目管理最为活跃的阶段，资源的投入量最大，管理的难度也最大、最复杂。

当工程按照项目任务书，或设计文件，或合同完成规定的全部内容后，即可以组织竣工检验和移交。如果工程项目由多个承包商承包，则每个承包商所承包的工程都有竣工检验和移交的过程。整个工程都经过竣工检验，则标志着整个施工任务（阶段）结束。

在施工结束和试运营前应有工程项目的运营准备工作。

有些属于工程施工阶段的工作任务或竣工工作会持续到项目的结束阶段。

3. 运营阶段

(1) 工程移交运营单位，进入运营（生产或使用）阶段。移交过程有各种手续和仪式，对工业工程项目，在此前，业主、施工单位、设计单位、供应单位要共同进行试生产(试车)。

(2) 工程项目竣工后的工作，包括工程竣工决算、竣工资料的总结、交付、存档等工作。

(3) 工程的保修（缺陷通知期）和回访。在运营的初期，施工阶段任务承担者（如设计、施工、供应、项目管理单位）和业主按照项目任务书或合同还要继续承担因建设问题产生的缺陷责任，包括维护、维修、整改、进一步完善等。他们还要对工程作回访，了解工程的运营情况、质量和用户的意见等。

(4) 工程项目的后评价。项目的后评价是指对已投入运营的项目的目标、实施过程、运营效益、作用、影响进行系统客观的总结、分析和评价。

(5) 运营过程中的维护管理，还可能包括对本工程的扩建、更新改造、资本的运作管理等。这项工作原来不作为工程项目生命期的一部分，但现在运营和维护管理已作为工程项目管理的延伸，无论是业主还是承包商都十分注重这项工作。

以上工程项目建设过程中，主要工作内容及其先后顺序如图 1.2 所示，此即为工程项目建设程序。

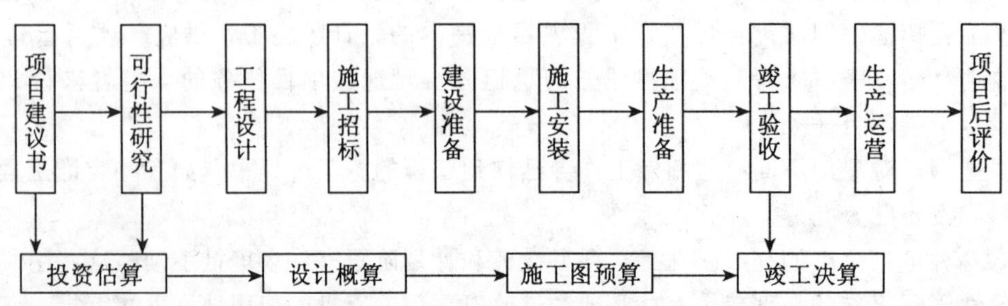

图 1.2 工程项目建设程序框图

§1.3　工程项目管理的类型和任务

一个工程项目往往由许多参与单位承担不同的任务，而各参与单位的工作性质、工作任务和利益不同，因此就形成了不同类型的项目管理，并且也都有自己相应的项目管理组织。例如，在同一个工程项目中业主有项目经理、项目经理部；项目管理公司（监理公司）也有项目经理和项目经理部；承包商也有项目经理和项目经理部；设计单位、供应商甚至分包商都可能有类似的组织。由于他们各自在项目中的角色不同，各方“项目管理”的内容、范围和侧重点有一定的区别，所以在一个工程项目中，“项目管理”是分角度和层次的，形成项目管理系统。

1.3.1　工程项目管理的类型

根据工程项目不同参与方的工作性质和组织特征划分，工程项目管理可以分为如下类型：

(1) 业主方的项目管理；

(2) 设计方的项目管理；

(3) 施工方的项目管理；

(4) 供货方的项目管理；

(5) 建设项目总承包方的项目管理。

投资方、开发方和由咨询公司提供的代表业主方利益的项目管理服务都属于业主方的项目管理。施工总承包方和分包方的项目管理都属于施工方的项目管理。材料和设备供应方的项目管理都属于供货方的项目管理。工程项目总承包有多种形式，如设计和施工任务综合的承包，设计、采购和施工任务综合的承包（简称 EPC 承包）等，这类承包的项目管理都属于建设项目总承包方的项目管理。

其中，由于业主方是建设工程项目生产过程的总组织者，因此对于一个建设工程项目而言，虽然有代表不同利益方的项目管理，但是，业主方的项目管理是管理的核心。

1.3.2　工程项目管理的目标和任务

1. 业主方项目管理的目标和任务

(1) 目标

业主方项目管理的目标包括项目的投资目标、进度目标和质量目标。其中投资目标是指项目的总投资目标。进度目标是指项目动用的时间目标，即项目交付使用的时间目标。质量目标不仅涉及施工的质量，还包括设计质量、材料质量、设备质量和影响项目运行或运营的环境质量等。质量目标包括满足相应的技术规范和技术标准的规定，以及满足业主方相应的质量要求。

(2) 任务

业主方的项目管理工作涉及项目实施阶段的全过程，即在设计前的准备阶段、设计阶段、施工阶段、动用前准备阶段和保修期共 5 个阶段，分别进行以下 7 个方面的管理：

①安全管理；

②投资控制；

③进度控制；

④质量控制；

⑤合同管理；

⑥信息管理；

⑦组织与协调。

上述这 7 个方面 5 个阶段的管理构成业主方 35 个分块项目管理的任务。其中安全管理是项目管理中的最重要的任务，因为安全管理关系到人身的健康与安全，而投资控制、进度控制、质量控制和合同管理等则主要涉及物质的利益。

2. 设计方项目管理的目标和任务

(1) 目标

设计方作为项目建设的一个参与方，其项目管理主要服务于项目的整体利益和设计方本身的利益。其项目管理的目标包括设计的成本目标、设计的进度目标和设计的质量目标以及项目的投资目标。

(2) 任务

设计方的项目管理工作主要在设计阶段进行，但这项工作也涉及设计前的准备阶段、施工阶段、动用前准备阶段和保修期。

设计方项目管理的任务包括：

①与设计工作有关的安全管理；

②设计成本控制和与设计工作有关的工程造价控制；

③设计进度控制；

④设计质量控制；

⑤设计合同管理；

⑥设计信息管理；

⑦与设计工作有关的组织和协调。

3. 建设项目总承包方项目管理的目标和任务

(1) 目标

建设项目总承包方作为项目建设的一个重要参与方，其项目管理主要服务于项目的整体利益和建设项目总承包方本身的利益。其项目管理的目标包括项目的安全管理目标、项目的总投资目标和总承包方的成本目标、项目的进度目标和项目的质量目标。

(2) 任务

建设项目总承包方项目管理工作涉及项目实施阶段的全过程，即设计前的准备阶段、设计阶段、施工阶段、动用前准备阶段和保修期。

建设项目总承包方项目管理的任务包括：

①安全管理；

②投资控制和总承包方的成本控制；

③进度控制；

④质量控制；

⑤合同管理；

⑥信息管理；

⑦与建设项目总承包方有关的组织和协调。

4. 施工方项目管理的目标和任务

(1) 目标

施工方作为项目建设的一个重要参与方，其项目管理主要服务于项目的整体利益和施工方本身的利益。其项目管理的目标包括施工的成本目标、施工的进度目标和施工的质量目标。

(2) 任务

施工方的项目管理工作主要在施工阶段进行，但这项工作也涉及设计准备阶段、设计阶段、动用前准备阶段和保修期。在工程实践中，设计阶段和施工阶段往往是交叉的，因此施工方的项目管理工作也涉及设计阶段。在动用前准备和保修期施工合同还未终止，在这期间，还有可能出现涉及工程安全、费用、质量、合同和信息等方面的问题，因此，施工方的项目管理也涉及动用前的准备阶段和保修期。

施工方项目管理的任务包括：

①施工安全管理；

②施工成本控制；

③施工进度控制；

④施工质量控制；

⑤施工合同管理；

⑥施工信息管理；

⑦与施工有关的组织与协调。

5. 供货方项目管理的目标和任务

(1) 目标

供货方作为项目建设的一个参与方，其项目管理主要服务于项目的整体利益和供货方本身的利益。其项目管理的目标包括供货方的成本目标、供货的进度目标和供货的质量目标。

(2) 任务

供货方的项目管理工作主要在施工阶段进行，但这项工作也涉及设计准备阶段、设计阶段、动用前准备阶段和保修期。

供货方项目管理的任务包括：

①供货的安全管理；

②供货方的成本控制；

③供货的进度控制；

④供货的质量控制；

⑤供货合同管理；

⑥供货信息管理；

⑦与供货有关的组织与协调。

§1.4 现代工程项目管理的发展

1.4.1 现代工程项目管理的发展

现代工程项目管理是在20世纪50年代以后发展起来的。由于社会生产力的高速发展，大型及特大型工程项目越来越多，需要新的管理手段和方法。同时由于现代科学技术的发展，产生了系统论、信息论、控制论、计算机技术、运筹学、预测技术、决策技术，并日臻完善，给项目管理理论和方法的发展提供了可能性。

由于项目的普遍性和对社会发展的重要作用，项目管理的研究和应用受到广泛重视，得到了长足的发展，成为近几十年来国内外管理领域中的一大热点。在近50年的发展中，项目管理大致经历了如下几个阶段。

(1) 20世纪50年代，国际上人们将网络技术（CPM和PERT网络）应用于工程项目（主要是美国的军事工程项目）的工期计划和控制中，取得了很大成功。最重要的是美国1957年的北极星导弹研制和后来的登月计划。

(2) 20世纪60年代，国际上利用计算机进行网络计划的分析计算已经成熟，人们可以用计算机进行工期的计划和控制。在研究方面，人们扩大了网络技术的作用和应用范围，在网络计划的基础上实现了用计算机进行工期、资源和成本的计划、优化和控制，扩大了项目管理的研究深度和广度。但由于计算机尚不普及，一般的项目不可能使用计算机进行管理。

(3) 20世纪70年代初，人们将信息系统方法引入项目管理中，提出项目管理信息系统模型。同时，项目管理的职能在不断扩展，人们对项目管理过程和各种管理职能进行全面、系统的研究。

(4) 20世纪70年代末80年代初，微机得到了普及。这使项目管理工作大为简化和高效率，使寻常的项目管理公司和中小企业在中小型项目中都可以使用现代化的项目管理方法和手段，取得了很大的成功，收到了显著的经济效益和社会效益。项目管理理论和方法的应用走向了更广阔的领域。

(5) 20世纪80年代以来，人们进一步扩大了项目管理的研究领域，加强合同管理、项目风险管理、项目组织行为和沟通的研究和应用。在计算机应用上加强了决策支持系统、专家系统和互联网技术在项目管理中应用的研究和开发。在工程项目中出现了许多新的融资方式、管理模式、新的合同形式、新的组织形式。

(6) 近十几年来，在国际工程项目中人们提出了许多新的理念，包括提倡多赢，照顾各方面的利益，鼓励技术创新和管理创新，注重工程对社会、对历史的责任，工程的可持续发展等。另外，在工程项目的全生命期评价和管理方面、集成化管理方面、项目管理的知识体系方面、项目管理的标准化方面都有许多研究、开发和应用成果。

1.4.2 我国工程项目管理的发展

我国工程项目管理发展的主要情况：

(1) 从20世纪80年代初期开始引进工程项目管理，世界银行和一些国际金融机构要求接受贷款的国家应用项目管理的思想、组织、方法和手段组织实施工程项目；

（2）1983 年由原国家计划委员会提出推行项目前期项目经理负责制；

（3）1988 年开始推行建设工程监理制度；

（4）1995 年国家建设部颁发了《建筑施工企业项目经理资质管理办法》，推行项目经理负责制；

（5）2003 年国家建设部发出《关于建筑业企业项目经理资质管理制度向建造师执业资格制度过渡有关问题的通知》；

（6）2006 年 6 月国家发布了《建设工程项目管理规范》（GB/T 50326—2006）。

1.4.3　工程项目管理的发展趋势

目前工程项目管理的发展趋势体现在以下方面：

1. 工程项目管理的社会化和专业化

现代工程项目投资规模大，应用技术复杂，涉及领域多，工程范围广泛的特点，带来了工程项目管理的复杂性、多变性，对工程项目管理过程提出了更新更高的要求。按社会分工的要求，现代社会需要专业化的项目管理公司，专门承接项目管理业务，为业主和投资者提供全过程的专业化咨询和管理服务，这样才能有高水平的项目管理。因此，职业化的项目管理者或管理组织应运而生。在我国工程项目领域的职业项目经理、项目咨询师、监理工程师、造价工程师、建造师等，都是工程项目管理人才专业化的形式。而专业化的项目管理组织，如工程项目管理公司、工程咨询公司、工程监理公司等也是专业化组织的体现。可以预见，随着工程项目管理制度与方法的发展，工程项目管理的专业化水平还会提高。

2. 工程项目全寿命周期管理

工程项目决策阶段的开发管理（development management，DM）、实施阶段的项目管理（project management，PM）和使用阶段的设施管理（facilitymanagement，FM），它们之间存在着十分紧密的联系，不能将各阶段相互独立。如在 DM 中所确定的项目目标是不合理的，就会使 PM 难以控制其目标的实现；如在 PM 中没有把握好工程的质量，就会造成 FM 的困难。如把 DM、PM 和 FM 作为一个完整的系统，对工程项目全过程统一管理，这就是工程项目全寿命管理。

3. 工程项目管理国际化

随着经济全球化的步步深入，工程项目管理的国际化正在形成潮流。在我国加入 WTO 后，中国的工程承包市场已是国际承包市场的一部分。现在不仅一些大型工程项目，甚至一些中小型工程项目的参加单位、设备、材料、管理服务、资金都呈国际化趋势。

工程项目的国际化要求项目按国际惯例进行管理，即依照国际通行的项目管理模式、程序、准则与方法进行项目管理，使参与项目的各方在项目实施中建立起统一的协调基础。

4. 工程项目管理的信息化

工程项目管理发展中的一个非常重要的方向是应用信息技术，这项工作包括项目管理信息系统的应用和在互联网平台上进行工程管理等。

目前工程项目管理越来越依赖于计算机和网络，如工程项目的预算概算、工程的招投标、工程施工图设计、项目的进度与费用、工程的质量管理、施工过程的变更管理、合同管理等都离不开计算机与互联网，工程项目的信息化已成为提高项目管理水平的重要手段。目前许多国际项目管理公司开始大量使用工程项目管理软件进行工程项目管理，开始实现了项目管理网络化、虚拟化。

复习思考题

1. 什么是项目和工程项目？其特点有哪些？
2. 什么是工程项目管理？
3. 工程项目的生命周期分为几个阶段？参与项目的各方生命周期如何？
4. 在项目的生命周期各个阶段中有哪些项目工作？
5. 工程项目管理的类型有哪些？工程项目参与方项目管理的目标和任务是什么？

第 2 章　工程项目组织

本章学习要点：本章要求掌握组织的基本原理，即组织论中关于组织、组织构成和组织设计原则、组织管理内容等；掌握常用的几种组织结构形式及特点；熟悉如何进行项目组织分工和工作流程组织；掌握项目结构分解方法和项目结构编码的方法；了解工程项目组织策划过程，熟悉项目资本结构的主要模式，熟悉工程项目承发包模式，了解工程项目管理模式；了解项目经理部的结构和运作过程；熟悉项目人力资源管理的工作；熟悉对项目经理的要求，了解建造师的相关内容；熟悉工程项目组织协调的内容、范围和层次。

§2.1　工程项目组织概述

项目管理的核心任务是项目的目标控制，控制项目目标的主要措施包括组织措施、管理措施、经济措施和技术措施，其中组织措施是最重要的措施，这说明组织的重要性。在整个项目管理班子（团队）中，由哪个组织（部门或人员）定义项目的目标、怎样确定项目目标控制的任务分工，依据怎样的管理流程进行项目目标的动态控制，这都涉及项目的组织问题。只有在理顺组织的前提下，才可能有序地进行项目管理。

组织是管理的一项重要职能。建立精干、高效的组织，并使之得以正常运行，是实现目标的前提条件。

业主方和项目各参与方，如工程管理咨询单位、设计单位、施工单位和供货单位等都有各自的项目管理任务，各方都应根据需要进行组织管理。

2.1.1　组织及其构成要素

1. 组织

所谓组织，就是为了使系统达到其特定的目标，使全体参加者经分工与协作以及设置不同层次的权利和责任制度而构成的群体结构，如项目组织、企业组织等。组织有以下含义：

（1）组织必须有目标，目标是组织存在的前提。

（2）组织内部必须有不同的层次与相应的责任制度，其成员在各自岗位上为实现共同目标而分工合作。

（3）组织具有一定层次的权利和责任制度。

“工程项目组织”是指为完成特定的工程项目任务而建立起来的，从事工程项目具体工作的组织。该组织是在工程项目寿命期内临时组建的，是暂时的，只是为完成特定的目的而成立的。

2. 组织的构成要素

组织由管理层次、管理跨度、管理部门、管理职能四大因素组成，构成上小下大的形式，各因素密切相关、相互制约。

(1) 管理层次。管理层次是指从组织的最高管理者到最基层的实际执行者之间的等级层次的数量。

管理层次一般可以分为决策层、中间控制层（协调层和执行层）、操作层三个层次。这三个层次的职能和要求不同，具有不同的职责和权限，从上到下，人数逐层递增，权、责递减。

组织必须形成必要的管理层次，否则将使其运行陷入无序的状态。不过，管理层次也不宜过多，否则会造成资源和人力的浪费，也会使信息传递慢、指令走样、协调困难。管理层次一般以 3 层为宜。

(2) 管理跨度。管理跨度是指一名上级管理人员所直接领导的下级人数。在组织中，某级管理人员的管理跨度的大小取决于这一级管理人员所需要协调的工作量。管理跨度越大，领导者需要协调的工作量越大，管理的难度也越大。确定管理跨度应根据管理人员的性格、才能、个人精力、授权程度以及被管理者的素质、工作的难易程度、相似程度、工作制度和程序等客观因素，确定适当的管理跨度，并在实践中进行必要的调整，使组织能够高效地运行。通常的组织结构中，高层的管理跨度以 4 ~ 6 人为宜，基层的管理跨度以 8 ~ 16 人为宜。

(3) 管理部门。按照类别对通过专业化细分的工作进行分组，以便可以使共同的工作进行协调，即为部门化。部门可以根据职能来划分，可以根据产品类型来划分，可以根据地区来划分，也可以根据顾客类型来划分。组织中各部门的合理划分对发挥组织效应是十分重要的。如果部门划分不合理，会造成控制与协调困难，也会造成人浮于事，浪费人力、财力、物力。管理部门的划分要根据组织目标与工作内容确定，形成既有相互分工又有相互配合的组织机构。

(4) 管理职能。组织设计确定各部门的职能，应使纵向的领导、检查、指挥灵活，达到指令传递快、信息反馈及时；使横向各部门间相互联系、协调一致；使各部门有职有责、尽职尽责。

2.1.2 组织设计

组织设计是对组织结构和组织活动的设计过程，组织结构设计的任务是能简单而明确地指出各岗位的工作内容、职责、权力以及与组织中其他部门和岗位的关系，明确担任该岗位工作者所必须具备的基本素质、基础知识、工作经验、处理问题的能力等条件。

1. 组织设计原则

项目组织机构的组织设计应遵循以下几个基本原则：

(1) 组织分工协作原则。在进行组织结构设计时，应正确处理好组织内部的关系，减少或避免组织内部产生的行为矛盾与冲突，使组织内部各种组织要素充分地协调统一，协作配合。

(2) 组织的高效率原则。组织结构设计必须将经济性和高效率放在重要地位。组织结构中的每个部门、每个人为了一个统一的目标，应组合成最适宜的结构形式，实行最有效的内部协调。

(3) 集权与分权统一的原则。在任何组织中，都不存在绝对的集权和分权。从本质上说，这是一个决策权应该放在哪一级的问题。高度的集权造成盲目和武断；过分的分权则会导致失控、不协调。所以，在组织结构设计中，在相应的管理层次如何采取集权或分权的形式应根据实际情况来确定。

(4) 管理跨度与管理层次统一的原则。管理跨度与管理层次成反比关系。即管理跨度加大，管理层次就减少；缩小管理跨度，管理层次就增加。在组织设计的过程中，一定要通盘考虑各种影响因素，科学确定管理跨度和管理层次。

(5) 权责对等、才职相称原则。在组织中，各级人员都必须授予相应的职权，并担负相应的责任。在组织结构设计中，通过考察个人的学历与经历或其他途径，了解其知识、才能、气质、经验，进行比较，做到才职相称，人尽其才，用得其所。

(6) 组织弹性原则。组织机构应有相对的稳定性，不要经常轻易变动。但组织同时是一个开放的、复杂的、变化的系统，要根据组织内部和外部条件的变化，根据长远目标作出相应的调整和变化，富于弹性，以完善其自身的结构和功能，提高其活动的灵活性和适应能力。

2. 组织机构活动的基本原理

组织的目标必须通过组织的活动来实现。组织活动必须遵循如下基本原理：

(1) 要素有用性原理。一个组织机构中的基本要素有人力、物力、财力、信息、时间等，这些要素都是必要的，但每个要素的作用大小是不一样的，而且会随着时间、场合的变化而变化。所以在组织活动过程中应根据各要素在不同的情况下的不同作用进行合理安排、组合和使用，做到人尽其才、财尽其利、物尽其用，尽最大可能提高各要素的利用率。

(2) 动态相关性原理。组织机构中的各个要素之间既相互联系，又相互制约，既相互依存，又相互排斥。要素之间的相互作用结果，导致组织的整体效应不等于其各局部效应的简单相加，这就是动态相关性。运用动态相关性原理，就是要使组织活动的整体效应大于其局部效应之和，否则，组织就没有存在的意义了。

(3) 主观能动性原理。在组织的各要素中，人是最重要的要素。然而，由于人是有思想、有感情、有创造力的，人的积极性调动起来时才能最大限度地发挥其作用。因此，组织管理者应当有效地激发人的主观能动性。

(4) 规律效应性原理。按客观规律办事，才能实现组织的效应。组织管理者运用规律效应性原理，就是指在管理过程中要总结和研究规律，把注意力放在抓事物内部的、本质的、必然的联系上，严格按客观规律办事，从而实现组织的预期目标，取得良好的效应。

2.1.3　组织管理的内容

组织管理主要研究系统的组织结构模式、组织分工，以及工作流程组织。如图 2.1 所示。

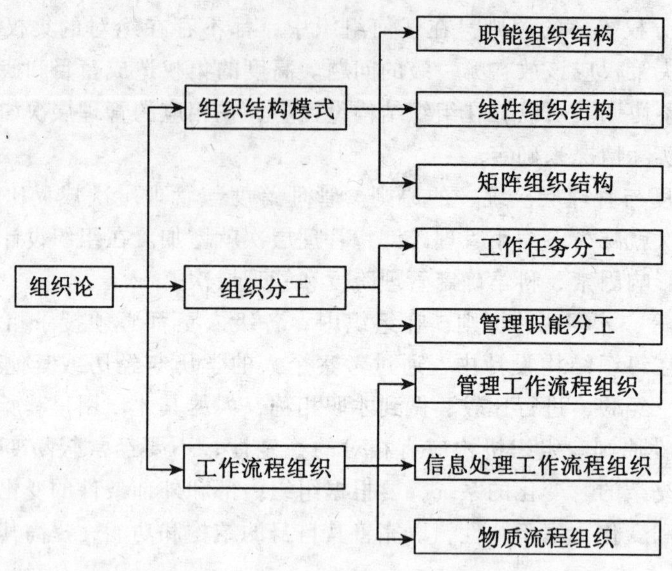

图 2.1　组织管理的基本内容框图

§2.2　工程项目组织结构模式

组织结构模式反映了一个组织系统中各子系统之间或各元素之间的指令关系。常用的组织结构模式包括职能组织结构、线性组织结构和矩阵组织结构等。这几种常用的组织结构模式既可以在企业管理中运用，也可以在建设项目管理中运用。

2.2.1　职能式项目组织

职能式组织特别强调职能的专业分工，因此组织系统是以职能为划分部门的基础，把管理的职能授权给不同的管理部门，在职能组织结构中，每一个职能部门可以根据其管理职能对其直接和非直接的下属工作部门下达工作指令，如图 2.2 所示。

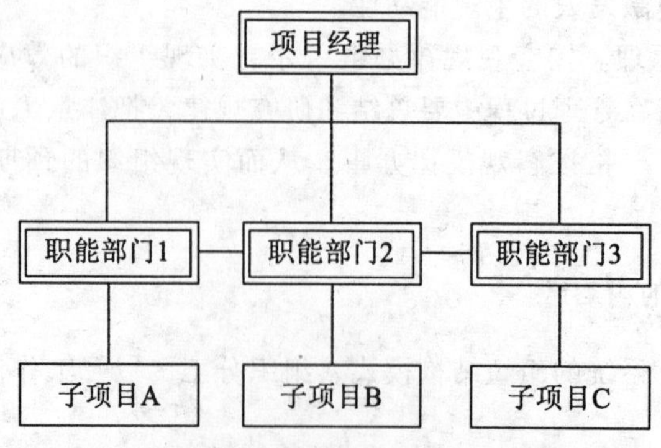

图 2.2　职能式项目组织形式示意图

1. 职能式项目组织形式的优点

(1) 由于按职能划分部门，因此各职能部门的工作具有很强的针对性，可以最大程度地发挥人员的专业才能。

(2) 如果各职能部门能做好互相协作的工作，对整个项目的完成会起到事半功倍的效果。

2. 职能式项目组织形式的缺点

(1) 工作部门可能会接到来自不同职能部门的互相矛盾的指令。不同职能部门之间有意见分歧、难以统一时，互相协调存在一定的困难。

(2) 职能部门直接对工作部门下达工作指令，项目经理对工程项目的控制能力在一定程度上被弱化。

(3) 项目信息传递途径不畅。

2.2.2 直线式项目组织

直线式组织来自于军事组织系统，在直线式组织结构中，每一个工作部门只能对其直接的下属部门下达工作指令，每一个工作部门也只有一个直接的上级部门，其特点是权力系统自上而下形成直线控制，权责分明，如图 2.3 所示。

在国际上，直线式组织结构模式是建设项目管理组织系统的一种常用模式，因为一个建设项目的参与单位很多，在项目实施过程中矛盾的指令会给工程项目目标的实现造成很大的影响，而线性组织结构模式可以确保工作指令的唯一性。但在一个较大的组织系统中，由于线性组织结构模式的指令路径过长，有可能会造成组织系统在一定程度上运行的困难。

通常中小型工程项目都采用直线式组织形式。这种组织结构形式与项目的结构分解图有较好的对应性。

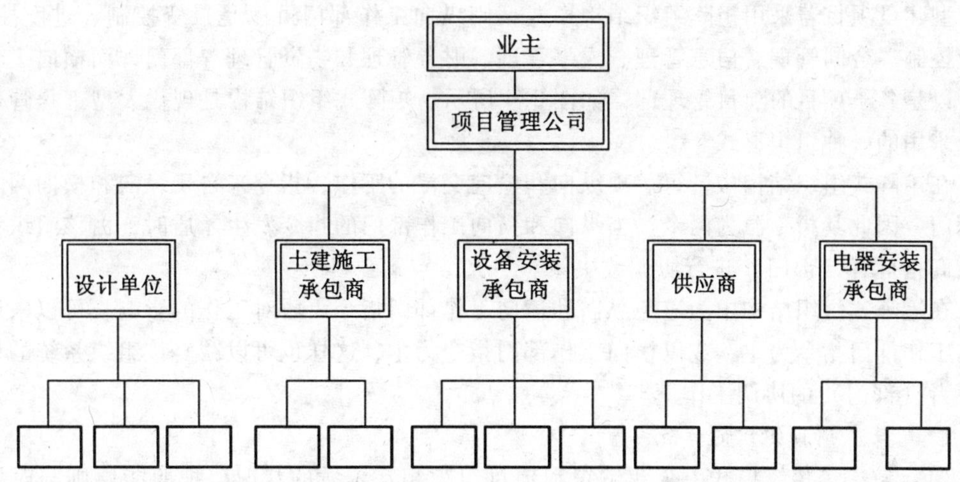

图 2.3 直线式项目组织形式示意图

1. 直线式项目组织的优点

(1) 保证单头领导，每个组织单元仅向一个上级负责，一个上级对下级直接行使管理和监督的权力，一般不能越级下达指令。项目参加者的工作任务、责任、权力明确，指令唯一，这样可以减少扯皮和纠纷，协调方便。

(2) 具有独立的项目组织的优点。特别是项目经理能直接控制资源，向客户负责。

(3) 信息流通快，决策迅速，项目容易控制。

(4) 项目任务分配明确，责、权、利关系清楚。

(5) 组织结构形式与项目结构分解图式基本一致，这使得目标分解和责任落实比较容易，不会遗漏项目工作，组织障碍较小，协调费用低。

2. 直线式项目组织的缺点

(1) 当项目比较多、比较大时，每个项目对应一个组织，使资源不能达到合理使用。

(2) 项目经理责任较大，一切决策信息都集中于项目经理处，这要求项目经理能力强、知识全面、经验丰富，否则决策较难、较慢，容易出错。

(3) 由于权力争执会使单位之间合作困难，不能保证项目参与单位之间信息流通的速度和质量。

(4) 在直线式组织中，如果专业化分工太细，会造成多级分包，进而造成组织层次的增加。

(5) 企业的各项目间缺乏信息交流，项目之间的协调、企业的计划和控制比较困难。

2.2.3 矩阵式项目组织

矩阵式组织结构是一种较新型的组织结构模式。该模式把职能原则和项目对象原则结合起来建立工程项目管理组织机构，使其既能发挥职能部门的纵向优势，又能发挥项目组织的横向优势。

在矩阵组织结构最高指挥者（部门）下设纵向和横向两种不同类型的工作部门。一个大型建设项目若采用矩阵组织结构模式，则纵向工作部门可以是投资控制、进度控制、质量控制、合同管理、信息管理、人事管理、财务管理和物资管理等部门，而横向工作部门可以是各子项目的项目管理部，如图 2.4 所示。矩阵式组织结构是现代大型工程管理中广泛采用的一种组织形式。

在矩阵式组织结构中，每一项纵向和横向交汇的工作，指令来自于纵向和横向两个工作部门，因此其指令源为两个。当纵向和横向工作部门的指令发生矛盾时，由该组织系统的最高指挥者（部门）进行协调或决策。

在矩阵式组织结构中为避免纵向和横向工作部门指令矛盾对工作的影响，可以采用以纵向工作部门指令为主，或以横向工作部门指令为主，这样也可以减轻该组织系统的最高指挥者（部门）的协调工作量。

1. 矩阵式项目组织的优点

(1) 解决了传统模式中企业组织和项目组织相互矛盾的状况，把职能原则与对象原则融为一体，求得了企业长期例行性管理和项目一次性管理的一致性。

(2) 能以尽可能少的人力，实现多个项目管理，效率高。通过职能部门的协调，一些项目上的闲置人才可以及时转移到需要这些人才的项目上去，防止人才短缺，项目组织

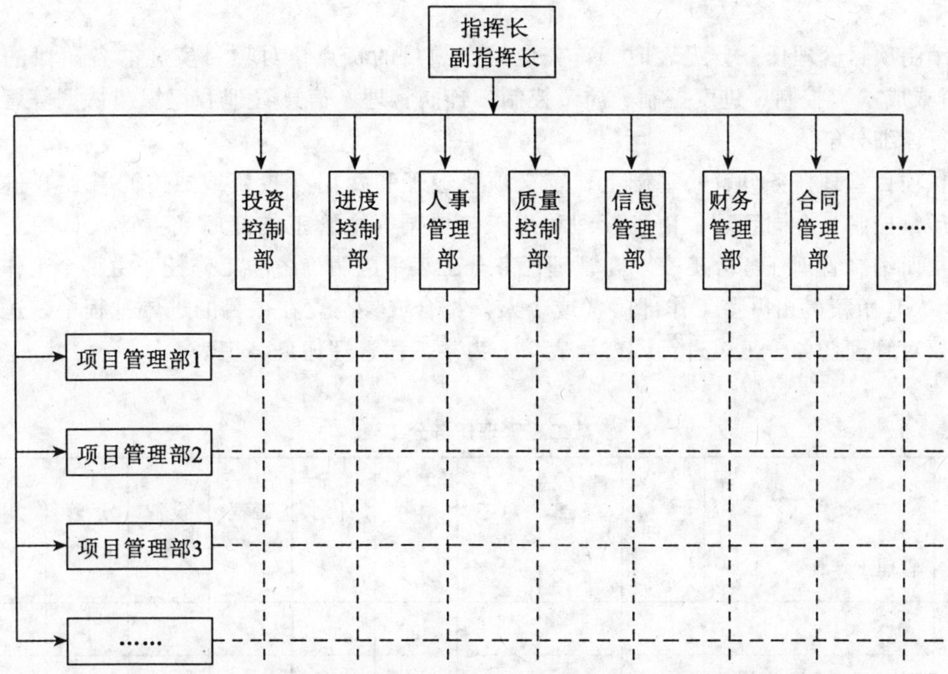

图 2.4　大型建设项目矩阵式组织结构形式示意图

因此具有弹性和应变力。

(3) 有利于人才的全面培养。可以使不同知识背景的员工在合作中取长补短，在实践中拓宽知识面；发挥纵向的专业优势，可以使人才成长有深厚的专业培训基础。

2. 矩阵式项目组织的缺点

(1) 由于人员来自职能部门，且仍受职能部门控制，故凝聚在项目上的力量减弱，往往使项目组织的作用受到影响。

(2) 项目组织中的成员既要接受项目经理的领导，又要接受企业中原职能部门的领导。在这种情况下，如果领导双方意见和目标不一致，乃至有矛盾时，当事人便无所适从。要防止产生这一问题，必须加强项目经理和部门负责人之间的沟通，还要有严格的规章制度和详细的计划，使工作人员尽可能明确在不同时间内应当干什么工作。

(3) 由于矩阵制组织的复杂性和结合部多，造成信息沟通量膨胀和沟通渠道复杂化，致使信息梗阻和失真。因此对企业管理水平、项目管理水平、领导者的素质、组织机构的办事效率、信息沟通渠道的畅通，均有较高要求，要精于组织，分层授权，疏通渠道，理顺关系。

§2.3　工程项目组织分工

每一个建设项目都应根据需要编制项目管理任务分工表和管理职能分工表，这是一个项目的组织设计文件的一部分。

2.3.1 管理任务分工

编制项目管理任务分工表时，首先应结合项目的特点，对项目实施的各阶段的费用（投资或成本）控制、进度控制、质量控制、合同管理、信息管理和组织与协调等管理任务进行详细分解。

在项目管理任务分解的基础上，定义项目经理和费用（投资或成本）控制、进度控制、质量控制、合同管理、信息管理和组织与协调等主管工作部门或主管人员的工作任务，从而编制管理任务分工表。在管理任务分工表中应明确各项工作任务由哪个工作部门（或个人）负责，由哪些工作部门（或个人）配合或参与。在项目的进展过程中，还应根据需要对管理任务分工表进行调整。表2.1为某工程管理任务分工表。

表2.1　　某工程管理任务分工表

序号	管理部门 / 管理工作任务	专家顾问组	综合部	总工办	财务部	计划部	工程部	设备部	运营部	开发部
1	人事		z	p	p	p	p	p	p	p
2	重大技术审查决策	x	p	z	p	p	p	p	p	p
3	行政管理		z	p	p	p	p	p	p	p
4	档案管理	p	z	p	p	p	p	p	p	p
5	审计		z		x	x	p	p	p	p
6	设计管理	p		z		p	x	x	p	
7	技术标准	x		z			x	x	p	
8	科研管理	x		z	p	p	p	p		
9	工程前期工作	p		z	p	p	x	x		
10	财务管理		p		z	p				
11	计划管理		p		p	z	x	x	p	
12	合同管理		p		p	z	x	x	p	
13	招投标管理	p	p	p		z	x	x	p	
14	工程筹划	p		p		z	x	x		
15	质量管理	p		x			z	z		
16	安全管理		p	p			z	z		
17	设备选型	x		p			p	z	p	
18	设备采购、安装	p				p	x	z	p	

续表

序号	管理部门 / 管理工作任务	专家顾问组	综合部	总工办	财务部	计划部	工程部	设备部	运营部	开发部
19	运营准备	p		p			x	x	z	
20	开通、调试、验收	p		x			x	z		
21	系统交接	p	p	p	p	p	z	z	z	
22	物业开发		p	p	p	p	p	p	p	z

注：z—主办；x—协办；p—配合。

2.3.2　管理职能分工

管理是由多个环节组成的有限的循环过程：提出问题、筹划、决策、执行、检查，如图 2.5 所示，这些组成管理的环节就是管理的职能。

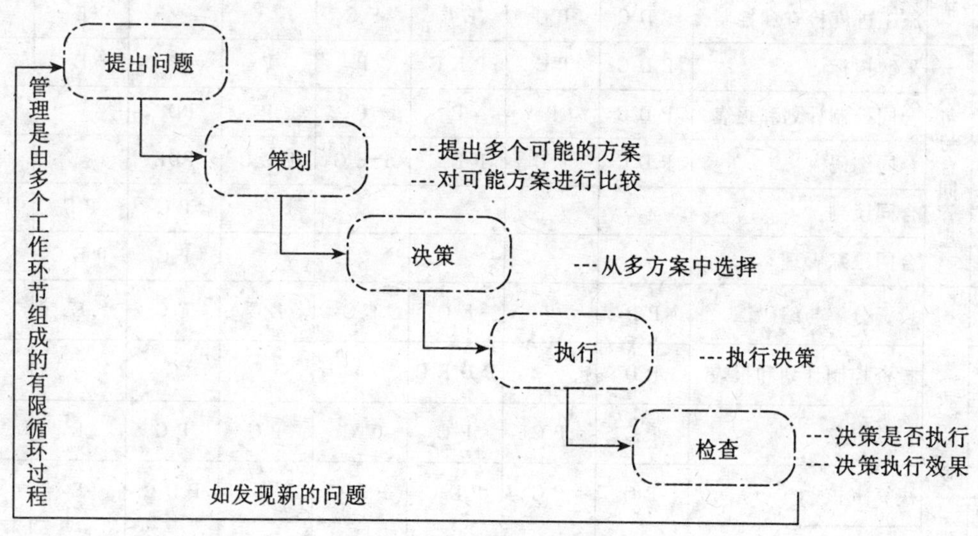

图 2.5　管理职能

我国习惯用岗位责任制来描述每一个工作部门的工作任务（包括责任、权利和任务等）。工业发达国家在建设项目管理中广泛应用管理职能分工表，以便使管理职能的分工更清晰、更严谨。若使用管理职能分工表还不足以明确每个工作部门的管理职能，则可以辅以使用管理职能分工描述书。

管理职能分工表是用表格的形式反映项目管理班子内部项目经理、各工作部门和各工作岗位对各项工作任务的项目管理职能分工。表格中用拉丁字母表示管理职能。管理职能分工表也可以用于企业管理。表 2.2 是某工程管理职能分工表。

表 2.2 某工程管理职能分工表

序号	类别	任务	项目经理/执行经理	总工程师	投资控制组长	进度控制组长	质量控制组长	合同控制组长	专业工程师	信息组
1	策划	项目投资目标规划	P D C	P C	P D E			P D E	P E C	E
2		项目进度目标规划	P D C	P C		P D E		P	P E C	E
3		项目质量目标规划	P D C	P C			P D E	P	P E C	E
4		项目采购模式规划	P E C	P C	P E C	P E C	P E C	P E C	E	E
5	信息处理	信息编码	P D C	P C	E C	E C	E C	P		E
6		信息收集与整理	P D C	P C	P D E C	P D E C	P D E C	P C	E	E
7		信息化	P C	P C	P C	P C	P C	P C		E
8	进度控制	进度控制计划和报表	P C	P C	P	P D E	P	P		
9		设计进度检查和控制	P D C	P C	E C	E C			E	
10		施工进度检查和控制	P D C	P C	E C	E C			E	
11	发包与合同管理	采购招标	P D C	P C	P E C	P	P	P	E	
12		合同控制计划和报表	P D C	P	P	P	P	PDE		
13		合同编码	P D C	P C	P E C	P E C	P E C	PDE		
14		合同谈判						P C	P E	E
15		合同跟踪管理						P C	P E C	E
16	投资控制	投资分解与编码	P D	P	E C	E C	E C	E C	E	
17		投资控制计划和报表	P D		P D E C			C		
18		付款审核	P C	P C	P C	P C	P C	P C	E	
19		决算审核	P C	P C	P D C	P D C	P D C	P D C	E	
20		索赔处理	P D C	P C	P D E	P D E	P D E	P D E	E	
21	质量控制	分部分项工程验收	C	C	P E	P E	P E C		E	
22		材料、设备检查验收	C	C	E	E	P E C		E	
23		设备调试	C	C	P	PE	P E C		E	
24		系统调试	C	C	P	P	P E C		E	
25		竣工验收	C	C	P	P	P E C		E	

续表

序号	类别	任务	项目经理/执行经理	总工程师	投资控制组组长	进度控制组组长	质量控制组组长	合同控制组组长	专业工程师	信息组
26	项目管理成果	各专业工作月度报告	P C	P C	P D E	P D E	P D E	P D E	E	
27		各专业项目管理工作总结	P C	P D C	P D E	P D E	P D E	P D E	E	
28		项目管理工作报告(定期和非定期)	P E C	P C	P E C	P E C	P E C	P E C	E	E
29		重大技术问题咨询及报告	P E C	P E C	P E	P E	P E		E	
30		竣工总结	C	C	E C	E C	E C	E C	E	E
31		竣工资料整理归档	P C	P C	E C	E C	E C	E C	E	E

注：表中：P—规划；D—决策；E—执行；C—检查。

§2.4　工作流程组织

设计工作流程组织是项目组织的重要工作。工作流程组织包括：

(1) 管理工作流程组织，如投资控制、进度控制、合同管理、付款和设计变更等工作流程；

(2) 信息处理工作流程组织；

(3) 物质流程组织。

工作流程组织的任务，就是确定各个工作的流程。每一个建设项目应根据其特点，从多个可能的工作流程方案中确定以下几个主要的工作流程组织：

(1) 设计准备工作的流程；

(2) 设计工作的流程；

(3) 施工招标工作的流程；

(4) 物资采购工作的流程；

(5) 施工作业的流程；

(6) 各项管理工作（投资控制、进度控制、质量控制、合同管理和信息管理等）的流程；

(7) 与工程管理有关的信息处理的工作流程等。

工作流程应根据需要逐层细化，如投资控制工作流程可以细化为初步设计阶段投资控制工作流程、施工图阶段投资控制工作流程和施工阶段投资控制工作流程等。

业主方和项目各参与方，如工程管理咨询单位、设计单位、施工单位和供货单位等都有各自的工作流程组织。

工作流程图是用图的形式描述工作流程组织。工作流程图是一个重要的组织工具。图2.6为设计变更工作流程示意图。

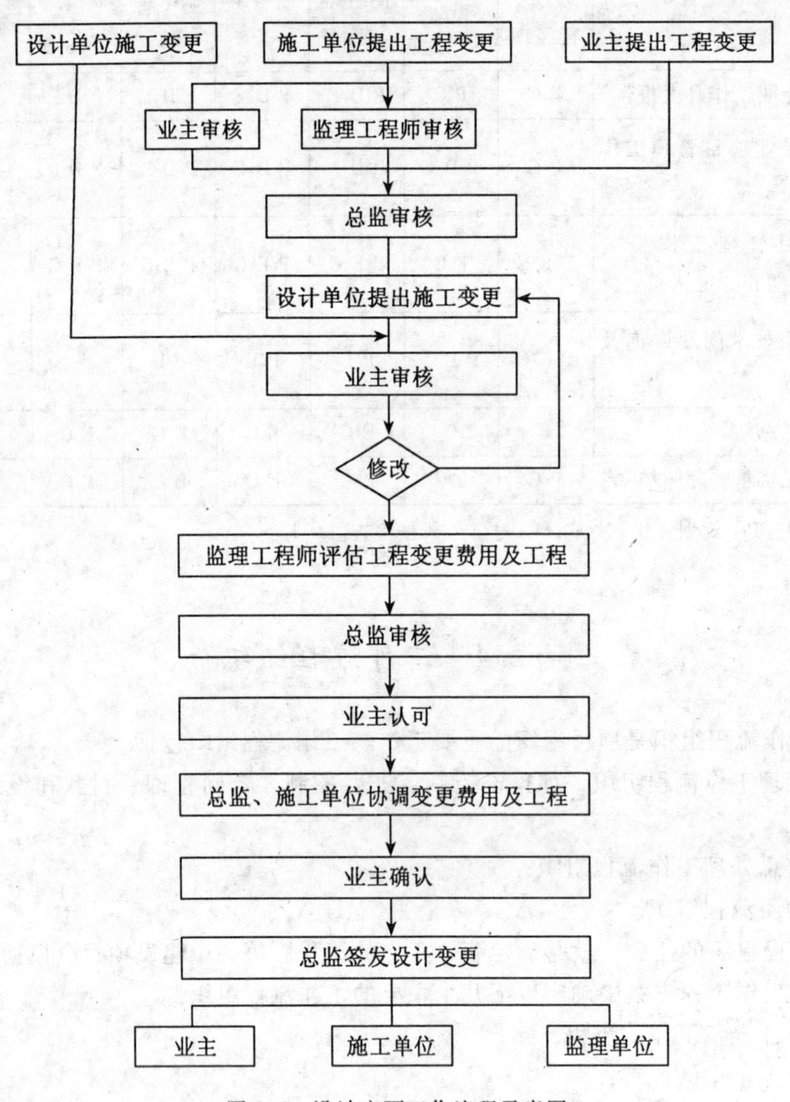

图2.6 设计变更工作流程示意图

§2.5 工程项目结构分解

2.5.1 工程项目结构分解

工程项目是由许多互相联系、互相影响、互相依赖的活动组成的工作系统，该系统具有层次性、集合性、相关性、整体性的特点。为了更好地了解系统的范围，确定各子系统和工作单元的相互关系，应对工程项目进行结构分解。

结构分解（Work Breakdown Structure，WBS）是将项目范围规定的全部工作分解为便于管理的独立活动，通过定义这些活动的费用、进度和质量，以及各项工作之间的内在联系，并将完成这些活动的责任赋予相应的部门和人员，建立明确的责任体系，达到控制整个项目的目的。

对工程项目进行结构分解，由粗到细，由总体到具体。项目分解结构既定义了项目的全部工作范围，又描述了项目的系统结构。项目结构分解既是项目管理的基础工作，又是项目管理最得力的工具。

2.5.2　工程项目结构分解的方法

在项目管理中常用的系统分解方法有两种：结构化分解方法、过程化分解方法。

1. 结构化分解方法

任何项目系统都有其自身的结构，都可以进行结构分解。例如工程技术系统可以按照一定的规则分解成功能区和专业要素等。

（1）按功能区间分解

功能是工程建成后应具有的作用，功能与工程的用途有关，常常是在一定的平面和空间上起作用的。

①以产品结构进行分解。例如，一栋办公楼，可以分为办公室、展览厅、会议厅、停车场、交通车道、公用区间等。

②按平面或空间位置进行分解，即一个分厂可以按几何形体分解。例如，项目中有几座建筑物（车间、仓库、办公室），每座建筑物有室外和室内之分。

（2）按要素进行分解

一个功能面又可以分为各个专业要素。要素具有明显的专业特征，一般不能独立存在，要素必须通过有机组合构成功能。例如：

一座办公楼可以分解为建筑、结构、供电系统、供排系统、通信系统、环卫系统、交通系统（如电梯）、办公设备。

有些要素还可以进一步分解为子要素。例如：厂房结构可以分解为基础、柱、墙体、屋顶及饰面等；供排设施可以分为给排水、供暖、通风等。

上述是对工程的硬件系统分解。在现代工程中，软件工程越来越重要，如自动控制系统、智能化大厦的人工智能系统、信号系统、运行管理系统。在系统分析中，软件工程也是工程技术系统的重要组成部分。一般可以将软件工程作为“系统工程”的一部分。

对工程技术系统的结构分解与我国过去常用的工程项目分解方法是相似的，即一个工程可以被分解为许多单项工程，单项工程可以被分解为单位工程，单位工程又可以被分解为分部工程，分部工程还可能被分解为分项工程。

2. 过程化分解方法

项目由许多活动组成，活动的有机组合形成过程。该过程可以分为许多互相依赖的子过程或阶段。在项目管理中，可以从如下几个角度进行过程分解：

（1）项目实施过程。根据系统生命期原理，把工程项目科学地分为若干发展阶段，如前期策划、设计和计划、实施、运行等，每一个阶段还可以进一步分解成各工作过程。

（2）管理工作过程。例如，整个项目管理过程，或某一种职能管理（如成本管理、合同管理、质量管理等）过程都可以分解成许多管理活动，如预测、决策、计划、实施控制、反馈等。上述各个过程形成一个工作过程。

（3）行政工作过程。例如，在项目实施过程中有各种申报和批准的过程、招标投标过程等。

（4）开发过程。一些居住建筑开发项目，可以根据建设的时间对项目的结构进行逐层分解，如第一期工程、第二期工程和第三期工程等。

同一个建设项目可以有不同的项目结构的分解方法，项目结构的分解应和整个工程实施的部署相结合，并和将采用的合同结构等相结合。

项目结构分析是一个渐进的过程，这个过程随着项目目标设计、规划、详细设计和计划工作的进展而逐渐细化。

3. 工程项目结构分解的结果

项目结构分解的结果一般用树状结构图和项目结构分析表表达。

（1）树状结构图。图 2.7 为某工程的项目结构分解的树状结构图，图 2.8 为常见的项目结构分解的树状结构及编码图，其中每一个单元（不分层次，无论在总项目的结构图中或在子结构图中）又统一被称为项目单元。项目结构图表达了项目总体的结构框架。

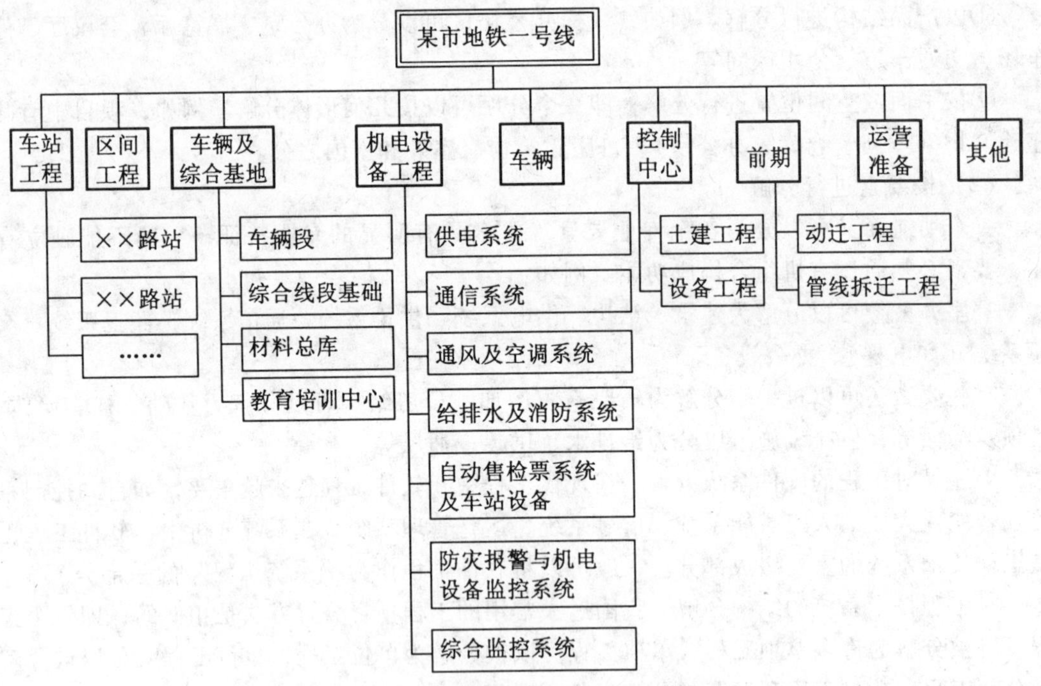

图 2.7 某工程项目结构分解树状结构图

（2）项目结构分析表。将项目结构图用表格来表示则为项目结构分析表，项目结构分析表既是项目的工作任务分配表，又是项目范围说明书。如表 2.3 所示。

表 2.3　项目结构分析表

编　码	活动名称	负责人（单位）	预算成本	计划工期	……
10000					
11000					
11100					
11200					
12000					
12100					
12200					
12210					
12220					
12221					
12222					
12230					
13000					
14000					

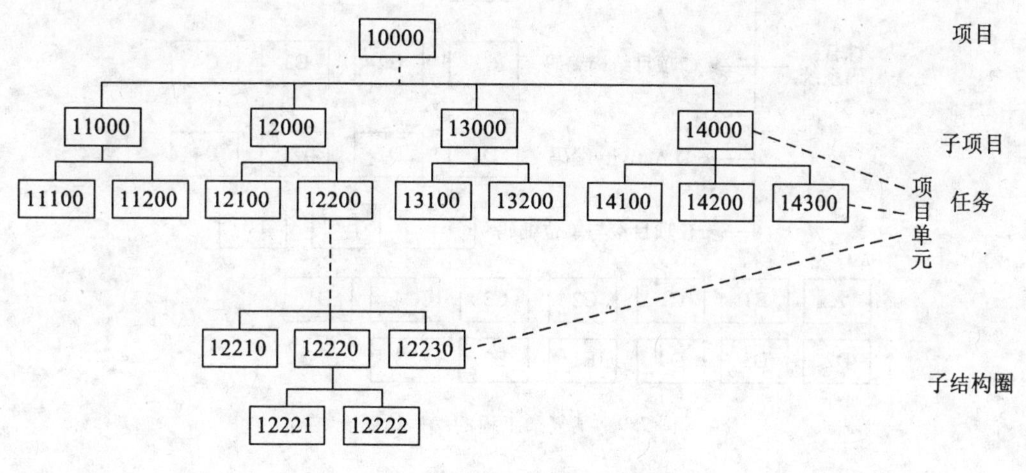

图 2.8　项目结构分解及编码图

2.5.3　工程项目结构的编码

编码由一系列符号（如文字）和数字组成。编码的目的是为了方便对项目系统进行管理，有利于对项目各任务、子任务、单元的识别，更好地进行工期、费用、质量的计划与控制。同时，项目结构的编码系统也是信息化管理的一项重要的基础工作。在项目初期，项目管理者应进行编码设计，建立整个项目统一的编码体系，确定编码规则和方法，并在整个项目中使用。这是项目管理规范化的基本要求，也是项目管理系统集成的前提条件。

通过编码给项目单元以标识，使项目单元之间互相区别。编码能够标识项目单元的特征，使人们和计算机可以方便地确定这个项目单元的信息，如属于哪个项目或子项目、实施阶段、功能和要素等。编码设计对项目的整个计划、控制和管理系统的运行效率都有重大影响。

项目编码和用于投资控制、进度控制、质量控制、合同管理和信息管理的编码有紧密联系，但它们之间又有区别。项目结构图及其编码是编制上述其他编码的基础。

项目的编码一般按照结构分解图，采用分层次的方法编制。如图 2.2 和表 2.3 中，项目编码为 1，本项目次层子项目的编码是在项目的编码后加子项目的标识码，即为 11、12、13、14，而子项目 11 的分解单元分别用 111、112、113 等表示，按照这种方法依层次向下编码，直至最低单元。从一个编码中可以确定出这个编码所代表的信息，如 13214 表示项目 1 的第三个子项目，第二个任务，第一个子任务，第四个工作包。

项目编码的长短和表达内容可以根据项目的大小和复杂程度确定。图 2.9 是编码包括 5 部分共 13 位数字的某复杂工程的工作项目的编码体系。

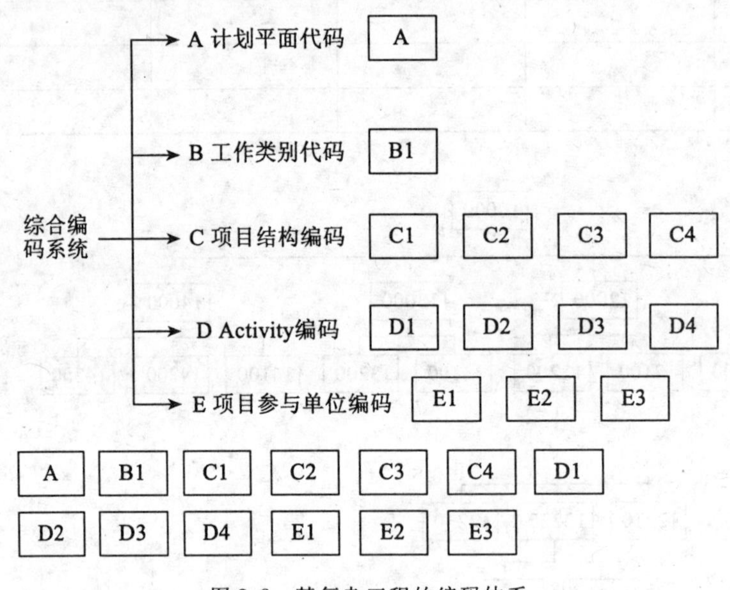

图 2.9 某复杂工程的编码体系

§2.6 工程项目组织策划

2.6.1 工程项目组织策划的依据

1. 工程方面情况

工程的类型、规模、特点、技术复杂程度，工程质量要求，设计深度和工程范围的确定性，工期的限制，资金的限制，资源（人力、材料、设备等）的供应及限制条件等。

2. 业主方面情况

投资者的总体战略，项目的资本结构，业主的组织形式，业主的目标和实施战略，业主的管理水平和具有的管理力量，业主期望对工程管理的介入深度，业主对工程师和承包商的信任程度，业主的管理风格和管理习惯，业主对工程的质量和工期要求等。

3. 承包商方面情况

拟选择承包商的能力，承包商的资信、企业规模、管理风格和水平、抗御风险的能力，承包商相关工程和相关承包方式的经验等。

4. 环境方面情况

工程所处的法律环境、市场方式和市场行为，人们的诚信程度，人们常用的工程承发包方式，建筑市场竞争激烈程度，资源供应的保证程度，获得额外资源的可能性等。

2.6.2　工程项目组织策划过程

工程项目组织策划是项目管理的一项重要工作。通常工程项目组织策划过程属于项目计划的一部分，主要包括以下四个方面的工作。

1. 进行项目组织策划前的基础工作

在项目组织策划前应进行项目的总目标分析，完成相应阶段项目的工程技术系统设计和结构分解工作，进行环境调查和项目制约条件的分析。这些是项目组织策划的基础工作。

2. 确定项目的实施组织策略

确定项目的实施组织策略，就是确定项目实施组织和项目管理模式总的指导思想。包括：

(1) 如何实施项目；业主如何管理项目；业主控制程度如何。

(2) 总体确定业主、项目管理公司和承包商的工作范围。

(3) 业主面对承包商的数量。

(4) 业主投入多少管理力量。

(5) 采用什么样的材料和设备的供应方式。

3. 委托任务及相关的组织工作

(1) 项目承发包策划。对项目结构分解得到的项目活动进行具体分类、打包和发包，考虑采用什么样的工程承发包方式，如“设计—采购—施工”总承包，或“设计—施工”总承包，或分阶段、分专业工程平行承包。这对项目的组织结构有决定性作用。

(2) 招标和合同策划工作。包括两方面的工作：

①招标策划。项目招标的总体安排，各项招标过程的策划和招标工作安排。

②合同策划。选择合同形式和合同条件，通过合同定义项目工作内容，划分责、权、利关系，定义项目控制的权力，定义项目管理工作过程。

(3) 起草招标文件和合同文件。

4. 涉及项目管理任务的组织工作

(1) 确定项目管理模式。即确定业主所采用的项目管理模式，如“设计 + 管理”模式、“施工 + 管理”模式。业主可以自己派人管理或委托项目管理公司进行管理。这与项目的承发包方式有密切的联系。

(2) 设置项目管理组织。在实施任务委托前，必须建立项目实施的管理组织体系，委托项目管理公司（咨询公司、监理公司），由项目经理组建项目经理部或管理小组。将整个项目管理工作在业主自己委派的人员、委托的项目管理公司和承包商之间进行分配，划分各自的工作范围，分配职责，授予权力，并且以合同的形式体现这种安排。

①确定合适的项目管理组织结构。

②将项目管理职能及业务活动分解落实到各个职能人员或部门，明确各自的工作任务、目标和范围、权力和职责，解决项目管理组织内部的责任体系问题。

③选配人员。选配具有相应能力的人员以适应项目管理的需要。

④设计项目管理工作流程。确定项目的沟通规则和各种决策规则，这里包括极其重要的、同时又是十分复杂的内容，如招标投标程序、质量控制程序、采购和库存控制程序、工程变更程序、协商会办制度、成本（或投资）控制程序等。

组织策划的结果通常由招标文件和合同文件、项目组织结构图、项目管理章程和组织责任矩阵图、项目手册等定义。在项目实施前应向各项目参加者介绍项目管理系统，将管理系统向各参加者交底，使大家了解、掌握本项目的管理系统，以便更好地协调工作。

2.6.3 工程项目的资本结构

对工程建设项目，特别是大型基础设施建设项目和工业项目，采用什么样的资本结构，以什么样的融资方式获得资金，是现代战略管理和项目管理的重要课题，不仅对建设过程，而且对项目建成后的运行过程都极为重要。这个课题决定了项目以及由项目所产生的企业的法律性质和法律形式，决定了项目法人的形式和结构，决定了项目投资者各方面在组织中的法律地位，决定了项目建成后的经营管理和利益的分配，同时在很大程度上决定了项目的组织形式和项目管理模式。

1. 项目资本结构的主要模式

(1) 独资

如政府独资或私人独资。我国过去几乎所有的大型工程建设项目，特别是基础设施工程建设项目都是政府独资。

(2) 合资

由国内或国际两个以上的企业通过合资合同的形式，共同出资，建设一个工程项目，按照出资的比例和合资合同的规定，共同经营和管理，双方共担风险和共享收益。

我国 20 多年来大量的新企业都是通过合资的形式建设起来的。

(3) 项目融资

项目融资是指对需要大规模资金的项目采取的金融活动。借款人原则上将项目本身拥有的资金及其收益作为还款资金来源，而且将其项目资产作为抵押条件来处理。项目融资是一种无追索权或有限追索权的融资方式或贷款方式。项目融资至少有项目发起人、项目公司、贷款方三方参加。

许多大型项目都需要大量的投资，完全由政府独立出资常常很困难。另一方面这些项目只有通过商业化经营才能提高其效益，如果由政府或一个企业作为项目投资者承担责任，则风险太大，投资者的技术力量、财力、经营能力和管理能力有限。采用项目融资是一种很好的模式。

在现代工程项目中，项目融资主要应用在资源项目和基础设施项目，包括铁路、公路、港口设施、机场、供水、污水处理、排水设施、通信和能源等项目的建设。

2. 现代项目资本结构多元化趋向

在现代工程项目中，人们越来越倾向于采用合资方式或项目融资方式进行大型项目的实施。这类方式具有以下优点：

(1) 通过合作，多渠道筹集资金，能够进行一家不能独立承担的大型工程项目。

(2) 通过合资和项目融资，降低和共担投资风险。

(3) 资本结构多元化的项目更适宜商业化经营，能够提高项目的运营效益。

(4) 合资或项目融资在项目管理上具有优势。合资或项目融资形成多元化的项目所有者的状态，不仅能够更科学地进行战略决策，而且在项目经营管理中存在互相制衡，能够防止腐败，获得高效益。

随着经济的快速发展，各国对基础设施的需求也在不断增加，但是由于其建设投资大、建设周期长等特点，单靠政府资金已不能满足需求了。各国政府都在寻求更为有效的融资渠道，利用国际及国内民间资本进行基础设施建设。BOT (Build-Operate-Transfer，建造—运营—移交) 方式是比较成熟和应用比较广泛的项目融资模式。近年来又出现了一种新的融资模式 PFI (Private Finance Initiative)，即民间主动融资模式。

(1) BOT 模式

BOT 模式是项目发起人出资本金，安排融资，承担相应的风险，开发建设项目，然后在特许经营期内经营项目，以回收投资偿还贷款和获得合理的利润，项目公司在特许权末将项目转让给政府。

BOT 模式是由项目所在国政府或所属机构与项目发起人签订一份特许经营权协议，政府授给项目公司以特许经营权，项目公司按照协议要求进行融资、建设、运营和项目管理，通过建成后的项目运营收入偿还贷款和获得合理的利润，在规定的特许经营期之后，将该项目无偿转让给所在国政府。在特许经营期限内，项目公司仅拥有项目的使用权和经营权。BOT 模式是最典型常用的项目融资方式，许多项目融资采用 BOT 模式进行。

现在 BOT 模式有许多种形式。不同的形式有不同的项目过程、有不同的产权关系、不同的权力和风险的分配。如：

①BOO (Build-Own-Operate)，即建设—拥有—经营。

②BTO (Build-Transfer-Operate)，即建设—转让—经营。

③BOOT (Build-Own-Operate-Transfer)，即建设—拥有—经营—转让。

④BROT (Build-Rent-Operate-Fransfer)，即建设—租赁—经营—转让。

⑤BT (Build-Fransfer)，即建设—转让。

⑥TOT (Transfer-Operate-Transfer)，即转让—经营—转让。

(2) PFI 模式

PFI 模式是英国梅杰政府在 1992 年提出的一种公私相互合作提供基础设施服务的方式。该模式是由政府部门采取措施促进私营部门有机会参与基础设施和公共物品的生产和公共服务的提供。政府部门根据社会需求，提出需要建设的项目，通过招投标，由获得特许权的私营企业进行公共基础设施项目的建设和运营，并在特许期结束时将项目移交给政府，期间由政府购买私营部门提供的产品或服务。PFI 模式和 BOT 模式中政府、项目公司、用户三者的关系不同。BOT模式一般采用财源自立模式，即通过向用户收费来维持其运营成本；PFI模式主要是一种公共服务提供型，即由民间资金进行公共产品的设计、建设和运营，政府购买由这些固定资产产出的公共服务，用户并不直接向项目公司支付费用。PFI模式由于自身的特点，既可以应用于收益性较高的基础设施建设，也可以应用于受益性高的基础设施建设和社会公益项目。

2.6.4 工程项目承发包模式

项目的承发包模式是决定将整个项目任务分为多少个包（或标段），以及如何划分这些标段。项目承发包模式是项目实施的战略问题，对整个工程项目实施有重大影响：通过项目承发包保证项目总目标的实现；分标策划决定了与业主签约的承包商的数量，决定着项目的组织结构及项目管理模式；通过承发包策划明确工程过程中各方面的关系，保证整个项目目标的实现。

在现代工程中，工程承包方式多种多样，适用于不同的情况，业主可以根据工程项目的具体情况、自己的管理能力和经验进行选择。工程中主要的承发包方式有以下形式。

1. 分阶段分专业工程平行承包

业主将设计、设备供应、土建、电器安装、机械安装、装饰等工程施工分别委托给不同的承包商，各承包商分别与业主签订合同，向业主负责，各承包商之间没有合同关系，如图2.10所示。这种方式的特点主要有：

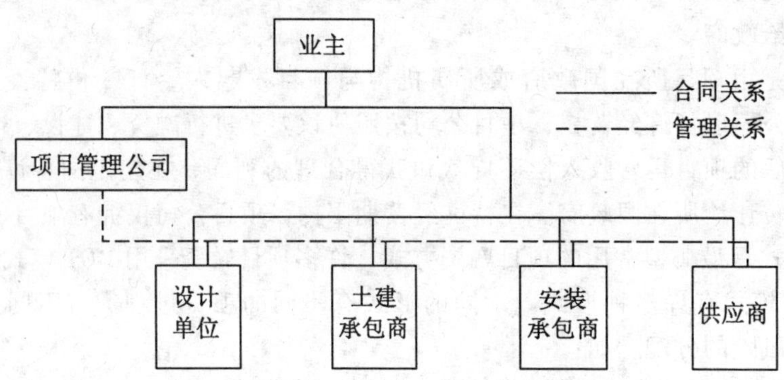

图2.10 分阶段分专业工程平行承包模式

（1）业主管理工作量大，招标次数多，需作比较精细的计划及控制，项目前期需要比较充裕的时间。

（2）业主协调工作量大，管理成本高。业主须负责各承包商之间的协调，对各承包商之间由于互相干扰造成的问题承担责任。在这类工程中组织争执较多，索赔较多，工期比较长。

在大型工程项目中，采用这种方式，业主将面对很多承包商（包括设计单位、供应单位、施工单位），直接管理承包商的数量太多，管理跨度太大，容易造成项目协调的困难。

（3）业主的管理和控制比较细，需要对出现的各种工程问题作中间决策，管理流程复杂，必须具备较强的项目管理能力。对此，业主可以委托项目管理公司进行工程管理。

(4) 设计和施工分别发包的模式造成设计不管施工，缺乏对施工的指导和咨询。而且，设计单位和施工承包商对项目优化的积极性不高。

如果业主不是项目管理专家，或没有聘请得力的咨询（监理）工程师进行全过程的项目管理，就不能采用这种模式。

长期以来，我国的工程项目都采用这种承发包方式。这是我国建设工程项目存在许多问题的最主要原因之一。

2. “设计—采购—施工”(Engineering, Procurement and Construction, EPC) 总承包

总承包（统包，全包，或一揽子承包）模式是由一个承包商承包工程项目的全部工作，包括设计、供应、各专业工程的施工以及管理工作，甚至包括项目前期筹划、方案选择、可行性研究，承包商向业主承担全部工程责任，如图2.11所示。这种承包方式的主要特点有：

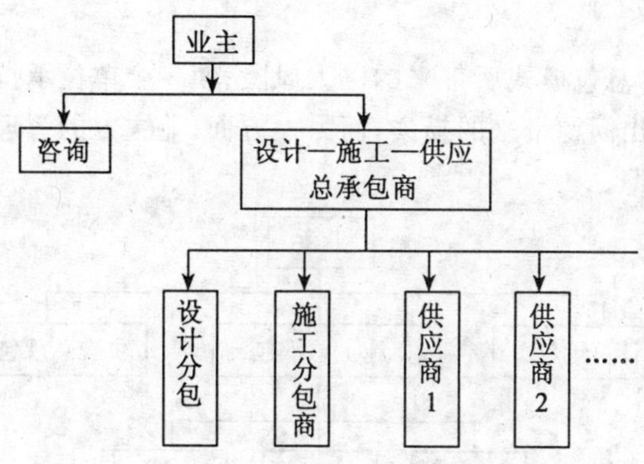

图2.11　“设计—采购—施工”总承包模式

(1) 总承包模式可以减少业主面对的承包商数量，业主事务性管理工作较少，在工程中业主责任较小。但由于招标时缺少对项目范围的详细和精确的说明，这样一方面会加大承包商的投标报价风险，另一方面容易引起项目范围方面的争执。

(2) 总承包模式使得承包商能将整个项目管理形成一个统一的系统，避免多头领导，降低管理费用；方便协调和控制，减少大量重复的管理工作，减少花费，信息沟通方便、快捷、不失真；有利于施工现场的管理，减少中间检查、交接环节和手续，避免由此引起的工程拖延，从而工期（招标、投标和建设期）大大缩短。

(3) 总承包模式中，业主仅提出工程的总体要求，能够最大限度地调动承包商对项目的规划、设计、施工技术和过程的优化和控制的积极性和创造性。

(4) 在总承包工程中业主必须加强对承包商的宏观控制，选择资信好、实力强、适应全方位工作的承包商。

(5) 项目的责任体系完备。无论是设计、施工、供应之间的互相干扰，还是不同专业之间的干扰，都由总承包商负责，业主不承担任何责任，所以争执较少，索赔较少。因此总承包工程对双方都有利，工程整体效益高。

(6) 总承包模式中业主方的管理成本低，但业主必须承担由于总承包商的管理水平、

施工水平所带来的巨大风险；一旦由于总承包商的原因，工程出现大的质量问题，或不能按要求完工，最终受损的是业主。

由于总承包对承包商的要求很高，对业主来说，承包商资信风险很大。业主可以让几个承包商联营承包，通过法律规定联营成员之间的连带责任。这在国际上一些大型的和特大型的工程中是十分常见的。

总包模式适用于业主方的管理水平低、专业人员数量不够，而业主方对总承包商又比较了解的情况。

目前，总承包方式在国际上受到普遍欢迎。据相关统计，在国际工程中，国际上最大的承包商所承接的工程项目大多数都是采用总承包形式。

3. 上述两者之间的形式

将工程委托给几个主要的承包商，如设计总承包商、施工总承包商、供应总承包商等。这种方式在工程中是极为常见的。在现代工程项目中，还有许多其他形式的总承包，例如："设计—施工" 总承包、"设计—管理" 总承包等。图 2.12 为总包与平行分包之间的模式示意图。

这类模式可以减少总包模式所带来的巨大风险,使一个单位承担的风险,改由几个总承包商承担,降低了工程出问题带来的损失;而另一方面,业主方的管理工作量增加不多。

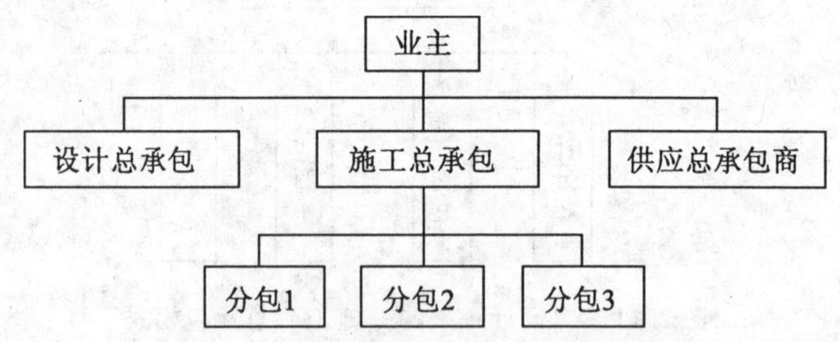

图 2.12 总包与平行分包之间的模式

4. CM (Construction Management) 模式

CM 模式是一种国际上常用的模式。CM 模式是业主把项目管理的内容，通过合同方式委托给一家项目管理公司（CM 单位），由 CM 单位对工程进行全过程的管理。CM 模式采用的方式是设计完成一部分，就进行这部分的招标，这样可以缩短建设周期。如图 2.13 所示。但由于我国不允许边设计边施工，特别是要待施工图设计完成审查通过后才能进行项目施工招标。因此，这种模式目前与我国管理制度相冲突。

CM 模式根据管理方式和合同内容的不同，又分非代理型 CM 承包方式和代理型 CM 承包方式两种类型。

（1）代理型 CM（CM/Agency）模式

如图 2.14 所示，这种模式中 CM 单位与业主签订工程咨询服务合同，代业主对设计、施工进行监督管理。业主直接与设计、施工、材料、设备单位签订合同。这种模式接近中国现行监理模式。

（2）非代理型 CM（CM/non-Agency）模式

非代理型的模式如图 2.15 所示。CM 承包商直接与业主签订合同，接受整个工程施

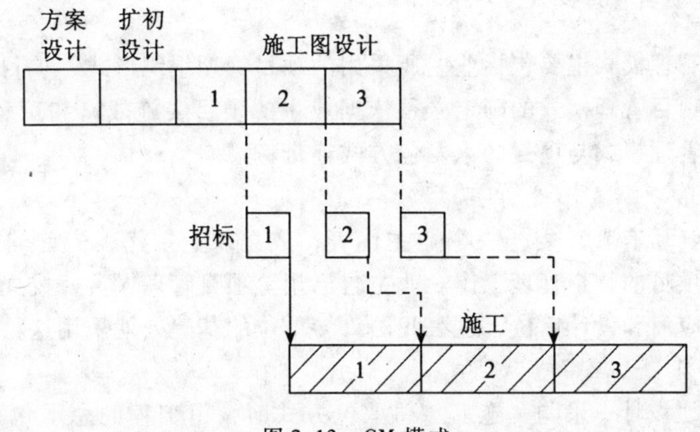

图 2.13　CM 模式

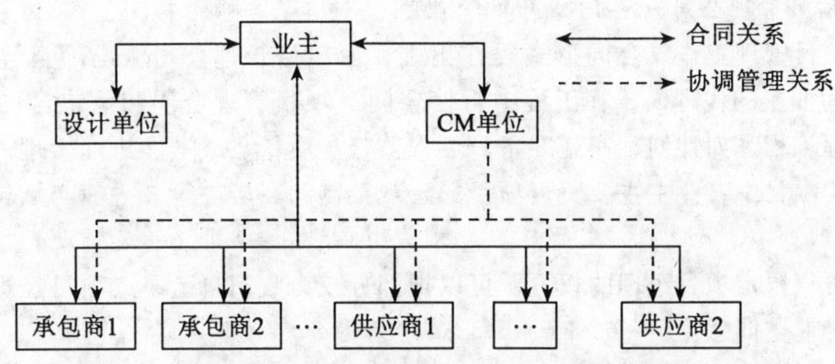

图 2.14　代理型 CM 模式（CM/Agency）

工的委托，再与分包商、供应商签订合同，CM 承包商承担相应的施工和供应风险，可以认为该模式是一种工程承包方式。

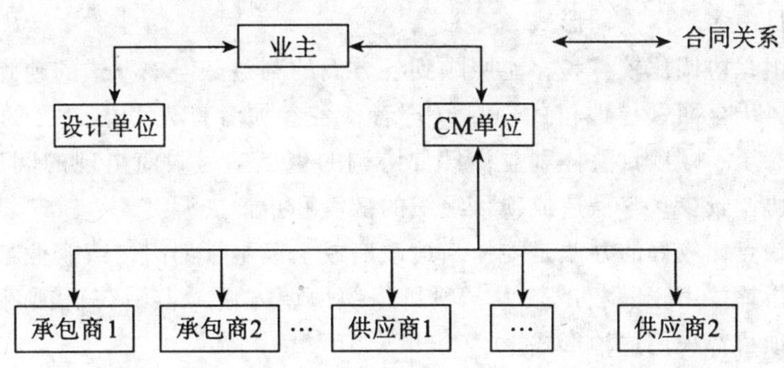

图 2.15　非代理型 CM 模式（CM/Non-Agency）

5. 风险型"项目管理总承包"

这种模式与非代理型的 CM 承包相似，项目管理公司直接与业主签订合同，接受整个工程施工的委托，再与分包商、供应商签订合同。项目管理公司承担工程承包和供应的风险，也可以认为这种模式是一种工程承包方式。

2.6.5 工程项目管理模式

工程项目的管理模式主要包括业主所采用的项目管理组织形式、项目管理任务和责任的分配与委托。项目管理模式的确定必须依据业主的项目实施战略和工程项目的特殊性，业主常常将项目管理模式与项目的承发包方式连带考虑。

1. 业主全权管理

项目投资者（所有者）委托一个业主代表，成立以业主代表为首的项目经理部，以业主的身份进行项目的整个管理工作。业主自己招募项目管理人员，成立项目经理部直接管理承包商、供应商和设计单位，过去我国许多单位的基建处就采用这种管理模式。

2. 总承包商负责管理

当工程采用“设计—采购—施工”总承包方式时，由工程的总承包商负责项目上具体的管理工作，业主仅承担项目的宏观管理与高层决策工作。

3. 委托项目管理公司（咨询公司）管理

业主将项目管理工作以合同形式委托出去，由项目管理公司派出项目经理（如监理工程师）作为业主的代理人，在工程中行使合同（项目管理合同和承包合同）赋予的权力，直接管理工程，如计划、实施准备、工程监督、质量、成本、进度管理、作各种报告等。在这样的项目中，业主主要负责项目的宏观控制和高层决策，一般与承包商不直接接触。

业主也可以限定项目经理的权力，可以把部分权力收归自己，或项目经理在执行某些权力时必须经业主同意。

项目经理为专业项目管理人员，这有利于项目管理经验的积累和项目管理水平的提高，这种方式是项目管理专业化、社会化的形式，在国内外都已非常普遍。

4. 项目指挥部的形式

由每个项目参加部门（单位）派出代表组成一个委员会，领导项目实施，各委员单位负责各自的项目任务，通过定期会议协调整个项目的实施。在合资项目或由几个承包商联营承包的项目中多采用这种形式。

这种形式组织协调比较容易，能照顾到各方面的利益。但该方式的缺点也是十分明显的：缺少一个居于全面领导地位的项目管理者；各参加者首先考虑自己的利益和工作范围，较少考虑甚至不顾项目整体利益；日常协调的重点多为眼前出现的问题，而对将来、对全局性问题协调较少；容易造成项目组织的散漫和指挥失调。

克服这些缺点比较好的办法是委托当地政府或上级主管部门，或企业最高领导作为项目总经理或总指挥。由于其权威较大，项目组织协调方便，容易获得项目的成功。在我国，许多政府项目都采用这种形式。

5. 混合式的管理模式

业主将有些管理工作和权力收归己有，如业主委派业主代表作为项目经理与监理工程师共同工作。这在我国近阶段的工程建设监理中特别常见，例如投资控制的权力、合同管理的权力，经常由业主代表承担，或双方共同承担。

我国大量的工程都采用这种管理模式。一方面，我国许多业主具有一定的项目管理能力和队伍，可以自己承担部分项目管理工作；另一方面，又可以保证对项目的有效控制。

6. 代理型 CM 承包模式

CM 承包商接受业主的委托进行整个工程的施工管理，协调设计单位与施工承包商的关系，保证在工程中设计和施工过程的搭接。

业主直接与工程承包商和供应商签订合同，CM 单位主要从事管理工作，与设计单位、施工单位、供应单位没有合同关系。这种形式在性质上属于管理工作承包。

7. 其他形式

由项目参加者的某牵头专业部门或单位负责项目管理。例如：

由设计单位承担项目管理，即“设计—管理”总承包；

由施工承包商牵头，即“施工—管理”总承包，在我国的许多工程中采用这种模式；

由供应商牵头，即采用“供应—管理”承包模式。

由主导专业的人员或部门牵头做项目管理。牵头部门一般为项目的主导专业单位，在项目实施中任务最大、最重要，而且责任持续时间最长，能起到主导的和总协调的作用。

§2.7　项目经理部

在工程项目中，业主建立的或委托的项目经理部居于整个项目组织的中心位置，在整个项目实施过程中起决定性作用。项目经理部以项目经理为核心，有自己的组织结构和组织规则。工程项目能否顺利实施，能否取得预期的效果，实现目标，直接依赖项目经理部，特别是项目经理的管理水平、工作效率、能力和责任心。项目经理部一般按项目管理职能设置职位（部门），按项目管理流程进行工作，各自完成属于自己管理职能内的工作。

2.7.1　项目经理部的结构

项目经理部的组织或人员设置与所承担的项目管理任务相关。

对中小型的工程，项目经理部通常有：项目经理、专业工程师（土建、安装、各专业设备等方面的技术人员）、合同管理人员、成本管理人员、信息管理员、秘书等。有时还可能有负责采购、库存管理、安全管理、计划等方面的人员。

对大型的、特大型的项目，常常必须设置一个管理集团（如项目经理部），项目经理下设各个部门，如计划部、技术部、合同部、财务部、供应部、办公室等。

由于在项目实施过程中，项目管理的任务是不稳定的，所以项目经理部的组织结构和人员也是不固定的。

2.7.2　项目经理部运作的一般过程

建立有效的组织是项目经理的首要职责，项目经理部的工作是一个持续的过程，需要领导技巧，以及对组织结构、组织界面、职能结构和激励的全面把握。项目经理部是一个团队，其运作过程符合团队运作的一般规律。项目经理部运作的一般过程为：

1. 组建阶段

组建阶段，即项目经理部的形成阶段。

（1）成立项目经理部

按照项目的组织策划成立项目经理部。项目经理部应结构健全，包括项目管理的所有工作职能。项目经理要有权组建合适的项目经理部。

(2) 人员获取

项目经理部成立后，必须选择合适的成员，形成一个联合的工作群体。项目经理要有权选择关键的和在各相关领域有经验与技能的项目组织成员，最大可能地使用现有部门中的职能人员。

(3) 形成项目团队

项目成员进入后，项目团队形成。项目经理要把人们的思想和力量集中起来，真正形成一个组织，使他们了解项目目标和项目组织规则，介绍项目的工作范围、质量标准、预算限制及进度计划的指标。

(4) 安排人员，明确组织规则

通过磋商确定项目经理部中各个职能部门的人员安排。明确组织规则，主要包括组织结构、人员配备计划、责任分配和各职能的说明文件等。

对以项目作为经营对象的企业，如工程承包公司、监理公司等，应形成比较稳定的项目管理队伍。这样尽管项目是一次性的、常新的，但项目经理部却是相对稳定的，各成员之间彼此了解，可以大大减小组织摩擦。

在这个阶段的项目经理需要指导型的领导风格。

2. 磨合阶段

磨合阶段是组织成员的互相适应阶段。随着组织成员进入项目经理部，成员开始互相认识，成员之间有一个互相适应的过程。

在磨合阶段，由于项目任务比预计的更繁重、更困难，成本或进度计划的限制可能比预计的更紧张，项目经理部成员会产生一些矛盾；同时对项目管理系统的运作不熟悉，所以沟通障碍较大。

但另一方面，由于项目管理工作有明显的挑战性，能够独立决策，项目成果显著，也可能增加职能人员的新鲜感和动力。

这个阶段的项目经理需要影响型的领导风格。

3. 正规阶段

正规阶段是项目组织的规范阶段。项目经理要与成员们一起参与解决问题，共同作出决策，通过协调解决矛盾，保持对项目经理部的领导和控制。项目经理应创造一种有利的工作环境，激励大家朝预定的目标共同努力，鼓励每个人都把工作做得很出色，鼓励组织成员的创新活动。

在这个阶段,项目经理需要采取参与、指导和顾问式的领导方式,起导向和教练作用。

4. 成效阶段

成效阶段是组织的执行阶段。这个阶段需要各方互相信任，互相适应，能够很好的沟通和公开的交流，形成和谐的相互依赖关系，管理效率逐渐提高，各项工作比较顺利，这时整个项目的工作进度也最快。

这个阶段的项目经理需要授权型领导风格，保持一种良好组织环境，激励组织成员取得成功，使大家士气旺盛地投入工作，高效率地完成项目目标。

5. 结束阶段

在工程项目结束阶段，项目组织和项目经理部都要逐渐解散，有许多职能工作会逐渐减少，最后完全结束。由于在项目的结束阶段，项目工作任务不饱满，项目的组织职能弱化，许多管理工作常常由职能人员兼任。有些人员虽在项目上工作，但由于要承担其他部门或新的项目工作，或要寻找新的工作岗位，开始对本项目的剩余工作失去兴趣，工作效率低下，在项目上的投入不充分，会影响项目的结束工作。这是应该注意的。

在项目的结束阶段应该对项目组织成员进行考核、评价，并报告给所属的部门。

§2.8　项目人力资源管理

人力资源管理是对人力资源的取得、培训、激励、保持和利用等方面所进行的计划、组织、指挥和控制活动。项目人力资源管理的目的是最有效地使用项目成员，激发和调动项目组织成员的积极性，使项目组织高效率运作。

项目人力资源管理的主体是项目经理。项目组织通常是一个临时性的组织，在项目开始时成立，在项目结束后解散。在项目目标实现的过程中，各阶段任务变化大，人员变化也大，应根据项目目标调整人员，在项目目标实现的过程中，激励项目组织人员，评价他们的工作情况，必要时对他们进行培训，以保证最大限度地挖掘其潜能，高效率地实现项目目标。项目人力资源管理包括以下六个方面的工作。

1. 项目人力资源的需求计划

通过项目管理的任务、职能、工作内容和有关项目管理经验决定需要什么样的团队成员；为了确保项目管理的顺利运作，应制定对人员的需求、招聘、安置、报酬、培训、提升和考评计划。人力资源计划要充分地考虑项目内外环境情况及其变化。

2. 人力资源的招聘和选择

人力资源的招聘和选择，应依据项目管理的要求选择人员，应考虑所需人员的才能和背景知识，以此确定对组织成员必须具备的教育程度、知识和经验等方面的要求。

项目团队成员应具备项目工作所需要的素质、知识和技能，应有项目工作的积极性。

项目组织人员招聘和选择应遵循：

(1) 公开原则，鼓励公开竞争，以保证选择到优秀的人才；

(2) 用人之长原则，要根据职务的要求，知人善任，扬长避短；

(3) 择优原则，根据考核结果，择优录用。

在工程项目中，项目经理部的许多职能人员通常是由企业的职能部门派遣的，项目经理部只有得到部门的支持，才能获得最得力的人力资源。

3. 人力资源的配置和安排

合理进行人力资源的配置和安排，明确每个项目成员的职责、权限，使项目经理部成员人尽其用。将成员分配到各职能部门时，应考虑每个人的兴趣、特点、经验、优缺点及人员间的关系。被任命人员应理解并接受项目管理工作职能的要求，任命应经批准并通知所有相关人员。

项目经理部成员经常变化，过于频繁的流动不利于组织的稳定，没有凝聚力，造成组织摩擦大，效率低下。如果项目管理任务经常出现，则应尽可能设置相对稳定的项目管理组织机构，不断地积累项目管理工作经验，使项目管理工作专业化。

4. 人力资源的培训及使用

要对项目经理部成员进行特殊的、经常性的培训，以确保知识的更新，促进学习型组织的形成。在现代企业中，培养项目经理和项目管理的职能人员是许多企业的发展战略。

另外，对有些专业性非常强的职能管理岗位，在招聘新人时会遇到困难，很难有合适的人选，则应给予充分的准备时间进行培训。

5. 人力资源的激励

由于项目组织和管理工作的特殊性，人力资源的作用发挥不仅在于管理水平，而且在于有效的激励。

（1）应注重组织成员每个人的发展，发挥他们的积极性和创新精神，鼓励他们自我管理，努力改进项目管理工作，互相协作。

（2）项目经理部成员都是从职能部门临时借调来的，他们虽在项目上工作，但对他们的管理、评价、晋升通常仍在职能部门。如何激励这些人,需要项目经理工作的艺术性。

（3）项目经理应创建一种工作环境，鼓励每个人都把工作做得很出色，与经理部内部和项目涉及的所有其他相关者建立良好的工作、信任和互相尊重的关系。

（4）项目经理平时应注意对成员的关心，这常常比有目的的激励更重要。

（5）必须公平、公正处理事务。如果明显不公平，或成员感到不公平，就会产生消极情绪。

6. 采取绩效考核与奖励措施

项目管理是目标管理，应采取适当措施对整个项目经理部、项目经理部内的各职能部门（或小组）的工作绩效进行分解、落实、监控、表述、考核。建立绩效的考核和评估体系，进行全方位的绩效考评。如果需要并且又有可能，应考核到每一个人。

§2.9 项目经理与建造师

2.9.1 项目经理

项目经理是企业法定代表人在工程项目上派出的全权代表，这就决定了项目经理在项目管理的中心地位，项目经理是项目管理的主体。

项目经理承担所管理的项目的责任，包括明确项目目标及约束，制定项目的各种活动计划，确定适合于项目的组织机构，招募项目组成员，建设项目团队，获取项目所需资源，领导项目团队执行项目计划，跟踪项目实施，及时对项目进行控制，处理与项目相关者的各种关系，对项目进行考评，提出项目报告等。项目经理对整个项目经理部以及对整个项目起着举足轻重的作用，对项目的成功有决定性影响。

在现代工程项目中，由于工程技术系统更加复杂化，实施难度加大，项目管理对项目的效益影响越来越大,业主在选择承包商和项目管理公司时十分注重对项目经理的经历、经验和能力的审查,并将项目经理作为定标、签订合同的指标之一,并赋予其一定的权重。而许多项目管理公司和承包商将项目经理的选择、培养作为一个重要的企业发展战略。

2.9.2 现代工程项目对项目经理的要求

由于项目经理对项目的重要作用，人们对项目经理的知识结构、能力和素质的要求越来越高。

按照项目和项目管理的特点，通常对项目经理有如下几个方面的基本要求。

1. 素质

在市场经济环境中，项目经理的素质是最重要的，特别是专业化的项目经理。项目经理不仅应具备一般领导者的素质，还应符合项目管理的特殊要求。

(1) 项目经理应有强烈的社会使命感和道德观念，具有良好的职业道德，具有工作的积极性、热情和敬业精神。

(2) 项目经理应富于挑战，具有创新精神，务实的态度，有强烈的管理雄心和愿望，勇于挑战，勇于决策，勇于承担责任和风险。

(3) 项目经理应讲究信用，为人诚实可靠，有敢于承担错误的勇气，言行一致，正直，办事公正、公平，实事求是，公平公正地对待各方利益。不能因受到业主的批评和不理解而放弃自己的职责，不能因为自己受雇于业主或受到其他影响而不公正行事。

(4) 项目经理应能承担艰苦的工作，任劳任怨，忠于职守。在项目组织中，项目经理是一个特殊的角色，处于矛盾的焦点，业主和承包商常常都不能理解他。所以，项目经理不仅要化解矛盾，而且要使大家理解自己，同时又要能经得住批评指责，不放松自己的工作，应有宽容性。

(5) 项目经理应具有合作精神，能够与他人共事，具有全局的观念，胸怀坦荡，有坚强的意志，能自律，具有较强的自我控制能力。

2. 能力

(1) 丰富的工程管理工作经历和经验

项目经理要具有长期的工程管理工作经历和经验，特别是具有同类项目成功的经历，对项目工作具有较好的判断能力、思维能力、应变能力。

(2) 组织能力、协调能力

为了有效地实现项目目标，项目经理能运用组织理论，把项目建设活动的各个要素、各个环节，从时间和空间相互关系上，有效地、合理地组织起来。项目经理要具有较强的组织管理能力和协调能力，主要包括：

①能胜任小组领导工作，知人善任，敢于和善于授权；

②协调好各方面的关系，善于人际交往；

③工作具有计划性，能有效地利用好项目时间；

④善于管理矛盾与解决冲突；

⑤能处理好与业主（或顾客）的关系，设身处地地为他人考虑；

⑥与企业各部门有较好的人际关系，能够与外界交往，与上层组织沟通。

(3) 很强的沟通能力、激励能力和处理人事关系的能力

项目经理的职务是个典型的低权力的领导职位，项目经理主要靠领导艺术、影响力和说服力而不是靠权力和命令行事，项目经理能采取的激励措施是很有限的，项目经理必须充分利用合同和项目管理规范赋予的权力运行组织，注意从心理学、行为科学的角度激励

项目经理部成员的积极性，掌握沟通的能力和艺术。

(4) 创新能力

由于项目是常新的，项目经理在项目管理活动中，要有洞察力、思维敏捷、思路开阔、想像力丰富、具有应变能力和灵活性。

(5) 良好的谈判技能

项目经理要有较强的语言表达能力和说服能力，有良好的谈判技巧。在国际项目中，需要项目经理有应用外语的能力。

3. 知识

项目经理应该有解决问题所必要的广博知识，项目经理业务能力的高低，在很大程度上取决于其知识水平的高低。项目经理通常须接受过大学以上的专业教育，项目经理必须具有专业知识，一般来自工程的主要专业，如为土木工程或其他专业工程方面的专家，否则很难在项目中被人们接受和真正介入项目工作；项目经理须接受过项目管理的专门培训或再教育。目前发达国家有一整套项目经理的教育培训的途径和方法，有比较好的、成熟的经验。项目经理应该掌握以下方面的知识：

(1) 项目所在领域的相关专业知识

项目管理是分领域的，不同领域项目管理的差异很大。工程项目的经理则需要掌握相关的工程专业知识，这是项目经理的专业基础。

(2) 一般的管理知识

如管理学、经济学、工程经济学、系统工程、组织行为学、财务管理、计算机等知识理论和方法。

(3) 项目管理的知识

包括综合管理、范围管理、时间管理、成本管理、人力资源管理、采购管理、质量管理、沟通管理、风险管理等。

2.9.3 建造师

为了加强建设工程项目总承包与施工管理，保证工程质量和施工安全，2002 年 12 月 5 日，国家人事部、国家建设部决定对建设工程项目总承包及施工管理的专业技术人员实行建造师执业资格制度，下达了“关于印发《建造师执业资格制度暂行规定》的通知”（人发［2002］111 号），同时，印发了《建造师执业资格制度暂行规定》；为解决建筑业企业项目经理资质管理制度向建造师执业资格制度过渡的有关问题，2003 年 4 月 23 日，国家建设部下达了“关于建筑业企业项目经理资质管理制度向建造师执业资格制度过渡有关问题的通知”。同时，关于建立建造师执业资格制度的各项工作也同时展开。2005 年 3 月 12、13 日两天，首次在全国组织了一级建造师执业资格考试。

我国的建造师分为一级建造师（Constructor）和二级建造师（Associate Constructor）。

1. 建造师考试

(1) 一级建造师考试

一级建造师执业资格实行统一大纲、统一命题、统一组织的考试制度，由国家人事部、国家建设部共同组织实施，原则上每年举行一次考试。

《建造师执业资格制度暂行规定》中规定，凡遵守国家法律、法规，具备下列条件之一者，可以申请参加一级建造师执业资格考试。

①取得工程类或工程经济类大学专科学历，工作满 6 年，从事建设工程项目施工管理工作满 4 年。

②取得工程类或工程经济类大学本科学历，工作满 4 年，从事建设工程项目施工管理工作满 3 年。

③取得工程类或工程经济类双学士学位或研究生班毕业，工作满 3 年，从事建设工程项目施工管理工作满 2 年。

④取得工程类或工程经济类硕士学位，工作满 2 年，从事建设工程项目施工管理工作满 1 年。

⑤取得工程类或工程经济类博士学位，从事建设工程项目施工管理工作满 1 年。

一级建造师执业资格考试，分综合知识与能力和专业知识与能力两个部分。其中，专业知识与能力部分的考试，按照建设工程的专业要求进行，具体来说，划分为以下 14 个专业：房屋建筑工程、公路工程、铁路工程、民航机场工程、港口与航道工程、水利水电工程、电力工程、矿山工程、冶炼工程、石油化工工程、市政公用与城市轨道工程、通信与广电工程、机电安装工程和装饰装修工程。注册建造师应在相应的专业岗位上执业。参加一级建造师执业资格考试合格，由各省、自治区、直辖市人事部门颁发国家人事部统一印制，国家人事部、国家建设部加印的《中华人民共和国一级建造师执业资格证书》。该证书在全国范围内有效。

（2）二级建造师考试

凡遵纪守法并具备工程类或工程经济类中等专科以上学历并从事建设工程项目施工管理工作满 2 年，可以报名参加二级建造师执业资格考试。

2. 建造师注册

取得建造师执业资格证书的人员，必须经过登记、注册方可以建造师名义执业。国家建设部或其授权的机构为一级建造师执业资格的注册管理机构。各省、自治区、直辖市建设行政主管部门或其授权的机构为二级建造师执业资格的注册管理机构。

一级建造师执业资格注册，由本人提出申请，由各省、自治区、直辖市建设行政主管部门或其授权的机构初审合格后，报国家建设部或其授权的机构注册。准予注册的申请人，由国家建设部或其授权的注册管理机构发放由国家建设部统一印制的《中华人民共和国一级建造师注册证》。

二级建造师执业资格的注册办法，由各省、自治区、直辖市建设行政主管部门制定，颁发辖区内有效的《中华人民共和国二级建造师注册证》，并报国家建设部或其授权的注册管理机构备案。

建造师执业资格注册有效期一般为 3 年，有效期满前 3 个月，持证者应到原注册管理机构办理再次注册手续。在注册有效期内，变更执业单位者，应当及时办理变更手续。

建造师经注册后，有权以建造师名义担任建设工程项目施工的项目经理及从事其他施工活动的管理。

2.9.4　建造师与项目经理的关系

建造师与项目经理定位不同，但所从事的都是建设工程的管理。建造师执业的覆盖面较大，可以涉及工程建设项目管理的许多方面，担任项目经理只是建造师执业中的一项；项目经理则限于企业内某一特定工程的项目管理。建造师选择工作的权力相对自主，可以在社会市场上有序流动，有较大的活动空间；项目经理岗位则是企业设定的，项目经理是企业法人代表授权或聘用的、一次性的工程项目施工管理者。

1. 定位不同

(1) 建造师

建造师经注册后，有权以建造师名义担任建设工程项目施工的项目经理及从事其他施工活动的管理。

建造师的执业范围很广，《建造师执业资格制度暂行规定》中第二十六条规定，建造师的执业范围包括以下三个方面。

①担任建设工程项目施工的项目经理。

②从事其他施工活动的管理工作。

③法律、行政法规或国务院建设行政主管部门规定的其他业务。

按照国家建设部颁布的《建筑业企业资质等级标准》，一级建造师可以担任特级、一级建筑业企业资质的建设工程项目施工的项目经理；二级建造师可以担任二级及以下建筑业企业资质的建设工程项目施工的项目经理。

(2) 项目经理

项目经理岗位是企业设定的，项目经理是企业法人代表授权或聘用的、一次性的工程项目施工管理者。

2005 年 3 月 1 日，中国建筑业协会发布《建设工程项目经理岗位职业资格管理导则》，其中规定，建设工程项目经理的岗位职业资格等级划分共分为 A、B、C、D 四个等级，A 级为建设工程总承包项目经理；B 级为大型建设工程项目经理；C 级为中型建设工程项目的施工项目经理；D 级为小型建设工程项目的施工项目经理。其标准及必须具备的条件如表 2.4 所示。

表 2.4　建设工程项目经理的岗位职业资格等级划分

序号	等级	标准及必须具备的条件
1	A 级项目经理	(1) 具有大学本科以上文化程度、工程项目管理经历 8 年以上，或具有大专以上文化程度、工程项目管理经历 10 年以上。 (2) 具有国家一级注册建造师（或注册结构工程师、建筑师、监理工程师、造价工程师）执业资格，并参加过国际（工程）项目管理专业资质认证或工程总承包项目经理岗位职业标准的培训。 (3) 具有大型工程项目管理经验，至少承担过两个投资在 1 亿元以上的建设工程项目的主要管理任务。 (4) 根据工程项目特点，能够带领项目经理部中所有管理人员熟练运用项目管理方法，圆满地完成建设工程项目各项任务。 (5) 具备一定的外语水平，能够阅读或识别外文图纸和相关文件。

续表

序号	等级	标准及必须具备的条件
2	B级项目经理	(1) 具有大学本科文化程度、工程项目管理经历6年以上，或具有大专以上文化程度、工程项目管理经历8年以上。 (2) 具有国家一级注册建造师（或注册结构工程师、建筑师、监理工程师、造价工程师）执业资格。 (3) 具有大型工程项目管理经验，至少承担过一个投资在1亿元以上的工程项目的主要管理任务。 (4) 具有一定的外语知识。
3	C级项目经理	(1) 具有大专以上文化程度、施工管理经历4年以上，或具有中专以上文化程度、施工管理经历6年以上。 (2) 具有二级注册建造师及相应专业的执业资格。 (3) 具有中型以上工程项目管理经验，至少承担过一个投资在3000万元以上工程项目的主要管理任务。
4	D级项目经理	(1) 具有大专以上文化程度、施工管理经历2年以上，或中专及以上文化程度、施工管理经历3年以上。 (2) 经过项目经理岗位职业资格标准培训，并取得岗位职业资格证书。 (3) 具有小型工程项目管理经验。

该“导则”特别强调对拟任项目经理的培训与考核，规定各级拟任项目经理由企业按照导则中的岗位职业等级标准和要求，向所在省、自治区、直辖市或相关行业建设协会指定的机构申请，各省、自治区、直辖市或相关行业建设协会指定的机构进行审核后，颁发《建设工程项目经理岗位职业资格证书》。企业依照项目经理岗位职业等级标准和工程项目的规模及实际情况，从取得《建设工程项目经理岗位职业资格证书》的人员中，选择聘任具有相应资格的项目经理。

2. 资质过渡

国家建设部在《关于建筑业企业项目经理资质管理制度向建造师执业资格制度过渡有关问题的通知》中明确规定，建筑业企业项目经理资质管理制度向建造师执业资格制度过渡的时间定为5年，即从国发［2003］5号文印发之日（即2003年2月27日）起至2008年2月27日止。在过渡期内，原项目经理资质证书继续有效。对于具有建筑业企业项目经理资质证书的人员，在取得建造师注册证书后，其项目经理资质证书应缴回原发证机关。过渡期满后，项目经理资质证书停止使用。过渡期内，大、中型工程项目的项目经理的补充，由获取建造师执业资格的渠道实现；小型工程项目的项目经理的补充，可以由企业依据原三级项目经理的资质条件考核合格后聘用。过渡期内，凡持有项目经理资质证书或者建造师注册证书的人员，经其所在企业聘用后均可以担任工程项目施工的项目经理。过渡期满后，大、中型工程项目施工的项目经理必须由取得建造师注册证书的人员担任；但取得建造师注册证书的人员是否担任工程项目施工的项目经理，由企业自主决定。

项目经理责任制是我国施工管理体制上一项重大的改革，对加强工程项目管理，提高工程质量起到了很好的作用。建造师执业资格制度建立以后，项目经理责任制仍然要继续坚持，国发［2003］5号文是取消项目经理资质的行政审批，而不是取消项目经理。项目经理仍然是施工企业某一具体工程项目施工的主要负责人，项目经理的职责是根据企业法定代表人的授权，对工程项目自开工准备至竣工验收，实施全面的组织管理。有变化的是，大、中型工程项目的项目经理必须由取得建造师执业资格的建造师担任。注册建造师资格是担任大中型工程项目经理的一项必要性条件，是国家的强制性要求。但选聘哪位建造师担任项目经理，则由企业决定，那是企业行为。小型工程项目的项目经理可以由不是建造师的人员担任。

§2.10 工程项目组织协调

2.10.1 组织协调的概念

项目在运行的过程中会涉及许多方面的关系，为了处理好这些关系，保证实现项目的目标，就需要协调。组织协调是指通过协商、沟通、调度等方法，使各项活动衔接有序地正常展开，以实现预定目标。

项目系统是一个由人员、物质、信息等构成的组织系统。项目的协调关系一般可以分为三大类：一是“人员/人员界面”；二是“系统/系统界面”；三是“系统/环境界面”。

1. 人员/人员界面

项目组织是人的组织，是由各类人员组成的。人的差别是客观存在的，由于每个人的经历、心理、性格、习惯、能力、任务、作用的不同，在一起工作时，必定存在潜在的人员矛盾或危机。这种人和人之间的间隔，就是所谓的“人员/人员界面”。

2. 系统/系统界面

如果把项目系统看做是一个大系统，则可以认为项目系统实际上是由若干个子系统所组成的一个完整体系。各个子系统的功能不同，目标不同，内部工作人员的利益不同，容易产生各自为政的趋势和相互推托的现象。这种子系统和子系统之间的间隔，就是所谓的“系统/系统界面”。

3. 系统/环境界面

项目系统在运作过程中，必须和周围的环境相适应。所以项目系统必然是一个开放的系统。项目系统能主动地向外部世界取得必要的能量、物质和信息。在这个过程中，存在许多障碍和阻力。这种系统与环境之间的间隔，就是所谓的“系统/环境界面”。

工程项目建设协调管理就是在“人员/人员界面”、“系统/系统界面”、“系统/环境界面”之间，对所有的活动及力量进行联结、联合、调和的工作。

2.10.2 组织协调的范围与层次

一般认为，协调的范围可以分为系统内部的协调和对系统的外层协调。系统内部的协调包括项目经理部内部协调、项目经理部与企业的协调以及项目经理部与作业层的协调。从项目组织与外部世界的联系程度看，工程项目外层协调又可以分为近外层协调和远外层协调。近外层和远外层的主要区别是，工程项目与近外层关联单位一般有合同关系，包括直接的和间接的合同关系，如与业主、监理、设计单位、供货商、分包商和保险人等的关系；和远外层关联单位一般没有合同关系，但却有着法律、法规和社会公德等约束的关系，如与政府、项目周边居民社区组织、环保、交通、文物、消防和公安等单位的关系。

归纳起来，按照项目经理部与被协调对象之间的组织关系的“远”、“近”程度可以分为：

(1) 组织内部协调（项目经理部内部协调、项目经理部与企业的协调以及项目经理部与作业层的协调）。

(2) “近外层”协调（即与业主、监理、设计单位、供货商、分包商等之间的协调）。

(3) “远外层”协调（即与政府有关部门、项目周边居民及社区组织、环保、文物、消防和公安等的协调）。

工程项目协调的范围与层次如图 2.16 所示。

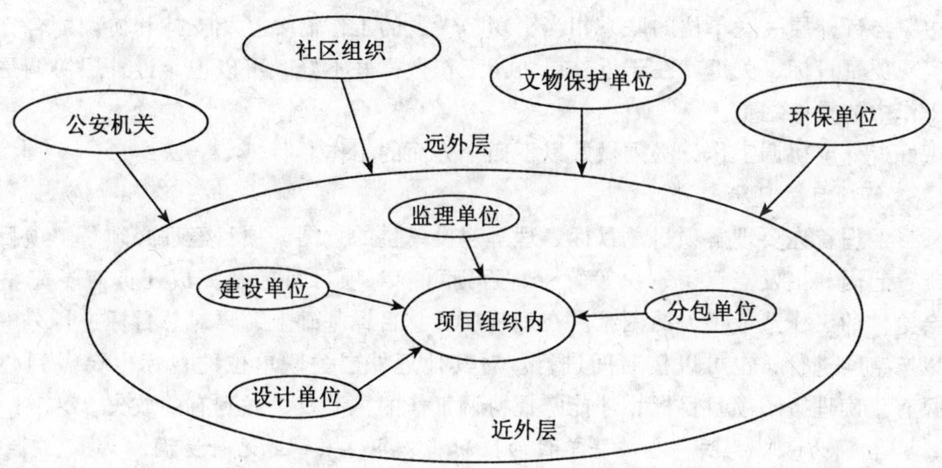

图 2.16 工程项目协调的范围与层次

2.10.3 项目组织内部协调

项目组织内部协调包括人际关系、组织关系的协调。

1. 人际关系的协调

工程建设项目系统是由人组成的工作体系。工作效率如何，很大程度上取决于人际关系的协调程度，应首先抓好人际关系的协调，具体做好以下工作：

(1) 做到人员安排要量才录用；

(2) 工作分工要职责分明；

(3) 工作成绩评价要实事求是；

(4) 通过各种交流、活动，增进相互之间的了解和亲和力，促进相互之间的工作支持；

(5) 通过调解、互谅互让来缓和工作之间的利益冲突，化解矛盾、增强责任感，提高工作效率；矛盾调解要恰到好处，调解矛盾要注意方式方法；

(6) 坚持民主集中制，做好思想政治工作，充分调动每个人的积极性。

2. 组织关系的协调

组织关系协调主要做好以下工作：

(1) 在职能和分工的基础上设置组织机构；

(2) 明确规定每个机构的目标职责、权限，形成制度；

(3) 事先确定各个机构在工作中的相互关系；

(4) 建立信息沟通制度，如工作例会、业务碰头会、发会议纪要、采用工作流程图、计算机网络信息传递等方式来沟通信息；

(5) 及时解决工作中的矛盾和冲突。

2.10.4 项目近外层协调

近外层协调包括与业主、监理、设计单位、供货商、分包商和保险人等的关系协调，项目与近外层关联单位一般有合同关系，包括直接的和间接的合同关系。工程项目实施的过程中，与近外层关联单位的联系相当密切，大量的工作需要互相支持和协调配合，能否如期实现项目目标，关键就在于近外层协调工作做得好不好，可以说，近外层协调是所有协调工作中的重中之重。

做好近外层协调工作，必须做好以下四个方面的工作。

1. 理解项目总目标

项目经理首先要理解项目总目标、理解建设单位的意图。项目经理必须了解项目构思的基础、起因和出发点，了解决策背景，否则可能对项目目标及完成任务有不完整的理解，会给他的工作造成很大的困难。在理解项目总目标基础上，再对总目标进行分解，分解可以按空间进行，也可以按时间进行。对其他近外层关联单位的目标也要做到心中有数。只有正确理解了项目目标，才能掌握协调工作的主动权，做到有的放矢。

2. 以合同为基础，明确各关联单位的权利和义务，平等地进行协调

工程项目实施的过程中，合同是所有关联单位的最高行为准则和规范。合同规定了相关工程参与单位的权利和义务，所以必须有牢固的合同观念，要清楚哪些工作是什么单位做的，什么时候完成，要达到什么样的标准；如果出现问题，是哪个单位的责任；同时，也要清楚自己的义务，对属于自己要完成的工作也要做好。只有这样，才不会在工作中失误，不会给自己工作造成被动，协调工作才能做好。

3. 尊重各相关联单位

近外层相关联单位在一起参与项目工程，其最终目标都是一致的，就是完成项目的总目标。因而，在工程实施的过程中，出现问题和纠纷时一定要本着互相尊重的态度进行处理。例如：

对于建设单位，尽管有预定的目标，但项目实施必须执行建设单位的指令，使建设单位满意，对建设单位提出的某些不适当的要求，只要不属于原则问题，都可以先行进行，然后利用适当时机，采取适当方式加以说明或解释；对于原则性问题，可以采取书面报告等方式说明原委，尽量避免发生误解，以使项目顺利进行。

对于设计单位，由于其为工程项目建设提供图纸，以及修改设计等工作，是工程项目主要相关联单位之一。协调的过程中，一定要尊重设计单位的意见，例如主动组织设计单

位介绍工程概况、设计意图、技术要求和施工难点等；在图纸会审时请设计单位交底，明确技术要求，把标准过高、设计遗漏、图纸差错等问题解决在施工之前；施工阶段，严格按图施工；结构工程验收、专业工程验收和竣工验收等工作，请设计代表参加。若发生质量事故，认真听取设计单位的处理意见；应当主动向设计单位介绍工程进展情况，施工中发现设计问题，应及时主动向设计单位提出，以免造成大的直接损失。

协调不仅是方法问题、技术问题，更多的是语言艺术、感情交流。在协调的过程中，要多做换位思考，换个角度看问题，把自己放在对方的立场上来想，多做感情交流，在工作中不断积累经验，才能提高协调能力。

2.10.5　项目远外层协调

协调好项目系统外部的关系，争取各方面的支持，改善建设环境，对于实现项目目标，具有十分重要的意义。

远外层与项目组织不存在合同关系，主要以法律、法规和社会公德为准绳，相互支持、密切配合、共同服务于项目目标。

工程项目的开展受政府部门及其他单位的影响，如政府部门、金融组织、社会团体、服务单位和新闻媒介等，对工程项目起着一定的或决定性的控制、监督、支持和帮助作用，这层关系若协调不好，工程项目实施也可能会受到影响。

项目部协调远外层关系的工作包括：督促作业队伍到建设行政主管部门办理分包队伍施工许可证；到劳动管理部门办理劳务人员就业证，办理企业安全资格认可证、安全施工许可证、项目经理安全生产资格证等手续；项目部的安全保卫部门应办理施工现场消防安全资格认可证；到交管理部门办理通行证，到当地户籍管理部门办理劳务人员暂住手续；项目经理部应到当地城市管理部门办理街道临建审批手续；项目经理部应到当地政府质量监督管理部门办理建设工程质量监督通知单等手续；项目经理部应配合环保部门做好施工现场的噪音检测工作，及时报送有关厕所、化粪池、道路等的现场平面布置图、管理措施及方案等。

一些大中型工程项目建成后，不仅会给建设单位带来效益，还会给该地区的经济发展带来好处，同时给当地人民生活带来方便，因此必然会引起社会各界关注。项目部应把握机会，利用大众宣传媒介，宣传项目建设的意义、建设进度、取得的成绩、项目建设对地方经济发展的贡献等，争取社会各界对工程建设的关心和支持。

做好远外层的协调，争取到相关部门和社团组织的理解和支持，对于顺利实现项目目标是必需的。

复习思考题

1. 什么是组织？组织的构成因素是什么？
2. 组织机构设置应遵循什么原则？
3. 常用的组织结构形式有哪些？各有何特点？为什么项目的管理组织结构需动态调整？
4. 试分析管理任务分工和管理职能分工的意义。

5. 试绘制一张投资控制整体流程和项目实施计划的实施、检查与分析控制流程图。
6. 试绘制一张项目结构图。
7. 简述工程项目组织策划的内容和过程。
8. 简述项目资本结构的主要模式及其特点。
9. 简述国内外的承发包模式及其特点。
10. 简述项目经理部的结构和运作过程。
11. 简述项目人力资源管理的工作内容。
12. 简述现代工程项目对项目经理的要求。如何培养合格的项目经理?
13. 如何理解建造师和项目经理的关系?
14. 如何做好项目近外层和远外层的协调工作?

第 3 章　工程项目策划

本章学习要点：学习本章要求熟悉项目策划的基本概念和类型，掌握工程项目策划的主要任务；掌握项目决策策划的过程、工作内容；掌握项目实施策划的基本内容，熟悉项目实施的组织策划；熟悉可行性研究的基本要求和内容。

§3.1　工程项目策划概述

3.1.1　工程项目策划的基本概念

建设项目策划是指在项目建设前期和项目实施过程中，通过调查研究和收集资料，在充分占有信息的基础上，针对项目进行的决策和实施，或针对决策和实施的某个问题，进行组织、管理、经济和技术等方面的科学分析和论证，明确项目建设的目的和方向，为项目建设的决策和实施增值。工程项目策划带来的项目增值可以反映在人类生活和工作的环境保护、建筑环境美化、项目的使用功能和建设质量提高、建设成本和经营成本降低、社会效益和经济效益提高、建设周期缩短、建设过程的组织和协调强化等方面。以房地产项目为例，房地产项目就是通过全程策划包括项目用地环境勘查、项目定位、项目投资分析、项目规划、项目质量工期策划、项目 CIS（企业形象识别系统）策划、项目营销推广策划、项目销售规划、物业服务策划等来达到让楼盘升值的最终目的的过程。

项目策划是项目管理的一个重要组成部分。国内外许多建设项目的成功经验或失败教训证明，建设项目策划是项目成功的前提。如开发商在高档区域开发低档房，使土地资源造成浪费，土地的级差效益没有充分地显现出来。这种选址错误是最为典型的缺乏前期策划，对区域因素缺乏考虑的结果。

项目策划的意义在于其工作成果使项目的决策和实施有据可依。一个建设项目的成功，取决于对项目的良好决策和后续的组织实施，而一个良好的决策往往对整个项目的成败起着至关重要的作用。

项目决策策划能为项目提供良好的工作基础，创造完善的条件，使项目建设在技术上趋于合理，在资金和经济方面周密安排，在组织管理方面灵活计划并有一定的弹性，从而保证建设项目具有充分的可行性，为项目开发提供科学的决策支持，是项目成功的重要因素。

项目实施策划，是在建设项目立项以后，为了把项目决策付诸实施而形成的具有可行性、可操作性和指导性的实施方案，使项目实施的目标、过程、组织、方法、手段等都更具系统性和可行性，避免随意性和盲目性。

3.1.2 工程项目策划的特点

1. 现实性

项目策划的基础是充分占有信息和资料，全面地了解形成客观实际的各种因素及其信息，包括有利的与不利的因素，并分析研究收集到的材料，寻找出问题的实质和主要矛盾。因此策划应十分重视对项目有关环境和条件的调查与分析。任何建设项目都处于社会经济系统中，项目的决策和实施与社会、政治、经济及自然环境紧密相关，策划必须对建设环境和条件进行全面的、深入的调查和分析。

2. 前瞻性

策划如同一座桥，连接着我们目前与未来。策划是针对未来要发生的事情作当前的决策。项目策划的结果应着重表现为超前性和预见性。由于建设项目一般具有较长的建设周期，项目策划实际是对拟建项目的一种早期预测，这就要求策划具有预测未来的能力，要具有超前的眼光。

3. 创新求增值

项目策划是根据现实情况和以往经验，对事务变化趋势做出判断，对所采取的方法、途径和程序等进行周密而系统的构思和设计，是一种高智力的活动，是创新增值的过程。由于工程项目本身具有单件性、一次性和地域性等特点，加上每个工程项目实施的环境不同，具有不同的约束条件和功能要求，因此，策划不能生搬硬套，应善于根据特定的条件来努力创新，只有这样，策划才能别具一格，与众不同，更能取得成效。

4. 动态性

项目策划工作往往是在项目前期，但策划成果并不是一成不变的。一方面，项目策划所做的分析往往还是粗略的估计，随着项目的开展，项目策划的内容根据项目需要和实际可能性不断丰富和深入；另一方面，项目早期策划工作往往是在信息不够充分和一定的经验性假设的基础上进行的，假设条件往往随着项目进展不断变化，必须对原来的假设不断验证，所以策划结果需要根据环境和条件不断发生的变化，不断进行论证和调整，逐步提高其准确性。

5. 开放性

项目策划需要整合多方面专家的知识和经验，包括组织、管理、经济、技术方面的知识和设计、施工、项目管理和策划方面的经验。项目策划一般委托专业咨询单位进行，这些专业咨询单位往往也是开放型组织，与政府部门、教学科研单位、设计单位、供货单位和施工单位等保持密切联系，策划组织者的任务是根据需要把这些单位的专家组织和集中起来。

6. 系统性

项目前期策划一般都要经历以下几个步骤：环境调查和分析、构思的产生和选择、项目定位、项目目标系统设计、项目定义、项目建议书和可行性研究等过程。项目策划把各方面的活动有机结合起来，使各项工作相互协调，形成一个合理的整体。这种整体的系统性有利于确定工作秩序和节奏，做到井然有序，提高工作效率，创造最佳效益。

3.1.3 工程项目策划的类型

工程项目策划按不同的标准可以分成不同的类型。

1. 按照策划的阶段划分

(1) 项目决策策划

项目决策策划在项目决策阶段完成，为项目决策服务。项目决策策划要回答建设什么、为什么要建设的问题，又称为项目决策评估。

(2) 项目实施策划

项目实施策划在项目实施阶段的前期完成，为项目管理服务。项目实施策划要回答怎么建的问题，将项目决策付诸实施，形成具有可行性、可操作性和指导性的实施方案，又称为项目实施评估。

项目决策策划和项目实施策划两者统称为项目策划。

(3) 项目运营策划

有的项目还进行项目运营策划，项目运营策划在项目实施阶段完成，包括项目运营方式、运营管理组织、运营机制和项目运营准备等方面的策划。用于指导项目动用准备和项目运营，并在项目运营阶段进行调整和完善。

2. 按照项目策划的范围划分

按照项目策划的范围不同，可以分为：

(1) 项目总体方案策划；

(2) 项目局部方案策划。

3. 按照策划的内容划分

按照策划的内容不同，可以分为：

(1) 项目的构思策划；

(2) 项目的经济策划；

(3) 项目的组织策划；

(4) 项目的目标控制策划；

(5) 项目的采购策划和项目的风险策划等。

3.1.4 工程项目策划的主要任务

1. 项目决策的策划任务

项目实施的策划最主要的任务是定义如何组织开发或建设该项目。具体包括明确项目的规模、内容、使用功能和质量标准，估算项目总投资和投资收益，以及与项目决策有关的组织、管理和总进度规划等问题。

项目决策策划一般包括以下六项任务：

(1) 建设环境和条件的调查和分析；

(2) 项目建设目标论证与项目定义；

(3) 项目结构分析；

(4) 与项目决策有关的组织、管理和经济方面的论证与策划；

(5) 与项目决策有关的技术方面的论证与策划；

(6) 项目决策的风险分析。

2. 项目实施的策划任务

项目实施的策划最主要的任务是定义如何组织开发或建设该项目。项目实施策划主要是对项目目标、组织、环境和实施过程的安排，包括如何组织设计、如何招标、如何组织施工、如何组织供货等问题。

项目实施策划的基本任务如下：

（1）项目实施的环境和条件的调查与分析；

（2）项目目标的分析和再论证；

（3）项目实施的组织策划；

（4）项目实施的管理策划；

（5）项目实施的合同策划；

（6）项目实施的经济策划；

（7）项目实施的技术策划；

（8）项目实施的风险分析与策划等。

项目决策和项目实施两阶段的策划任务可以归纳如表 3.1 所示。

表 3.1 项目决策和实施阶段的策划任务表

策划任务	项目决策阶段	项目实施阶段
环境调查和分析	1. 调查分析总体的宏观经济环境、项目的市场环境（包括市场需求和供给，市场竞争状况等）、政策环境； 2. 项目当地的自然环境，包括气象、水文和地质条件等； 3. 项目所在区域的建筑环境，即周围环境和建筑物的风格、色调、体型、体量等。	1. 调查分析项目所在地的政策环境（地方法规、条例、建设标准等）； 2. 市场环境（当地原材料、劳动力的供给和价格）； 3. 建设环境（能源、基础设施等）和建筑环境（风格、主色调等）。
项目定义和论证	1. 确定项目建设目的、宗旨及其指导思想； 2. 项目的规模、组成、功能和标准的定义； 3. 项目的总投资规划和论证； 4. 建设开发周期规划和论证。	1. 投资目标分解和论证； 2. 编制项目投资总体规划； 3. 进度目标分解和论证； 4. 编制项目建设总进度规划； 5. 项目功能分解； 6. 建筑面积分配； 7. 确定项目质量目标。
组织策划	1. 决策期的组织结构； 2. 决策期任务分工以及管理职能分工； 3. 决策期的工作流程； 4. 实施期组织总体方案； 5. 项目的编码体系分析。	1. 业主方项目管理班子的组织结构； 2. 任务分工和管理职能分工； 3. 确定项目管理工作流程； 4. 建立编码体系。
管理策划	1. 实施期管理总体方案； 2. 界面管理方案； 3. 运营期设施管理总体方案，运营期经营管理总体方案。	1. 确定项目实施各阶段的项目管理工作内容； 2. 界面管理的具体实施。

续表

策划任务	项目决策阶段	项目实施阶段
合同策划	1. 决策期的合同结构； 2. 决策期的合同内容和文本； 3. 实施期的合同结构总体方案等。	1. 确定方案设计竞赛的组织； 2. 确定项目管理委托、设计施工和物资采购合同结构方案； 3. 确定各种合同类型和文本。
经济策划	1. 项目建设成本分析； 2. 开发或建设效益分析； 3. 融资方案； 4. 编制资金需求量计划。	1. 编制资金需求量计划； 2. 投资估算以及融资方案的深化分析。
技术策划	1. 技术方案分析和论证； 2. 关键技术进行分析和论证； 3. 技术标准、规范的应用和制定等。	1. 技术方案的深化分析和论证； 2. 关键技术的深化分析和论证； 3. 技术标准和规范的应用和制定； 4. 材料和设备选型，组织进场。
风险策划	1. 决策期风险（政治风险、政策风险、经济风险、技术风险、组织风险和管理风险等）的识别； 2. 风险分析和风险管理措施制定； 3. 实施期风险管理规划。	1. 实施期风险（环境风险、组织风险、经济与管理风险、技术风险等）识别和分析； 2. 风险控制管理流程和措施制定。

3.1.5　工程项目策划的作用

项目的策划工作主要是产生项目构思，确立目标，并对目标进行论证，为项目的批准提供依据，是项目决策的准备过程、作为孕育阶段的工程项目前期策划，不仅对项目的整个生命期，对项目的实施和运营起着决定性作用，而且对工程项目所涉及的整个上层系统（国家、地方和企业）都有极其重要的决定性影响。

1. 构思工程项目系统框架，解决项目的方向性问题

项目策划的首要任务是根据项目投资意图进行项目的定位、目标系统设计和项目定义，全面构想一个待建的项目系统。项目构思和项目目标的确立可以解决项目的方向性问题。方向错误必然会导致整个项目的失败，而且这种失败又常常是无法弥补的。图 3.1 为项目累计投入和影响对比，图 3.1 清楚地表明：项目的前期费用投入较少，项目的主要投入在建设施工阶段；但项目前期策划对项目生命期的影响最大，稍有失误就会导致项目的失败，产生不可挽回的损失，而施工阶段的工作对项目生命期的影响较小。虽然人们常从投资影响的角度来理解图 3.1 以说明前期工作对投资的影响，但实质上对项目整体效益的影响也可以从中直观地反映出来。

工程项目是由目标决定任务，由任务决定技术方案和实施方案或措施，再由实施方案产生工程活动，进而形成的一个完整的项目技术系统和项目管理系统。故项目目标规定着

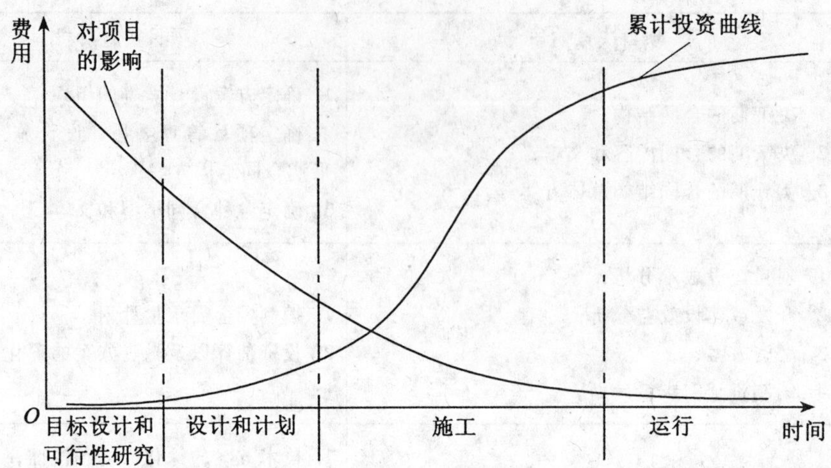

图 3.1 项目累计投入和影响对比

项目和项目管理的各个阶段和各个方面，形成一条贯穿始终的主线。若目标设计出错，常会产生的后果是：

(1) 工程建成后无法正常运行，达不到使用效果。

(2) 工程项目虽然可以正常运行，但其产品或服务没有市场，不能为社会接受。

(3) 运营费用高，没有效益，缺乏竞争力。

(4) 项目目标在工程建设过程中不断变动造成超投资、超工期等。

2. 形成项目的竞争优势

在市场经济条件下，项目策划的根本目的是实现项目业主的投资目标。因此，策划人员以其智慧提出项目构想、项目目标和实施方案，既要保证项目建设的顺利开展，同时项目拟定的产品（服务）方案必须确保项目建成投产后所生产的产品在市场上的竞争力，即形成项目的竞争优势。否则，工程项目（尤其是工业项目）预期的经济效益无法实现。

3. 保证决策的科学性

工程项目的建设必须满足国家、地方和企业发展的需要（决策层的要求），提供社会急需的产品与服务。假如拟定兴建的一个项目，其结果不能解决决策层亟待解决的问题，就不能为决策层所接受。一旦决策失误，会造成历史性的负面影响。过去国内出现的因某个工程项目的失败，导致企业破产、造成公共财政的损失、生态环境的破坏和引起社会问题的例子很多。策划的决策保证作用体现在策划人员为项目业主的决策进行的科学缜密的项目谋划、构思、拟定多种备选方案上。决策者以策划方案为基础，进行比较与选择，从而保证决策的科学性。

4. 预测的作用

根据项目业主对项目发展的要求，策划人员针对工程项目生命期内社会环境的变化，进行超前研究，预测未来发展趋势，思考未来可能出现的问题与风险，并提出相应对策，帮助项目业主提高在未来项目实施与运营过程中的适应能力。

5. 项目管理创新作用

策划本身就是一种创新活动。每一个工程项目的投资时期不同、社会条件不同、所在地区不同、拥有的资源也不同，这就要求策划人员创造性思维，对项目的功能系统、技术系统、管理系统进行创新，并且深入到项目系统构成的各个层面，乃至针对各个阶段的项目管理的运作方案提出全面的构想。由此可见，项目策划实质上是一个管理创新的过程，一个好的项目策划方案本身就是一个项目管理创新方案。

3.1.6 工程项目策划的几个相关关系

1. 工程项目策划贯穿整个项目周期

首先，工程项目策划的工作时间主要是在项目周期第一阶段即项目决策期，并且随着项目的进展不断延伸，其策划的后果会在项目建设全过程中反映出来；其次，工程项目策划不仅包括对项目决策期各个环节的策划，而且还包括对项目建设期、项目运营期各个环节的策划。但项目运营期各个环节的策划不属于本书讨论的范围。

2. 工程项目策划是对可行性研究的补充

工程建设项目可行性研究是对投资项目的必要性、实施的可能性、技术的先进性及适用性、经济的合理性和盈利性，以及项目的社会效益等进行综合论证的方法，可行性研究的目的是为投资决策提供依据。

可行性研究源于项目的投资活动，其实质要反映某一投资活动是否有经济效益或社会效益，项目的可行性研究与投资者的利益紧密相关。一个项目的成功，除了投资者的利益外，还有最终使用者的利益，而可行性研究对项目的最终使用者方面的考虑则相对较少。

项目策划主要是研究项目立项以后建设的规模、性质、社会环境、空间内容、使用功能要求、使用者状况、使用模式、技术条件、心理环境等影响工程项目实施和项目使用的各因素，从而为工程项目建设实施提供科学的依据。

因此，项目可行性研究是不能取代项目策划的。同样，工程项目策划也不能取代可行性研究，尽管有些项目可行性研究的结论可资借鉴，但项目实施的依据仍必须通过项目策划来加以科学的论证。

所以，工程项目策划既要通过对项目投资活动整体战略、策略的运筹以及资本的运作等，不断补充和完善项目可行性研究的成果，又要通过对建设活动全过程的预先考虑和设想增强建设活动的可行性、可靠性和可操作性，使之真正成为项目实施运作前的依据，成为工程项目实施整体过程中不可缺少的一个重要环节。这也是工程项目策划区别于项目可行性研究或其他环节而独立出来的一个原因。可行性研究和项目策划在借鉴其他学科的理论方法，运用近代科学手段等方面往往有共同之处，有些方法甚至可以相互借用。

3. 工程项目前期策划则是工程项目设计前的基础工作

工程项目策划不同于项目工程设计。工程项目前期策划则是工程项目设计前的基础工作。

项目工程设计是根据设计任务书要求，逐项将任务书中各部分内容经过合理的工艺选择、平面布局和空间上的组合在图纸上表示出来，以供项目建设施工使用。工程项目的设计师在工程设计中主要关心工艺流程、设备布置、设施的空间布局、各种构筑物的功能、形式、色彩、体形等具体的内容，而不参与设计任务书的制定。

项目策划人要提出具体的策划方案，供编制设计任务书使用。策划方案应包括项目的性质、目标、内容、功能、生产规模、资源条件、建设周期、投资规模设想、建设要求等。由于设计任务书是基于项目策划方案，所以策划方案具有指导设计工作的作用。

§3.2 工程项目决策策划

3.2.1 项目决策策划的过程

1. 项目的构思

项目的构思包括构思的产生和选择。

任何工程项目都源于项目构思，而任何项目构思都源于需求或期望。这种需求或期望可能源于上层系统如国家、地方政府、企业部门的发展战略，如为了实现政府的交通规划而修建道路桥梁；为了改善现有状况，如交通拥挤、环境污染严重、住房紧张等问题，为了解决这些问题，就会出现新的项目机会。

这种项目机会可能很多，但不是每一个都会去实施，那么必须在这些项目机会中间作选择，这就要综合考虑项目实施的现实性问题，如竞争状况、自身条件、资源问题等，并经相关部门批准，以作进一步的研究。

2. 项目的定位

项目定位包含项目区位的分析与选择、项目内容和规模的分析与选择、项目功能品质和市场的分析与选择等。

3. 项目目标设计和项目定义

这个阶段主要通过对有关情况和存在的问题进行进一步研究，提出项目的目标因素，进而构成项目目标系统，通过对目标的书面说明形成项目定义。这个阶段包括如下工作：

(1) 情况的分析和问题的研究。即对系统状况进行调查，对其中的问题进行全面罗列、分析、研究，确定问题的原因。

(2) 项目的目标设计。针对情况和问题提出目标因素；对目标因素进行优化，建立目标系统。

(3) 项目的定义。划定项目的构成和界限，对项目的目标作出说明。

(4) 项目的审查。包括对目标系统的评价，目标决策，提出项目建议书。

4. 项目建议书

项目建议书是对项目目标系统和项目定义的说明和细化，同时作为后继的可行性研究、技术设计和计划的依据，将目标转变成具体的实在的项目任务，提出项目的总体方案或总的开发计划。同时对项目经济、安全、高效率运行的条件和运行过程作出说明。

5. 可行性研究

即提出实施方案，并对实施方案进行全面的技术经济论证，看能否实现目标。项目可行性研究的结果作为项目决策的依据。

项目决策策划的内容和过程如图 3.2 所示。

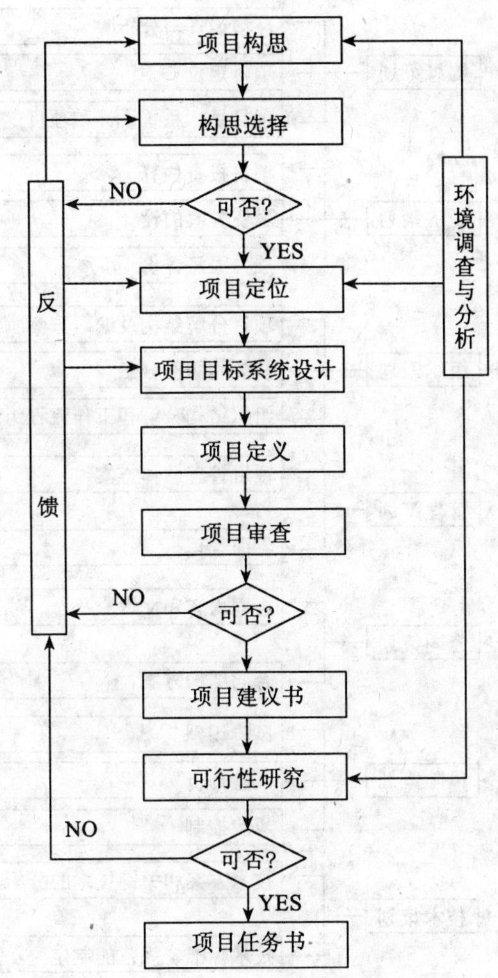

图3.2 项目决策策划的内容和过程

3.2.2 项目决策策划的工作内容

项目决策策划主要内容包括以下几个方面，如图3.3所示。

3.2.3 工程项目构思策划

工程项目构思策划过程，是从项目最初构思方案的产生到最终构思方案形成的过程，即项目构思的产生、项目定位、项目目标系统设计、项目定义并提出项目建议书的全过程。

1. 构思的产生

所有的建设活动，都是由于基本的经济需求产生的。人们对住所、商店、道路、工厂、服务设施有着持续的需求。具体建设项目的出现，是由于投资者认识到消费者对这些设施和服务的需求，并付诸行动。一项建设活动的发起和产生往往会成为新的建设活动发

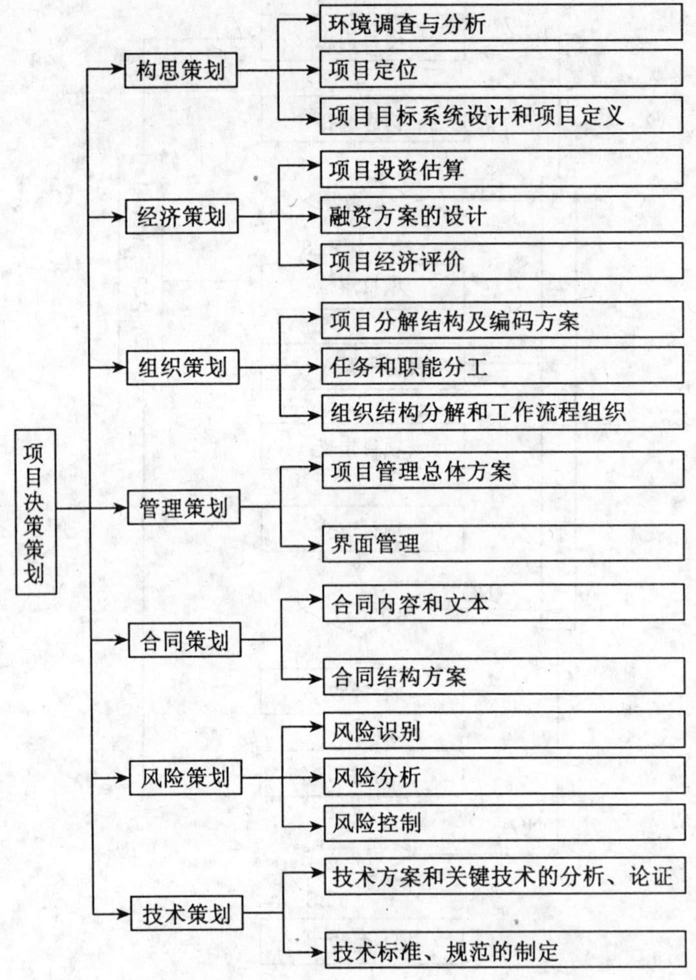

图 3.3 项目决策策划的主要内容

起的原因。例如：建设一个大型的生产基地，为该地区的人们提供良好的交通选择。这个地区的人口会增长，对住所的需求会增加。同时，超市、百货公司、加油站和其他零售业也会随需要而建设。政府机构也会考虑在这里兴建学校、道路和一些新的市政设施。这样，越来越多的建设项目就出现了。

因此，需求的产生和确认是项目发起的前提和关键，也是项目构思的第一步。

2. 项目定位

（1）项目定位的概念

项目的定位就是在详细的市场调研和分析的基础上，选定项目的目标市场，确定项目的功能、规模和组成，明确项目档次或品质，确定设计建设标准。

项目定位是项目策划的核心、本源，是项目策划的出发点和回归点，是在项目策划初期就必须首先明确的问题。项目定位的前提是一份市场调研分析报告，调研涵盖宏观、中观、微观，内容涉及政治、经济、科技、文化等方面，并且至少需要回答三个问题：竞争处于什么态势？本项目未来的地位如何？本项目相对的优势和风险是什么？

（2）项目定位的基本原则

1）与企业发展战略相一致

企业发展战略包括品牌战略、经营战略和管理战略等。在企业发展战略的框架下进行项目定位，体现企业的竞争优势，发挥企业的核心竞争力，构建企业品牌和产品品牌，使得企业的产品具有延续性和创新性，实现企业的发展目标。

2）经济性

经济性原则首先是指从企业角度出发，在成本控制的基础上，做到效益最大化；其次，在成本和费用测算、效益测算的基础上计算各项经济评价指标达到社会平均水平，明确项目经济利益实施的可行性。

3）适应性

适应性原则包含以下几层含义：

①与当地或区域的社会经济发展水平和消费者收入水平相适应；

②与所在区域市场环境相适应；

③与企业的技术和管理水平相适应。

4）可行性

可行性原则包含经济评价可行性和项目实施的可行性两方面。要运用微观效益分析与宏观效益分析相结合、定量分析与定性分析相结合、动态分析与静态分析相结合的方法，对项目进行经济评价，分析各经济评价指标是否可行。项目规模、开发模式和项目进度受到经济实力、融资能力和企业管理能力等因素的限制，在市场定位时如何“量力而行”，这个问题在项目定位时就应该得到解决。

3. 项目目标系统设计

在项目的目标系统设计中首先设立项目总目标，再采用系统方法将总目标分解成子目标和可执行目标。目标系统必须包括项目实施和运行的所有主要方面。

项目目标设计必须按系统工作方法有步骤地进行。通常在项目前期进行项目目标总体设计，建立项目目标系统的总体框架，更具体的、详细的、完整的目标设计在可行性研究阶段以及在设计和计划阶段中进行。所以广义地说，项目的目标设计是一个连续反复循环的过程。具体步骤包括情况分析、问题定义、目标要素的提出和目标系统的建立等。

（1）情况分析

工程项目的情况分析是工程项目目标系统设计的基础。工程项目的情况分析是指以项目构思为依据对工程项目系统内部条件和外部环境进行调查并作出综合分析与评价。工程项目的情况分析是对工程项目构思的进一步确认，并可以为项目目标因素的提出奠定基础。工程项目的情况分析需要进行大量的调查工作。在工程背景资料充分的前提下，需要做好工程项目的内部条件和外部环境分析。

（2）问题定义

经过工程项目的情况分析可以从中认识和引导出上层系统的问题，并对问题进行定界和说明。经过详细而缜密的情况分析，就可以进入问题定义阶段。问题定义是目标设计的依据，是目标设计的诊断阶段，其结果是提供项目拟解决问题的原因、背景和界限。问题定义的过程同时也是问题识别和分析的过程。

(3) 目标因素的提出

问题定义完成后，在建立目标系统前还需要确定目标因素。目标因素应该以工程项目的定位为指导、以问题定义为基础加以确定。

目标因素的确立可以根据实际情况，有针对性地采用头脑风暴法、相似情况比较法、指标计算法、费用/效益分析法和价值工程法等加以实现。

(4) 目标系统的建立

在目标因素确立后，按照目标因素的性质进行分类、归纳、排序和结构化，形成目标系统，并对目标因素进行分析、对比、评价，使项目的目标协调一致。

工程项目的目标系统由许多可能相互矛盾的目标因素组成，对这样一个复杂系统的描述，引入层次分析法，可以发挥重要作用。按照层次分析法的思路，构建目标系统的结构模型时，首先根据工程项目的投资目的，确定总体目标，然后以项目的具体要求、环境和资源限制等为依据，对目标系统进行分解，构建项目目标系统结构模型，如图 3.4 所示。图 3.4 中位于第 1 层次的是工程项目的总目标（A），又称为战略性目标，A 用来阐明实施该项目的目的、意义和项目的使命；第 2 层次是项目的子目标（B_i），又称为策略性目标，B_i 表明实施该项目应达到的具体结果或边界条件对目标系统的约束；将子目标再分解成项目的可执行性目标，它们指明了解决问题的具体目标和计划，可执行目标还可以分解为更细的目标因素，它们决定了项目目标的详细构成。

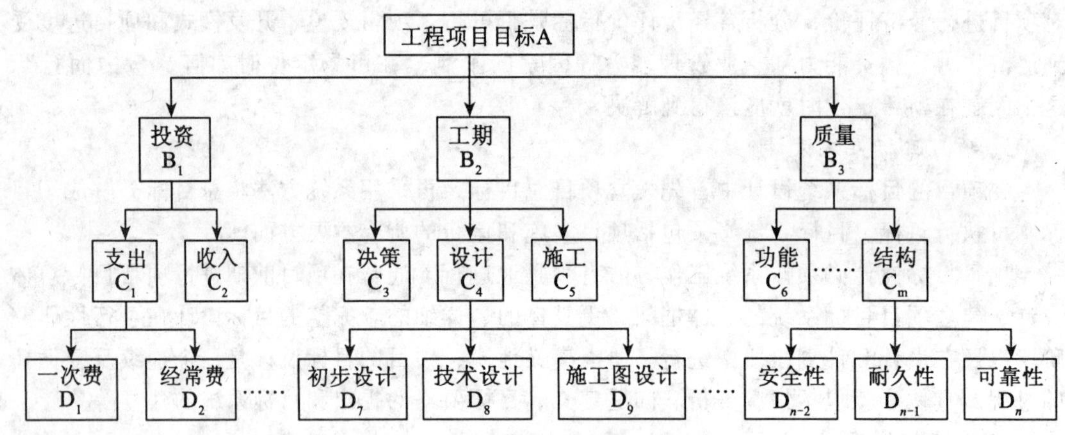

图 3.4 工程项目目标系统结构图

4. 项目定义

(1) 项目定义的内容

项目定义是将建设意图和初步构思，转换成定义明确、系统清晰、目标具体、具有明确可操作性的方案。在项目开发建设的过程中，项目定义是很重要的一个环节，关系到项目开发建设的目标、功能定位，决定了项目的发展方向。一个项目只有项目定义准确，才有可能获得成功。项目定义以一个报告的形式提出，即项目说明。这个报告是至今对项目研究成果的总结，是作为项目目标设计结果的检查和阶段决策的基础。这个报告应足够详细，包括：

①提出问题，说明问题的范围和问题的定义；

②说明解决这些问题对上层系统的影响和意义；

③项目构成和定界，说明项目与上层系统其他方面的界面，确定对项目有重大影响的环境因素；

④系统目标和最重要的子目标、近期、中期、远期目标，对近期目标应定量说明；

⑤边界条件，如市场分析、所需资源和必要的辅助措施、风险因素；

⑥提出可能的解决方案和实施过程的总体建议，包括方针或总体策略、组织方面安排和实施时间总安排；

⑦经济性说明，如投资总额、财务安排、预期收益、价格水准、运营费用等。

项目定义的根本目的只有一个，即明确项目的性质、用途、建设规模、建设水准以及预计项目在社会经济发展中的地位、作用和影响力。项目的性质不同，项目的目标和内容就不同。如同是建一座商场，该商场是单纯的用于购物还是集购物、餐饮和娱乐于一体，性质显然就不同。项目定义是一种创造性的探索过程，其实质在于挖掘可能捕捉到的市场机会。项目定义的好坏，直接影响到整个项目策划的成败。

(2) 项目功能分析与面积分配

项目定义还包括对项目功能进行策划，主要包括项目功能分析和面积分配。项目功能策划是项目定义的具体化，是项目定义中很重要的一部分。

所谓功能策划是在总体构思和项目总体定位的基础上，结合潜在最终用户的需求分析，对项目进行更深的研究，在不违背对项目性质、项目规模以及开发战略等定位的前提下，将项目功能进行细化，以满足建设者和使用者的要求，主要包括以下两个方面。

1) 项目功能分析

分析潜在最终用户的活动类型，对项目的具体功能进行分析。项目功能分析又分为项目总体功能定位和项目具体功能分析。

①项目总体功能定位。是指项目基于整个宏观经济、区域经济、地域总体规划，和其项目定义相一致的宏观功能定位，而不是指具体到项目某个局部、某幢建筑的具体功能的界定，是对项目具体功能定位具有指导意义的总体定位。项目的总体功能定位随着外界环境和项目内外条件的变化而变化。不同项目的总体功能定位有很大不同。

②项目的具体功能分析。即为满足项目建成后运营使用活动的需要，项目应该具备哪些具体的功能，提供哪些具体的设施和服务。主要是确定项目的性质、项目的组成、规模和质量标准等，是对项目总体功能的进一步分析。项目的功能分析应进行详细的分析和讨论，在讨论时应邀请业主方自始至终参与，关键时刻还可以邀请相关专家、专业人士参与，使项目各部分子功能详细、明确，并具有可操作性。

项目的具体功能分析应从项目建成后运营使用的活动主体——使用人群的需求和企业的需求出发，分析项目为满足他们的活动所应提供的各种设施和服务，从人群的功能需求和企业的功能需求两个方向对项目进行功能策划。

2) 项目功能区划分与面积分配

项目的功能区划分和面积分配建议是项目决策策划很重要的一部分，这项工作不仅是对项目功能定位的总结和实施，而且为项目的具体规划提供设计依据，使规划设计方案更具合理性和可操作性。

功能区划分的步骤一般如下：

①首先对项目的空间构成进行分析，按照功能需求的类别对其空间构成分类；

②在空间分类的基础上，对项目的功能分区进行设想；

③根据各功能区在项目中的重要程度及其所提供功能的范围，对各功能区进行详细的面积分配。

3.2.4 项目经济策划

项目经济策划是在项目定义与功能策划的基础上，进行整个项目投资估算，并且进行融资方案的设计以及项目经济评价。

1. 项目总投资估算

项目经济策划的首要工作是进行项目总投资估算。就建设项目而言，项目的总投资估算包括了项目的前期费用、公建配套费、建安工程费等。其中工程造价是项目总投资中最主要的组成部分。

项目总投资估算一般分以下五个步骤：

(1) 根据项目组成对工程总投资进行结构分解，即进行投资切块分析并进行编码，确定各项投资与费用的组成，其关键是不能有漏项。

(2) 根据项目规模分析各项投资分解项的工程量，由于此时尚无设计图纸，因此要求估算师具有丰富的经验，并对工程内容作出许多假设。

(3) 根据项目标准估算各项投资分解项的单价，此时尚不能套用概预算定额，要求估算师拥有大量的经验数据及丰富的估算经验。

(4) 根据工程量和单价计算投资合价。有了每一项投资分解分项的投资合价以后，即可以进行逐层汇总。每一个分项投资合价都是子项各投资合价汇总之和，最终得出项目投资总估算，并形成估算汇总表和明细表。

(5) 对估算所作的各项假设和计算方法进行说明，编制投资估算说明书。

项目总投资估算要求估算师具有丰富的实践经验，了解大量同类项目或类似项目的经验数据，掌握投资估算的计算方法，因此投资估算是一项专业性较强的工作。

项目总投资估算主要是用来论证投资规划的可行性以及为项目财务分析和财务评价提供基础，进而论证项目建设的可行性。一旦项目实施，项目投资估算也是投资控制的重要依据。

总投资估算在项目前期往往要进行多次的调整、优化，并进行论证，最终确定总投资规划文件。

2. 融资方案

项目融资方案策划主要包括融资组织与融资方式的策划、项目开发融资模式的策划等。

(1) 融资组织与融资方式策划

融资组织与融资方式策划主要包括规定项目融资的主体以及融资的具体方式。不同项目的融资主体应有所不同，需要根据实际情况进行最佳组合和选择。

(2) 项目开发融资模式策划

项目融资主体确定以后，需要对项目开发时具体的融资模式进行策划。

3. 项目经济评价

项目的经济可行性评价系统包括项目国民经济评价、财务评价和社会评价三个部分，这三个部分分别从三个不同的角度对项目的经济可行性进行分析。国民经济评价和社会评价从国家、社会宏观角度出发考察项目的可行性，而财务评价则是从项目本身出发，考察其在经济上的可行性。虽然这三个方面最终的目的都是判断项目是否可行，但是这三个部分各有不同的侧重点，在实际进行项目可行性研究时，由于客观条件的限制，并不是所有的项目都进行国民经济评价和社会评价，只有那些对国家和社会影响重大的项目才在企业财务评价的基础上进行国民经济评价或社会评价。

所谓财务评价是根据国家现行的财税制度和价格体系，分析、计算项目直接发生的财务效益和费用，编制财务报表，计算评价指标，考察项目的获利能力和清偿能力等，据此判断项目的可行性。财务评价主要包括以下内容：

(1) 财务评价基础数据与参数选取；

(2) 收支预测；

(3) 投资盈利能力及主要财务指标分析；

(4) 财务清偿能力分析；

(5) 敏感性分析；

(6) 最终得出财务评价结论及财务评价报告等。

3.2.5 项目组织与合同策划

项目定义、项目功能分析与面积分配基本上回答了建什么的问题，而经济策划回答了要不要建的问题，接下来还应该对如何保证策划目标的实现作出分析。因此在项目决策的策划内容中还包括组织策划和合同策划等内容。

1. 组织策划

组织策划主要包括项目分解结构及编码方案、组织结构的确定和项目建设的工作流程组织等。

(1) 项目分解结构及编码方案

项目分解结构分解及编码是项目管理工作的第一步，是有效进行项目管理的基础和前提。项目分解结构分解得好坏，将直接关系到项目管理组织结构的建立，关系到项目合同结构的建立。

项目分解结构及编码方案见第 2 章相关内容。

(2) 项目管理组织方案

项目管理组织方案主要涉及项目建设管理模式，具体包括项目管理的组织结构和项目建设的工作流程组织。

组织结构主要利用项目管理组织理论进行项目组织结构分解并建立组织结构图，对稍大一些项目的组织结构应该进行编码，项目组织结构不同于项目结构编码，但两者之间有一定的联系。项目管理组织结构反映了项目建设单位与项目参与各方之间的关系，以及项目建设单位的部门设置、指令系统、人员岗位安排等。有了项目管理的组织结构以后，就可以进行工作任务分工、管理职能分工等。

2. 合同策划

合同是实施工程项目的手段，通过策划确定各方面的重大关系，无论对业主还是对承包商，完善的合同策划可以保证合同圆满地履行，克服关系的不协调，减少矛盾和争议，顺利地实现工程项目总目标。

(1) 合同策划的依据

①业主方面：业主的资信、资金供应能力、管理水平和具有的管理力量，业主的目标以及目标的确定性，期望对工程管理的介入深度，业主对工程师和承包商的信任程度，业主的管理风格，业主对工程的质量和工期要求等。

②承包商方面：承包商的能力、资信、企业规模、管理风格和水平、在本项目中的目标与动机、目前经营状况、过去同类工程经验、企业经营战略、长期动机、承受和抗御风险的能力等。

③工程方面：工程的类型、规模、特点，技术复杂程度、工程技术设计准确程度、工程质量要求和工程范围的确定性、计划程度，招标时间和工期的限制，项目的盈利性，工程风险程序，工程资源（如资金、材料、设备等）供应及限制条件等。

④环境方面：工程所处的法律环境，建筑市场竞争激烈程度，物价的稳定性，地质、气候、自然、现场条件的确定性，资源供应的保证程度，获得额外资源的可能性。

(2) 合同策划的内容

合同管理是项目管理中另一项非常重要的工作，合同管理的好坏将直接影响项目的投资、进度、质量目标能否实现。

合同策划的内容包括合同结构的确定、合同文本和类型的选择、招标模式的确定、合同跟踪管理、索赔与反索赔等。其中合同结构的确定是非常关键的环节之一。

许多大型建设项目的项目管理实践证明，一个项目建设能否成功，能否进行有效的投资控制、进度控制、质量控制及组织协调，很大程度上取决于合同结构模式的选择，因此应该慎重考虑。

合同策划具体内容见本书第9章相关内容。

§3.3 工程项目实施策划

3.3.1 项目实施策划的工作内容

项目实施策划是在建设项目立项之后，为了把项目决策付诸实施而形成的具有可行性、可操作性和指导性的实施方案。项目实施策划又可以称为项目实施方案或项目实施规划。

项目实施策划涉及整个实施阶段的工作，项目实施策划属于业主方项目管理的工作范畴。如果采用建设项目总承包的模式，建设项目总承包方也应编制项目实施规划，但项目实施规划不能代替业主方的项目实施策划工作。建设项目的其他参与单位，如设计单位、施工单位和供货单位等，为进行其自身项目管理都需要编制项目管理规划，但项目管理规划只涉及项目实施的一个方面，并体现一个方面的利益，如设计方项目管理规划、施工方项目管理规划和供货方项目管理规划等。

项目实施策划内容涉及的范围和深度，在理论上和工程实践中并没有统一的规定，应视项目的特点而定，一般包括如图3.5所示的内容。

在图3.5所示的内容中有许多与组织有关，这些与组织有关的内容是建设项目组织设计的核心内容。一般宜先确定建设项目组织，待项目组织基本确定后，再着手编制项目管理规划。项目实施的组织策划是项目实施策划的核心。

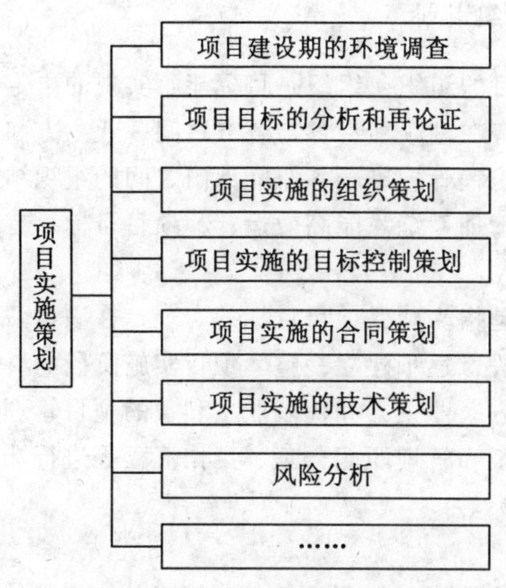

图3.5 项目实施阶段策划基本内容

3.3.2 项目实施的目标分析和再论证

1. 建设期的环境调查与分析

与项目决策策划类似，项目实施策划的第一步是建设期的环境调查与分析，包括业主现有组织情况、建筑市场情况、当地材料设备供应情况、政策情况等。对影响项目建设的内部、外部条件进行调查以后，经综合分析得出建设项目的建设调查报告。

2. 项目目标的分析和再论证

根据项目实施调查报告的内容，应结合实际情况对建设项目的建设性质和建设目标进行调整和修订，分析该建设性质和目标与建设项目原来的项目定义相比较有哪些差别，为实现该建设目标的具体建设内容有哪些差别，哪些已经具备，哪些还没具备，哪些应该增加，哪些应该删减。在建设项目原来项目定义的基础上进行修改，对所建项目重新进行项目定义，然后再把该项目定义与建设项目的建设内容相比较，看其是否相匹配。如果不能完全满足建设项目的建设目标，应该再进行新一轮的比较，直至项目定义完全符合项目建设的内部、外部条件的要求、满足项目自身的经济效益定位和社会效益定位为止。

设计方、施工方或供货方的项目管理目标是项目周期中某个阶段的目标或是某个单体项目的目标，只有业主方项目管理的目标是针对整个项目、针对项目实施全过程的。所以在项目实施目标控制策划中，只有从业主方的角度，才能统筹全局，把握整个项目管理的目标和方向。

项目目标的分析和再论证包括编制三大目标规划：

（1）投资目标规划，在项目决策策划中的总投资估算基础上编制；

（2）进度目标规划，在项目决策策划中的总进度纲要基础上编制；

（3）质量目标规划，在项目决策策划中的项目定义，功能分析与面积分配等基础上编制。

3.3.3 项目实施的组织策划

项目的目标决定了项目的组织，组织是目标能否实现的决定性因素。许多大型建设项目的经验和教训表明，只有在理顺项目参与各方之间、业主方和代表业主利益的工程管理咨询方之间、业主方自身工程管理班子各职能部门之间的组织结构、任务分工和管理职能分工的基础上，整个工程管理系统才能高效运转，项目目标才有可能被最优化实现。

1. 组织策划

项目实施的组织策划是指为确保项目目标的实现，在项目开始实施之前以及项目实施前期，针对项目的实施阶段，逐步建立一整套项目实施阶段的科学化、规范化的管理模式和方法，即对项目参与各方、业主方和代表业主利益的项目管理方在整个建设项目实施过程中的组织结构、任务分工和管理职能分工、工作流程等进行严格定义，为项目的实施服务，使之顺利实现项目目标。

2. 组织策划内容

组织策划是在项目决策策划中的项目组织与管理总体方案的基础上编制的，是组织与管理总体方案的进一步深化。组织策划是项目实施策划的核心内容，项目实施的组织策划是项目参与各方开展工作必须遵守的指导性文件。组织策划主要包括以下内容。

（1）组织结构策划

项目管理的组织结构可以分为三种基本模式，即直线型组织模式、职能型组织模式和矩阵型组织模式。项目管理组织结构策划就是以这三种基本模式为基础，根据项目实际环境情况分析，应用其中一种基本组织形式或多种基本组织形式组合设计而成。

对于一般项目，确定组织结构的方法为：首先确定项目总体目标，然后将目标分解成实现该目标所需要完成的各项任务，再根据各项不同的任务，选定合适的组织结构形式。对于项目建设组织来说，应根据项目建设的规模和复杂程度等各种因素，在分析现有的组织结构形式的基础上，设置与具体项目相适应的组织层次。针对具体项目，项目实施组织结构的确定，与以下三个因素密切相关。

①项目建设单位管理能力及管理方式

如果项目建设单位管理能力强，人员构成合理，可能以建设单位自身的项目管理为主，将少量的工作交由专业项目管理公司完成，或完全由自身完成。此时，建设单位组织结构较为庞大。反之，由于建设单位自身管理能力较弱，将大量的工作交由专业项目管理公司完成，则建设单位组织结构较简单。

②项目规模和项目组织结构内容

如果项目规模较小，项目组织结构也不复杂，那么，项目实施采用较为简单的直线型组织结构，即可以达到目的。反之，如果规模较大，项目组织复杂，建设单位组织上也应采取相应的对策加以保证，如采用矩阵型组织结构。

③项目实施进度规划

由于建设项目的特点，既可以同时进行、全面展开，也可以根据投资规划而确定分期建设的进度规划，因此项目建设单位组织结构也应与之相适应。如果项目同时实施，则需要组织结构强有力的保证，因而组织结构扩大。如果分期开发，则相当于将大的建设项目划分为几个小的项目组团，逐个进行，因而组织结构可以减少。从以上的分析可以看出，项目建设组织结构的确定要根据主、客观条件来综合考虑，不能一概而论。

(2) 任务分工策划

在组织结构策划完成后，应对各单位部门或个体的主要职责进行分工。项目管理任务分工就是对项目组织结构的说明和补充，将组织结构中各单位部门或个体的职责进行细化扩展，这也是项目管理组织策划的重要内容。项目管理任务分工体现组织结构中各单位部门或个体的职责任务范围，从而为各单位部门或个体指出了工作的方向，将多方向的参与力量整合到同一个有利于项目开展的合力方向。

(3) 管理职能分工策划

管理职能分工与任务分工一样也是组织结构的补充和说明，体现对于一项工作任务，组织中各任务承担者管理职能上的分工，与任务分工一起统称为组织分工，是组织结构策划的又一项重要内容。

对于一般的管理过程，其管理工作即管理职能都可以分为策划、决策、执行、检查这四种基本职能。管理职能分工表就是记录对于一项工作任务，组织中各任务承担者之间这四种职能分配的形象工具。该表以工作任务为中心，规定任务相关部门对于这项任务承担何种管理职能。

组织结构图、任务分工表、管理职能分工表是组织结构策划的三个形象工具。其中组织结构图从总体上规定了组织结构框架，体现了部门划分；任务分工表和管理职能分工表作为组织结构图的说明和补充，详细描绘了各部门成员的组织分工。这三个基本工具从三个不同角度规定了组织结构的策划内容。

(4) 工作流程策划

项目管理涉及众多工作，其中就必然产生数量庞大的工作流程，依据建设项目管理的任务，项目管理工作流程可以分为投资控制、进度控制、质量控制、合同与招投标管理工作流程等，每一流程组又可以随工程实际情况细化成众多子流程。

1) 投资控制流程

投资控制流程包括：

①投资控制整体流程；

②投资计划、分析、控制流程；

③工程合同进度款付款流程；

④变更投资控制流程；

⑤建筑安装工程结算流程等。

2) 进度控制工作流程

进度控制工作流程包括：

①里程碑节点、总进度规划编制与审批流程；

②项目实施计划编制与审批流程；

③月度计划编制与审批流程；

④周计划编制与审批流程；

⑤项目计划的实施、检查与分析控制流程；

⑥月度计划的实施、检查与分析控制流程；

⑦周计划的实施、检查与分析控制流程等。

3）质量控制工作流程

质量控制工作流程包括：

①施工质量控制流程；

②变更处理流程；

③施工工艺流程；

④竣工验收流程等。

4）合同与招投标管理工作流程

合同与招投标管理工作流程包括：

①标段划分和审定流程；

②招标公告的拟定、审批和发布流程；

③资格审查、考察及入围确定流程；

④招标书编制审定流程；

⑤招标答疑流程；

⑥评标流程；

⑦特殊条款谈判流程；

⑧合同签订流程等。

每一个节点又有一个独立的子流程，如此划分下去，活动可以一直细分下去，分到什么程度才停止？一般来说，如果流程模型中的活动没有让三个不同岗位感到烦恼，就没有必要将其作为一个子流程，只需要将其作为一项活动就可以。比如支付管理子流程，其活动包括承包商提出申请、监理审核、业主审核并支付。但从工程实践来看，流程的划分和绘制往往由实际情况而定，流程的目的是方便项目管理人员落实任务，明确自己的位置和工作范围。建设项目的具体情况不同，其流程策划的细度也不同。

项目管理工作流程策划就是对这些项目管理的众多工作流程进行计划和规定，以此指导项目管理人员的行为，流程图是流程策划的主要工具。流程图通过箭头、方框等形象的表示，表现工作在部门人员间的流转，从而利于工作的贯彻执行。

3.3.4 项目实施目标控制策划

项目实施目标控制策划是依据项目目标规划，制定项目实施中的质量、投资、进度目标控制的方案与实施细则。这项工作是项目实施策划的重要内容。

1. 项目目标控制策划的依据

项目目标控制策划的依据主要有：

（1）项目定义中项目分解结构、项目总体目标；

（2）建设外部环境分析；

（3）建设组织策划；

（4）项目合同的有关数据和资料等。

2. 项目目标控制策划应遵循的原则

（1）从系统的角度出发，全面把握控制目标

对于投资目标、进度目标、质量目标这三者而言，无法说哪一个最为重要。这三个目标是对立统一的关系，有矛盾的一面，也有统一的一面。尽管如此，三个目标仍处于一个系统之中，属于一个统一体。

鉴于三大目标的系统性，项目实施阶段的目标控制策划也应坚持系统的观点，在矛盾中求得统一。既要注意到多方目标策划的均衡，又要充分保证各阶段目标策划的质量。

（2）明确项目目标控制体系的重心

项目目标体系的均衡并不排除其各个组成部分具有一定的优先次序，出现个别的或一定数量的“重点”目标，形成项目目标体系的重心。这往往是项目决策领导层的明确要求。但要注意，虽然项目目标体系重心的存在与项目目标体系整体的均衡之间并没有根本的冲突，然而，过分的强调某方面会形成不合理的重心，破坏项目目标体系的均衡。

（3）采用灵活的控制手法、手段及措施

由于不同目标控制策划在项目建设不同时期的内容，应该有不同的控制方法、灵活的控制手段、多样化的控制措施与之相适应。不同的方法、手段和措施有着不同的作用和效果。

（4）主动控制与被动控制相结合

目标控制分为主动控制与被动控制。在项目目标控制策划中应考虑将主动控制和被动控制充分结合，即项目实施阶段的目标组合控制策划。

3. 项目实施目标控制策划应采取的措施

（1）技术措施

技术措施是指在项目控制中从技术方向对相关的工作环节进行分析、论证，或进行调整、变更，确保控制目标的完成。

采用技术措施需要投入的资源主要是专门的技术、专业技术人员以及相应的管理组织力量和费用支出。例如，聘请各方面的专家，组织进行技术方案的分析、评审；或对项目实施中出现的问题，向专业技术人员征求咨询意见，进行技术上的调整。

（2）经济措施

经济措施是指从项目资金安排和使用的角度对项目实施过程进行调节、控制、保证控制目标的完成。

经济措施的主要方法是在一定范围进行资金的调度、安排和管理。因而，在项目目标控制策划中，多考虑将经济措施和技术措施结合起来使用，利用两种措施对项目实施过程和项目实施组织的双重作用，进行组合控制。

（3）合同措施

合同措施是指利用合同策划和合同管理所提供的各种控制条件对项目实施组织进行控制，从而实现对项目实施过程的控制，保证项目目标的完成。

合同措施主要是利用合同条款进行相关的控制工作，所需要的资源也主要是合同管理及法律方面的专业技术力量。例如，通过制定合同中费用支付条款来控制项目实施时，就需要熟悉相关的合同条件和法律知识的专业技术人员来完成这一工作。

合同措施直接对相关的项目实施组织产生作用，对项目实施过程或项目控制目标的作用则比较间接。合同措施在最后会表现出强制性，可以作为项目控制的一个可靠保障。但在一般情况下，不宜将合同措施作为项目控制的唯一手段。进行过多强制性的控制，会对项目实施形成不利的干扰，影响项目实施过程的正常稳定性。

（4）组织措施

组织措施通过对项目系统内相关组织的结构进行安排和调整，对不同组织进行协调，改变项目实施组织的状态，从而实现对项目实施过程的调整和控制。

组织措施所需要的主要资源是与项目组织相关的技术力量和管理力量。例如，通过设置职能部门来加强某方面的目标控制，就需要调用相关的技术人员和管理人员。

§3.4 工程项目可行性研究

3.4.1 可行性研究概述

可行性研究是对前述工作的细化、具体化，是从市场、技术、生产、法律、经济和财力等方面对项目进行全面策划和论证。

在一个投资者投资于某个特定领域之前，首先要确定的是在当前环境下，这个项目的投资是否会有一个足够的盈利。因此，应从投资、进度、技术、市场等多个方面进行分析以确定项目是否可行。可行性研究的四个基本要素如图 3.6 所示。

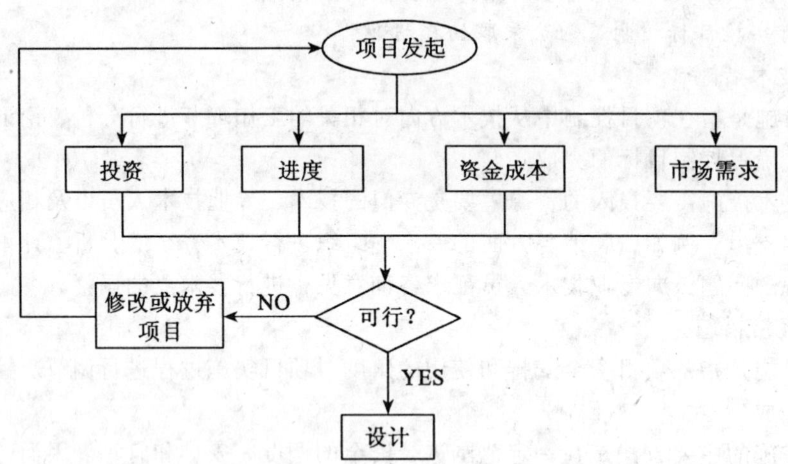

图 3.6 可行性研究的四个基本要素

3.4.2 可行性研究工作阶段的划分及基本要求

可行性研究的工作过程，一般可以分为机会研究、初步可行性研究和详细可行性研究及项目评估等四个阶段，其研究结果通常以项目建议书、可行性研究报告和项目评估报告的形式呈现。由于建设前期的各研究工作阶段的研究性质、工作目标、工作要求及作用不同，因而可行性研究各阶段的工作时间与费用也各不相同，如表 3.2 所示。

表 3.2　可行性研究各阶段工作的目的和要求

研究阶段	机会研究	初步可行性研究	详细可行性研究	项目决策
研究性质	项目设想	项目初选	项目准备	项目评估
研究目的和内容	鉴别投资方向，寻求投资机会（含地区、行业、资源和项目的机会研究），选择项目，提出项目投资建议	对项目作初步评价，进行专题辅助研究，广泛分析、筛选方案，确定项目的初步可行性	对项目进行深入、细微的技术经济论证，进行多方案比选，提出结论性意见	综合分析各种效益，对可行性研究报告进行全面审核和评估，分析判断可行性研究报告的可靠性和真实性
研究要求	编制项目建议书	编制初步可行性研究报告	编制可行性研究报告	提出项目评估报告
研究作用	为初步选择投资项目提供依据，批准后列入建设前期工作计划，作为国家对投资项目的初步决策	判断是否有必要进行下一步详细可行性研究，进一步判断建设项目的生命力	作为项目投资决策的基础和重要依据	为投资决策者提供最后决策依据，决定项目取舍和选择最佳投资方案
估算精度	±30%	±20%	±10%	±10%
研究费用（占总投资费用的%）	0.2% ~ 1.0%	0.25% ~ 1.25%	大项目 0.2% ~ 1% 中小项目 1% ~ 3%	—
需要时间（月）	1 ~ 3	4 ~ 6	8 ~ 12 或更长	—

通常因为各阶段研究的内容是由浅入深的，故项目投资和成本估算的精度要求也由粗到细，研究工作量由小到大，研究的目标和作用逐步提升，因而研究工作时间和费用也随之逐渐增加。

3.4.3　可行性研究的内容

可行性研究涉及的范围很广。不同的建设项目，其研究的范围及侧重点有所不同。项目的性质、用途和规模，决定了可行性研究的深浅程度及涉及因素。按照联合国工业发展组织（UNIDO）出版的《工业可行性研究手册》，其可行性研究内容包括：

1. 实施要点

对各章节的所有主要研究成果的扼要叙述。

2. 项目背景和历史

（1）项目的主持者；

（2）项目历史；

（3）已完成的研究和（或）调查的费用。

3. 市场和工厂生产能力

(1) 需求和市场

①该工业现有规模和生产能力的估计（具体说明在市场上领先的产品），其以往的增长情况，今后增长情况的估计（具体说明主要发展计划）；当地的工业分布情况，其主要问题和前景，产品的一般质量；

②以往进口及其今后的趋势、数量和价格；

③该工业在国民经济和国家政策中的作用，与该工业相关的或为其指定的优先顺序和指标；

④目前需求的大致规模，过去需求的增长情况，主要决定因素和指标。

(2) 销售预测和经销情况

①预测现有的及潜在的当地和国外生产者和供应者对该项目的竞争；

②市场的当地化；

③销售计划；

④产品和副产品年销售收益估计（本国货币/外币）；

⑤推销和经销的年费用估计。

(3) 生产计划

①产品；

②副产品；

③废弃物（废弃物处理的年费用估计）。

(4) 工厂生产能力的确定

①可行的正常工厂生产能力；

②销售、工厂生产能力和原材料投入之间的数量关系。

4. 原材料投入

投入品的大致需要量，原材料现有的和潜在的供应情况，以及对当地和国外的原材料投入的每年费用的粗略估计。

(1) 原料；

(2) 经过加工的工业材料；

(3) 部件；

(4) 辅助材料；

(5) 工厂用物资；

(6) 公用设施，特别是电力。

5. 厂址选择

包括对土地费用的估计。

6. 项目设计

(1) 项目范围的初步确定

(2) 技术和设备

1) 按生产能力大小所能采用的技术和流程；

2) 当地和外国技术费用的粗略估计；

3) 拟用设备（主要部件）的粗略布置：

①生产设备；

②辅助设备；

③服务设施；

④备件、易损件、工具。

4）按上述分类的设备投资费用的粗略估计（本国货币/外币）。

（3）土建工程

1）土建工程的粗略布置，建筑物的安排，所要用的建筑材料的简略描述：

①场地整理和开发；

②建筑物和特殊的土建工程；

③户外工程。

2）按上述分类的土建工程投资费用的粗略估算（本国货币/外币）。

7. 工厂机构和管理费用

（1）粗略的机构设置

①生产；

②销售；

③行政；

④管理。

（2）管理费用估计

①工厂的；

②行政的；

③财政的。

8. 人力

（1）人力需要的估计，细分为工人、职员，又分为各种主要技术类别（当地的及外国的）；

（2）按上述分类的每年人力费用估计，包括关于工资和薪金的管理费用在内。

9. 制定实施时间安排

（1）所建议的大致实施时间表；

（2）根据实施计划估计的实施费用。

10. 财务和经济评价

（1）总投资费用

①周转资金需要量的粗略估计；

②固定资产的估计；

③总投资费用，由上述2. 至10. 所估计的各项投资费用总计得出。

（2）项目筹资

①预计的资本结构及预计需筹措的资金（本国货币/外币）；

②利息。

（3）生产成本（由上述2. 到10. 所估计的按固定和可变成本分类的各项生产成本的概括）

（4）在上述估计值的基础上作出财务评价

①清偿期限；

②简单受益率；

③收支平衡点；

④内部收益率。

(5) 国民经济评价

1) 初步测试

①项目换汇率；

②有效保护。

2) 利用估计的加权数和影子价格（外汇、劳力、资本）进行大致的成本—利润分析；

3) 经济方面的工业多样化；

4) 创造就业机会的效果估计；

5) 外汇储备估计。

复习思考题

1. 项目策划的含义是什么？
2. 项目策划有哪些特点？
3. 项目策划可以分为哪几种类型？
4. 项目决策策划的过程是什么？
5. 简述项目决策策划的工作内容。
6. 简述项目实施策划的工作内容。
7. 环境调查有哪些工作内容和工作方法？
8. 简述可行性研究工作阶段的划分及基本要求。

第 4 章　工程项目费用管理

本章学习要点：掌握工程项目费用的组成，熟悉工程项目投资管理的任务；熟悉工程项目各阶段费用估计的方法；了解项目费用计划编制原则，掌握工程费用计划的编制方法；熟悉项目资金计划的编制方法，了解各种融资方式及其特点；掌握费用控制的步骤，掌握费用分析的基本方法，掌握费用比较的挣值法。

§4.1　工程项目费用管理概述

工程项目关于价值消耗管理方面的术语较多，业主角度一般采用投资管理，承包商角度一般采用成本管理，将两者统一起来称为工程项目费用管理。这三个方面都以工程上的价值消耗为依据，投资管理、成本管理实质上有统一性。无论从业主或从承包商的角度，其计划和控制方法都是相同的。本书在这里将投资管理、成本管理统一起来，称为“工程项目费用”。但根据具体内容，有时分别采用“投资”和“成本”等术语，以区别不同的对象和角度。

工程项目费用管理就是要在保证工期和满足质量要求的情况下，利用组织措施、经济措施、技术措施、合同措施把费用控制在计划范围内，并进一步寻求最大程度的费用节约。

工程项目费用管理包括工程项目费用的合理确定和有效控制。项目的费用确定是项目费用控制的基础。项目费用管理的内容包括对工程项目费用进行预测、决策、计划、控制、核算、分析和检查等一系列工作。

4.1.1　工程项目投资组成

我国现行建设工程投资的构成，按其性质不同划分为设备购置费、工具、器具购置费、建筑安装工程费、工程建设其他费用、预备费、建设期贷款利息等，也就是工程造价。具体构成如图 4.1 所示。

1. 设备及工器具购置费

设备及工器具购置费由设备购置费和工器具及生产家具购置费组成。是指为工程项目购置或自制达到固定资产标准的设备和新建、扩建工程项目配置的首批工器具及生产家具所需的费用。在生产性工程建设中，设备、工器具费用占投资费用比例的多少，意味着资本有机构成和生产技术进步的程度。

（1）设备购置费

设备购置费，是指购置设计文件规定的各种机械和电气等设备的全部费用。包括设备原价或进口设备抵岸价和设备运杂费，即

$$设备购置费 = 设备原价或进口设备抵岸价 + 设备运杂费 \quad (4\text{-}1)$$

上式中，设备原价系指国产标准设备、非标准设备的原价。设备运杂费系指设备原价中未包括的包装材料费、运输费、装卸费、采购费及仓库保管费、供销部门手续费等。如果设备是由设备成套公司供应的，成套公司的服务费也应计入设备运杂费之中。

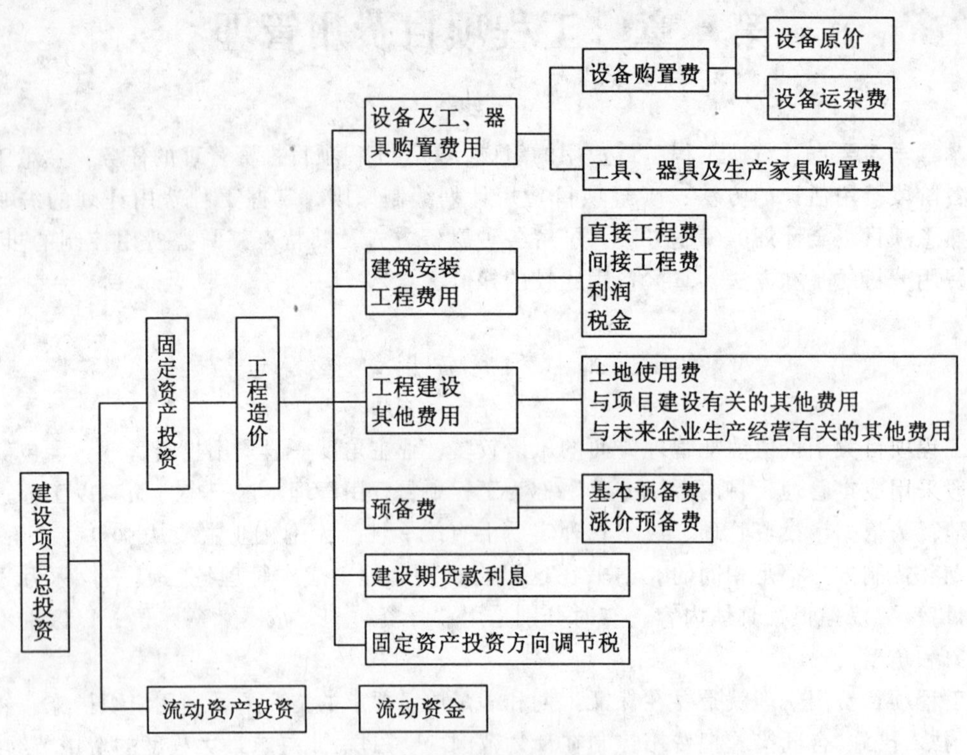

图 4.1 我国现行工程项目投资组成

(2) 工具、器具及生产家具购置费

工具、器具及生产家具购置费，是指按项目初步设计规定的，为生产、试验、经营、管理或生活需要购置的，以及未达到固定资产水平的各种工具、器具、仪器、用具和家具的费用。一般以设备购置费为计算基数，按照相关部门或行业规定的工具、器具及生产家具费率计算。其公式为

$$\text{工具、器具及生产家具购置费} = \text{设备购置费} \times \text{定额费率} \tag{4-2}$$

2. 建筑安装工程费

建筑安装工程费是指用于建筑工程和安装工程的费用。建筑工程包括一般土建工程、采暖通风工程、电气照明工程、给排水工程、工业管道工程、特殊构筑物工程。安装工程包括电气设备安装工程、化学工业设备安装工程、机械设备安装工程、热力设备安装工程等。

建筑安装工程费用包括直接费、间接费、利润和税金。如图 4.2 所示。

(1) 直接费

直接费是指施工过程中消耗的构成工程实体和有助于工程形成的各项费用。直接费由直接工程费和措施费组成。

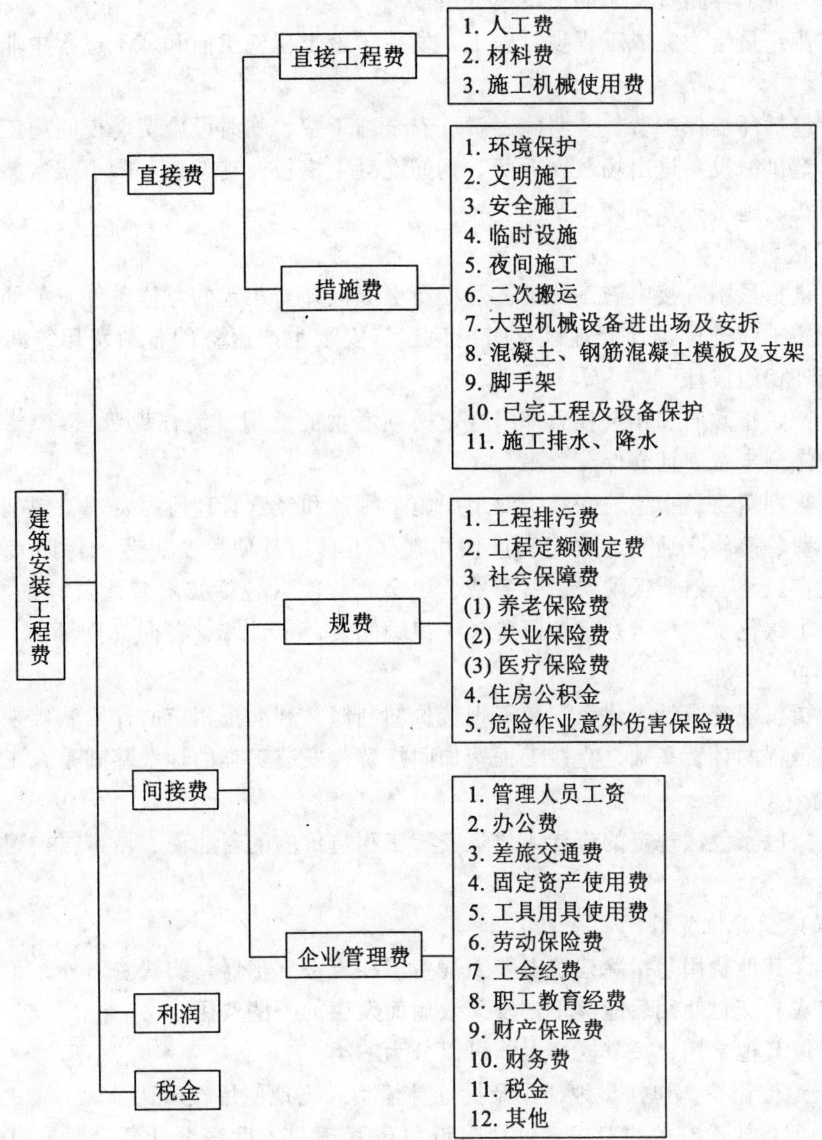

图4.2 建筑安装费用的构成

①直接工程费：是指施工过程中耗费的构成工程实体的各项费用，包括人工费、材料费、施工机械使用费。

人工费：是指直接从事建筑安装工程施工的生产工人开支的各项费用，包括：基本工资、工资性补贴、生产工人辅助工资、职工福利费、生产工人劳动保护费。

材料费：是指施工过程中耗费的构成工程实体的原材料、辅助材料、构配件、零件、半成品的费用，包括材料原价（或供应价格）、材料运杂费、运输损耗费、采购及保管费、检验试验费。

施工机械使用费：是指施工机械作业所发生的机械使用费以及机械安拆费和场外运输费。施工机械台班单价由折旧费、大修理费、经常修理费、安拆费及场外运输费、人工费、燃料动力费、养路费及车船使用税等组成。

②措施费：是指为完成工程项目施工，发生于该工程施工前和施工过程中非工程实体项目的费用。

措施费包括环境保护费、文明施工费、安全施工费、临时设施费、夜间施工费、二次搬运费、大型机械设备进出场及安拆费、钢筋混凝土模板及支架费、脚手架费、已完工程及设备保护费、施工排水和降水费。

(2) 间接费

间接费是指虽不直接由施工的工艺过程所引起但却与工程的总体条件有关的建筑安装企业为组织施工和进行经营管理以及间接为建筑安装生产服务的各项费用。间接费由规费、企业管理费组成。

①规费：是指政府和相关权力部门规定必须缴纳的费用（简称规费），包括工程排污费、工程定额测定费、社会保障费等。

②企业管理费：是指建筑安装企业组织施工生产和经营管理所需费用，包括管理人员工资、办公费、差旅交通费、固定资产使用费、工具用具使用费、劳动保险费、工会经费、职工教育经费、财产保险费、财务费、税金、其他（包括技术转让费、技术开发费、业务招待费、绿化费、广告费、公证费、法律顾问费、审计费、咨询费）等。

(3) 利润

利润是指按规定应计入建筑安装工程造价的利润，利润按相应的计取基础乘以利润率确定。土建工程的计费基础是直接工程费加间接费，安装工程的计费基础是人工费。

(4) 税金

税金是指国家税法规定的应计入建筑安装工程造价内的营业税、城市维护建设税及教育费附加等。

3. 工程建设其他费用

工程建设其他费用是指除建筑安装工程费用和设备、工器具购置费以外，为保证工程建设顺利完成和交付使用后能够正常发挥效用而发生的一些费用。

工程建设其他费用，按其内容大体可以分为三类。

(1) 土地使用费，包括土地征用及拆迁补偿费和土地使用权出让金。

(2) 与项目建设有关的费用。包括建设单位管理费，勘察设计费，研究试验费，工程监理费，工程保险费，供电贴费，施工机构迁移费，引进技术和进口设备其他费等。

(3) 与未来企业生产和经营活动相关的费用。如联合试运转费，生产准备费，办公和生活家具购置费等。

4. 预备费

预备费包括基本预备费和涨价预备费。

(1) 基本预备费，是指在项目实施中可能发生的难以预料的支出，需要预先预留的费用。如工程量增加、设计变更等增加的费用。

(2) 涨价预备费，是指工程项目在建设期内由于物价上涨、费率变化等因素影响而需要增加的费用。

5. 建设期利息

建设期利息是指工程项目在建设期间固定资产投资借款的应计利息。建设期利息应按复利计算。

6. 固定资产投资方向调节税

固定资产投资方向调节税是指为了贯彻国家产业政策，控制投资规模，调整投资结构，加强重点建设，引导投资在地区和行业间的有效配置而开征的税收。目前，为了扩大内需，这项税已暂停征收。

4.1.2 工程项目费用管理的特点

工程项目费用管理是贯穿于工程建设全过程的动态控制。对于工程项目的建设单位来说，工程项目费用管理贯穿于项目投资决策阶段、设计阶段、招标发包阶段、工程施工阶段，直到竣工验收等全过程。

工程项目费用管理具有层次性。建设项目组成具有层次性，如建设项目由单项工程组成，单项工程由单位工程组成，单位工程由分部工程组成，分部工程由分项工程组成。同样工程项目费用也存在这样的层次性，在确定项目投资时要先计算分部分项工程投资、单位工程投资、单项工程投资，最后汇总得到建设项目投资。工程项目费用管理也具有相应的层次性特征。

工程项目费用管理与质量管理和进度管理是不能完全分开的。工程项目费用与质量、进度之间具有密切的关系。在对工程项目费用进行管理时必须结合质量和进度进行管理。

§4.2 工程项目费用管理的任务

4.2.1 工程项目投资管理任务

建设项目投资管理主要由建设项目投资的计划过程与建设项目投资的控制过程构成，这两个过程是既相互并行、各有侧重，又相互联系和相互重叠的工作过程。在建设项目的建设前期，以投资的计划为主；在建设项目实施的中后期，投资的控制占主导地位。

1. 投资计划

(1) 在设计准备阶段，通过对投资目标的风险分析、项目功能与使用要求的分析和确定，编制建设项目的投资规划，用以指导设计阶段的设计工作以及相应的投资控制工作。

(2) 在工程设计阶段，以投资规划控制方案设计阶段和初步设计阶段的设计工作，编制设计概算。以投资规划和设计概算控制施工图设计阶段的设计工作，编制施工图预算，确定工程承包合同价格等。

(3) 在工程施工阶段，以投资规划、施工图预算和工程承包合同价格等控制工程施工阶段的工作，编制资金使用计划，以作为施工过程中进行工程结算和工程价款支付的计划目标。

2. 投资控制

投资的控制，是指在建设项目的设计准备阶段、设计阶段、施工阶段、动用前准备阶段和保修阶段，以规划的计划投资为目标，通过相应的控制措施将建设项目投资的实际发生值控制在计划值范围以内的工程管理活动。

对建设项目投资进行控制，是在工程项目建设过程中的不同阶段，经常地、定期或不定期地将实际发生的投资数与相应的计划投资目标值进行比较，若发现建设项目实际投资值偏离目标值，则需采取纠偏措施，包括组织措施、经济措施、技术措施、合同措施和信息措施等，纠正投资偏差，保证建设项目投资总目标尽可能地实现。

在工程项目的建设实施中，投资控制的任务是对建设全过程的投资费用负责，是要严格按照批准的可行性研究报告中规定的建设规模、建设内容、建设标准和相应的工程投资目标值等进行建设，努力把建设项目投资控制在计划的目标值以内。在工程项目的建设过程中，各阶段均有投资的规划与投资的控制等工作，但不同阶段投资控制的工作内容与侧重点各不相同。

(1) 设计准备阶段的主要任务

在建设项目的设计准备阶段，投资控制的主要任务是按项目的构思和要求编制投资规划，深化投资估算，进行投资目标的分析、论证和分解，以作为建设项目实施阶段投资控制的重要依据。在此阶段的投资控制工作，是要参与对工程项目的建设环境以及各种技术、经济和社会因素进行调查、分析、研究、计算和论证，参与建设项目的功能定义和投资定义等。

在作出项目建设的投资决策以后，工程项目的建设就进入实施阶段，此时首先是着手开始工程设计的工作。设计阶段建设项目投资的控制是要用项目决策阶段的投资估算，指导工程设计的进行，控制与工程设计结果相对应的投资费用，使设计阶段形成的建设项目投资数值能够被控制在投资估算允许的浮动范围以内。

(2) 设计阶段的主要任务

在建设项目的设计阶段，投资控制的主要任务和工作是按批准的项目规模、内容、功能、标准和投资规划等指导和控制设计工作的开展，组织设计方案竞赛，进行方案比选和优化，编制及审查设计概算和施工图预算，采用各种技术方法控制各个设计阶段所形成的拟建项目的投资费用。

在设计阶段，进行建设项目投资是要以投资估算控制初步设计的工作；以设计概算控制施工图设计的工作。如果设计概算超过投资估算，应对初步设计进行调整和修改。如果施工图预算超过设计概算，应对施工图设计进行调整和修改。通过对设计过程中形成的投资费用的层层控制，以实现拟建工程项目的投资控制目标。要在设计阶段有效的控制投资，需要从多方面采取措施，随时纠正发生的投资偏差。技术措施和技术方法在设计阶段的投资控制中起着极为重要和积极的作用。

建设项目施工准备阶段的投资控制，是以工程设计文件为依据，结合工程施工的具体情况，选择工程承包单位。这一阶段投资控制的具体工作包括参与工程招标文件的制定，编制招标工程的标底，选择合适的合同计价方式，评价承包商的投标报价，参加合同谈判，确定工程承包合同价格，参与材料和设备订货的价格确定等。

(3) 施工阶段的主要任务

在建设项目的施工阶段，投资控制的任务和工作主要是以施工图预算或工程承包合同价格作为投资控制目标，控制工程实际费用的支出。在施工阶段，需要编制资金使用计划，合理确定实际投资费用的支出；严格控制工程变更，合理确定工程变更价款；以施工图预算或工程合同价格为目标，通过工程计量，合理确定工程结算价款，控制工程进度款的支付。工程结算是在工程施工阶段施工单位根据工程承包合同的约定而编制的确定应得到的工程价款的文件，其经审核通过后，建设单位就应按该文件向施工单位支付工程价款。因此，工程结算价款对建设单位而言是真正的实际费用的支出。就投资估算、设计概算、施工图预算甚至是工程合同价格来说，在某种程度上均可以理解为是建设项目的计划投资，其作用主要是用于控制而非实际支付，工程的实际费用并不一定按此发生。而工程结算价款则不同，若其计算确定为多少，建设单位就需实际支出多少，工程结算价款是建设项目实际投资的重要部分。

（4）竣工验收及保修阶段的主要任务

在建设项目的竣工验收及保修阶段，投资控制的任务和工作包括按相关规定编制项目竣工决算，计算确定整个建设项目从筹建到全部建成竣工为止的实际总投资，即归纳计算实际发生的建设项目投资。整个建设项目的建造完成所需花费支出的实际总投资通过竣工决算最后确定。在这一阶段，要以设计概算为目标，对建设全过程中的投资费用及其控制工作进行全面总结，对建设项目的建设与运行进行综合评价。

所有竣工验收的建设项目在办理验收手续之前，必须对所有财产和物资进行清理，编制好竣工决算。竣工决算是反映建设项目实际投资和投资效果的文件，是竣工验收报告的重要组成部分。及时和正确地编制竣工决算，对于总结分析工程项目建设过程中的经验教训，提高建设项目投资控制水平以及积累技术经济资料等，都具有重要意义。

在工程的保修阶段，要参与所发生的工程质量问题的处理工作，对由此产生的工程保修费用进行控制。

4.2.2 工程项目施工成本管理任务

施工成本管理就是要在保证工期和质量满足要求的情况下，采取相应管理措施，把成本控制在计划范围内，并进一步寻求最大程度的成本节约。施工成本管理的任务主要包括：施工成本预测；施工成本计划；施工成本控制；施工成本核算；施工成本分析；施工成本考核。

1. 施工成本预测

施工成本预测就是根据成本信息和施工项目的具体情况，对未来的成本水平及其可能发展趋势做出科学的估计，是在工程施工以前对成本进行的估算。

通过成本预测，选择成本低、效益好的最佳成本方案，并能够在施工项目成本形成过程中，针对薄弱环节，加强成本控制，克服盲目性，提高预见性。因此，施工成本预测是施工项目成本决策与计划的依据。施工成本预测，通常是对施工项目计划工期内影响其成本变化的各个因素进行分析，比照近期已完工施工项目或将完工施工项目的成本，预测这些因素对工程成本中相关项目（成本项目）的影响程度，预测出工程的单位成本或总成本。

2. 施工成本计划

施工成本计划是编制施工项目在计划期内的生产费用、成本水平、成本降低率以及为降低成本所采取的主要措施和规划的方案，施工成本计划是建立施工项目成本管理责任制、开展成本控制和核算的基础，施工成本计划是该项目降低成本的指导文件，是设立目标成本的依据。

施工成本计划的具体内容包括：

（1）确定施工成本计划的指标

施工成本计划一般情况下有以下三类指标。

①成本计划的数量指标，如：按子项目汇总的工程项目计划总成本指标；按分部汇总的各单位工程（或子项目）计划成本指标；按人工、材料、机械等各主要生产要素计划成本指标。

②成本计划的质量指标，如施工项目总成本降低率，可以采用

$$设计预算成本计划降低率=\frac{设计预算总成本计划降低额}{设计预算总成本} \tag{4-3}$$

$$责任目标成本计划降低率=\frac{责任目标总成本计划降低额}{责任目标总成本} \tag{4-4}$$

③成本计划的效益指标，如工程项目成本降低额

$$设计预算成本计划降低额=设计预算总成本-计划总成本 \tag{4-5}$$

$$责任目标成本计划降低额=责任目标总成本-计划总成本 \tag{4-6}$$

（2）按工程量清单列出的单位工程计划成本汇总表

（3）按成本性质划分的单位工程成本汇总表，根据清单项目的造价分析，分别对人工费、材料费、机械费、措施费、企业管理费和税费进行汇总，形成单位工程成本计划表。

3. 施工成本控制

施工成本控制是指在施工过程中，对影响施工成本的各种因素加强管理，并采取各种有效措施，将施工中实际发生的各种消耗和支出严格控制在成本计划范围内，随时揭示并及时反馈，严格审查各项费用是否符合标准，计算实际成本和计划成本之间的差异并进行分析，进而采取多种措施，消除施工中的损失浪费现象。

建设工程项目施工成本控制应贯穿于项目从投标阶段开始直至竣工验收的全过程，施工成本控制是企业全面成本管理的重要环节。施工成本控制可以分为事先控制、事中控制（过程控制）和事后控制。在项目的施工过程中，需按动态控制原理对实际施工成本的发生过程进行有效控制。

4. 施工成本核算

施工成本核算包括两个基本环节：一是按照规定的成本开支范围对施工费用进行归集和分配，计算出施工费用的实际发生额；二是根据成本核算对象，采用适当的方法，计算出该施工项目的总成本和单位成本。

施工成本核算的基本内容包括：

（1）人工费核算；

（2）材料费核算；

（3）周转材料费核算；

（4）结构件费核算；

（5）机械使用费核算；

（6）措施费核算；

（7）分包工程成本核算；

（8）间接费核算；

(9) 项目月度施工成本报告编制。

5. 施工成本分析

施工成本分析是在施工成本核算的基础上，对成本的形成过程和影响成本升降的因素进行分析，以寻求进一步降低成本的途径，包括有利偏差的挖掘和不利偏差的纠正。施工成本分析贯穿于施工成本管理的全过程，是在成本的形成过程中，主要利用施工项目的成本核算资料（成本信息），与目标成本、预算成本以及类似的施工项目的实际成本等进行比较，了解成本的变动情况，同时也要分析主要技术经济指标对成本的影响，系统地研究成本变动的因素，检查成本计划的合理性，并通过成本分析，深入揭示成本变动的规律，寻找降低施工项目成本的途径，以便有效地进行成本控制。成本偏差的控制，分析是关键，纠偏是核心，要针对分析得出的偏差发生原因，采取切实措施，加以纠正。

6. 施工成本考核

施工成本考核是指在施工项目完成后，对施工项目成本形成中的各责任者，按施工项目成本目标责任制的相关规定，将成本的实际指标与计划、定额、预算进行对比和考核，评定施工项目成本计划的完成情况和各责任者的业绩，并以此给予相应的奖励和处罚，从而有效地调动每一位员工在各自施工岗位上努力完成目标成本的积极性。

施工成本考核是衡量成本降低的实际成果，也是对成本指标完成情况的总结和评价。成本考核制度包括考核的目的、时间、范围、对象、方式、依据、指标、组织领导、评价与奖惩原则等内容。

§4.3　工程项目费用确定

工程项目在其形成过程中经历项目可行性研究投资决策阶段、设计阶段、采购和招投标阶段、施工阶段、竣工验收阶段。针对建设程序的各个阶段，应采用科学的计算方法和切合实际的计价依据，合理确定投资估算、设计概算、施工图预算、承包合同价、结算价、竣工决算。

建设程序与相应各阶段概预算关系如图 4.3 所示。

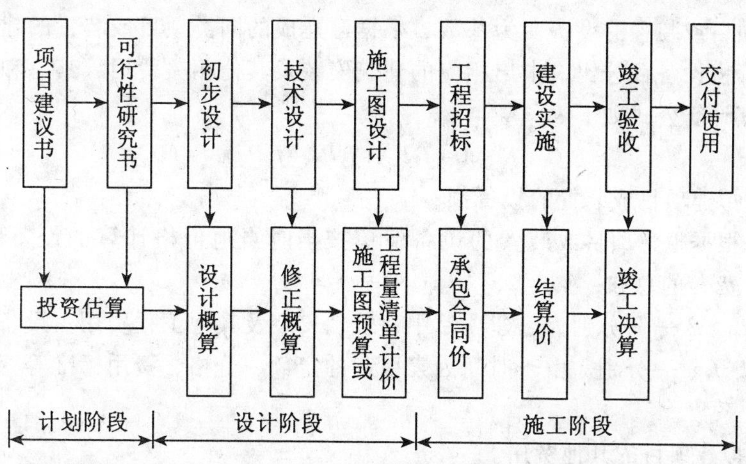

图 4.3　建设程序和各阶段工程造价确定示意图

4.3.1 工程项目投资估算

工程项目投资估算是在对项目的建设规模、产品方案、工艺技术及设备方案、工程方案等进行研究并基本确定的基础上，依据一定的方法，估算项目所需资金总额（包括建设投资和流动资金），并测算建设期分年资金使用计划。具体估算时，一般可以分为动态、静态及铺底流动资金。投资估算是项目决策的重要依据之一，是拟建项目编制项目建议书、可行性研究报告的重要组成部分。投资估算要保证必要的准确性，一般误差应控制在±20%以内，如果误差太大，将导致决策的失误。

1. 固定资产投资的估算方法

（1）静态投资部分的估算

①生产能力指数法

根据已建成项目的投资额或其设备投资额，估算同类而不同生产规模的项目投资或其设备投资。其计算公式为

$$C_2 = C_1\left(\frac{Q_2}{Q_1}\right)^n \cdot f \tag{4-7}$$

式中：C_1——已建类似项目或装置的投资额；

C_2——拟建项目或装置的投资额；

Q_1——已建类似项目或装置的生产能力；

Q_2——拟建项目或装置的生产能力；

f——不同时期、不同地点的定额、单价、费用变更等的综合调整系数；

n——生产规模指数（$0 \leqslant n \leqslant 1$）。

若Q_1、Q_2相差不大，生产规模比值在0.5~2之间，则指数n的取值近似为1。

若Q_1、Q_2相差大，且拟建项目的扩大仅靠增大设备规格来达到，则n取值在0.6~0.7之间；若是靠增加与Q_1相同规格设备的数量扩大生产力，则n的取值在0.8~0.9之间。

采用这种方法，计算简单，速度快。但要求类似工程的资料可靠，条件基本相同，否则误差就会增大。

②比例估算法

以拟建项目或装置的设备费为基数，根据已建成的同类项目或装置的建筑安装工程费和其他费用等占设备百分比，求出相应的建筑安装及其他相关费用，其总和即为项目或装置的投资。其计算公式如下

$$C = E\ (1 + f_1P_1 + f_2P_2 + f_3P_3)\ + I \tag{4-8}$$

式中：C——拟建项目或装置的投资额；

E——根据拟建项目或装置的设备清单按当时当地价格计算的设备费（包括运杂费）的总和；

P_1、P_2、P_3——分别为已建项目中建筑、安装及其他工程费用占设备费百分比；

f_1、f_2、f_3——分别为由于时间因素引起的定额、价格、费用标准等变化的综合调整系数；

I——拟建项目的其他费用。

③朗格系数法

朗格系数法是以设备费为基础，乘以适当系数来推算项目的建设费用。基本公式如下

$$D = C\left(1 + \sum K_i\right)K_c \tag{4-9}$$

式中：D——总建设费用；

C——主要设备费用；

K_i——管线、仪表、建筑物等项费用的估算系数；

K_c——包括管理费、合同费、应急费等间接费在内的总估算系数。

总建设费用与设备费用之比为朗格系数 K_L，即

$$K_L = \left(1 + \sum K_i\right)K_c \tag{4-10}$$

朗格系数法比较简单，但没有考虑设备规格、材质的差异，所以其精确度不高。

④指标估算法

根据编制的各种具体的投资估算指标，进行单位工程投资的估算。投资估算指标的表示形式较多，可以用元/m、元/m^2、元/m^3、元/t、元/（kV·A）等单位表示。利用这些投资估算指标，乘以所需的长度、面积、体积、重量、容量等，就可以求出相应的土建工程、给排水土程、照明工程、采暖工程、变配电工程等各单位工程的投资。在此基础上，可以汇总成某一单项工程的投资，再估算工程建设其他费用等，即求得投资总额。

指标估算法简便易行，但由于项目相关数据的确定性较差，投资估算的精度较低。

（2）动态投资部分的估算

动态投资估算主要包括由价格变动可能增加的投资额即涨价预备费和建设期贷款利息两部分内容，对于涉外工程项目还应考虑汇率的变化对投资的影响。

①涨价预备费的估算

一般按下式估算

$$PC = \sum_{t=1}^{n} K_t[(1+i)^t - 1] \tag{4-11}$$

式中：PC——涨价预备费估算额；

K_t——建设期中第 t 年的投资计划数；

n——项目的建设期年数；

i——平均价格预计上涨指数；

t——施工年度。

②建设期贷款利息估算

一般按下式计算

$$\text{建设期每年应计利息} = \left(\text{年初借款累计} + \frac{1}{2} \times \text{当年借款额}\right) \times \text{年利率} \tag{4-12}$$

2. 铺底流动资金估算

这部分的流动资金是指项目建成后，为保证项目正常生产或服务运营所必须的周转资金。其估算对于项目规模不大且同类资料齐全的可以采用分项估算法，其中包括劳动工资、原材料、燃料动力等部分；对于大项目及设计深度浅的可以采用指标估算法。具体来讲有以下几种方法：

（1）扩大指标估算法

①按产值（或销售收入）资金率估算

一般加工工业项目大多采用产值（或销售收入）资金率进行估算。

流动资金额 = 年产值（年销售收入额）×产值（销售收入）资金率 (4-13)

②按经营成本（或总成本）资金率估算

由于经营成本（或总成本）是一项综合性指标，能反映项目的物资消耗、生产技术和经营管理水平以及自然资源条件的差异等实际状况，一些采掘工业项目常采用经营成本（或总成本）资金率估算流动资金。

③按固定资产价值资金率估算

有些项目如火电厂可以按固定资产价值资金率估算流动资金。

流动资金额 = 固定资产价值总额 × 固定资产价值资金率 (4-14)

固定资产价值资金率是流动资金占固定资产价值总额的百分比。

④按单位产量资金率估算

有些项目如煤矿，按吨煤资金率估算流动资金。

流动资金额 = 年生产能力 × 单位产量资金率 (4-15)

（2）分项详细估算法

分项详细估算法是根据周转额与周转速度之间的关系，对构成流动资金的各项流动资产和流动负债分别进行估算。在可行性研究中，为简化计算，仅对存货、现金、应收账款和应付账款 4 项内容进行估算，其计算公式为

流动资金 = 流动资产 − 流动负债 (4-16)

其中

流动资产 = 现金 + 存货 + 应收账款 (4-17)

流动负债 = 应付账款 (4-18)

4.3.2 工程项目设计概算

工程项目设计概算是在初步设计和扩大初步设计阶段，由设计部门根据初步投资估算、设计要求以及初步设计图纸，依据概算定额（或概算指标）以及其他相关费用定额等，预先计算项目由筹建至竣工验收、交付使用的全部建设费用的经济文件。在报请审批初步设计或扩大初步设计时，作为完整的技术文件必须附有相应的设计概算。设计概算由单位工程概算、单项工程综合概算和工程项目总概算三级逐级汇总而成。其编制内容及相互关系如图 4.4 所示。

1. 单位工程概算

单位工程概算分为建筑工程概算和设备及安装工程概算两大类。其中，建筑工程概算分为一般土建工程概算、给排水工程概算、采暖工程概算、通风工程概算、电气照明工程概算、工业管道工程概算、特殊构筑物工程概算。设备及安装工程概算分为机械设备及安装工程概算、电器设备及安装工程概算。常用的编制方法有扩大单价法、类似工程预算法和概算指标法等。这里介绍常用的扩大单价法和概算指标法。

（1）扩大单价法

扩大单价法又称为概算定额法。该方法是采用概算定额编制建筑工程概算的方法。采用扩大单价法编制建筑工程概算比较准确，但其计算较烦琐。要求初步设计达到一定深

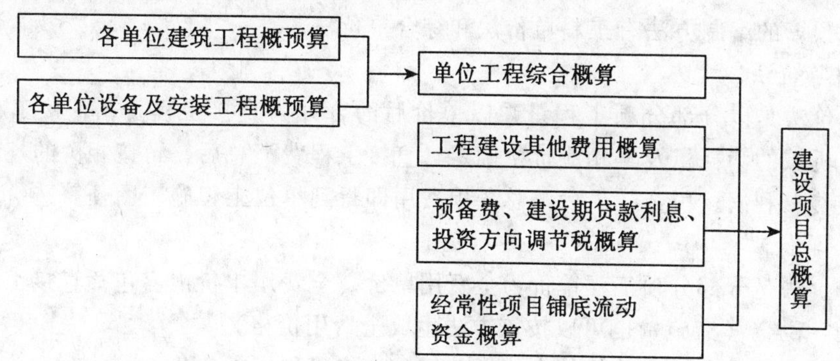

图 4.4　工程项目设计概算的编制内容及相互关系

度、建筑结构比较明确，能按照初步设计的平面、立面、剖面图纸计算出楼地面、墙身、门窗和屋面等分项工程的工程量时，可以采用这种方法编制建筑工程概算。

（2）概算指标法

概算指标法是采用直接费指标进行计算。

当初步设计深度不够，不能准确地计算工程量，但工程采用的技术比较成熟而又有类似概算指标可以利用时，可以采用概算指标来编制概算。

当设计对象在结构特征、地质及自然条件上与概算指标完全相同，如基础埋深及形式、层高、墙体、楼板等主要承重构件相同，就可以直接套用概算指标编制概算。

当选用的概算指标与设计对象的结构特征有局部不同时，则需要对该概算指标进行修正，然后用修正后的概算指标进行计算。

2. 单项工程综合概算的编制

单项工程综合概算是根据单项工程内各专业单位工程概算和工器具及生产家具购置费汇总而成的。如果建设项目只含有一个单项工程，则单项工程的综合概算造价中，还应包括建造工程的其他工程和费用的概算造价。

单项工程综合概算书是工程项目总概算书的组成部分，单项工程综合概算的内容，一般包括编制说明和综合概算表格。

3. 工程项目总概算的编制

建设项目总概算是确定整个建设项目从筹建到竣工交付使用所预计全部建设费用的总文件。该文件是由各单项工程综合概算、工程建设其他费用、建设期贷款利息、预备费、固定资产投资方向调节税和经营性项目的铺底资金概算所组成，按照主管部门规定的统一表格进行编制而成的。

4.3.3　工程项目施工图预算

施工图预算是由设计单位在施工图设计完成后，根据施工图设计图纸、工程量清单、费用定额、预算定额或单位估价表、施工组织设计文件等相关资料进行计算和编制的单位工程预算造价的文件。施工图预算的编制对象为单位工程，编制成果称为单位工程施工图预算。将各单位工程施工图预算汇总，称为单项工程施工图预算；再汇总各所有的单项工程施工图预算，得到项目建设安装工程的总预算。

施工图预算的编制方法有工料单价法和综合单价法。

1. 工料单价法

工料单价法是以分部分项工程量乘以单价后的合计为直接工程费，直接工程费以人工、材料、机械的消耗量及其相应价格确定。直接工程费汇总后，再按相关的规定计算措施费、间接费、利润、税金，最后汇总各项费用即得到单位工程施工图预算造价。

2. 综合单价法

综合单价法是分部分项工程单价为全费用单价，全费用单价内容包括直接工程费、间接费、利润、税金（措施费也可以按该方法生成全费用价格）。

各分项工程量乘以综合单价的合价汇总后，生成工程发承包价。

4.3.4 工程结算

工程结算是指承包商在工程实施过程中，依据承包合同中关于付款条款的规定和已经完成的工程量，按照规定的程序向建设单位收取工程价款的一项经济活动。

1. 工程价款结算方式

工程价款的主要结算方式有按月结算、分段结算、竣工后一次结算和结算双方约定的其他方式。

（1）按月结算

这是我国现行工程项目工程价款结算中常用的一种方式。实行旬末或月中预支，将已完分部分项工程视为阶段成果，月终按实际完成的工程量结算。竣工后清算的方法。跨年度竣工的工程，在年终进行工程盘点，办理年度结算。

（2）分段结算

当年开工、当年不能竣工的单项工程或单位工程按照工程形象进度，划分不同阶段进行结算。分段结算通常按月进度结算工程款。分段的划分标准，由各部门、自治区、直辖市自行规定。

（3）竣工后一次结算

建设项目或单项工程全部建筑安装工程建设期在一年内，或者工程承包合同价值在100万元以下的，可实行工程价款每月月中预支、竣工后一次结算的方式。

（4）双方约定的其他结算方式

项目承发包双方的材料往来，可按双方约定的方式结算。由承包单位自行采购材料的，业主可以在双方签订工程承包合同后，按年度工作量的一定比例向承包单位预付备料款；由承包单位包工包料的，业主将主管部门分配的材料指标交承包单位，由承包单位购货付款，并收取备料款；由业主供应材料的，其材料可按材料预算价格转给承包单位。材料价款在结算工程款时陆续抵扣。这部分材料，承包单位不应收取备料款。

施工期间的结算款，一般不应超过承包工程价值的95%，其余尾款待工程竣工验收后清算。

2. 工程预付款备料款的结算

施工企业承包工程，一般都实行包工包料，需要一定数量的备料周转金，即备料款（或称预付款）。采用按月结算方式时，建设单位一般按规定拨付给承包单位备料周转金，以便承包单位提前储备材料和定购构配件。实行预付款的工程项目，建设单位与承包商应在签订的施工合同中写明工程备料款预支数额、扣还的起扣点、办理的手续和方法。

由于备料款是按施工图预算或当年建安投资额所需要的储备材料计算的，因而当工程施工达到一定进度、材料储备随之减少时，预付的备料款应当陆续扣还给建设单位，在工程竣工前扣完。扣款的方法有两种：

（1）可以从未施工工程尚需的主要材料及构件的价值相当于备料款数额时起扣，从每次结算工程价款中，按材料比重扣抵工程价款，竣工前全部扣清。

预付备料款起扣点的计算：

$$\text{未施工工程主要材料、结构件价值} = \text{预付备料款} \tag{4-19}$$

$$\text{未施工工程价值} = \frac{\text{预付备料款}}{\text{主要材料费比重}} \tag{4-20}$$

$$\text{开始扣回预付备料款时的工程价值} = \text{年度承包工程总值} - \frac{\text{预付备料款}}{\text{主要材料费比重}} \tag{4-21}$$

当已完工程超过开始扣回预付备料款时的工程价值时，就要从每次结算工程价款中陆续扣回预付备料款。每次应扣回的数额按下列方法计算

$$\begin{matrix}\text{第一次应扣回}\\ \text{预付备料款}\end{matrix} = \left(\text{累计已完工程价值} - \begin{matrix}\text{开始扣回预付}\\ \text{备料款时的工程价值}\end{matrix}\right) \times \text{主要材料费比重} \tag{4-22}$$

$$\text{以后各次应扣回预付备料款} = \text{每次结算的已完工程价值} \times \text{主要材料费比重} \tag{4-23}$$

（2）国家建设部颁布《招标文件范本》中规定，在承包方完成金额累计达到合同总价的 10% 后，由承包方开始向发包方还款，发包方从每次应付给承包方的金额中扣回工程预付款，发包方至少在合同规定的完工期前三个月将工程预付款的总计金额按逐次分摊的办法扣回。

3. 竣工结算工程价款

在竣工结算时，若因某些条件变化，使合同工程价款发生变化，则需按规定对合同价款进行调整。

在实际工作中，当年开工、当年竣工的工程，只需办理一次性结算。跨年度工程，在年终办理一次年终结算，将未完工程转结到下一年度。此时，竣工结算等于各年结算的总和。

例 4.1　某建筑工程承包合同中规定：

（1）建筑安装工程造价为 800 万元，建筑材料及设备费占施工产值的比重为 60%；

（2）工程预付款为建筑安装工程造价的 20%。工程实施后，工程预付款从未施工工程尚需的主要材料及构件的价值相当于工程预付款数额时起扣，从每次结算工程价款中按材料和设备占施工产值的比重扣抵工程预付款，竣工前全部扣清；

（3）工程进度款逐月计算；

（4）工程保修金为建筑安装工程造价的 3%，竣工结算月一次扣留；

（5）材料和设备价差调整按相关规定进行（按相关规定上半年材料和设备价差上调 10%，在 5 月份一次调增）。

承包商每月实际完成并经工程师签证确认的工程量如表 4.1 所示。

问题：

（1）该工程的工程预付款、起扣点为多少？

(2) 该工程每月拨付工程款为多少？累计工程款为多少？

表 4.1 某工程每月实际完成并经工程师签证确认的工程量

月　份	1月	2月	3月	4月	5月
完成产值/万元	67	133	200	267	133

(3) 5月份办理工程竣工结算，该工程结算造价为多少？甲方应付工程结算款为多少？

解

问题（1）

工程预付款　　800万元×20%=160万元

起扣点　　800万元-160万元/60%=533万元

问题（2）

各月拨付工程款为：

1月：　　工程款67万元，累计工程款67万元

2月：　　工程款133万元，累计工程款200万元

3月：　　工程款200万元，累计工程款400万元

4月：　工程款267万元-(267万元+400万元-533万元)×60%=186.6万元

累计工程款586.6万元

问题（3）

工程结算总造价为

800万元+800万元×0.6×10%=848万元

甲方应付工程结算款

848万元-586.6万元-(848万元×3%)-160万元=75.96万元。

§4.4 工程项目费用计划

工程项目费用计划是指在对工程项目所需费用总额做出合理估计的前提下，为了确定项目实际执行情况的基准而把整个费用分配到各个工作单元上去。工程项目费用计划是工程项目建设全过程中进行费用控制的基本依据，是建立施工项目成本管理责任制、开展成本控制和核算的基础。

通过编制项目费用使用计划，合理确定工程造价目标值，使工程造价的控制有所依据，并为资金的筹集与协调打下基础；可以对未来工程项目的资金使用和进度控制有所预测，消除不必要的资金浪费和进度失控，使现有资金充分发挥作用；在工程项目的进行过程中，通过费用使用计划的严格执行，可以有效地控制工程造价上升，最大限度地节约投资，提高投资效益。

4.4.1 项目费用计划编制原则

为了使费用计划能够发挥积极作用，编制计划时应掌握以下一些原则。

1. 立足实际

编制费用计划要严格遵守国家的财经政策，严格遵守成本开支范围，严格遵守成本计算规定。要结合工程特点，确定合理的施工程序与进度，科学地选择施工机械，优化人力资源管理，采用合理的方法和程序核算各项成本费用。要从企业的实际情况出发，充分挖掘企业内部潜力，使降低成本指标既积极可靠，又切实可行。

2. 联系其他相关资料

编制费用计划，必须与施工项目的其他各项计划如施工组织设计、工程质量、资源配置计划等匹配，保持平衡。施工组织设计能够协调施工单位之间、单项工程之间、资源使用时间和资金投入时间的关系，有利于实现保证工期、保障质量、优化投资的整体目标的实现。施工项目管理部门要注意优化施工方案，合理组织施工；优化资源配置；提高项目管理班子素质，节约施工管理费用等。同时要避免为降低成本而偷工减料，忽视质量，片面增加劳动强度，忽视安全生产，忽视文明施工等。另一方面，上述各项计划的确定，又影响着费用计划，都应考虑适应降低成本的要求，而不能单纯考虑每一种计划本身的需要。

3. 考虑多种风险因素

编制费用计划，应考虑项目实施过程中出现的各种风险因素对于资金使用计划的影响。如：设计变更与工程量的调整，施工条件变化，相关施工政策规定的变化，建筑材料价格变化，不可抗力自然灾害，多方面因素造成实际工期变化等。

4.4.2 项目费用计划编制依据

1. 工程项目费用估算

费用估算是编制费用计划的基础。费用计划中设置的单元目标要依据合理的费用估算，这样费用计划才能实现，同时还能在一定程度上激发项目执行者的进取心。

2. 工作分解结构（WBS）

WBS是项目管理的一项基础性工作，是一种在项目全范围内分解和定义各层次工作包的方法。WBS按照项目发展的规律，依据一定的原则和规定，进行系统化的、相互关联和协调的层次分解。如图4.5所示，是某工程项目的WBS分解图。

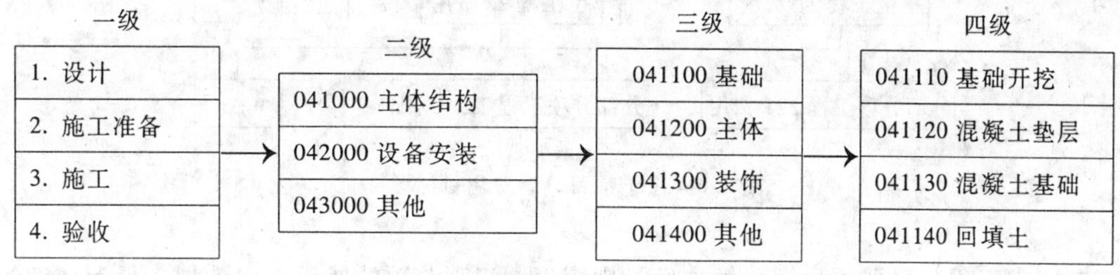

图4.5 某工程的WBS分解图

3. 工程项目进度计划

工程项目进度计划与项目进度计划的编制、进度分目标的确定是紧密相联的。如果费用计划不依据进度计划制定，就会导致资金筹措不及时而影响进度，或资金筹措过早而增加利息支出。

4. 其他资料

如人工、材料、机械使用费市场价格，以往同类项目成本计划的实际执行情况及相关技术经济指标完成情况的分析资料，施工组织设计，承包合同及相关资料（包括公司下达给项目的降低成本计划和要求）。

4.4.3 项目费用计划编制方法

编制费用计划主要是项目费用目标分解。根据费用控制目标和要求的不同，费用目标分解可以分为按费用构成分解、按子项目分解、按时间分解等类型。这些编制费用计划的方法并不是相互独立的。在实践中，往往是将这几种方法结合起来使用，从而达到扬长避短的效果。

1. 按费用构成分解的费用计划

项目总费用可以分解成建筑安装工程费用、设备工器具购置费以及其他费用等，见图4.1。建筑安装工程费用按成本构成可以分解为人工费、材料费、施工机械使用费、措施费和间接费等。由于建筑工程和安装工程在性质上存在较大差异，费用的计算方法和标准也不尽相同，所以，在实际操作中往往将建筑工程费用和安装工程费用分解开。在按项目成本构成分解时，可以根据以往的经验和建立的数据库来确定适当的比例。必要时也可以作一些适当的调整。按费用的构成来分解的方法比较适合于有大量经验数据的工程项目。

2. 按子项目分解的费用计划

大中型的工程项目通常是由若干个单项工程构成的，而每个单项工程包括了多个单位工程，每个单位工程又由若干个分部分项工程构成。一般先把项目总费用分解到单项工程和单位工程中，施工阶段再进一步分解为分部工程和分项工程，如图4.6所示。

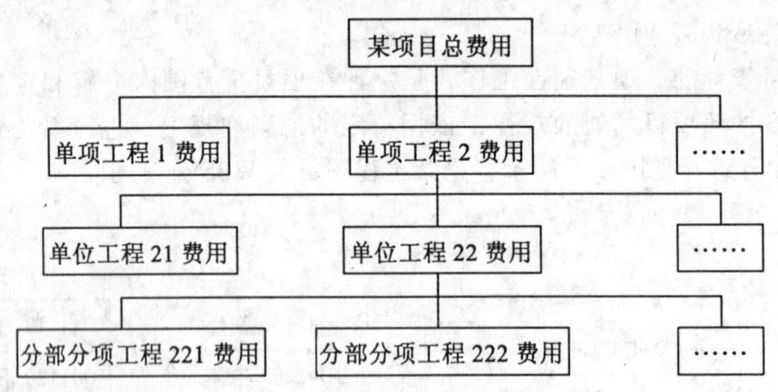

图4.6 按子项目分解费用目标图

在完成工程项目费用目标分解之后，则需编制工程分项的费用支出计划，得到详细的费用计划表，其内容一般包括：

（1）工程分项编码；

（2）工程内容；

（3）计量单位；

（4）工程数量；

(5) 计划综合单价;

(6) 分项合价。

由于费用估算大多是按照单项工程和单位工程来编制的,所以将项目总费用分解到各单项工程和单位工程是比较容易的。需要注意的是,按照这种方法分解项目总费用,不能只是分解建筑工程费用、安装工程费用和设备工器具购置费用,还应该分解项目的其他费用。但项目其他费用所包含的内容既与具体单项工程或单位工程相关,也与整个项目建设相关,因此必须采取恰当的方法将项目其他费用合理分解到各个单项工程和单位工程中。

3. 按工程进度分解的费用计划

工程项目的费用总是分阶段、分期支出的,资金应用是否合理与资金的时间安排有密切关系。为了编制项目费用计划,并据此筹措资金,尽可能减少资金占用和利息支出,有必要将项目总费用按其使用时间进行分解。

编制按时间进度的费用计划,通常可以利用控制项目进度的网络图进一步扩充而得。利用网络图控制投资,即要求在拟定工程项目的执行计划时,一方面确定完成各项工作所需花费的时间,另一方面同时确定完成这一工作的合适的费用支出计划。

通过对项目费用目标按时间进行分解,在网络计划基础上,可以获得项目进度计划的横道图,并在此基础上编制费用计划。其表示方式有两种:一种是在总体控制时标网络图上表示,如图4.7所示,另一种是利用时间—费用累计曲线(S形曲线)表示,如图4.8所示。

(1) 时间—费用累计曲线(S形曲线)

从整个工程项目进展全过程的特征看,一般在开始和结尾时,单位时间投入的资源、成本较少,中间阶段单位时间投入的资源量较多,与其相关单位时间投入的成本或完成任务量也呈同样变化。因而随时间进展的累计成本呈S形变化,所以项目的成本模型又称为S形曲线。一般该曲线是按工程任务的最早开始时间绘制,称为ES曲线;也可以按各项工作的最迟开始时间安排进度,而绘制的S形曲线,称为LS曲线。两条曲线都是从计划开始时刻开始,完成时刻结束,因此两条曲线是闭合的,形成一个形如香蕉的曲线,故将此称为香蕉曲线,见图4.9投资计划值的香蕉图。在项目实施中任一时刻按进度——累计成本描述出的点所连成的曲线,称为实际成本进度曲线,其理想状况是落在香蕉形曲线的区域内。

建设单位可以根据编制的费用支出预算来合理安排资金,同时也可以根据筹措的建设资金来调整S形曲线,即通过调整非关键路线上的工序项目的最早或最迟开工时间,力争将实际的费用支出控制在计划的范围内。

一般而言,所有工作都按最迟开始时间开始,对节约业主方的建设资金贷款利息是有利的,但同时,也降低了项目按期竣工的保证率。因此,必须合理地确定费用支出预算,达到既节约费用支出,又控制项目工期的目的。

(2) 时间—费用累计曲线(S形曲线)的绘制

时间—费用累计曲线(S形曲线)的绘制步骤如下:

①编制工程进度计划。

②根据每单位时间内完成的实物工程量或投入的人力、物力和财力,计算单位时间的费用,如表4.2所示。在时标网络图上按时间编制费用支出计划,如图4.7所示。

表 4.2　某工程项目按月编制的资金使用计划表

时间/月	1	2	3	4	5	6	7	8	9	10	11	12
费用/万元	40	60	90	120	160	180	140	120	100	80	70	20

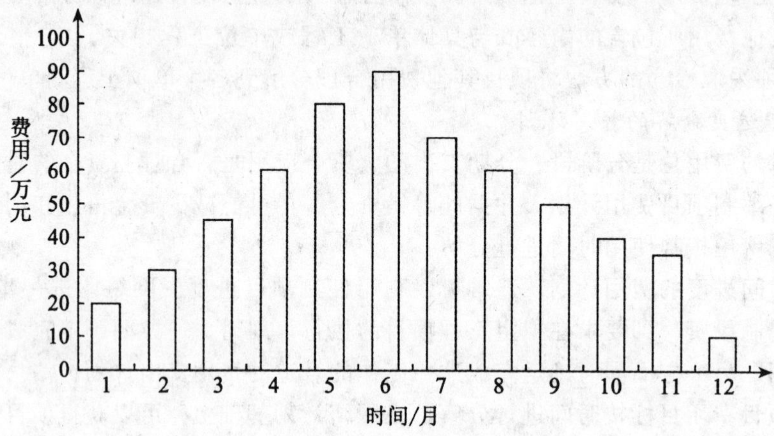

图 4.7　时标网络图上按月编制的费用计划

③计算规定时间 t 计划累计完成的费用额，其计算方法为：各单位时间计划完成的费用额累加求和，按下式计算

$$Q_t = \sum_{n=1}^{t} q_n \tag{4-24}$$

式中：Q_t——某时间 t 计划累计完成投资额；

q_n——单位时间 n 的计划完成投资额；

t——规定的计划时间。

④按各规定时间的 Q_t值，绘制 S 形曲线。如图 4.8 所示。

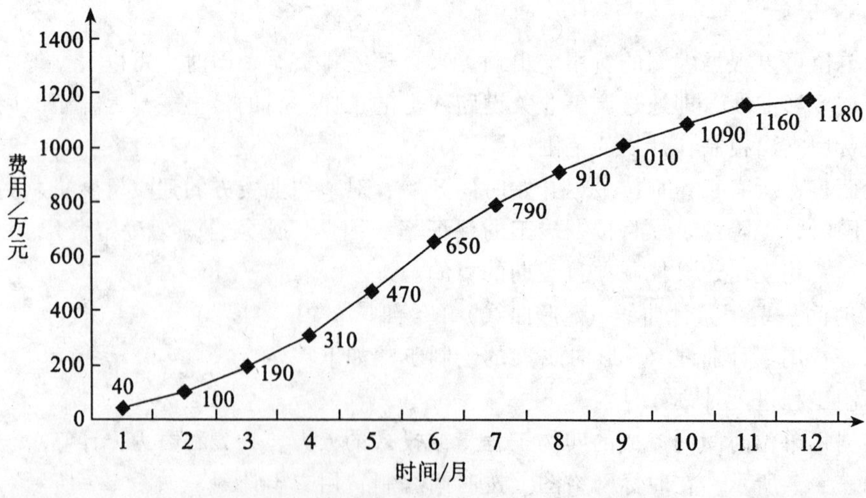

图 4.8　时间—费用累计曲线（S 形曲线）

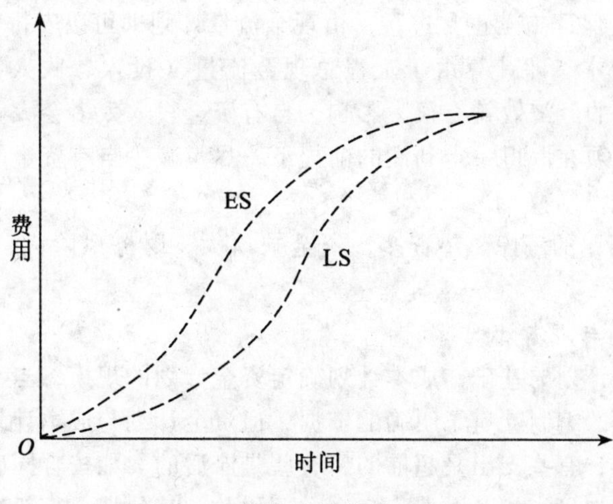

图 4.9 投资计划值的香蕉图

§4.5 工程项目资金计划

4.5.1 概述

无论对业主或承包商，项目的现金流量已越来越引起人们的重视，并将项目的现金流量纳入计划的范围。项目的现金流量是项目的财务问题。

1. 关于业主的资金计划

由于工程项目的生产周期长、建设资金量大等特点，为了确保对工程项目的控制，业主给承包商的付款不是一次性的，而是根据工程进度以及合同所确定的付款方式分期进行支付的。因此业主必须明确工程建设项目支付计划，然后按支付计划筹集和安排资金，要确保某期支付前相当数额的资金筹集到位。

资金的筹集是业主在工程项目实施过程中一项重大而艰巨的任务，业主必须在可以筹集资金的范围内定义和设计项目的规模、标准、实施时间，同时还要考虑在项目实施过程中特殊情况下的资金需求，如物价上涨，不可抗力，不可预见的复杂的地质条件。如果在项目实施过程中，业主不能及时支付资金，那么工程项目的进度、质量就会受到很大影响，甚至可能出现目标变更或工程停工。所以，在项目开始实施前，如果确认资金筹措不能满足现有支付计划，那么必须考虑调整实施进度或改变付款方式，也可能考虑采用其他项目管理形式（如 BOT 项目形式），甚至有可能调整项目的目标。

2. 关于承包商的资金计划

对于承包商而言，由于项目的费用支出和收入在时间上不平衡，对于合同付款条件苛刻的项目，承包商必须垫资。什么时间垫多少资金，是承包商应关注的问题，只有解决了这一问题，承包商才能确保连续施工。否则，一旦资金不到位，材料、设备等资源不能按时到场，项目工期就会出现延误、工程还会出现窝工，承包商必将面临业主的罚款等制裁措施。

承包商的工程项目现金流量计划对其有以下作用：

(1) 安排资金，保证施工正常进行，由现金流量计划即可以安排贷款计划。

(2) 计算资金成本，即计算由于工程总现金流量（投入 > 收入）带来的利息支出。利息支出对工程承包的经济效益有很大影响，自有资金投入太多会大大降低承包商的工程利润，所以承包商必须在取得一定利润的前提下，尽量减少自有资金的投入量，同时使投入资金的利率最低。

(3) 财务风险问题的考虑。垫资多，资金缺口大，财务风险大，则需考虑相应的对策。

3. 关于资金计划与成本计划

成本计划是资金计划的基础，成本计划确定资金计划的规模，当工程项目的成本计划确定之后，资金支付的编制就有了明确的依据，但资金计划与成本计划是有区别的，其费用发生时间有些不同，有些支出是超前的，有些是滞后的。如按合同确定的付款方式有些可能在开工前就获得支付，如开办费、定金、预付款，其他情况一般都是滞后收款的，例如 FIDIC 合同条件下的工程进度付款一般滞后 1 ~ 2 个月；材料可能先采购，也可能对材料后期付款。分包工程款一般是后期付款等。

4.5.2 工程项目资金计划方法

承包商的资金计划比较复杂，本书以承包商资金计划为对象进行介绍，业主的资金计划的编制方法可以参照其使用。

1. 支付计划

首先结合每个工作包的成本、资源情况，在进度计划基础上确定成本计划。在此基础上，根据具体情况确定资金计划。

工程的资金计划与成本计划并不同步。例如，一般合同条件规定，合同签订 1 ~ 2 个月后，承包商必须开工。在这个期限内，承包商必须进行施工准备，如调遣队伍、调运和购买施工机械和物质资源，搭建临时设施，布置现场等并为此支付费用。而这些费用是作为工地管理费、人工费、材料费、机械费等分摊在工程报价中，以后在工程进度款中收回，有时也作为工程开办费部分预先收取。

成本计划中的材料费是工程上实际消耗的材料价值。而在材料使用前有一个采购订货、包装、运输、入库、贮存的过程。材料费的支付以采购合同规定为依据，可能有许多支付方式，如：(1) 订货时交定金、到货后付款；(2) 提货时一笔付清；(3) 供应方负责送到工地、货到后付款；(4) 在供应后一段时间内付款。

设备的购置费用、租赁费用等的支付与材料费相似。

工程项目支付计划包括：

(1) 人工费支付计划；

(2) 材料费支付计划；

(3) 设备费支付计划；

(4) 分包工程款支付计划；

(5) 现场管理费支付计划；

(6) 其他费用计划，如上级管理费、保险费、利息等各种开支。

2. 收入计划

承包商工程款收入计划即为业主对该承包商的工程款支付计划，收入计划与两个因素有关：

（1）工程进度，即按成本计划确定的工程完成状况。

（2）合同确定的付款方式。通常有：

①工程预付款（备料款、准备金）。在合同签订后，工程开工前业主先支付一笔款项让承包商作施工准备，这笔款在以后工程进度款中按比例扣回。

②按进度付款。即在每段时间内将该期完成的分项工程量结算成当月的工程款。但这笔工程款的支付时间往往在第二个月，甚至在第三个月支付。例如按 FIDIC 合同条件，进度付款期为一个月。每月末承包商提交该月工程进度账单，由工程师在 28 天内审核并递交业主。业主在收到账单后 28 天内支付。则工程款支付比成本计划滞后 1～2 个月。

③按形象进度分阶段支付。一般分开工、基础完工、主体完成、竣工、验收等几个阶段，各支付一定的比例。

④其他形式，如垫资承包。由于业主没有资金，由承包商垫资，工程款在工程结束后支付。这种方式风险大，对工程承发包市场的秩序有很大影响。我国《建筑法》是明令禁止的，但在国际工程承发包中有时会采用。

3. 现金流量

按时间将工程支付和工程收入的主要费用列在相关表格中，按时间计划当期收支相抵的余额，再按时间计算到该期的累计余额，据此绘制现金流量图。

4. 融资计划

对于业主而言，由于工程支付计划与工程款收入计划之间会存在差异，有时会有很大的差异，如果差异为正，则为正现金流量，但现代工程付款条件越来越苛刻，通常差异为负，为负现金流量，即承包商自己必须垫入这部分资金。对业主来说，在建设期主要是负现金流量。要取得项目的成功，必须有财力支持。

为保证工程项目顺利开展，业主注入资金以及承包商垫入资金必须考虑以下因素：

（1）融资计划

根据现金流量表，确定何时需要多少资金才能满足工程需要。工程的资金投入时，要考虑到一些不确定的风险因素留有一定的余地。如考虑到物价的上涨，特殊的地质条件，工程收入可能的推迟，计划和预算的缺陷等。

（2）融资方式

现在资金渠道很多，例如：自有资金、世行贷款、亚行贷款、国内外商业银行贷款、发行债券、合资经营、各种形式的 BOT 项目、国内的各种形式的基金等。各种渠道的融资条件、使用条件、风险不同，通常需综合考虑风险、资金成本、收益与各种因素，确定项目的资金来源、结构、筹集时间，以及还款的计划安排，确定符合技术、经济、法律要求的融资计划。

§4.6 工程项目费用控制

工程项目费用控制是指在项目管理中监控工程项目费用，通过对工程项目费用偏差所采取的预防、监督和及时纠偏，使项目费用控制在费用计划范围内。

4.6.1 工程费用控制的步骤

费用控制的步骤就是把计划费用作为工程项目费用控制目标值，定期将工程项目实施工程中的实际支出额与工程项目费用控制目标进行比较，通过比较发现并找出偏差值，在分析偏差产生原因的基础上，对将来的费用进行预测，并采取措施进行纠正，以确保施工成本控制目标的实现。如图 4.10 所示。

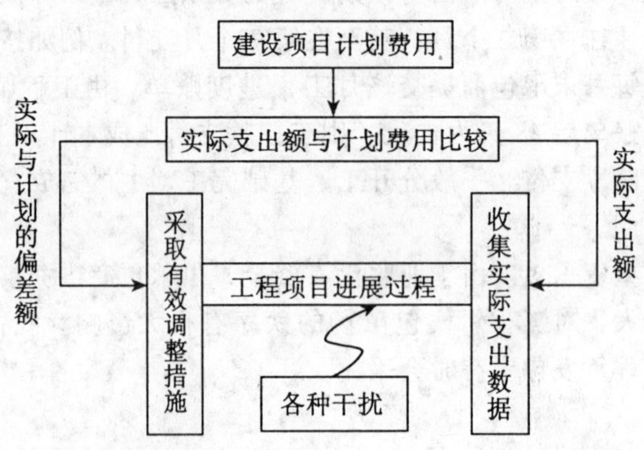

图 4.10　费用控制动态循环图

工程项目费用控制的步骤如下:

（1）比较

将费用计划值与实际值按照某种确定的方式逐项进行比较，确定实际支出额是否超过计划费用。

（2）分析

在比较的基础上，对比较的结果进行分析，以确定偏差的严重性及偏差产生的原因。其主要目的在于找出产生偏差的原因，从而采取有针对性的措施，减少或避免相同原因的再次产生或减少由此造成的损失。

（3）预测

根据项目实施情况估算整个项目完成时的施工成本。为资金准备和投资者决策提供理论基础。

（4）纠偏

当工程项目的实际施工成本出现了偏差，应当根据工程的具体情况、偏差分析和预测的结果，采取适当的措施，以期达到使施工成本偏差尽可能减小的目的。对于正偏差，通常采取保持加激励的方法。对于负偏差，通常采用纠偏的做法。纠偏是施工成本控制中最具实质性的一步。只有通过纠偏，才能最终达到有效控制施工成本的目的。

（5）检查

检查是指对工程的进展以及费用使用情况进行跟踪和检查，及时了解工程进展状况以及纠偏措施的执行情况和效果，为今后的工作积累经验。

4.6.2　费用分析的基本方法和指标

成本分析的方法很多，可以按照不同的需要选择，甚至可以自己灵活设计。通常成本分析的综合指标有如下几大类：

1. 因素差异分析法

对一些分项工程的费用，用因素差异分析的方法不仅可以确定实际和计划的差异，而且可以确定差异影响因素以及这些因素各自的影响份额，因此可以用来分离责任份额。

例 4.2　如原计划安装 45 000m^2模板，预计劳动效率力 0.8 工时/m^2，工时单价为 30 元，则计划人工费 =30 元/工时 ×45 000m^2 ×0.8 工时/m^2 =1 080 000 元。

但最后实际工作量为 48 000m^2，实际劳动生产率为 0.7 工时/m^2，工时单价 35 元/m^2，则

$$\text{实际人工费} = 48\ 000 \times 35 \times 0.7 = 1\ 176\ 000 \text{ 元}$$

$$\text{成本差异} = 560\ 000 - 480\ 000 = 80\ 000 \text{ 元。}$$

由于工作量增加造成的成本变化为

$$(48\ 000 - 45\ 000) \times 30 \times 0.8 = 72\ 000 \text{ 元}$$

由于工时单价引起的成本变化为

$$48\ 000 \times (35 - 30) \times 0.8 = 192\ 000 \text{ 元}$$

由于劳动效率引起的成本变化为

$$48\ 000 \times 35 \times (0.7 - 0.8) = -168\ 000 \text{ 元}$$

在此基础上，可以更进一步分析工程量增加，工时单价增加，劳动效率提高的更细的原因和责任人。

2. 成本分析指标

对已完成的工程

$$\text{成本偏差} = \text{实际成本} - \text{计划成本} \tag{4-25}$$

$$\text{成本偏差率} = \frac{\text{实际成本} - \text{计划成本}}{\text{计划成本}} \times 100\% \tag{4-26}$$

$$\text{利润} = \text{已完工程价格} - \text{实际成本} \tag{4-27}$$

在各个成本要素、分部工程成本、总工程成本的比较分析中都可以采用偏差值和偏差率指标。这些指标能比较好地、直观地反映偏差的程度，使管理者始终能够把握每一个费用项目、每一个分项工程以及总工程的成本状况和总利润状况。

3. 工期和进度的分析指标

$$\text{时间消耗程度} = \frac{\text{已用工期}}{\text{计划总工期}} \times 100\% \tag{4-28}$$

$$\begin{aligned}\text{工程完成程度} &= \frac{\text{已完成工程量}}{\text{计划总工程量}} \times 100\% \\ &= \frac{\text{已完成工程价格}}{\text{工程计划总价格}} \times 100\% \\ &= \frac{\text{已投入人工工时}}{\text{计划使用总工时}} \times 100\% \end{aligned} \tag{4-29}$$

4. 效率比

效率比仅用于已完成的工程的各个成本项目：

$$机械生产效率=\frac{实际台班数}{计划台班数} \tag{4-30}$$

$$劳动效率=\frac{实际使用人工工时}{计划使用人工工时} \tag{4-31}$$

与其相似的还有材料消耗的比较及各项费用消耗的比较。

对工程成本的评价，效率指标比较准确和明确，无论对一个分项工程或整个工程都可以使用。由于该评价以实际工作量为基础，所以比较的尺度是统一的。当机械生产效率小于1时，说明实际台班数比计划台班数少。当劳动效率小于1时，说明实际人工消耗小于计划使用人工工时数。用同样的方法可以比较材料的消耗。

例4.3 某工程计划直接总成本2 668 000元，工地管理费和企业管理费总额592 100元。工程总成本为3 260 100元，则

$$管理费分摊率=\frac{592\ 100}{2\ 668\ 000}=22.19\%$$

该工程总工期160天，现已进行了64天，已完成工程总价为1 268 000元，实际工时为14 860小时，已完工程中计划工时14 620工时，实际成本1 266 644元，已完工程计划成本1 166 882元，则至今成本总体状况分析：

$$工期进度=\frac{64天}{160天}\times 100\%=40\%$$

$$工程完成程度=\frac{1\ 268\ 000元}{3\ 260\ 100元}=39\%$$

$$劳动效率=\frac{14\ 860工时}{14\ 620工时}=101.6\%$$

$$成本偏差=1\ 266\ 644-1\ 166\ 882=99\ 762元$$

$$成本偏差率=\frac{99\ 762}{1\ 166\ 882}=8.55\%$$

$$已实现利润：1\ 268\ 000-1\ 266\ 644=1\ 356元$$

$$利润率=\frac{1\ 356}{1\ 268\ 000}=0.01\%$$

从总体上该工程虽未亏本，但利润太少，成本超支，劳动效率降低。

4.6.3 费用比较方法——挣值法

挣值法又称为偏差分析法，是对项目进度和费用进行综合控制的一种有效方法。挣值法通过测量和计算已完工程计划费用、已完工程实际费用和拟完工程计划费用得到相关计划实施的进度偏差和费用偏差，从而判断项目执行状况。挣值法的独特之处在于以预算和费用来衡量项目的进度。挣值法中用到一个关键数值——挣值，表示已完成工作的预算费用。

1. 挣值法参数

(1) 拟完工程计划费用（BCWS），即（Budgeted Cost for Work Scheduled），是指项目实施过程中某阶段计划要求完成的工作量所需的预算费用，即计划费用。

拟完工程计划费用（BCWS）=计划工作量×预算定额 (4-32)

（2）已完工程实际费用（ACWP），即（Actual Cost for Work Performed），是指项目实施过程中某阶段实际完成的工作量所消耗的费用。

已完工程实际费用（ACWP）=已完工作量×实际单价 (4-33)

（3）已完工程计划费用（BCWP），即（Budgeted Cost for Work Performed），是指项目实施过程中某阶段按实际完成工作量及按预算定额计算出来的费用，即挣得值（Earned Value），也称为挣值。

已完工程计划费用（BCWP）=已完工作量×预算定额 (4-34)

（4）费用偏差（CV），即（Cost Variance），是指检查期间已完工程计划费用（BCWP）与已完成实际费用（ACWP）之间的差异。

费用偏差（CV）=已完工程计划费用（BCWP）-已完工程实际费用（ACWP） (4-35)

当CV<0时表示执行效果不佳，即实际消费费用超过预算值即超支。反之当CV>0时表示实际消耗费用低于预算值，表示有节余或效率高。

（5）进度偏差（SV），即（Schedule Variance），是指检查日期的已完工程计划费用（BCWP）与拟完工程计划费用（BCWS）之间的差异。

进度偏差（SV）=已完工程计划费用（BCWP）-拟完工程计划费用（BCWS） (4-36)

当SV<0时表示进度延误，当SV>0时表示进度提前。

（6）费用偏差程度（CPI），即（Cost Performed Index）

费用偏差程度是指费用实际值对计划值的偏离程度，是挣得值与实际费用值之比。

CPI=BCWP/ACWP (4-37)

当CPI>1时表示低于预算；当CPI<1时表示超出预算；当CPI=1时表示实际费用与预算费用吻合。

（7）进度偏差程度（SPI）（Schedule Performed Index）

将偏差程度与进度结合起来，引入进度偏差程度，SPI是指项目挣得值与计划值之比，其计算式如下

SPI=BCWP/BCWS (4-38)

当SPI>1时表示进度提前；当SPI<1时表示进度延迟；当SPI=1时表示实际进度等于计划进度。

2. 挣值法参数分析与对应措施

利用挣值法进行分析，当费用发生偏差时，可以采用对应措施，进行费用控制。如表4.3所示。

表4.3 挣值法参数分析与对应措施表

序号	图形	参数间关系	分析	措施
1	BCWP BCWS ACWP	BCWP>BCWS>ACWP SV>0，CV>0	进度较快 投入延后 效率高	若偏离不大，维持现状

续表

序号	图形	参数间关系	分析	措施
2	BCWP ACWP BCWS	BCWP > ACWP > BCWS SV > 0，CV > 0	进度快 投入超前 效率较高	抽出部分人员和资金，放慢进度
3	ACWP BCWP BCWS	ACWP > BCWP > BCWS SV > 0，CV < 0	进度较快 投入超前 效率较低	抽出部分人员，增加少量骨干人员
4	ACWP BCWS BCWP	ACWP > BCWS > BCWP SV < 0，CV < 0	进度较慢 投入延后 效率低	用工作效率高的人员更换效率低的人员
5	BCWS ACWP BCWP	BCWS > ACWP > BCWP SV < 0，CV < 0	进度慢 投入延后 效率较低	增加高效人员和资金的投入
6	BCWS BCWP ACWP	BCWS > BCWP > ACWP SV < 0，CV > 0	进度较慢 投入延后 效率较高	迅速增加人员投入

例 4.4 某工程项目生产情况见表 4.4。分析项目成本及进度情况。

表 4.4 **项目生产情况汇总表** （单位：元）

计划产值	实际产值	实际成本
26 868 945	25 111 280	21 102 374

解

$$CV = BCWP - ACWP = 25\ 111\ 280 - 21\ 102\ 374 = 4\ 008\ 906 \text{ 元} > 0$$

$$SV = BCWP - BCWS = 25\ 111\ 280 - 26\ 868\ 945 = -1\ 757\ 665 \text{ 元} < 0$$

或 $$CPI = BCWP/ACWP = 25\ 111\ 280/21\ 102\ 374 = 1.18 > 1$$

$$SPI = BCWP/BCWS = 25\ 111\ 280/26\ 868\ 945 = 0.93 < 1$$

说明进度滞后，但成本效益明显。

4.6.4　偏差分析方法

对于工程项目费用偏差分析可以采用不同的表达方式，常用的有横道图法、表格法和曲线法。

1. 横道图法

用横道图法进行项目费用分析，是用不同的横道标识已完工程计划费用、拟完工程计划费用和已完工程实际费用，横道的长度与其成正比例。如表 4.5 所示。

横道图法具有形象、直观、一目了然等优点，该方法准确表达出施工成本的绝对偏差，而且能一眼感受到偏差的严重性,便于了解项目投资的概貌。但这种方法费用的信息量少,主要反映累计偏差和局部偏差,应用有一定局限性。一般在项目的较高管理层应用。

表 4.5　　费用偏差横道图分析表

项目编码	项目名称	费用参数数额/万元	费用偏差 CV /万元	进度偏差 SV /万元	偏差原因
031	模板工程	500 400 540	-40	-140	
032	混凝土工程	1200 1200 1000	200	200	
033	砌筑工程	800 700 600	200	100	
	合计	2500 2300 2140	360	16	

图例：BCWP　BCWS　ACWP

2. 表格法

表格法是进行费用分析最常用的一种方法。可以根据项目的具体情况、数据来源、投资控制工作的要求等条件来设计表格，因而适用性较强。表格法将项目编号、名称、各工程费用参数以及工程费用数综合归纳入一张表格中，并直接在表格中进行比较。由于各偏差参数都在表格中列出，使得工程费用管理者能够综合地了解并处理这些数据。如表 4.6 所示。

用表格法进行费用分析，具有灵活、适用性强的特点，可以根据实际需要设计表格，进行增减项；信息量大，可以反映偏差分析所需的资料，从而有利于施工成本控制人员及时采取针对性措施，加强控制。表格处理可以借助于计算机，节约大量数据处理所需的人力，并大大提高速度。

表 4.6 费用偏差分析表

项目编码	(1)	031	032	033
项目名称	(2)	模板工程	混凝土工程	砌筑工程
单位	(3)			
计划单价	(4)			
计划工程量	(5)			
BCWS	(6) = (4) × (5)	200	600	350
已完工程量	(7)			
BCWP	(8) = (4) × (7)	250	600	400
实际单价	(9)			
其他款项	(10)			
ACWP	(11) = (7) × (9) + (10)	270	500	300
CV	(12) = (8) - (11)	-20	100	100
CPI	(13) = (8) ÷ (11)	0.926	1.2	1.333
费用累计偏差	(14) = $\sum$(12)			
费用累计偏差程度	(15) = $\sum$(8) + $\sum$(11)			
SV	(16) = (8) - (6)	50	0	50
SPI	(17) = (8) + (6)	1.25	1	1.143
进度累计偏差	(18) = $\sum$(16)			
进度累计偏差程度	(19) = $\sum$(8) ÷ $\sum$(6)			

3. 曲线法

曲线法是挣值法的表示结果，如图 4.11 所示。

在用曲线法进行工程费用偏差分析时，首先要确定工程计划值曲线。工程费用计划值曲线是与确定的进度计划联系在一起的。同时，也应考虑实际进度，应当引入三条施工成本参数曲线，即已完成实际费用（ACWP）曲线 a，也称实际线；已完工程计划费用（BCWP）曲线 b，也称挣值线；拟完工程计划费用（BCWS）曲线 p，也称预算线。图 4.11 中曲线 a 与曲线 b 的竖向距离表示工程费用偏差，曲线 b 与曲线 p 的水平距离表示进度偏差。图 4.11 反映的偏差为累计偏差。用曲线法进行偏差分析具有形象、直观的特点。

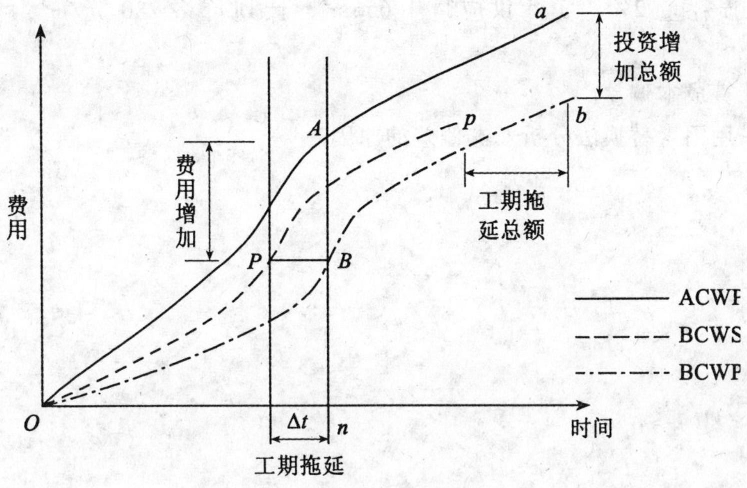

图 4.11　三种费用参数曲线

复习思考题

1. 工程项目费用包括哪些内容？如何计算？
2. 建筑安装工程费用包括哪些内容？如何计算？
3. 费用估算常用什么方法计算？
4. 对于工程项目建设程序中的各阶段，其对应的费用估算结果是什么？有何不同？
5. 项目费用计划的编制方法有哪些？
6. 承包商资金计划的目的是什么？
7. 工程项目费用控制的方法和表达方式有哪几种？
8. 工程项目费用管理包括哪些内容？
9. 已知某项工程数据资料如表 4.7 所示，试绘制该工程的时间—费用曲线。

表 4.7

工作	时间/月	费用/万元/月	进度/月 1	2	3	4	5	6	7	8	9	10
A	2	12	━	━								
B	1	24	━									
C	3	24		━	━	━						
D	4	16			━	━	━	━				
E	4	29				━	━	━	━			
F	4	24							━	━	━	━

10. 某项目结构现浇混凝土计划为 1 500m^3，使用商品混凝土。实际浇注工程量为 1 600m^3,计划损耗量 2%，实际供应量 1 656m^3，计划价格 280 元/m^3，实际价格 300 元/m^3。

（1）试计算成本偏差。

（2）试采用因素替换法分析成本偏差的原因。

第 5 章　工程项目进度管理

本章学习要点：本章要求熟悉进度管理的基本概念和基本流程；熟悉进度计划的常用方法；掌握网络计划技术中双代号网络计划、单代号网络计划、双代号时标网络计划、单代号搭接网络计划的绘制和计算；了解施工进度计划编制依据与步骤；掌握常用的进度计划检查方法，能够判别进度偏差对工期的影响；熟悉进度控制的主要措施；掌握工程实施中常用的进度调整措施。

§5.1　工程项目进度管理概述

5.1.1　进度与进度管理

1. 进度

进度通常反映的是工程项目的进展情况，用项目任务的完成情况来表示项目进度是最直观的，但是由于工程项目对象系统的复杂性，难以选择恰当的、统一的指标来全面反映工程进度。在工程项目实施过程中，完成一定的工作任务要消耗相应的时间、资金、劳动力、材料等，所以在现代工程项目管理中，进度是工程项目任务、工期、成本、资源等的有机结合，是一个综合的指标，全面反映项目的实施状况，所以进度控制不只是工期控制，而是将工期与实物、成本、劳动消耗、资源等统一起来的综合控制。

2. 进度指标

进度控制的基本对象是项目范围内的工程活动。包括工程项目、单项工程、单位工程、分部分项工程等。项目进度状况通常是通过各层次的项目单元工程活动完成程度（百分比）逐层统计汇总计算得到的。进度指标的确定对进度的表达、计算、控制有很大影响。由于一个工程有不同的子项目、工作包，它们的工作内容和性质不同，必须选择一个共同的、对所有工程活动都适用的计量单位。进度指标的计量单位有：持续时间、已完成实物工作量、已完工程价值量、资源消耗指标等。

（1）持续时间

持续时间是进度的重要指标，用持续时间来表达某工作包或工作任务的完成程度是比较方便的。

人们常常采用实际工期与计划工期相比较以描述工程完成程度。例如，计划工期 4 年，现已经进行了 2 年，则工期已达 50%，但此时通常并不一定等于工程进度已达 50%，因为工期与人们通常概念上的进度是不完全一致的。工程的效率和速度不是一个直线，工期已达一半，并不能表示进度达到了一半，在已进行的工期中如果存在各种停工、窝工、干扰作用，实际效率远低于计划的效率。

(2) 已完成实物工作量

已完成实物工作量主要针对专门的领域，如工作包或工作任务性质内容单一，可以用其特征工程量来表达它们的进度以反映实际情况。例如：混凝土工程按体积（对墙、基础、柱）；管道、道路的铺设按照长度；土石方以体积或运载量等计量。特别当项目的任务仅为完成这些分部工程时，以它们作指标比较能够反映实际情况。

(3) 已完工程价值量

已完工程价值量即用已经完成的工作量与相应的合同价格或预算价格计算。已完工程价值量将不同种类的分项工程统一起来，能够较好地反映工程的进度状况，是常用的进度指标。

(4) 资源消耗指标

资源消耗指标最常用的有劳动工时、机械台班、成本的消耗等。这些指标有统一性和较好的可比性，各个工程活动直到整个项目都可以用这些指标作为指标，这样可以统一分析尺度。但在实际工程中应注意：

1) 投入资源数量和进度有时会有背离，投入资源数量并不一定代表真实的进度。例如，某活动计划需100工时，现已用了40工时，则进度已达40%。这样的结论仅是偶然的，因为计划劳动效率和实际效率不会完全相等。

2) 实际工作量和计划经常有差别。如计划100工时，由于工程变更，工作难度增加，工作条件变化，应该需要160工时。现完成40工时，实质上仅完成了工作量25%，而不是40%。

3) 用成本反映工程进度，若有干扰因素，成本的实际消耗比计划大，所以用其表示进度时，应剔除干扰因素，如：

①不正常原因造成的成本损失，如返工、窝工、工程停工。

②由于价格原因（如材料涨价、工资提高）造成成本的增加。

③实际工程量、工程范围的变化造成的影响。

3. 进度管理

进度管理是指在项目实施过程中，按经审批的工程进度计划，采用适当的方法对各阶段的进展程度和项目完成的期限进行的管理。进度管理的目的就是要保证项目在满足其时间约束的条件下完成项目的总体目标。工期是进度的一个重要指标，进度管理首先表现为工期管理，有效的工期管理才能达到有效的进度管理。但不能狭义的把进度管理理解为工期管理，那是不全面的，应将工期与工程实物、成本、劳动消耗、资源等统一起来综合控制，在进度管理的过程中，不仅要追求时间的一致性，还要追求劳动效率的一致性。工程项目实施活动的时间进度计划，即工期计划，是进度计划的主要内容，同时，作为项目总目标之一的进度目标对工期计划具有规定性和限制性。若进度延误了，最终工期目标也不可能实现。

5.1.2 工程项目进度管理的基本流程

工程项目是在动态的条件下实施进行的，因此施工项目进度管理是一个不断进行的动态管理，也是一个循环进行的过程。在进度计划执行中，由于各种干扰因素的影响，实际进度与计划进度大多会产生偏差，分析偏差产生的原因，采取相应的措施，调整原来计划，使实际进度和计划进度在新的起点上重合并继续按其进行施工活动。解决了老的干扰因素的影响，但新的干扰因素又会使进度产生新的偏差，那就需要解决新的问题，因此要求进度管理要根据项目的实施及条件的变动实行动态管理。工程项目进度管理的一般流程如图 5.1 所示。

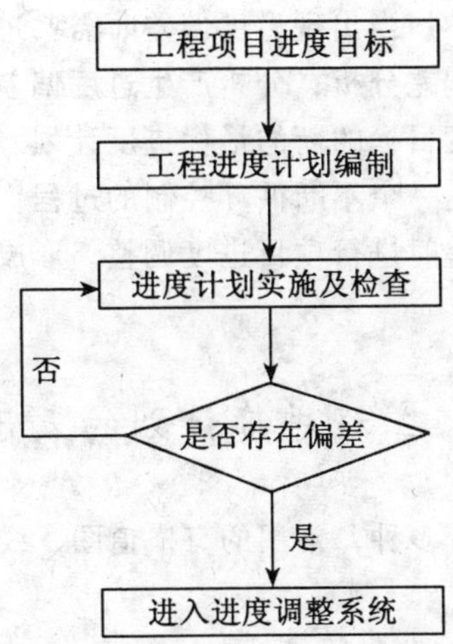

图 5.1　项目管理基本流程图

1. 项目进度目标

工程项目的进度目标是项目的目标之一，对工期计划具有规定性和限制性。工程项目进度管理的首要任务就是确定项目的进度目标，进度目标一般在目标设计阶段就有定义了的，并在可行性研究阶段被分解、细化和修改。项目进度目标首先被分解到工程项目生命周期的各个主要阶段。项目组织者一般还根据工程项目的分表和总体合同模式，考虑项目各技术子系统的实施进度目标的分解。在进度目标确定时应注意，进度目标与项目的其他目标是相关联的，应考虑其他目标因素给进度计划可能带来的影响。

在项目的实施阶段，项目总进度目标包括：

(1) 设计前准备阶段的工作进度；

(2) 设计工作进度；

(3) 招标工作进度；

(4) 施工前准备工作进度；

(5) 工程施工（土建和设备安装）进度；

(6) 工程物资采购工作进度；

(7) 项目动用前的准备工作进度等。

2. 项目进度计划编制

项目进度计划是在项目实施之前，对工程项目各建设阶段的工作内容、工作程序、组织措施、持续时间及其内在联系运用进度表达方法进行的规划。从项目整体角度看，项目进度计划是由多个相互关联的进度计划组成的系统。根据项目各参与方的不同、编制范围及深度的不同、计划功能的不同构成不同的进度计划系统。项目进度计划是工程项目计划的主要内容，也是其他计划工作的基础。

3. 进度计划实施与检查

项目实施过程中，由于不确定性因素的存在，可能会使实施的结果偏离进度计划。所以在项目进度计划实施过程中，要进行相应的跟踪检查。

4. 项目进度调整

在项目进度计划实施过程中，当出现进度偏差时需要进行进度调整。项目进度调整是一个复杂的过程，一是要进行偏差分析，分析产生进度偏差的前因后果；二是要进行动态调整，寻求可实现或逼近原进度目标的新的最优进度计划。

工程项目进度管理实际上是一个不断循环控制的过程，在项目实施过程中，根据项目进度计划实施并检查，出现偏差时进行项目进度调整，形成新的进度计划，这样周而复始地进行直到项目完成。

§5.2 工程进度计划的表示方法

工程进度计划的表示方法有多种，常用的有横道图、线形图和网络图。

5.2.1 横道图

横道图，也称甘特图，是亨利·甘特（Herry Gatt）发明的，20世纪初从美国引入我国，并一直被广泛应用。横道图是利用比例横线条表达各活动的延续时间，在图中列出活动或施工的过程、标注时间坐标值。这种方法的特点是简洁明了，直观易懂，所以直到现在仍然在建筑行业占据统治地位。

横道图的结构如图5.2所示，表头为工作及其简要说明，工作的进展表示在时间表格上，其时间单位可以是小时、天、周、月等。根据不同使用者的要求，各项工作可以按照实施的先后顺序、项目对象、同类资源等进行排列，应用最为广泛的是以时间先后排列工作。

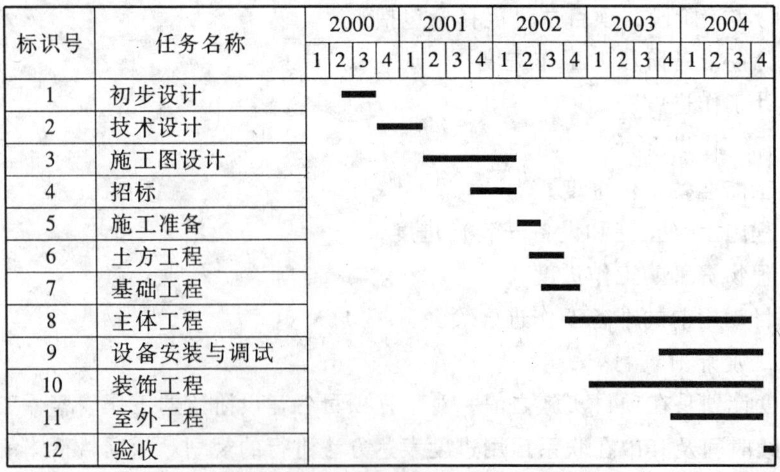

标识号	任务名称	2000				2001				2002				2003				2004			
		1	2	3	4	1	2	3	4	1	2	3	4	1	2	3	4	1	2	3	4
1	初步设计																				
2	技术设计																				
3	施工图设计																				
4	招标																				
5	施工准备																				
6	土方工程																				
7	基础工程																				
8	主体工程																				
9	设备安装与调试																				
10	装饰工程																				
11	室外工程																				
12	验收																				

图5.2 某项目横道图进度计划

1. 横道图的优点

（1）横道图能够清楚地表达活动的开始时间、结束时间和持续时间，一目了然，易于理解，并能够为各层次的人员（上至战略决策者，下至基层的操作工人）所掌握和运用。

（2）横道图不仅能够安排工期，而且可以与劳动力计划、资源计划、资金计划相结合。

（3）横道图使用方便，制作简单。

2. 横道图的缺点

（1）横道图表达的信息量少，很难表达工程活动之间的逻辑关系。

（2）横道图不能表示各活动的重要性，如哪些活动是关键的，哪些活动有推迟或拖延的余地及其大小。

3. 横道图的适用范围

横道图的优缺点，决定了横道图既有广泛的应用范围和很强的生命力，同时又有局限性。

（1）横道图可以直接用于一些简单的小的项目。由于活动较少，可以直接用横道图排工期计划。

（2）项目初期由于尚没有作详细的项目结构分解，工程活动之间复杂的逻辑关系尚未分析出来，一般人们都用横道图作总体计划。

（3）上层管理者一般仅需了解总体计划，此时用横道图表示。

（4）作为网络分析的输出结果。现在几乎所有的网络分析程序都有横道图的输出功能，而且横道图被广泛使用。

在现代各种计划方法中，如各种网络、速度图、线形图等都可以与横道图互换。

5.2.2　线形图

线形图表示法是空间—时间图表的形式，有时间—距离图、时间—任务量图等。这类线形图都是以二维平面上的线的形状表示工程的进度。线形图的特点和横道图相似。

许多工程，如长距离管道安装、隧道工程、道路工程，都是在一定长度上按几道工序连续施工，不断地向前推进，则每个工程活动可以在图上用一根线表示，线的斜率实质上代表着当时的工作速率。某管道工程的进度计划用线形图表示如图 5.3 所示。

5.2.3　网络计划技术

网络计划就是用网络图的形式来表达建设工程项目的工作内容、工作顺序及其相互制约关系，且标注时间参数的进度计划编制方法。

网络计划技术是一种科学的计划管理方法，1956 年，由我国著名数学家华罗庚教授首先在我国生产管理中推广和应用。通过网络分析，能够给管理者提供大量的信息，如关键线路、关键工作、各工作的最早开始时间及最迟开始时间、各种时差等，这给管理及实施者提供了实施控制依据。

我国《工程网络计划技术规程》（JGJ/T 121—99）推荐的常用的网络计划类型包括：

双代号网络计划——以箭线及其两端节点的编号表示工作的网络图。

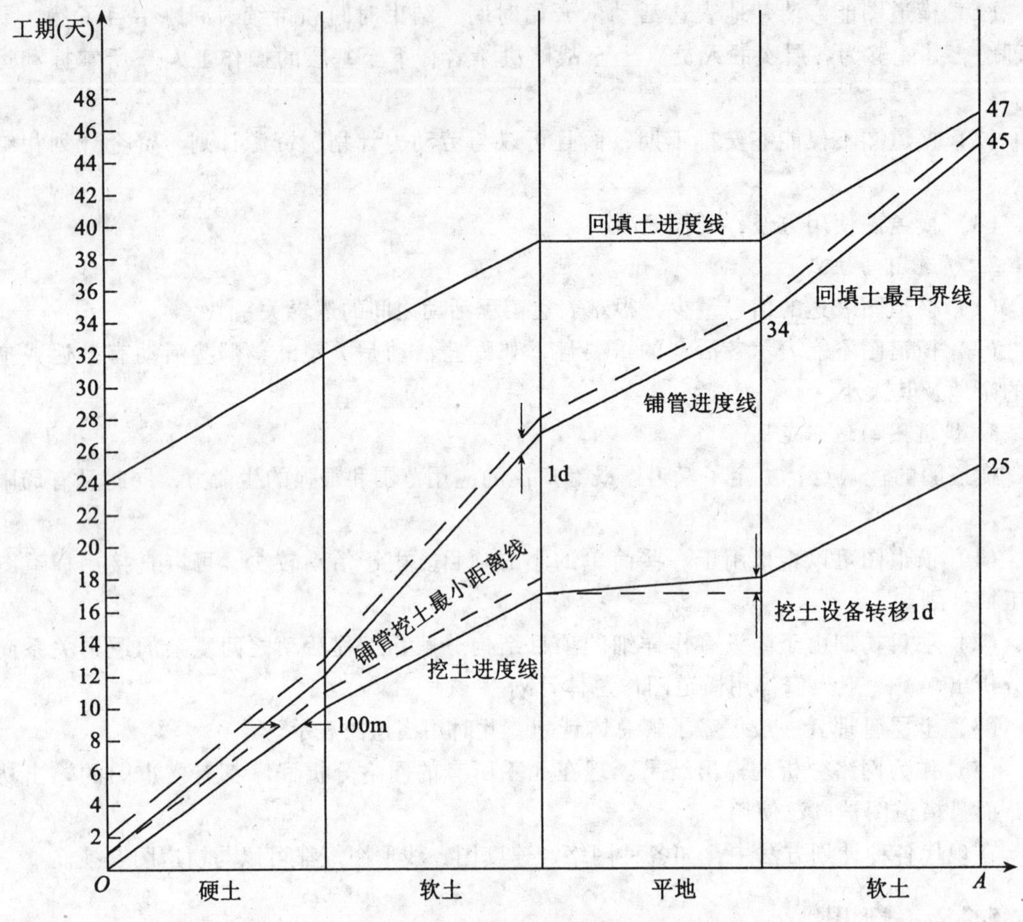

图 5.3 某管道安装工程线形图进度计划

双代号时标网络计划——以时间坐标为尺度编制的双代号网络计划。

单代号网络网络计划——以节点及其编号表示工作，以箭线表示工作之间逻辑关系的网络图。

单代号搭接网络计划——指前后工作之间有多种逻辑关系的肯定型单代号网络计划。

1. 双代号网络计划

双代号网络是以箭线及其两端标上号码节点表示工作，在箭线上标注工作名称，箭线下标注工作的持续时间。

当网络中工程活动的逻辑关系比较复杂时，通常会用到虚箭线，连接的两个节点的工作称为虚工作。虚工作既不消耗时间也不消耗资源，仅仅表达活动之间的逻辑关系。

(1) 双代号网络图绘制要求

双代号网络图的绘制要求有：

①只允许有一个起点节点，一个终点节点。(任务中部分工作需要分期完成的网络计划除外)，除网络图的起点节点和终点节点外，不允许出现没有外向箭线的节点和没有内向箭线的节点。如果出现多个首节点，或尾节点，则可以将节点合并，或用增加虚箭线的

方法解决。

②不允许出现环路，即严禁出现从一个节点出发，顺箭头方向又回到原出发的循环回路，出现环路则表示逻辑上的矛盾。

③不能有相同编号的节点，也不能出现两根箭线有相同的首节点和尾节点。这会导致计算机网络分析的混乱。

④不能出现错画和漏画，如没有箭头、没有节点的活动，或双箭头的箭线等。

⑤当网络图的起点节点有多条箭线引出或终点节点有多条箭线引入（内向箭线）时，为使图形简洁，可以用母线法绘图。

⑥应尽量避免网络图中工作箭线的交叉。当交叉不可避免时，可以采用过桥法或指向法处理。

⑦网络图中的箭线（包括虚箭线）应保持自左向右的方向，不应出现箭头指向左方的水平箭线和箭头偏向左方的斜向箭线，这样可以避免出现循环回路。

表5.1为某工程活动的工作及其逻辑关系、工作持续时间，根据双代号网络图逻辑关系的表达及绘制要求，得到该工程项目的双代号网络图，如图5.4所示。

表5.1　　某网络计划工作其逻辑关系及工作持续时间表

工作名称	A	B	C	D	E	G	H	I
紧前工作	–	–	A	A	C、B	B、C	D、E	D、E、G
持续时间	8	10	14	13	8	10	15	13

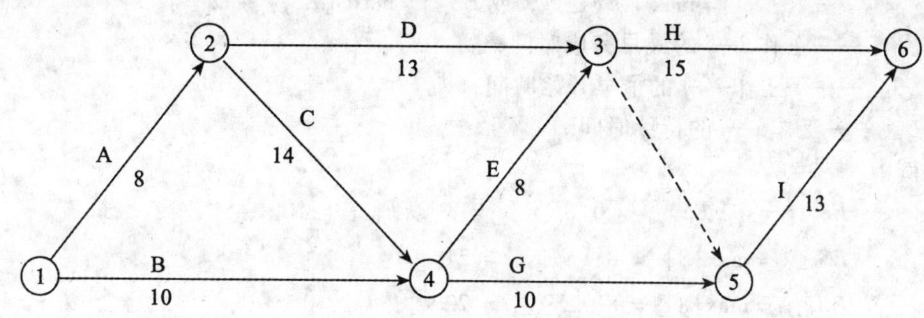

图5.4　双代号网络图

（2）双代号网络工作时间参数计算

在双代号网络计划中，工作 $i-j$ 的持续时间用 D_{i-j} 表示。

网络计划中工作有六个时间参数，分别是最早开始时间、最早完成时间、最迟完成时间、最迟开始时间、总时差和自由时差。

下面以图5.4为例进行说明按工作计算法计算时间参数的过程，其计算结果如图5.5所示。

①最早开始时间和最早完成时间

工作的最早开始时间是指在其所有紧前工作全部完成后，本工作有可能开始的最早时刻。

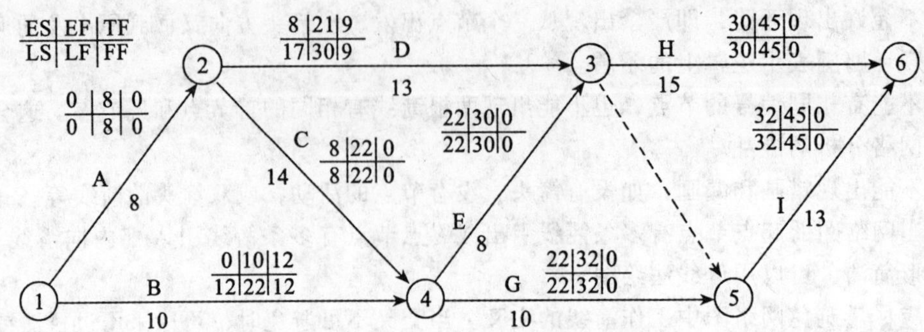

图 5.5 双代号网络图时间参数计算

工作的最早完成时间是指在其所有紧前工作全部完成后，本工作有可能完成的最早时刻。工作的最早完成时间等于本工作的最早开始时间与其持续时间之和。

工作 $i—j$ 的最早开始时间和最早完成时间分别用 ES_{i-j} 和 EF_{i-j} 表示。

工作最早开始时间和最早完成时间的计算应从网络计划的起点节点开始，顺着箭线方向按节点编号从小到大的顺序依次进行。

从起点节点出发的工作，最早开始时间为 0，即：$ES_{i-j}=0$

最早完成时间等于最早开始时间加上持续时间，即

$$EF_{i-j}=ES_{i-j}+D_{i-j} \tag{5-1}$$

有紧前工作时，最早开始时间等于各紧前工作的最早完成时间 EF_{h-i} 的最大值

$$ES_{i-j}=\max\left[EF_{h-i}\right]，或 ES_{i-j}=\max\left[ES_{h-i}+D_{h-i}\right] \tag{5-2}$$

式中：EF_{i-j}——工作 $i—j$ 的最早完成时间；

ES_{i-j}———工作 $i—j$ 的最早开始时间；

D_{i-j}——工作 $i—j$ 的持续时间。

本例中

$$ES_{1-2}=0\quad ES_{1-4}=0\quad ES_{1-2}=8\quad EF_{1-4}=10$$

$$ES_{2-3}=\max\{8\}=8\quad EF_{2-3}=21$$

$$ES_{2-4}=\max\{8\}=8\quad EF_{2-4}=22$$

$$ES_{4-3}=\max\{EF_{2-4},EF_{1-4}\}=\max\{22,10\}=22\quad EF_{4-3}=30。$$

②最迟完成时间和最迟开始时间

工作的最迟完成时间是指在不影响整个任务按期完成的前提下，本工作必须完成的最迟时刻。

工作的最迟开始时间是指在不影响整个任务按期完成的前提下，本工作必须开始的最迟时刻。工作的最迟开始时间等于本工作的最迟完成时间与其持续时间之差。

在双代号网络计划中，工作 $i—j$ 的最迟完成时间和最迟开始时间分别用 LF_{i-j} 和 LS_{i-j} 表示。

工作最迟完成时间和最迟开始时间的计算应从网络计划的终点节点开始，逆着箭线方向依次进行。工作的最迟完成时间应等于其紧后工作最迟开始时间的最小值。

以网络计划终点节点为完成节点的工作，其最迟完成时间等于网络计划的计划工期：

$$LF_{i-n}=T_p$$

最迟开始时间等于本工作的最迟完成时间减去本工作持续时间，即

$$LS_{i-j}=LF_{i-j}-D_{i-j} \tag{5-3}$$

有紧后工作时，最早完成时间等于各紧后工作的最迟开始时间 Ls_{j-k} 的最小值，即

$$LF_{i-j}=\min[Ls_{j-k}]，或\ LF_{i-j}=\min[LF_{j-k}-D_{j-k}] \tag{5-4}$$

式中：LS_{i-j}——工作 $i—j$ 的最迟开始时间；

LF_{i-j}——工作 $i—j$ 的最迟完成时间；

D_{i-j}——工作 $i—j$ 的持续时间。

本例中

$LF_{5-6}=45$　$LF_{3-6}=45$　$LS_{5-6}=45-13=32$

$LS_{3-6}=45-15=30$　$LF_{2-3}=\min\{LS_{5-6},LS_{3-6}\}=\min\{32,30\}=30$

$LS_{2-3}=17$。

③总时差和自由时差

工作的总时差是指在不影响总工期的前提下，本工作可以利用的机动时间。工作 $i—j$ 的总时差用 TF_{i-j} 表示。

工作的自由时差是指在不影响其紧后工作最早开始时间的前提下，本工作可以利用的机动时间。工作 $i—j$ 的自由时差用 FF_{i-j} 表示。

由总时差和自由时差的定义可知，对于同一项工作而言，自由时差不会超过总时差。

工作的总时差等于该工作最迟完成时间与最早完成时间之差；工作的自由时差等于本工作之紧后工作最早开始时间减本工作最早完成时间所得之差的最小值。以网络计划终点节点为完成节点的工作，其自由时差等于计划工期与本工作最早完成时间之差。

$$TF_{i-j}=LF_{i-j}-EF_{i-j}=LS_{i-j}-ES_{i-j} \tag{5-5}$$

$$FF_{i-j}=\min\{ES_{j-k}-EF_{i-j}\}=\min\{ES_{j-k}-ES_{i-j}-D_j\} \tag{5-6}$$

式中：TF_{i-j}——工作 $i—j$ 的总时差；

FF_{i-j}——工作 $i—j$ 的自由时差；

ES_{j-k}——工作 $i—j$ 的紧后工作 $j-k$（非虚工作）的最早开始时间；

EF_{i-j}——工作 $i—j$ 的最早完成时间；

ES_{i-j}——工作 $i—j$ 的最早开始时间；

D_{i-j}——工作 $i—j$ 的持续时间。

本例中：

$$TF_{3-6}=LF_{3-6}-EF_{3-6}=45-45=0$$

$$TF_{2-3}=LF_{2-3}-EF_{2-3}=30-21=9$$

$$EF_{2-3}=\min\{ES_{3-6}-EF_{2-3},ES_{5-6}-EF_{2-3}\}$$

$$=\min\{30-21,32-21\}=\min\{9,11\}=9。$$

④确定关键工作和关键线路

网络计划中，总时差最小的工作为关键工作，当网络计划的计划工期等于计算工期时，总时差为零的工作是关键工作，根据图 5.5 可以看出本例中的关键线路分别为 A—C—E—H 和 A—C—G—I。

2. 单代号网络计划

与双代号网络计划不同，单代号网络中用一个圆圈或方框代表一项工作，工作代号、名称、持续时间都标注在圆圈或方框内，箭线仅表示工作之间的逻辑关系。由于一项工作只用一个代码表示，因此称为“单代号”。单代号网络中工作的表示方法如图 5.6 所示。

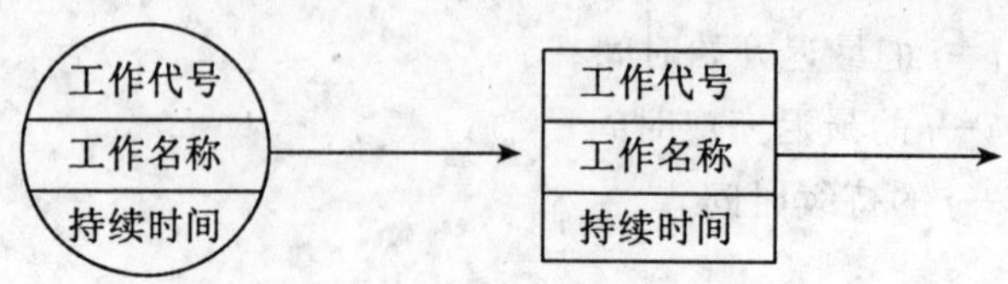

图 5.6 单代号工作表示法

(1) 单代号网络逻辑关系表达

单代号网络图中基本符号的含义与双代号网络图截然不同，单代号网络图的节点表示工作，而箭线仅表示各工作之间的相互逻辑关系，不存在虚工作。单代号网络图具有绘图简单，便于检查、修改等优点。

(2) 单代号网络图的绘制规则

①不能有相同编号的节点。相同编号的节点即为相同的工程活动，同样的活动出现在网络的两个地方则会出现定义上的混乱，特别是在计算机上进行网络分析的时候。

②不能出现违反逻辑的表示。违反逻辑即违反自然规律，不符合客观实际，会导致矛盾的结果。

③单代号网络图中，不能出现双箭头或无箭头的连线，也不能出现没有箭头节点或没有箭尾节点的箭线。

④不允许出现环路。

⑤不允许有多个首节点和多个尾节点。

已知各工作之间的逻辑关系如表 5.2，绘制单代号网络图如图 5.7 所示。

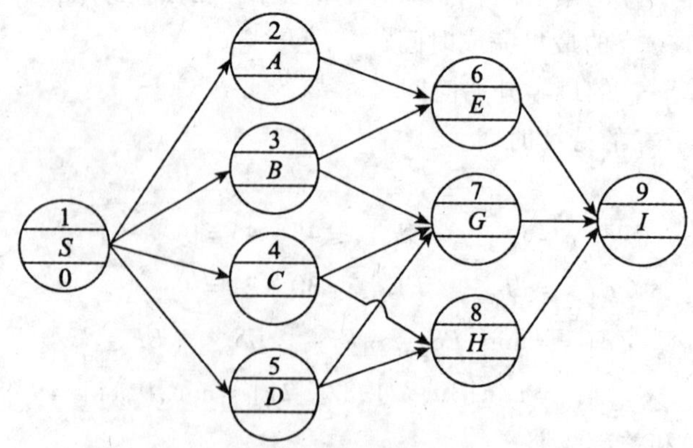

图 5.7 单代号网络图

表5.2　　各工作之间逻辑关系

工作	A	B	C	D	E	G	H	I
紧前工作	—	—	—	—	A，B	B，C，D	C，D	E，G，H

（3）单代号网络计划时间参数的计算

在单代号网络计划中，工作 i 的持续时间用 D_i 表示。

在单代号网络计划中，工作 i 的最早开始时间和最早完成时间用 ES_i 和 EF_i 表示，工作 i 的最迟完成时间和最迟开始时间分别用 LF_i 和 LS_i 表示，工作的总时差用 TF_i 表示，工作 i 的自由时差用 FF_i 表示，其含义与双代号网络图的工作时间参数相同。

下面以图5.8所示单代号网络计划为例，说明其时间参数的计算过程。计算结果如图5.9所示。

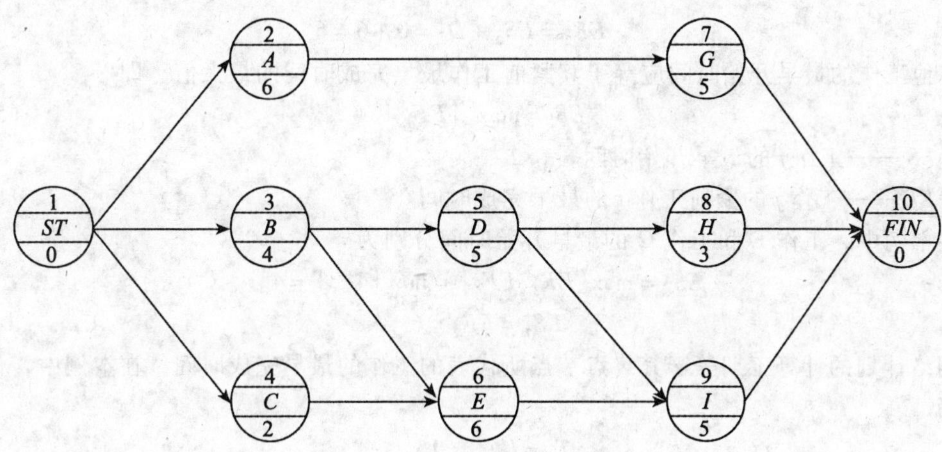

图5.8　单代号网络图

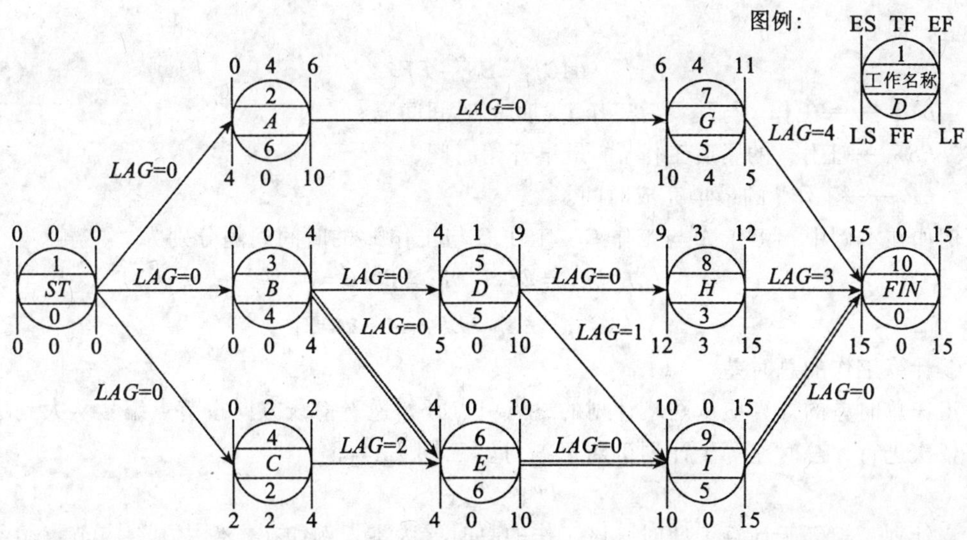

图5.9　单代号网络图计算

①计算工作的最早开始时间和最早完成时间

工作最早开始时间和最早完成时间的计算应从网络计划的起点节点开始，顺着箭线方向按节点编号从小到大的顺序依次进行。其计算步骤如下：

网络计划起点节点所代表的工作，其最早开始时间未规定时取值为0，例如在本例中，起点节点 ST 所代表的工作（虚拟工作）的最早开始时间为0，即：$ES_1=0$

工作的最早完成时间应等于本工作的最早开始时间与其持续时间之和，即

$$EF_i = ES_i + D_i \tag{5-7}$$

式中：EF——工作 i 的最早完成时间；

ES_i——工作 i 的最早完成开始时间；

D_i——工作 i 的持续时间。

在本例中，虚拟起始工作 ST 和工作 A 的最早完成时间分别为

$$EF_1 = ES_1 + D_1 = 0 + 0 = 0$$

$$EF_2 = ES_2 + D_2 = 0 + 6 = 6$$

其他工作的最早开始时间应等于其紧前工作最早完成时间的最大值，即

$$ES_j = \max\ \{EF_i\} \tag{5-8}$$

式中：ES_j——工作 j 的最早开始时间；

EF_i——工作 j 的紧前工作 i 的最早完成时间。

在本例中，工作 E 和工作 G 的最早开始时间分别为

$$ES_6 = \max\{EF_3, EF_4\} = \max\{4, 2\} = 4$$

$$ES_7 = EF_2 = 6$$

网络计划的计算工期等于其终点节点所代表的工作的最早完成时间，在本例中，计算工期为

$$T_c = EF_{10} = 15。$$

②计算相邻两项工作之间的时间间隔

相邻两项工作之间的时间间隔是指其紧后工作的最早开始时间与本工作最早完成时间的差值，即

$$LAG_{i,j} = ES_j - EF_i \tag{5-9}$$

式中：$LAG_{i,j}$——工作 i 与其紧后工作 j 之间的时间间隔；

ES_j——工作 i 的紧后工作 j 的最早开始时间；

EF_i——工作 i 的最早完成时间。

例如在本例中，工作 A 与工作 G、工作 C 与工作 E 的时间间隔分别为

$$LAG_{2,7} = ES_7 - EF_2 = 6 - 6 = 0$$

$$LAG_{4,6} = ES_6 - EF_4 = 4 - 2 = 2。$$

③计算工作的总时差

工作总时差的计算应从网络计划的终点节点开始逆着箭线方向按节点编号从大到小的顺序依次进行，总时差等于计划工期 T_p 减计算工期 T_c，即

$$TF_n = T_p - T_c \tag{5-10}$$

当计划工期等于计算工期时，该工作的总时差为零；例如在本例中，终点节点⑩所代表的虚拟终点工作 FIN 的总时差为

$$TF_{10} = T_p - T_c = 15 - 15 = 0。$$

其他工作的总时差应等于本工作与其各紧后工作之间的时间间隔加该紧后工作的总时差所得之和的最小值，即

$$TF_i = \min \{LAG_{i,j} + TF_j\} \quad (5\text{-}11)$$

式中：TF_i——工作 i 的总时差；

$LAG_{i,j}$——工作 i 与其紧后工作 j 之间的时间间隔；

TF_j——工作 i 的紧后工作 j 的总时差。

例如在本例中，工作 H 和工作 D 的总时差分别为

$$TF_8 = LAG_{8,10} + TF_{10} = 3 + 0 = 3$$

$$TF_5 = \min \{LAG_{5,8} + TF_8,\ LAG_{5,9} + TF_9\} = \min \{0 + 3,\ 1 + 0\} = 1。$$

④计算工作的自由时差

网络计划终点节点 n 所代表的工作的自由时差等于计划工期与本工作的最早完成时间之差，即

$$FF_n = T_p - EF_n \quad (5\text{-}12)$$

式中：FF_n——终点节点 n 所代表的工作的自由时差；

T_p——网络计划的计划工期；

EF_n——终点节点 n 所代表的工作的最早完成时间。

例如本例中终点节点⑩所代表的工作 FIN 的自由时差为

$$FF_{10} = T_p - EF_{10} = 15 - 15 = 0。$$

其他工作的自由时差等于本工作与其紧后工作之间时间间隔的最小值，即

$$FF_i = \min \{LAG_{i,j}\} \quad (5\text{-}13)$$

在本例中，工作 D 和工作 G 的自由时差分别为

$$FF_5 = \min \{LAG_{5,8},\ LAG_{5,9}\} = \min \{0,\ 1\} = 0, \quad FF_7 = LAG_{7,10} = 4。$$

⑤计算工作的最迟完成时间和最迟开始时间

工作的最迟完成时间等于本工作的最早完成时间与其总时差之和，即

$$LF_i = EF_i + TF_i \quad (5\text{-}14)$$

例如在本例中，工作 D 和工作 G 的最迟完成时间分别为

$$LF_5 = EF_5 + TF_5 = 9 + 1 = 10,\ LF_7 = EF_7 + TF_7 = 11 + 4 = 15。$$

工作的最迟开始时间等于本工作的最早开始时间与其总时差之和，即

$$LS_i = ES_i + TF_i \quad (5\text{-}15)$$

例如在本例中，工作 D 和工作 G 的最迟开始时间分别为

$$LS_5 = ES_5 + TF_5 = 4 + 1 = 5,\ LS_7 = ES_7 + TF_7 = 6 + 4 = 10。$$

其他工作的最迟完成时间等于该工作各紧后工作最迟开始时间的最小值，即

$$LF_i = \min \{LS_j\} \quad (5\text{-}16)$$

式中：LF_i——工作 i 的最迟完成时间；

LS_j——工作 i 的紧后工作 j 的最迟开始时间。

例如在本例中，工作 H 和工作 D 的最迟完成时间分别为

$$LF_8 = LS_{10} = 15, \quad LF_5 = \min \{LS_8,\ LS_9\} = \min \{12,\ 10\} = 10。$$

⑥利用关键工作确定关键线路

如前所述，总时差最小的工作为关键工作。将这些关键工作相连，并保证相邻两项关键工作之间的时间间隔为零而构成的线路就是关键线路。

例如在本例中，由于工作 B、工作 E 和工作 I 的总时差均为零，故它们为关键工作。由网络计划的起点节点①和终点节点⑩与上述三项关键工作组成的线路上，相邻两项工作之间的时间间隔全部为零，故线路①—③—⑥—⑨—⑩为关键线路。

3. 双代号时标网络计划

时标网络计划既具有网络计划的优点，又具有横道计划图直观易懂的优点，时标网络计划将网络计划的时间参数直观地表达出来。

(1) 双代号时标网络计划的一般规定

①双代号时标网络计划必须以水平时间坐标为尺度表示工作时间。时标的时间单位应根据需要在编制网络计划之间确定，可以是天、周、月或季度。

②时标网络计划中所有的符号在时间作表示的水平投影位置，必须与其时间参数相对应。节点中心必须对准相应的时标位置。

③时标网络计划中虚工作必须以垂直方向的虚箭线表示，有自由时差的用波形线表示。

(2) 双代号时标网络图绘制方法

双代号时标网络图的绘制方法有两种：

1) 间接法绘制

间接法是先绘制出双代号网络计划图，并计算各工作的最早时间参数，根据最早时间参数确定各节点在时标网络图中的位置，连线完成各工作的表示，连线中，如果工作箭线不足以到达该工作的完成节点，则不足部分用波形线表示。

2) 直接法绘制

直接法同样是在双代号网络计划图绘制完成的基础上，根据各工作的逻辑关系及持续时间，直接在时标计划表上绘制。一般绘制的步骤为：

①将起点节点定位在时标表的起始刻度线上。

②按工作持续时间在时标计划表上绘制起点节点的工作箭线。

③其他工作的开始节点必须在其所有紧前工作都绘出以后，定位在其紧前工作最早完成时间的最大值的时间刻度上，某些工作的箭线长度不足到达该节点时，用波形线补足。

④用上述方法从左至右依次确定其他节点位置，直至网络计划终点节点定位，绘制完成。图 5.4 的时标网络图为图 5.10。

(3) 时间参数的计算

①最早时间参数的确定

按最早开始时间绘制时标网络计划图，最早时间参数可以从图上确定。

最早开始时间 ES_{i-j} 的确定方法是每条实箭线左端箭尾节点中心所对应的时标值。

最早完成时间 EF_{i-j} 的确定方法是若箭线右端无波形线，则该箭线右端节点中心所对应的时标值为该工作的最早完成时间。若箭线右端有波形线，则实箭线右端末所对应的时标值即为该工作的最早完成时间。

②自由时差的确定

时标网络计划中各工作的自由时差值应为表示该工作的箭线中波形线部分在坐标轴上

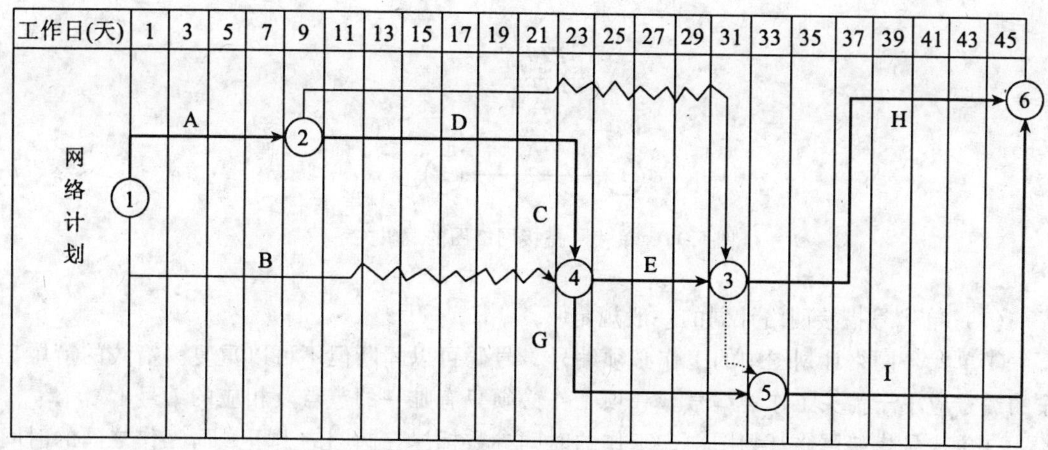

图 5.10　时标网络图

的水平投影长度。

③总时差的确定

以终点节点（$j=n$）为箭头节点的工作的总时差 TF_{i-n} 计算如下

$$TF_{i-n}=T_p-EF_{i-n} \tag{5-17}$$

其他工作的总时差等于其紧后工作 $j-k$ 总时差与本工作自由时差之和的最小值，即

$$TF_{i-j}=\min\ \{TF_{j-k}+TF_{i-j}\} \tag{5-18}$$

④最迟时间参数的确定

时标网络计划中工作的最迟开始时间和最迟完成时间可以按下式计算

$$LS_{i-j}=ES_{i-j}+TF_{i-j} \tag{5-19}$$

$$LF_{i-j}=EF_{i-j}+TF_{i-j} \tag{5-20}$$

由此可以计算出各项工作的最迟开始时间和最迟完成时间，由于所有工作的最早开始时间、最早完成时间和总时差均为已知，故计算容易，此处不再一一列举。

4. 单代号搭接网络计划

在普通的双代号网络计划和单代号网络计划中，各项工作都是按顺序进行的，即任何一项工作都必须在其紧前工作完成后才能开始。这使得在用普通的双代号网络计划和单代号网络计划表达某些工作间的关系时比较麻烦。

在实际工作中，为了缩短工期，许多工作都是采用这种搭接的方式进行的。为了简单直接地表示这种搭接关系，出现了搭接网络计划方法。

单代号搭接网络计划图中每个节点表示一项工作，用一个圆圈或方框代表一项工作，工作代号、名称、持续时间都标注在圆圈或方框内。

单代号搭接网络计划图中，箭线及其上面的时距符号表示相邻工作间的逻辑关系，如图 5.11 所示。工作间的搭接关系及时距表示的类型主要有以下四种：

$FTS_{i,j}$——工作 i 完成时间与其紧后工作 j 开始时间的时间间距；

$FTF_{i,j}$——工作 i 完成时间与其紧后工作 j 完成时间的时间间距；

$STS_{i,j}$——工作 i 开始时间与其紧后工作 j 开始时间的时间间距；

$STF_{i,j}$——工作 i 开始时间与其紧后工作 j 完成时间的时间间距。

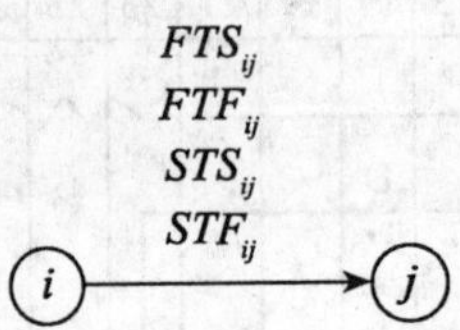

图 5.11 单代号搭接网络图的逻辑关系

(1) 单代号搭接网络计划的一般规定

①单代号网络计划图中的工作必须编号，号码可以间断但不可以重复。箭线的箭尾工作的编号应小于箭头工作的编号。一项工作必须只有唯一的节点及相应的编号。

②单代号搭接网络计划图中，工作的时间参数标注在圆圈的上下，而工作之间的时间参数标注在联系箭线的上下方。

③单代号搭接网络图中不允许出现循环回路。

④单代号搭接网络图中，不能出现双箭头或无箭头的连线，也不能出现没有箭头节点或没有箭尾节点的箭线。

⑤不允许有多个首节点和多个尾节点。

(2) 单代号搭接网络计划的时间参数的计算

1) 最早时间计算

①计算最早时间参数必须从起点节点开始依次进行，只有紧前工作计算完毕，才能计算本工作。

起点节点的工作最早开始时间都为 0，则 $ES_i = 0$ (5-21)

其他工作 j 的最早开始时间为 ES_j，则：

当相邻时距为 $STS_{i,j}$ 时 $ES_j = ES_i + STS_{i,j}$ (5-22)

当相邻时距为 $FTF_{i,j}$ 时 $ES_j = ES_i + D_i + FTF_{i,j} - D_j$ (5-23)

当相邻时距为 $STF_{i,j}$ 时 $ES_j = ES_i + STF_{i-j} - D_j$ (5-24)

当相邻时距为 $FTS_{i,j}$ 时 $ES_j = ES_i + D_i + FTS_{i-j}$ (5-25)

②计算工作最早时间，当出现最早开始时间为负值时，应将该工作 j 与起点节点用虚箭线相连，并确定其时距为 0。

③工作 j 的最早完成时间 EF_j 按下式计算。

$$EF_j = ES_i + D_j \tag{5-26}$$

④当有两种以上的时距限制工作间的逻辑关系时，应分别计算其最早时间，取其最大值。

⑤搭接网络计划中，全部工作的最早完成时间的最大值若在中间工作 k，则该中间工作 k 应于终点节点用虚箭线相互连接。

⑥计算工期 T_c 由与终点相互联系的工作的最早完成时间的最大值决定。

2) 计算时间间隔 $LAG_{i,j}$

$$LAG_{i,j}=\min\begin{bmatrix}ES_j-EF_i-FTS_{i-j}\\ES_j-ES_i-STS_{i-j}\\EF_j-EF_i-FTF_{i-j}\\EF_j-ES_i-STF_{i-j}\end{bmatrix}\tag{5-27}$$

3）计算工作总时差

工作 i 的总时差 TF_i 应从网络计划的终点节点开始，逆着箭线方向逐次逐项计算，当部分工作分期完成时，有关工作的总时差必须从分期完成的节点开始逆向逐项计算。

$$TF_i=\min\ \{TF_j+LAG_{i,j}\}\tag{5-28}$$

4）计算工作自由时差

$$FF_i=\min\ \{LAG_{i,j}\}\tag{5-29}$$

5）计算工作最迟完成时间

工作 i 的最迟完成时间 LF_i，应从网络计划的终点节点开始，逆着箭线方向依次逐项计算，当部分工作分期完成时，有关工作的最迟完成时间应从分期完成的节点开始逆向逐项计算。

终点节点所代表的工作 n 的最迟完成时间 LF_n 应按 T_p 确定，即

$$LF_n=T_p\tag{5-30}$$

其他工作 i 的最迟完成时间为

$$LF_i=EF_i+TF_i\tag{5-31}$$

6）计算工作最迟开始时间

$$ES_j=ES_i-D\tag{5-32}$$

7）确定关键工作和关键线路

关键工作是总时差为最小的工作，即机动时间最小，当计划工期等于计算工期时，工作的总时差为零是最小的总时差，当有工期要求且要求工期小于计算工期时，总时差最小的为负值，反之为正值。关键线路是自始至终全部由关键工作组成的线路。

例如求图 5.12 所示搭接网络计划时间参数，计算结果如图 5.13 所示。

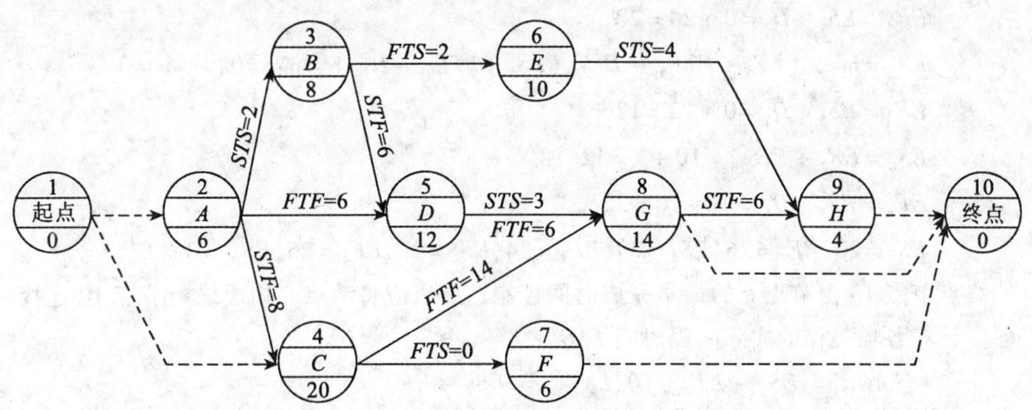

图 5.12　搭接网络计划图

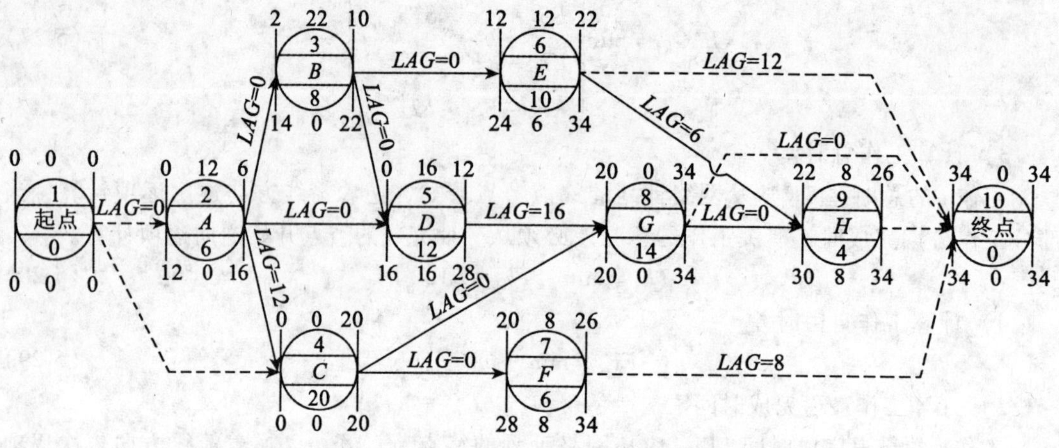

图 5.13 搭接网络计划计算结果

①计算 ES、EF

$$ES_1=0,\ EF_1=0$$

$$ES_2=0,\ EF_1=0$$

$$EF_2=ES_2+D_2=0+6=6$$

$$ES_3=ES_2+STS_{23}=0+2=2$$

$$EF_3=ES_3+D_3=2+8=10$$

$$ES_4=ES_2+STS_{24}-D_4=-12$$

$$EF_4=ES_2+STS_{24}=8$$

工作 4 的 EF_4值为负值，应将该项工作与虚设起点 1 相连，并以节点 1 来控制节点 4 的开始时间，重新计算 ES_4得

$$ES_4=\max\{(ES_1+D_1),(ES_2+STS_{24}-D_4)\}=\max\{0,-12\}=0$$

$$EF_4=ES_4+D_4=0+20=20$$

$$ES_5=\max\{(EF_2+FTF_{25}-D_5),(ES_3+STF_{35}-D_5)\}=\max\{0,-4\}=0$$

$$EF_5=ES_5+D_5=0+12=12$$

$$ES_6=EF_3+FTS_{36}=10+2=12$$

$$EF_6=ES_6+D_6=12+10=22$$

$$ES_7=20,EF_7=26,ES_8=20,EF_8=34,ES_9=22,EF_9=26,ES_{10}=34,EF_{10}=34$$

终点节点 10 由节点 8 的最早完成时间控制，所以应将节点 8 用虚线与节点 10 连接。

②计算各项工作的实际间隔时间 LAG_{ij}

$$LAG_{12}=ES_2-EF_1=0,LAG_{14}=ES_4-EF_1=0$$

$$LAG_{23}=ES_3-STS_{23}-ES_2=0,LAG_{24}=EF_4-STF_{24}-ES_2=12$$

$$LAG_{25}=EF_3-FTF_{25}-EF_2=0,LAG_{35}=EF_5-STF_{35}-ES_3=4$$

$$LAG_{36}=ES_6-FTS_{36}-EF_3=0,LAG_{47}=ES_7-FTS_{47}-EF_4=0$$

$$LAG_{48} = 0, LAG_{58} = 16, LAG_{69} = 6, LAG_{7-10} = 8$$

$$LAG_{89} = 0, LAG_{8-10} = 0, LAG_{9-10} = 8$$

③计算工作自由时差 FF

$$FF_1 = \min\{LAG_{12}, LAG_{14}\} = 0, FF_2 = \min\{LAG_{23}, LAG_{24}, LAG_{25}\} = 0, FF_3 = \min\{LAG_{35}, LAG_{36}\} = 0$$

$$FF_4 = \min\{LAG_{47}, LAG_{48}\} = 0, FF_5 = LAG_{58} = 16, FF_6 = LAG_{69} = 6$$

$$FF_7 = LAG_{7-10} = 8, FF_8 = \min\{LAG_{89}, LAG_{8-10}\} = 0, FF_9 = LAG_{9-10} = 8, FF_{10} = 0$$

④计算工作的最迟时间 LS 和 LF

$$LF_{10} = PD = 34, LS_{10} = LF_{10} = 34, LF_9 = LS_{10} = 34$$

$$LS_9 = LF_9 - D_9 = 30, LF_8 = \min\{(LF_9 - STF_{89} + D_8), LS_{10}\} = 34$$

$$LS_8 = 20, LF_7 = 34, LS_7 = 28, LF_6 = 36$$

这个结果说明，这项工作的最迟完成时间应受虚设的终节点的控制。将节点 6 与节点 10 用虚线连接，并重新计算工作 6 的最迟时间。

$$LF_6 = \min\{(LS_9 - STS_{69} + D_6), LS_{10}\} = 34, LS_6 = LF_6 - D_6 = 24$$

$$LF_5 = \min\{(LS_8 - STS_{58} + D_5), (LF_8 - FTF_{58})\} = 28$$

$$LS_5 = LF_5 - D_5 = 16$$

$$LF_4 = 20, LS_4 = 0, LF_3 = 22, LS_3 = 14, LF_2 = 18, LS_2 = 12, LF_1 = LS_1 = 0$$

⑤计算工作总时差

$$TF_1 = LS_1 - ES_1 = 0, TF_2 = LS_2 - ES_2 = 12, TF_3 = LS_3 - ES_3 = 12$$

$$TF_4 = LS_4 - ES_4 = 0, TF_5 = LS_5 - ES_5 = 16, TF_6 = LS_6 - ES_6 = 12$$

$$TF_7 = LS_7 - ES_7 = 8, TF_8 = LS_8 - ES_8 = 0, TF_9 = LS_9 - ES_9 = 8, TF_{10} = 0$$

确定关键线路 $TF=0$ 的工作即为关键工作，将 $TF=0$ 的工作连接起来即为关键线路，关键线路为：①—④—⑧—⑩。

§5.3　工程项目进度计划编制

5.3.1　基本概念

1. 工程项目进度计划

在项目实施之前，需要对工程项目各建设阶段的工作内容、工作程序、持续时间及其内在联系等制定出一个科学的、可行的进度计划，然后按照计划逐步实施。

工程进度计划的作用主要有：

(1) 为项目实施过程中的进度管理提供依据；

(2) 为项目实施过程中的各种资源配置提供依据；

(3) 为项目实施过程中有关各方在时间上的协调配合提供依据；

(4) 为项目能在规定期限内保质、高效的完成提供保障。

2. 工程项目进度计划体系

工程项目进度计划首先表示为工期计划，就是将各工程活动的持续时间及其内在联系用工程进度表示方法进行安排。从项目整体角度看，完整的项目进度计划应是由多个相互联系的进度计划组成的一个有机的系统，为实现项目的总目标，各个子进度计划发挥不同的作用。在项目建设过程中，由于项目的参与各方及其对项目管理的目标和层次各不相同，因此从不同的角度出发可以有各种不同的进度计划系统。

3. 工程项目进度计划体系的分类

在工程项目建设过程中，各项目参与方，如建设单位、设计单位、施工单位、材料和设备供应单位等都要编制进度计划。这样为满足不同的需要和用途，从不同的角度出发可以得到多个不同的建设工程项目进度计划系统。如图 5.14 所示是以不同深度及不同功能的进度计划构成的建设项目进度计划系统。

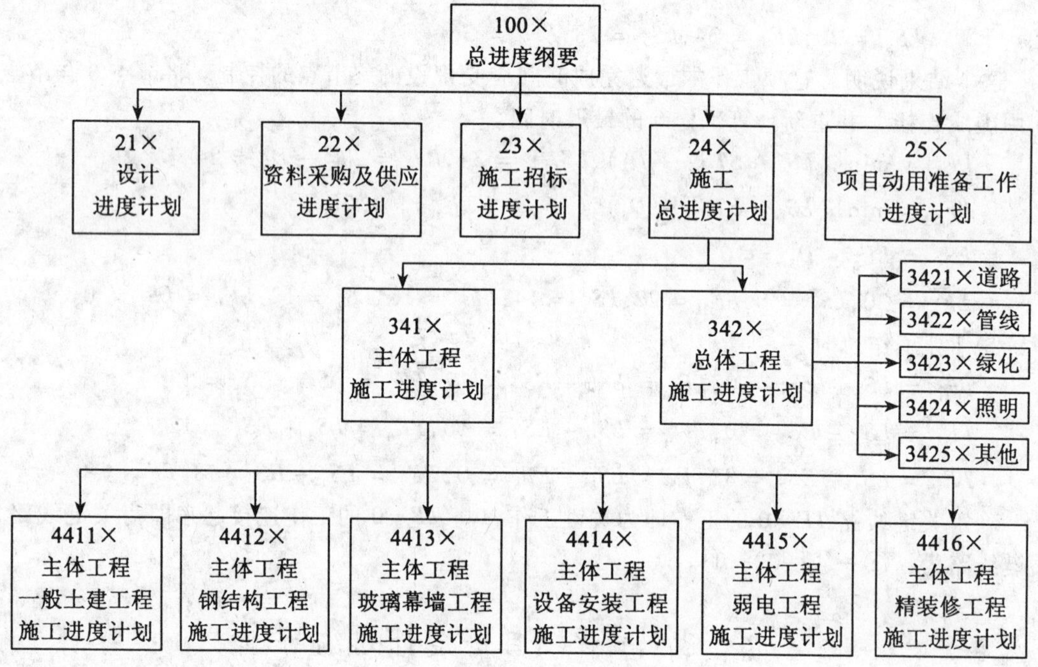

图 5.14 建设项目进度计划系统示例图

工程项目进度系统一般有以下几个分类：

（1）按建设项目参与方分类

按建设项目参与方分类，有：

①业主方进度计划；

②设计方进度计划；

③施工方进度计划；

④供货方进度计划。

（2）按深度分类

由不同深度的计划构成进度计划系统，主要包括：

①总进度规划（计划）；

②子系统进度规划（计划）；

③项目子系统中的单项工程计划。

(3) 按功能分类

由不同功能的计划构成进度计划系统，主要包括：

①规划性进度计划；

②控制性进度计划；

③实施性进度计划。

(4) 按时间分类

由不同控制周期的计划构成的进度计划系统，主要包括：

①长期进度计划、中期进度计划、短期进度计划；

②年度进度计划、季度进度计划和月、旬（周）作业计划。

在建设工程的各进度计划系统中，各进度计划或各子系统进度计划进行编制和调整时必须注意它们之间的联系和协调。

5.3.2 工程项目进度计划的编制

1. 工程进度计划编制的基本要求

(1) 保证工程项目目标工期实现；

(2) 迅速发挥投资效果；

(3) 尽量使建设活动及工程施工均衡并连续。

2. 工程进度计划的编制程序

(1) 确定进度计划的编制依据，明确进度计划的用途；

(2) 确定工程建设总工期；

(3) 确定工程建设活动组成及其可利用资源；

(4) 结合项目特点选择合适的工程进度编制方法；

(5) 编制工程进度计划；

(6) 优化调整；

(7) 编制说明及相应的图表。

3. 施工总进度计划编制

施工总进度计划是针对工程建设项目的施工现场各施工活动在时间上的体现，是施工总体方案在时间序列上的反映。编制施工总进度计划就是根据施工部署中的施工方案和工程项目的开展程序，对建设项目的所有工作内容作出时间上的安排。施工总进度计划应该在施工组织总设计阶段编制完成。

施工总进度计划的编制步骤如下：

(1) 收集进度计划编制的依据

施工总进度计划编制的依据主要有：

①施工合同。合同中的合同工期、分期分批子工程的开工、竣工日期，关于工期提前、延误、调整的约定，以及标前施工组织设计。

②施工进度目标。为了保险起见，企业领导会根据合同工期提出一个通常是短于合同工期的施工进度目标，这一目标是施工总季度计划编制的直接依据。

③工期定额。工期定额通常是承包、发包双方签订合同的依据，在编制施工总进度计划时，应以此为最大工期标准，力争缩短而绝对不能超过定额规定的工期。

④相关技术经验资料。主要是指设计文件，可供参考的施工档案资料（如类似工程的实际进度情况）、地质资料、环境资料和统计资料等。

(2) 确定进度计划编制目标

根据收集的施工总进度计划编制依据，结合项目本身的特点，确定一个比合同工期和指令工期更短的工期作为编制施工总进度计划的目标工期。

(3) 列出工程项目一览表并计算工程量

编制进度计划前，应该将项目的各项工程分别列出。由于施工总进度计划主要是控制总工期，因此项目划分不宜过细。在工程项目一览表的基础上，计算各项目工程量。因为此处计算工程量，主要是为了估算各项目的完成时间，计算劳动力及各种资源的需要量，所以在此工程量只需粗略计算，可以从图纸计算得到，也可以在利用招投标文件中给出工程量。

(4) 确定各单位工程的施工期限、开工及竣工日期及其相互搭接关系

通过综合考虑工程项目的类型、结构特征、工程规模、施工方法、施工经验和管理水平、资源供应情况以及施工现场的地形、地质条件、工期定额、类似工程情况等，决定确定各单位工程的施工期限。

在安排各单位工程的开工、竣工日期及相互搭接关系时主要考虑以下几个因素：

①根据施工要求兼顾施工可能，尽量分期分批安排施工，明确每个施工阶段的主要单位工程开工、竣工时间。

②保证重点，兼顾一般。即在安排施工时，要分清主次，抓住重点，对工程量大、工期长、施工难度大这样的主要工程项目，因其直接影响到整个建设项目的顺利完成，应对这样的项目优先进行安排。

③同一时期安排开工项目不宜过多，其中施工难度大、工期长的应尽量先安排开工。

④尽量满足连续、均衡施工的要求，对土建、设备安装组织连续、均衡的流水施工，每个项目的施工准备、土建施工、设备安装、试生产在时间上要合理衔接。

⑤考虑施工总进度计划对施工总平面空间布置的影响。

(5) 编制施工总进度计划表

根据各单位工程的施工期限、开工时间、竣工时间及其相互搭接关系，编制初步计划；然后按照流水施工与综合平衡的要求，编制施工总进度计划。然后根据资源均衡投入的原则，对施工总进度计划进行优化调整；依据总进度计划编制分期分批施工工程的开工日期、完工日期及工期一览表，资源需要量表等。

(6) 编写说明书

施工总进度计划的编制说明书的基本内容包括：施工总进度计划安排的总工期；工期提前率（与合同工期比较）；施工高峰劳动力、平均劳动力及劳动力不均衡系数；本计划的优、缺点；本计划执行的重点和措施；有关责任的分配等。

4. 单位工程施工进度计划编制

单位工程施工进度是针对单位工程的施工而编制的。单位工程施工进度是在确定了施工方案的基础上，对工程的施工顺序，各项目的持续时间及项目之间的搭接关系，工程开工、竣工时间及总工期等做出安排。在这个基础上可以编制各种资源需求计划。

单位工程施工进度计划的编制步骤如下：

(1) 收集单位工程施工进度计划的编制依据，熟悉图纸和相关资料，调查施工条件

单位工程施工进度计划的编制依据主要包括：施工总进度计划，施工方案，施工预算，预算定额，施工定额，资源供应状况，领导对工期的要求，建设单位对工期的要求（合同要求）等。

(2) 划分施工过程

施工过程是进度计划的基本组成单元，其划分的粗细程度，应根据计划的需要来决定。一般情况，单位工程进度计划的施工过程应划分到分项工程或是更具体，以满足指导施工作业的需要。通常施工过程划分应按顺序列成表格，编排序号，并查对是否有遗漏或重复。凡是与工程对象的施工直接相关的内容均应列入。辅助性内容和服务性内容则可以不列入。施工过程的划分应与施工方案一致。

(3) 计算工程量

工程量计算应根据施工过程的划分，按划分的施工段，分层分段计算各个施工过程的工程量，以便安排进度。计算时可以套用施工预算的工程量，也可以根据图纸并按施工方案安排自行计算，或是根据施工预算调整获得。

(4) 确定劳动力和机械需要量

计算劳动量和机械需要量时，应根据现行施工定额，并考虑实际施工水平，使作业班组有超额完成的可能性，以调动其工作积极性。

对普通工程分项的劳动量或机械台班需要量，可以由以下公式确定

$$P_i = \frac{Q_i}{S_i} = Q_i H_i \tag{5-33}$$

式中：P_i——某工程分项劳动量或机械台班需要量；

Q_i——某工程分项的工程量；

S_i——完成某工程分项的产量定额；

H_i——完成某工程分项的时间定额。

(5) 确定各施工过程的持续时间

各施工过程的持续时间的计算，主要是按照施工条件来估算，其具体方法主要有定额计算法、经验估算法、倒排计划法等。计算的持续时间最好是按正常情况确定，其费用一般是最低的。待编制出初始计划并经过计算再结合实际情况作必要的调整，这是避免因盲目抢工而造成浪费的有效办法。

①定额计算法

这种方法是根据施工项目需要的劳动量或机械台班量，按配备的劳动人数或机械台数计算其工作持续时间，其计算公式为

$$t_i = \frac{P_i}{R_i b} \tag{5-34}$$

式中：t_i——某工程分项的工作持续时间；

R_i——该工程分项所配备的班组作业人数或机械台数；

b——每天采用的工作班制。

施工班组人数的确定。在确定班组人数时，应考虑最小劳动组合人数、最小工作面和可能安排的施工人数等因素。最小劳动组合即某一施工过程进行正常施工所必需的最低限

度的班组人数；可能安排的人数是指施工单位所能配备的人数；最小工作面即施工班组为保证安全生产和有效地操作所需的工作空间。

工作班制的确定。一般情况下，当工期允许、劳动力和机械周转使用不紧迫、施工工艺无“连续”施工要求时，可以采用一班制施工；当工期较紧或为了提高机械的使用率，或工艺上要求连续施工时，某些施工过程可以考虑二班制甚至三班制施工。

②经验估算法

针对采用新工艺、新技术、新结构和新材料等无定额可循的工程分项，首先根据经验进行最乐观时间（a）、最可能时间（b）、最悲观时间（c）的估计，然后按公式

$$t=\frac{a+4b+c}{6} \tag{5-35}$$

计算工作持续时间。

③倒排计划法

倒排计划法是根据流水施工方式及要求工期，先确定工作持续时间，再确定班组人数（或机械台数）及工作班制。

（6）确定施工过程的施工顺序及搭接关系

施工的先后顺序和搭接关系是在施工方案中，按照所选的施工方法和施工机械的要求确定的施工程序。确定施工顺序是为了按照施工的技术规律和合理的组织关系，解决各项目之间在时间上的先后顺序和搭接关系，安排施工顺序必须遵循工艺关系和优化组织关系。

（7）编制单位工程施工进度计划

根据上述施工过程的划分、施工顺序的确定，结合实际状况编制施工进度计划。进度计划使用网络图和横道图表示。

施工进度计划编制后要对计算工期与目标工期进行比较，如果不能满足工期目标要求，应进行调整或优化，同时绘制资源动态曲线，进行资源均衡程度的判别，若不满足要求，应进行资源优化，优化主要遵循“工期限定、资源均衡”的原则进行。最后绘制正式的单位工程进度计划，并编制说明，进行进度计划风险分析，制定控制措施。

§5.4 工程项目进度计划的实施与检查

正式的进度计划经过相关部门的审批，就可以进入计划执行阶段了。在计划的执行过程中，由于组织、资源、外部环境、自然条件等因素的影响，往往会造成工程项目的实际进度和计划进度产生偏差，如果对这种偏差不能及时调整，将会对项目的进度目标产生影响，进而影响项目的总目标。因此，在计划执行过程中应采取相应的措施来进行管理，以保证进度目标的实现。

5.4.1 工程项目进度计划的实施

工程项目进度计划的实施实际上就是进度目标的过程管理，在这一阶段中主要做好以下工作：

1. 编制年、季、月、旬、周作业进度计划

施工组织设计中编制的施工进度计划，是按整个项目（或单位工程）编制的，具有

一定的控制性（或指导性），但还不能满足施工作业（操作）的要求。实际施工时是按编制的年（或季）、月（或旬）、周的作业进度计划执行。

编制各时期作业进度计划，除依据施工组织设计中的施工进度计划编制外，还应依据现场情况及年（季）、月（旬）、周的具体要求编制。执行时以短期计划落实、调整并实施长期计划，做到短期保长期、周期保进度（计划）、进度（计划）保项目目标。

年、季、月、旬、周施工进度计划应逐级落实，最终通过施工任务书由班组实施。

2. 用施工任务书将计划任务落实到班组

施工任务书是向作业班组下达施工任务的一种工具，一般施工任务书附考勤表、限额领料单一起下达并流转。施工任务书是一份计划文件，也是一份核算文件，又是作业实施的原始记录，特别有利于进度管理。

施工任务书一般由工长根据计划要求、工程数量、定额标准、工艺标准、技术要求、质量标准、安全措施和节约措施等为依据进行编制。

施工任务书下达班组时，由工长进行交底。交底内容为：任务、操作规程、施工方法、质量、安全、定额、节约措施、材料使用、施工计划和奖罚要求等，做到任务明确，报酬预知，责任到人。

施工班组接到施工任务书后，应做好分工并安排完成，执行中要保质量、保进度、保安全、保节约和保工效。任务完成后，班组自检，在确认以后，向工长报请验收。工长验收时检查数量、质量、安全、用工、节约，然后回收施工任务书，交作业队登记，以备结算、统计，然后存档。

3. 坚持进度过程管理

在施工进度计划的实施过程中，应跟踪计划的实施进行监督，记录实际进度，跟踪进行统计与分析，当发现进度计划执行受到干扰时，采取调度措施，处理进度索赔，确保资源供应进度计划实现。

调度工作是协调配合关系，排除施工中出现的各种矛盾，克服薄弱环节，实现动态平衡。调度工作的内容包括检查作业计划执行中的问题，找出原因，并采取措施解决；督促供应单位按进度要求供应资源；控制施工现场临时设施的使用；按计划进行作业条件准备；传达决策人员的决策意图；发布调度令等。调度工作要求做到及时、灵活、准确和果断。

4. 加强分包进度管理

分包工程的进度管理是项目进度管理工作的组成部分，在进度计划实施过程中应主要从以下几个方面入手：由分包人根据施工进度计划编制分包工程施工进度计划并组织实施，项目经理部将分包工程施工进度计划纳入项目进度管理范畴，项目经理部协助分包人解决进度管理中的相关问题。

5.4.2　工程项目进度计划实施的检查

工程项目进度的检查与进度计划的执行并不是相互孤立的，而是融合在一起的，计划检查是计划执行信息的主要来源，是工程项目进度调整和分析的依据。

1. 进度计划实施检查的步骤

（1）计划执行中的跟踪检查

在进度计划的执行过程中，必须建立相应的检查制度，定时定期的对项目计划的实际执行情况进行跟踪检查，收集反映实际进度的相关数据，如投资成本、劳动力投入、实际工程量等。

（2）对收集的数据进行加工处理

收集反映实际进度的原始数据量大面广，必须对其进行整理、统计和分析，形成与计划进度具有可比性的数据，以便与原进度计划进行比较。

（3）实际进度与计划进度比较

把经过处理过的数据记录在原进度计划中，根据进度结果判断实际进度状况，及时发现偏差，为进度计划的调整提供信息。

2. 实际进度与计划进度检查的方法

进度计划的检查方法主要是对比法，即实际进度与计划进度进行对比，从而发现偏差，以便调整或修改计划，一般主要使用图上对比，所以根据进度的计划图形的不同，产生多种实际进度与进度计划的检查方法，主要有：

（1）横道图检查法

横道图比较检查就是将项目实施中针对工作任务检查实际进度收集到的信息，经过整理后直接用横道双线（彩色线或其他线型）并列标于原计划的横道单线下方（或上方），进行直观比较的方法。通过这种比较，管理人员能很清晰和方便地观察出实际进度与计划进度的偏差。例如某工程的施工实际进度与计划进度比较，如图 5.15 所示。

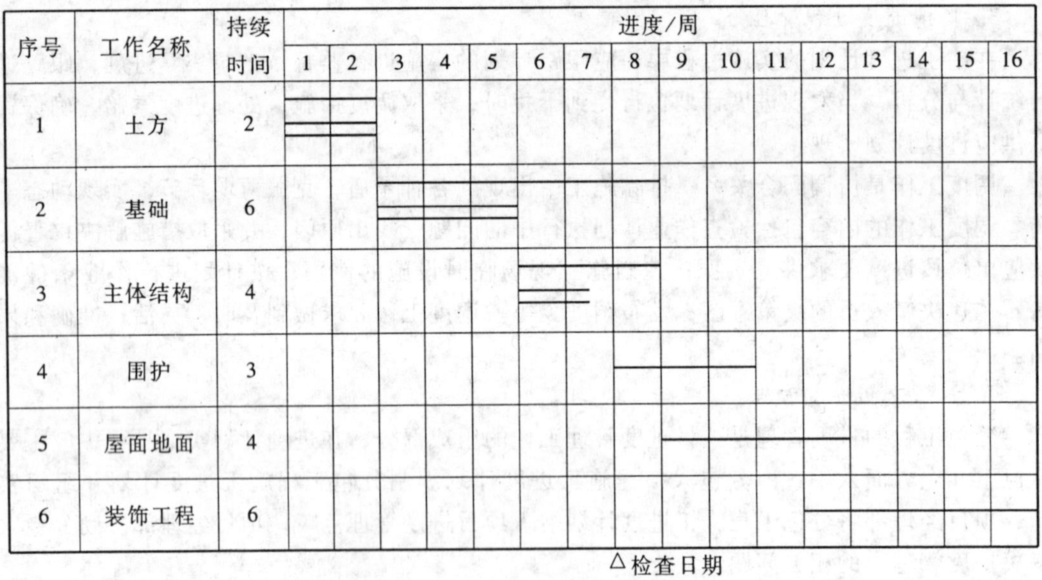

序号	工作名称	持续时间	进度/周															
			1	2	3	4	5	6	7	8	9	10	11	12	13	14	15	16
1	土方	2																
2	基础	6																
3	主体结构	4																
4	围护	3																
5	屋面地面	4																
6	装饰工程	6																

△检查日期

图 5.15 横道图检查表示

工作进展有两种情况：一是工作任务是匀速进行的（单位时间完成的任务量是相同的）；二是工作任务的进展速度是变化的。因此，进度比较法就需相应采取不同的方法。每一期检查，管理人员应将每一项工作任务的进度评价结果合理地标注在整个项目的进度横道图上，最后综合判断工程项目的进度进展情况。

（2）实际进度前锋线检查

前锋线比较法主要适用于时标网络图计划及横道图进度计划。该方法是从检查时刻的时间标点出发，用点画线依次连接各工作任务的实际进度点（前锋），最后到计划检查的时点为止，形成实际进度前锋线，按前锋线判定工程项目进度偏差。如图5.16所示。

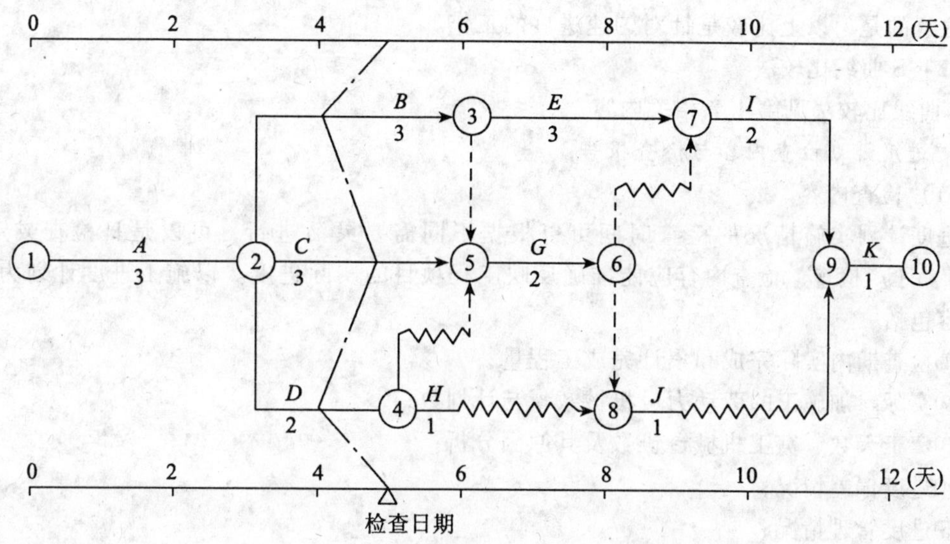

图5.16　时标网络计划前锋线检查

在运用时标网络计划表示进度计划时，采用前锋线比较法进行实际进度与计划进度的比较，其步骤如下：

1）绘制时标网络计划图。

2）绘制实际进度前锋线。

一般从时标网络计划图上方时间坐标的检查日期开始绘制，依次连接相邻工作的实际进展位置点，最后与时标网络计划图下方坐标的检查日期相连接。

3）进行实际进度与计划进度的比较。

前锋线可以直观地反映出检查日期有关工作实际进度与计划进度之间的关系。对某项工作来说，其实际进度与计划进度之间的关系可能存在以下三种情况：

①工作实际进展位置点落在检查日期的左侧，表明该工作实际进度拖后，拖后的时间为二者之差。

②工作实际进展位置点与检查日期重合，表明该工作实际进度与计划进度一致。

③工作实际进展位置点落在检查日期的右侧，表明该工作实际进度超前，超前的时间为二者之差。

从图5.16所示的前锋线可以看出，在项目进行到第5天进行进度检查的时候，工作B、工作D拖后，工作C与计划进度一致。

工作B实际进度拖后1天，将使其后续工作E的最早开始时间推迟1天，并使总工期延长1天。

工作D的实际进度拖后1天，既不影响总工期，也不影响其后续工作的正常进行。

综上所述，如果不采取措施加快进度，该工程项目的总工期将延长1天。

4）预测进度偏差对后续工作及总工期的影响。

通过实际进度与计划进度的比较确定进度偏差后，还可以根据工作的自由时差和总时差预测该进度偏差对后续工作及项目总工期的影响。由此可见，前锋线比较法既适用于工作实际进度与计划进度之间的局部比较，又可以用来分析和预测工程项目整体进度状况。值得注意的是，以上比较是针对匀速进展的工作。

（3）S曲线比较法

S曲线比较法见第4章相关内容。

3. 进度计划检查内容与检查报告

（1）检查内容

进度计划实施情况的检查时间可以根据不同需要灵活进行，可以是日检查或定期（如周、月）检查，检查内容应能准确反映工程项目的实际进度。以施工进度计划为例，其内容包括：

①检查期内实际完成和累计完成工程量；

②实际参加施工的劳动力、机械数量与计划数；

③窝工天数、窝工机械台班数及其原因分析；

④进度偏差情况；

⑤进度管理情况；

⑥影响进度的原因及分析。

（2）进度报告

通过进度计划实施检查，项目组织者（如项目经理部）应定期向上级提供进度计划执行情况的检查报告，即进度报告。进度报告是在项目执行过程中，把有关项目业务的现状和将来发展趋势以最简练的书面形式提供给上一级管理部门或业务职能负责人。通常还借用图、表、图解对设计、采购、施工、试运转等阶段的时间进度、劳力、资金、材料等现状，将来的预测以及变更指令现状等进行简要说明。

1）业主方项目经理部提交的报告内容

业主方项目经理部提交的报告内容通常包括：

①项目实施情况、管理及监理概况、进度概要；

②设计进度；

③材料、生产设备采购供应进度；

④施工进度；

⑤劳务记录及预测；

⑥形象进度及概要说明；

⑦日历计划；

⑧变更指令现状等。

2）施工项目经理部每月向企业提供的进度报告内容

施工项目经理部每月向企业提供的进度报告内容一般包括：

①进度执行情况综合描述；

②实际施工进度图（表）；

③工程变更、价格调整、索赔及工程款收支情况；

④进度偏差的状况与导致偏差的原因分析；

⑤解决问题的措施；

⑥计划调整意见等。

5.4.3　工程项目进度计划的偏差分析

当进度的实施与进度计划产生偏差时，并不是所有的偏差都会对后续工作及总工期有影响，一般进度偏差对后续工作及总工期的影响分为以下三种情况：

1. 分析出现进度偏差的工作是否为关键工作

关键工作出现偏差一定会对后续工作及总工期产生影响，必须采取调整；非关键工作出现偏差，需要根据偏差值与自由时差、总时差的关系进一步分析。

2. 分析进度偏差是否超过总时差

如果超出总时差，则该进度偏差必将影响后续工作及总工期，必须采取相应的调整措施；如果没有超出总时差，则该进度偏差不会影响总工期，对后续工作的影响，应根据偏差值与自由时差的比较进行分析。

3. 分析偏差是否超出自由时差

如果偏差超出自由时差，将会对后续工作的开始时间、结束时间产生影响，此时应根据后续工作的限制条件进行调整；如果时差没有超出自由时差，则对后续工作没有影响，原进度计划则不需要调整。

§5.5　工程项目进度的控制与调整

进度控制是指在进度计划的实施过程中，检查实际进度是否偏离计划进度，对出现的偏差进行分析，采取补救措施或调整，修改原计划后再付诸实施，如此循环，直到工程竣工验收交付使用，工程项目进度控制的总目标是确保工程项目的目标工期的实现。

5.5.1　工程项目进度控制

建设工程项目的各个阶段，都与进度控制有着密切联系，就建设工程的全过程来看，进度控制的重点是项目的实施阶段。为此，必须根据工程建设项目的具体情况，认真制定控制措施，以确保建设工程项目进度目标的实现。进度控制的措施一般包括组织措施、技术措施、经济措施和管理措施。

1. 组织措施

所谓组织措施，是从目标控制的组织管理方面采取的措施，如落实目标控制的组织机构和人员，明确各级目标控制人员的任务和职能分工、权力和责任，改善目标控制的工作流程等。组织措施是其他措施的前提和保障，而且一般不需要增加什么费用，运用得当可以收到良好的效果。这类措施可能成为首选措施，故应予以足够的重视。

进度控制的组织措施主要包括：

(1) 建立进度控制目标体系，明确建设工程现场组织机构中进度控制人员及职责分工；

（2）建立工程进度报告制度及进度信息沟通网络；

（3）建立进度计划审核制度和进度计划实施中的检查分析制度；

（4）建立进度协调会议制度，包括协调会议举行的时间、地点、协调会议的参加人员等；

（5）建立图纸审查、工程变更和设计变更管理制度。

2. 技术措施

技术措施不仅对解决建设工程实施过程中的技术问题是不可缺少的，而且对纠正目标偏差亦有相当重要的作用。任何一个技术方案都有基本确定的经济效果，不同的技术方案就有着不同的经济效果。因此，运用技术措施纠偏的关键，一是要提出多个不同的技术方案，二是要对不同的技术方案进行技术经济分析。在实践中，要避免仅从技术角度选定技术方案而忽视对其经济效果的分析论证。

进度控制的技术措施主要包括：

（1）审查承包商提交的进度计划，使承包商能在合理的状态下施工；

（2）编制进度控制工作细则，指导相关人员实施进度控制；

（3）采用网络计划技术及其他科学适用的计划方法，并结合电子计算机技术的应用，对建设工程进度实施动态控制。

3. 经济措施

经济措施是最易为人接受和采用的措施。需要注意的是，经济措施决不仅仅是审核工程量及相应的付款和结算报告，还需要从一些全局性、总体性的问题上加以考虑，往往可以取得事半功倍的效果。另外，不仅局限在已发生的费用上，通过偏差原因分析和未完工程投资预测，可以发现一些现有和潜在的问题将引起未完工程的投资增加，对这些问题应以主动控制为出发点，及时采取预防措施。由此可见，经济措施的运用决不仅仅是财务人员的事情。

进度控制的经济措施主要包括：

（1）及时办理工程预付款及工程进度款支付手续；

（2）对应急赶工给予优厚的赶工费用，对工期提前给予奖励；

（3）对工程延误收取误期损失赔偿金；

（4）加强索赔管理，公正地处理索赔。

4. 管理措施

建设工程项目进度控制的管理措施涉及管理的思想、管理的方法、管理的手段，承发包模式、合同管理和风险管理等。在理顺组织关系的前提下，科学和严谨的管理显得十分重要。

（1）分别编制各种独立且相互联系的计划，形成计划系统。

（2）及时地进行计划的动态调整。

（3）合理使用资源、合理安排工作面、提高建设质量、文明施工。

（4）选择合适的承发包模式，应选择合理的合同结构，避免过多的合同交界面而影响工程的进展。分析选择工程物资的采购模式。

（5）分析影响工程进度的风险，并在分析的基础上采取风险措施，以减少进度失控的风险量。

5.5.2　工程项目进度计划调整

1. 进度偏差的原因

在定期对进度的实施进行检查时，由于实施情况的不确定性，使得实际进度与计划进度存在偏差，一旦出现进度拖延，可能影响项目的进度目标的实现。所以应结合相关的实际工程信息，分析并确定工期拖延的根本原因，为进度计划的调整提供依据。进度拖延是工程项目实施过程中经常发生的现象，进度拖延的原因，一般有以下几个方面：

（1）工期及相关计划的失误

计划失误是常见的现象。包括：计划时遗漏部分必需的功能或工作；计划值（例如计划工作量、持续时间）估算不足；资源或供应能力不足，没有考虑资源的限制或缺陷；出现了计划中未能考虑到的风险和状况，没能使工程实施达到预定的效率。此外，在现代工程中，上级（业主、投资者、企业主管）常常在一开始就提出很紧迫的、不切实际的工期要求，使承包商或设计单位、供应商的工期太紧。

（2）边界条件的变化

边界条件的变化是实际工程中经常出现的。

①工作量的变化。可能是由于设计的修改、设计的错误、业主新的要求、修改项目的目标及系统范围的扩展造成的。

②外界（如政府、上层系统）对项目的新的要求或限制，设计标准的提高可能造成项目资源的缺乏，使得工程无法及时完成。

③环境条件的变化，如不利的施工条件不仅对工程实施过程造成干扰，有时还需调整原来已确定的计划。

④发生不可抗力事件，如地震、台风、动乱、战争等。

（3）管理过程中的失误

①计划部门与实施者之间、总包商与分包商之间、业主与承包商之间缺少沟通。

②项目管理者缺乏工期意识，例如，项目组织者拖延了图纸的供应和批准手续，任务下达时缺少必要的工期说明和责任落实，拖延了工程活动。

③项目参加者对各个活动（链）没有清楚地了解，下达任务时也没有作详细的解释，同时对活动必要的前提条件准备不足，各单位之间缺少协调和信息沟通，许多工作脱节，资源供应出现问题。

④由于其他方面未完成项目计划规定的任务造成拖延。例如设计单位拖延设计、运输不及时、上级机关拖延批准手续、质量检查拖延、业主不果断处理问题等。

⑤承包商没有集中力量施工，材料供应拖延，资金缺乏，工期控制不紧。

⑥业主没有集中资金的供应，拖欠工程款，或业主的材料、设备供应不及时。

（4）其他原因

如质量问题的返工、实施方案的修改。

2. 进度调整的措施

当项目的实际进度与计划进度发生偏差，对于进度出现拖延，会影响到工程项目进度目标的实现，应采取调整措施。

（1）增加资源投入，例如增加劳动力、机械和材料的投入量，这是最常用的办法。

（2）改变网络计划中工程活动的逻辑关系，如将前后顺序工作改为平行工作。但一般说来，只能调整组织关系，而工艺关系不宜调整，以免打乱原计划。

（3）减小工作范围，包括减少工程量或删去一些工作包（或分项工程）。

（4）提高劳动生产率。

（5）将部分任务分包、委托给另外的单位，将原计划由自己生产的结构构件改为外购等。

（6）修改施工方案。

（7）将一些工作包合并，特别是在关键线路上按先后顺序实施的工作包合并，与实施者一道研究，通过局部地调整实施过程和人力、物力的分配，达到缩短工期的目的。

3. 进度调整选择措施时应注意的问题

（1）调整关键线路的工作，压缩工期

当发生工期延误后，通常应采取积极的措施，以弥补或部分地弥补已经产生的延误。主要是通过调整后期计划、采取措施赶工等方法解决进度延误问题。

关键工作持续时间的缩短，可以减小关键线路的长度，即可以缩短工期，要有选择地压缩关键工作的时间，即优先选择因压缩时间对费用增加、质量、资源需求增加等影响小的关键工作的持续时间。

（2）利用网络计划的时差进行调整，使资源满足或均衡

当资源受到限制，即资源需求超过供应能力，或为了使所消耗的资源量比较均衡，可以利用网络计划的时差进行调整。

复习思考题

1. 试述“工期”与“进度”的联系与区别。
2. 表达进度的指标有哪些？
3. 确定工程活动的持续时间要考虑哪些因素？
4. 何谓工作的总时差和自由时差？关键线路和关键工作的确定方法有哪些？
5. 简述进度计划与资源需要量计划的联系。
6. 某网络计划的有关资料如表 5.3 所示，试绘制双代号网络计划图，在图中标出各个节点的最早时间和最迟时间，并据此判定各项工作的 6 个主要时间参数，最后用双箭线标明关键线路。

表 5.3　　某网络计划有关资料

工作名称	A	B	C	D	E	G	H	I	J	K
持续时间	2	3	4	5	6	3	4	7	2	3
紧前工作	–	A	A	A	B	C D	D	B	E H G	G

7. 实际进度前锋线如何确定？怎样用实际进度前锋线检查进度情况？
8. 如何判断进度偏差对总工期和后续工作的影响？

9. 进度控制一般在哪些方面采取措施？

10. 进度计划调整有哪些措施？

11. 某工程项目时标网络计划图如图 5.17 所示。该计划执行到第 35 天检查实际进度时，发现工作 A、B 和 C 已经全部完成，工作 D、E 分别完成计划任务量的 60%、20%，工作 C 尚需 15 天完成，试用前锋线法进行实际进度与计划的比较。

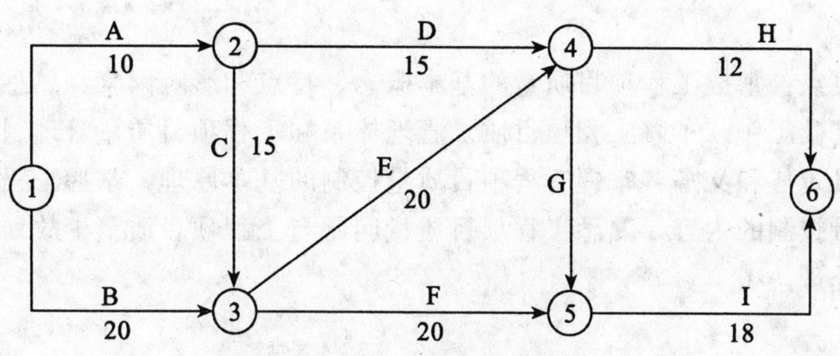

图 5.17　某工程网络计划图

第6章 工程项目质量管理

本章学习要点：掌握工程项目质量的基本概念、特点和影响因素，熟悉工程项目质量管理的原则和基础工作，了解工程项目质量管理体系和工程项目质量管理制度，熟悉建设参与各方的质量责任和义务，掌握工程项目质量控制的基本原理，掌握工程项目设计质量控制和施工质量控制的内容，熟悉工程项目质量问题与工程项目质量事故划分，熟悉工程项目质量事故处理。

§6.1 工程项目质量管理概述

6.1.1 工程项目质量及特点

1. 工程项目质量

工程项目质量是指工程满足业主需求、符合国家现行的相关法律、法规、技术标准、设计文件及工程项目合同中对项目的安全、使用、经济、美观等特性的综合要求。从功能和使用价值来看，工程项目质量的特性主要体现在适用性、耐久性、安全性、可靠性、经济性、与环境的协调性等方面。

工程项目质量的形成是一个系统过程，即工程质量是可行性研究、投资决策、工程设计、工程施工和竣工验收各阶段质量的综合反映，而并不仅仅决定于施工阶段。从工程项目的结构层次看，工程项目质量可以分为工序质量、分项工程质量、分部工程质量和单位工程质量。从工程项目的生产过程看，工程项目质量可以分为工程项目决策质量、工程项目设计质量、工程项目施工质量、工程项目回访保修质量和工作质量。

2. 工程项目质量的特点

工程项目具有单件性、风险性、高投入、一次性等，决定了工程项目质量具有如下特点：

（1）影响因素多

工程项目各阶段、各方面的因素，如决策、设计、材料、机械、环境、施工工艺、施工方案、操作方法、技术措施、管理制度、施工人员素质等，均对工程项目质量有直接或间接的影响。

（2）质量波动大

工程项目建设因其复杂性和单一性，与一般的工业产品不同，并不具有固定的生产流水线、规范化的生产工艺和完善的检测技术、成套的生产设备和稳定的生产环境等，所以其质量波动性大。

（3）质量变异大

影响工程项目质量的因素较多，其中任一因素出现质量问题，均能够引起工程项目建设中的系统性质量变异，从而造成工程质量事故。

(4) 质量隐蔽性

工程项目在施工过程中，由于工序交接多，中间产品和隐蔽工程多，造成质量检测数据的采集、处理和判断的难度大，若不及时检查并发现其存在的质量问题，则容易将不合格的产品认为是合格的产品。

(5) 最终检验局限大

工程项目建成后，不可能像某些工业产品那样，可以通过拆卸或解体来检查内在的质量，因此工程项目最终检验时难以发现工程内在的、隐蔽的质量缺陷。

6.1.2 工程项目质量的影响因素

影响工程项目的因素很多，可以归纳为主要的五个方面，即人（Man）、材料（Material）、机械（Machine）、方法（Method）和环境（Environment）。

1. 人的因素

人是指直接参与项目建设的决策者、组织者、指挥者和操作者，是生产经营活动的主体。人员的素质是影响工程质量的第一因素，其中人的政治素质、业务素质和身体素质是影响质量的首要因素，这些因素直接或间接地对工程项目的规划、决策、勘察、设计和施工的质量产生影响。因此，工程项目质量控制中人的因素是质量控制的重点，需全面提高人员素质，加强人员管理，实行经营资质管理和各类专业从业人员持证上岗制度。

2. 材料的因素

材料包括原材料、半成品、成品、构配件等，是工程项目施工的物质基础。材料质量不符合要求，就不可能有符合要求的工程质量。工程材料选用是否合理，产品是否合格，材质是否符合规范要求，运输与保管是否得当等，都将直接影响建设工程项目的质量。因此，应严格进行材料的选用、检验、管理，执行强制性标准。

3. 机械的因素

机械设备包括组成工程实体及配套的工艺设备和施工机械设备两大类。工艺设备与建筑设备构成了工业产品的系统和完整的使用功能，是生产与使用的物质基础。施工机械设备是实现施工机械化的重要物质基础。施工机械设备的选型，主要性能参数和使用操作要求等对建设项目的施工进度和质量均有直接影响。因此，机械设备应合理选择、正确使用、持证上岗。

4. 方法的因素

方法包括工程项目整个建设周期内的施工组织设计、施工计划、技术方案、工艺流程、组织措施、检测手段等。在工程施工过程中，方法是否正确得当，是直接影响建设项目进度、质量、投资控制三大目标能否顺利实现的关键。因此，应制定施工组织设计方案，采用先进的施工技术开发新方法。

5. 环境的因素

环境是指对工程质量特性起重要作用的环境因素。环境包括工程技术环境、工程管理环境、劳动环境三个方面。

(1) 工程技术环境因素。包括工程地质、地形、地貌、水文地质和气象等。这些因素不同程度地影响工程项目施工的质量控制和管理。

(2) 工程管理环境因素。包括质量保证体系、质量管理制度、工作制度、质量保证活动、协调管理及能力等。

(3) 劳动环境因素。包括劳动组合、劳动工具、工作面、施工现场的气候通风、照明和安全卫生防护设施等。在工程项目的质量控制与管理中，环境因素是不断变化的，同时也将引起工程管理环境的变化，因此，应采取有效措施对影响质量的环境因素进行管理。如建立文明施工和文明生产的环境，保持材料、工件堆放有序，道路通畅，工作场所清洁整齐等，为确保工程质量创造良好条件。

6.1.3 工程项目质量管理的原则和基础工作

1. 工程项目质量管理

工程项目质量管理是指为保证提高工程项目质量而进行的一系列管理工作，这项工作的目的是以尽可能低的成本，按既定的工期完成一定数量的达到质量标准的工程项目。这项工作的任务就在于建立和健全质量管理体系，用企业的工作质量来保证工程项目实物质量。

2. 工程项目质量管理原则

(1) 质量第一

建筑产品的造价高，使用时间长，与人民群众生命财产的安全息息相关，且其建设过程的不可逆性，因此其质量居于重要的地位。在处理质量、进度、成本三者的关系时，要认真贯彻保证质量的方针，做到好中求快，好中求省，而不能以牺牲建设项目质量为代价，盲目追求速度与效益。

(2) 以人为核心

人是影响工程质量的第一因素，各阶段或各参建单位人员的素质、工作态度、人的行为都会影响工程质量，人的问题是质量问题的主要原因。在工程项目建设过程中，要坚持“以人为核心”的原则，充分调动人的积极性，提高人的工作质量，保证工程项目质量。

(3) 以预防为主

以预防为主就是要求变产品质量的事后检查为事前控制、事中控制；把对最终产品的检验变为对工作质量、工序质量以及中间产品的质量检验，这样才能确保建筑工程质量，减少事后进行处理所造成的不必要损失。

(4) 坚持质量标准

质量标准是衡量产品质量的依据，质量数据是质量管理的基础。工程项目产品质量是否符合相关合同规定的质量标准要求，必须通过严格的质量检验并与质量标准进行对照，符合质量标准要求的即为合格，不符合质量标准要求的即为不合格，且必须做出处理。

3. 工程项目质量管理的基础工作

(1) 质量教育

为了保证和提高工程项目质量，必须加强全体职工的质量教育，其主要内容如下：

①质量意识教育。要使全体职工认识到保证和提高质量对国家、企业和个人的重要意义，树立“质量第一”和“为用户服务”的思想。

②质量管理知识的普及宣传教育。要使企业全体职工，了解质量管理知识的基本思

想、基本内容，掌握常用的数理统计方法和质量标准，懂得质量管理的性质、任务和工作方法等。

③技术培训。工人要熟练掌握本人的“应知应会”技术和操作规程等。技术和管理人员要熟悉施工验收规范、质量评定标准、原材料、构配件和设备的技术要求及质量标准，以及质量管理的方法等。专职质量检验人员能正确掌握检验、测量和试验方法，熟练使用相关仪器、仪表和设备。

（2）质量管理的标准化

质量管理的标准化包括技术工作和管理工作的标准化。技术工作标准有产品质量标准、操作标准、各种技术定额等；管理工作标准有各种管理业务标准、工作标准等，即管理工作的内容、方法、程序和职责权限。质量管理标准化工作要求不断提高标准化程度，加强标准化的严肃性。

（3）质量管理的计量工作

质量管理的计量工作包括生产时的投料计量，生产过程中的监测计量和对原材料、半成品、成品的试验、检测、分析计量等。搞好质量管理计量工作要求：

①合理配备计量器具和仪表设备，且妥善保管；

②制定相关测试规程和制度，合理使用计量器具；

③改革计量器具和测试方法，实现检测手段现代化。

6.1.4　建立项目质量管理体系

质量管理体系是以保证和提高工程项目质量为目标，运用系统的概念和方法，把企业各部门、各环节的质量管理职能和活动合理地组织起来，形成一个有明确任务、职责、权限且互相协调、互相促进的有机整体。

1. 建立质量管理体系的基本要求

（1）建立质量管理体系最重要的是满足项目目标的要求，满足业主及用户明确的和隐含的需要，使他们满意。

（2）通过严密的、全方位的控制，保证过程和产品的质量都能满足项目的目标。

（3）通过规划好的一系列互相关联的过程来实施项目，包括项目实施过程和项目管理过程。

（4）项目经理必须创建良好的质量环境，包括：

①建立项目管理组织机构，以满足项目目标；

②根据实施状况和信息开展评价，并将结果用于工程质量的评价；

③贯彻项目的质量体系到每个人的工作中，使他们都参与保证项目过程和项目产品的质量工作；

④建立与承包商、供应商和其他项目参加者互利的双赢关系。

（5）质量体系应有自我持续改进的功能，项目经理应负责持续改进工作。

（6）应将项目、企业的质量管理过程中的文件、程序、验证、记录、评审和审核规范化，达到可追溯性的要求，并建立项目信息的收集、存储、更新和检索系统，确保有效地利用这些信息。

（7）为了控制项目的质量，应在项目过程中按照项目的进展状况评价项目达到质量目标的程度。评价过程又是促进改进项目质量的机会。

2. 质量管理体系的建立

(1) 建立和健全专职质量管理机构，明确各级各部门的职责分工

公司设置质量管理部门；分公司（工程处）和项目部建立质量管理小组或配备专职质量检查人员；班组有不脱产的质量管理员。同时各级各部门都按各自分工明确相应的质量职责，形成一个横向到边，纵向到底的完整的质量管理组织系统。

(2) 建立灵敏的质量信息反馈系统

建立企业内来自对材料、构配件的检测、工序控制、质量检查、施工工艺、技术革新和合理化建议等方面的信息反馈系统，建立企业外来自材料、构件和设备供应部门、用户、协作单位、上级主管部门以及国内外同行业情况等的信息反馈系统，要抓好信息流转环节，注意和掌握数据的检测、收集、处理、传递和贮存。

(3) 实现管理业务标准化、管理流程程序化

质量管理的许多活动都是重复发生的，具有一定的规律性。应按照客观要求分类归纳，并将处理办法制定成规章制度，使管理业务标准化。把管理业务处理过程所经过的各个环节、各管理岗位、先后工作步骤等，经过分析研究，加以改进，制定管理程序，使之程序化。

6.1.5 工程项目质量管理制度

我国工程项目质量管理制度包括建设工程质量监督管理制度、建设工程施工图设计文件审查制度、建设工程竣工验收备案制度、建设工程质量事故报告制度、建设工程质量检测制度、建设工程质量保修制度、质量认证制度。

1. 建设工程质量监督管理制度

(1) 监督管理部门

①国务院建设行政主管部门对全国的建设工程质量实施统一监督管理。

②国务院铁路、交通、水利等相关部门按照国务院规定的职责分工，负责对全国的相关专业建设工程质量的监督管理。

③县级以上地方人民政府建设行政主管部门对本行政区域内的建设工程质量实施监督管理。

④县级以上地方人民政府交通、水利等相关部门在各自的职责范围内，负责对本行政区域内的专业建设工程质量的监督管理。

(2) 监督检查内容

①国务院建设行政主管部门和国务院铁路、交通、水利等相关部门应加强对相关建设工程质量的法律、法规和强制性标准执行情况的监督管理。

②国务院发展改革部门按照国务院规定的职责，组织稽查特派员，对国家出资的重大建设项目实施监督检查。

③国务院经济贸易主管部门按照国务院规定的职责，对国家重大技术改造项目实施监督检查。

(3) 县级以上地方人民政府建设行政主管部门和其他相关部门应加强对相关建设工程质量的法律、法规和强制性标准执行情况的监督检查。

建设工程质量监督管理，可以由建设行政主管部门或其他相关部门委托的建设工程质量监督机构具体实施。

2. 建设工程施工图设计文件审查制度

建设单位应将施工图设计文件报县级以上人民政府主管部门或其他相关部门审查。施工图设计文件未经审查批准，不得使用。

3. 建设工程竣工验收备案制度

建设单位应自建设工程竣工验收合格之日起 15 日内，将建设工程竣工验收报告和规划、公安消防、环保等部门出具的认可文件或准许使用文件报建设行政主管部门或其他相关部门备案。

建设行政主管部门或其他相关部门发现建设单位在竣工验收过程中有违反国家相关建设工程质量管理规定行为的，责令停止使用，重新组织竣工验收。

4. 建设工程质量事故报告制度

(1) 建设工程发生质量事故，相关单位应在 24 小时内向当地建设行政主管部门和其他相关部门报告。

(2) 对重大质量事故，事故发生地的建设行政主管部门和其他相关部门当按照事故类别和等级向当地人民政府和上级建设行政主管部门和其他相关部门报告。

(3) 特别重大质量事故的调查程序按照国务院相关规定办理。

(4) 任何单位和个人对建设工程的质量事故、质量缺陷都有权检举、控告、投诉。

5. 建设工程质量检测制度

工程质量检测机构是对工程和建筑构件、制品以及建筑现场所用的相关材料、设备质量进行检测的法定单位，所出具的检测报告具有法定效力。当发生工程质量责任纠纷时，国家级检测机构出具的检测报告，在国内是最终裁定，在国外具有代表国家的性质。

工程质量检测机构的检测依据是国家、部门和地区颁发的相关建设工程的法规和技术标准。

国家检测中心受国务院建设行政主管部门的委托，有权对指定的国家重点工程进行检测复核，向国务院建设行政主管部门提出检测复核报告和建议。

各地检测机构有权对本地区正在施工的建筑工程所用的建筑材料、混凝土、砂浆和建筑构件等进行随机抽样检测，向本地建设行政主管部门和工程质量监督部门提出抽检报告和建议。

6. 建设工程质量保修制度

工程自办理交工验收手续后，在规定的期限内，因勘察设计、施工、材料等原因造成的工程质量缺陷，要由施工单位负责维修、更换。

工程质量缺陷是指工程不符合国家现行的相关技术标准、设计文件以及合同中对质量的要求。

7. 建设工程质量认证制度

质量认证是由具有一定权威，并为社会所公认的，独立于第一方（组织）和第二方（顾客）的第三方机构（认证机构），通过科学、客观的鉴定，用合格证书或合格标志的形式，来表明某一产品或服务，某一组织的质量管理的能力符合特定的标准或技术规范、相应法律法规和顾客要求。

按照质量认证的对象不同，可以分为产品认证和质量体系认证两种。在建筑行业，如果把建设项目作为一个整体产品来看待，因建设项目产品具有单体性和通过合同定制的特点，因此不能像一般市场产品那样对建设项目产品进行认证，而只能对其形成过程的主体单位，即对从事建设项目勘察、设计、施工、监理、检测等单位的质量体系进行认证，以确认这些单位是否具有按标准规范要求保证建设项目质量的能力。

质量认证不实行终身制，质量认证证书的有效期一般为三年，期间认证机构对获证的单位还需进行定期和不定期的监督检查，在监督检查中若发现获证单位在质量管理中有较大、较严重的问题时，认证机构有权采取暂停认证、撤销认证及注销认证等处理方法，以保证质量认证的严肃性、连续性和有效性。

§6.2 建设参与各方的质量责任和义务

建设单位、勘察设计单位、施工单位、工程建设监理单位应依法对工程质量负责。

6.2.1 建设单位的质量责任和义务

1. 建设单位应将工程发包给具有相应资质等级的单位。根据国家相关管理规定，工程的勘察、设计必须委托给持有相应资质等级证书的勘察、设计单位；工程的施工必须发包给持有营业执照和相应资质等级证书的施工企业。建设单位不得将建设工程肢解发包。

2. 建设单位应依法对工程建设项目的勘察、设计、施工、监理以及与工程建设相关的重要设备、材料等的采购进行招标。

3. 建设单位必须向相关的勘察、设计、工程监理等单位提供与建设工程相关的原始资料。原始资料必须真实、准确、齐全。若因原始资料的不真实、不准确、不完整而造成的工程质量事故，建设单位应承担相应的责任。

4. 建设单位不得迫使承包方以低于成本的价格竞标，不得任意压缩合理工期。建设单位不得明示或暗示设计单位或施工单位违反工程建设强制性标准，降低建设工程质量。

5. 建设单位应将施工图设计文件报县级以上人民政府建设行政主管部门或其他相关部门审查。施工图设计文件未经审查批准的不得使用。

6. 实行监理的建设工程项目，建设单位应委托具有相应资质等级的工程监理单位进行监理，也可以委托具有工程监理相应资质等级并与被监理工程的施工承包单位没有隶属关系或其他利害关系的该工程的设计单位进行监理。

下列建设工程必须实行监理：

（1）国家重点建设工程；

（2）大中型公用事业工程；

（3）成片开发建设的住宅小区工程；

（4）利用外国政府或国际组织贷款、援助资金的工程；

（5）国家规定必须实行监理的其他工程。

7. 建设单位在领取施工许可证或开工报告前，应按照国家相关规定办理工程质量监督手续。

8. 按照合同约定，由建设单位采购建筑材料、建筑构配件和设备的，建设单位应保证建筑材料、建筑构配件和设备符合设计文件和合同要求。不得明示或暗示施工单位使用不合格的建筑材料、建筑构配件和设备。

9. 涉及建筑主体和承重结构变动的装修工程，建设单位应在施工前委托原设计单位或具有相应资质等级的设计单位提出设计方案，没有设计方案的，不得施工。房屋建筑使用者在装修过程中，不得擅自变动房屋建筑主体和承重结构。

10. 建设单位收到建设工程竣工报告后，应组织设计、施工、工程监理等相关单位进行竣工验收。建设项目经验收合格后，方可交付使用。

建设工程竣工验收应当具备下列条件：

（1）完成建设工程设计和合同约定的各项内容；

（2）有完整的技术档案和施工管理资料；

（3）有工程使用的主要建筑材料、建筑构配件和设备的进场试验报告；

（4）有勘察、设计、施工、工程监理等单位分别签署的质量合格文件；

（5）有施工单位签署的工程保修书。

11. 建设单位应严格按照国家相关档案管理的规定，及时收集、整理建设项目各环节的文件资料，建立、健全建设项目档案，并在建设项目竣工验收后，及时向建设行政主管部门或其他相关部门移交建设项目档案。

6.2.2　勘察、设计单位的质量责任和义务

1. 勘察、设计单位应依法取得相应等级的资质证书，并在其资质等级许可的范围内承揽工程。禁止承揽超越其资质等级许可范围以外的工程，禁止以其他勘察、设计单位的名义承揽工程。勘察、设计单位不得允许其他单位或个人以本单位的名义承揽工程。不得转包或违法分包所承揽的工程。

2. 勘察、设计单位必须按照工程建设强制性标准进行勘察、设计工作，并对其勘察、设计的质量负责。注册建筑师、注册结构工程师等注册执业人员需在设计文件上签字，对设计文件负责。

3. 勘察单位必须提供真实、准确的地质、测量、水文等勘察结果。

4. 设计单位应根据勘察结果进行建设工程设计。提供的设计文件应符合国家规定的设计深度要求，注明工程合理使用年限。

5. 设计单位在设计文件中选用的建筑材料、建筑构配件和设备，应注明规格、型号、性能等技术指标，其质量要求必须符合国家规定的标准。除有特殊要求的建筑材料、专用设备、工艺生产线等外，设计单位不得指定生产厂、供应商。

6. 设计单位应就审查合格的施工图设计文件向施工单位作出详细说明。

7. 设计单位应参与建设工程质量事故分析，并对因设计造成的质量事故，提出相应的技术处理方案。

6.2.3　工程建设监理单位的质量责任和义务

1. 工程监理单位应依法取得相应等级的资质证书，并在其资质等级许可的范围内承担工程监理业务，不得超越本单位资质等级许可的范围或以其他工程监理单位的名义承担工程监理业务，不得允许其他单位或个人以本单位的名义承担工程监理业务，不得转让工

程监理业务。

2. 工程监理单位应依照法律、法规以及相关技术标准、设计文件和建设工程承包合同，代表建设单位对施工质量实施监理，并对施工质量承担监理责任。工程监理单位必须客观、公正地执行监理任务。

3. 工程监理单位不得与被监理工程的施工承包单位以及建筑材料、建筑构配件和设备供应单位有隶属关系或其他利害关系，否则不得承担该项建设工程的监理业务。

4. 工程监理单位接收建设单位的委托后应自行完成工程监理任务，不得转让任务。若由于业务太多或其他原因无法完成该工程监理业务，工程监理单位应依法解除委托关系，由建设单位将该工程的监理任务委托给其他工程监理单位。

5. 工程监理单位应选派具备相应资格的总监理工程师和监理工程师进驻施工现场。未经监理工程师签字，建筑材料、建筑构配件和设备不得在工程上使用或安装，施工单位不得进行下一道工序的施工。未经总监理工程师签字，建设单位不拨付工程款，不进行竣工验收。监理工程师应按照工程监理规范的要求，采取旁站、巡视和平行检验等形式，对建设工程实施监理。

6.2.4 施工单位的质量责任和义务

1. 施工单位应依法取得相应的资质证书，并在其资质等级许可的范围内承揽工程，不得超越本单位资质等级许可的业务范围或以其他施工单位的名义承揽工程，不得允许其他单位或个人以本单位的名义承揽工程，不得转包或违法分包工程。

2. 施工单位需对工程的施工质量负责。施工单位应建立质量责任制，确定工程项目的项目经理、技术负责人及施工管理负责人。实行总承包的工程，总承包单位应对全部建设工程质量负责；实行总承包的工程勘察、设计、施工、设备采购的一项或多项，总承包单位应对其承包的建设工程或采购的设备的质量负责。

3. 总承包单位依法将工程分包给其他单位时，分包单位应按照分包合同约定对其分包工程的质量向总承包单位负责，总承包单位与分包单位对分包工程的质量承担连带责任。

4. 施工单位必须按照工程设计图纸和施工技术规范标准组织施工，不得擅自修改工程设计，不得偷工减料。在施工过程中发现设计文件和图纸有差错的，应及时提出意见和建议。

5. 在施工过程中，施工单位必须按照工程设计要求、施工技术标准和合同约定，对建筑材料、建筑构配件、设备和商品混凝土进行检验，检验应当有书面记录和专人签字；不得使用不符合设计和强制性技术标准要求的产品，不得使用未经检验和试验或检验和试验不合格的产品。

6. 必须建立、健全施工质量的检验制度，严格工序管理，做好隐蔽工程的质量检查和记录。隐蔽工程在隐蔽前，应通知建设单位和建设工程质量监督机构。

7. 施工人员对涉及结构安全的试块、试件以及相关材料，应在建设单位或工程监理单位的监督下现场取样，并送具有相应资质等级的质量检测单位进行检测。

8. 对施工过程中出现质量问题的建设工程或竣工验收不合格的建设工程，施工单位应负责返修。

§6.3　工程项目质量控制

工程项目质量控制是指为达到工程项目质量要求所采取的作业技术和活动。

6.3.1　工程项目质量控制的基本原理

1. PDCA 循环原理

PDCA 循环是人们在管理实践中逐步形成的基本理论方法，其质量管理活动的全部过程，就是质量计划的制定和组织实现的过程，这个过程按照 PDCA 循环，不停顿地周而复始地运转着。即：P——Plan（计划），D——Do（执行），C——Check（检查），A——Action（处理）。

（1）计划（Plan）

计划是指提出项目的质量目标，并制定实现该目标的行动方案。在建设工程项目的实施中，计划是指各相关主体根据其任务目标和责任范围，确定质量控制的组织制度、工作程序、技术方法、业务流程、资源配置、检验试验要求、质量记录方法、不合格处理、管理措施等具体内容和做法的文件，计划还须对实现预期目标的可行性、有效性、经济合理性等进行分析论证，按照规定的程序与权限审批执行。

（2）实施（Do）

实施是指将计划在组织上加以落实，包含两个环节，即计划行动方案的交底和按计划规定的方法与要求展开工程作业技术活动。计划交底的目的在于使具体的作业者和管理者，明确计划的意图和要求，掌握标准，从而规范行为，全面地、有计划地执行行动方案，努力去实现预期目标。

（3）检查（Check）

检查是指对计划实施过程进行各种检查，以评价检查结果。包括作业者的自检、互检和专职管理者专检。各类检查都包含两大方面：一是检查是否严格执行了计划的行动方案，实际条件是否发生了变化，不执行的原因；二是检查计划执行的结果，即产出的质量是否达到标准的要求，是否与计划一致，对此进行确认和评价。

（4）处理（Action）

处理是指对于质量检查发现的质量问题或质量不合格，及时进行原因分析，采取必要的措施处理，予以纠正，保持质量形成的受控状态。

2. 三阶段控制原理

三阶段控制原理就是事前控制、事中控制和事后控制。这三阶段控制构成质量控制的系统过程。

（1）事前控制

事前控制注重质量目标的计划预控，要求预先进行周密的质量计划。事前控制包括两层含义，一是强调质量目标的计划预控，二是按质量计划进行质量活动前的准备工作状态的控制。

（2）事中控制

事中控制首先是指对质量活动的行为约束，即在质量产生过程中，各项技术活动的操作者在相关制度的管理下进行自我行为约束的同时，充分发挥其技术能力，去完成预定质量目标的作业任务；其次是对质量活动的过程和结果进行监控，主要是来自他人的监督控制，这里包括来自企业内部管理者的检查检验和来自企业外部的工程监理和政府质量监督部门等的监控。

事中控制虽然是对质量活动主体、质量活动过程和结果所进行的自我约束和监督检查两个方面的控制，但其关键在于增强质量意识，发挥行为主体的自我约束和自我控制。

（3）事后控制

事后控制包括对质量活动结果的评价认定和对质量偏差的纠正，是在输出阶段的质量控制。在客观实际中，由于不可避免的会存在一些计划时难以预料的影响因素，包括系统因素和偶然因素，使得工程不能达到相关要求。当出现质量实际值与目标值之间超过允许偏差时，必须分析原因，采取措施纠正偏差，保持质量受控状态。

3. 三全控制管理

三全控制管理来自于全面质量管理（Total Quality Control，TQC）的思想，同时包容在质量体系标准（GB/T19000—ISO9000）中，是指企业组织的质量管理应做到全面、全过程和全员参与。

（1）全面质量控制

全面质量控制是指工程质量和工作质量的全面控制。工程项目质量的全面控制可以从纵向、横向两个方面来理解。从纵向的组织管理角度来看，质量总目标的实现有赖于项目组织的上层、中层、基层乃至一线员工的通力协作，而其中尤以上层管理为主，上层管理能否全力支持与参与，对工程质量起着决定性的作用。从项目各部门职能间的横向合作来看，要保证和提高工程项目质量必须使项目组织的所有质量控制活动成为一个有效的整体。从广义上说，横向的协调配合包括业主、勘察、设计、施工总包、施工分包、材料设备供应、监理等。“全面质量控制”就是要求项目各相关方都有明确的质量控制活动内容。当然，从纵向看，各层次活动的侧重点不同。上层管理侧重于质量决策，制定出项目整体的质量方针、质量目标、质量政策和质量计划，并统一组织、协调各部门、各环节、各类人员的质量控制活动；中层管理则要贯彻落实领导层的质量决策，运用一定的方法找到各部门的关键、薄弱环节或必须解决的重要事项，确定出本部门的目标和对策，更好地执行各自的质量控制职能；基层管理则要求每个员工都要严格地按标准、按规范进行施工和生产，相互间进行分工合作，互相支持协助，开展群众合理化建议和质量管理小组活动，建立和健全项目的全面质量控制体系。

（2）全过程质量控制

全过程质量控制是指根据工程质量的形成规律，从源头抓起，全过程推进。建设工程从项目建议书，项目鉴别，选择，策划，科研，决策，立项，勘察，设计，发包，施工，验收，交付使用等各个有机联系环节，构成了项目的全过程。为了保证和提高工程质量，就必须控制影响工程质量的所有环节和因素。因此，工程项目的全过程质量控制主要有项目策划与决策过程、勘察设计过程、施工采购过程、施工组织与准备过程、检测设备控制与计量过程、施工生产的检验试验过程、工程质量的评定过程、工程竣工验收与交付过程以及工程回访维修过程等。

（3）全员参与控制

全员参与控制是指全体员工，无论是组织内部的管理者还是作业者，都应参与到实施质量控制的系统活动中去，发挥自己的角色作用。只有全员参与质量控制，才能实现工程项目的质量控制目标，形成让顾客满意的产品。

6.3.2 工程项目设计质量控制

工程项目设计质量控制分为设计准备阶段的质量控制及设计阶段的质量控制。设计准备阶段质量控制包括确定项目质量要求和标准、确定设计方案比选原则等工作。

设计阶段的质量控制包括：

1. 进行阶段设计成果审批签章。设计分为几个阶段，逐渐由总体到详细，各个阶段都必须由一定的权力部门对阶段设计成果审批签章，作为继续深入设计的依据，这是一个重要的控制手段。

2. 委托设计监理或聘请专家咨询，对设计进度和质量、设计成果进行审查。由于设计工作的特殊性，对一些大的、技术复杂的工程，业主和项目管理者常常不具备相关的知识和技能，所以这是十分有效的控制手段。

3. 进行多方案的论证和优化。由于设计单位对项目的经济性不承担责任，所以常常从自身效益的角度出发尽快出方案、出图，不希望也不愿意作多方案的对比分析，这不利于项目的经济效益。为了解决这一问题，可以采取如下措施：

（1）采用设计招标，对比多家设计方案，选择中标单位。这样确定一个设计单位就等于选择了一个好的方案。但这需要投入时间和经费。

（2）采取奖励措施。鼓励设计单位进行设计方案优化，将由优化所降低的费用取一部分作为奖励。

（3）另请科研单位专门对方案进行试验或研究，进行全面技术经济分析，最后选择优化的方案。多方案的论证不仅对项目的质量有很大的影响，而且对项目投资的经济性有很大的影响。

4. 检查设计工作质量。在设计阶段检查设计质量，发现问题和错误，并纠正是最有效且最经济的，影响也最小。

（1）检查设计工作以及设计文件的完备性。其中应包括说明工程形象的各种专业图纸、规范、模型，相应的概预算文件，设备清单和工程的各种技术经济指标说明以及设计依据的说明文件、边界条件的说明等。设计文件应能够为施工单位和各层次的管理人员所理解。

（2）从宏观到微观的角度分析设计构思、设计工作、设计文件的正确性、全面性、安全性，识别系统错误和薄弱环节。分析这样的设计若付诸实施，建成的工程能否安全、高效率、稳定、经济地运行，以及是否美观，能否与环境协调一致等。

设计工作的评价包括工程功能组合的科学性、工程的数量和质量符合项目的定义。

（3）检查设计是否符合相关规范的要求，特别是强制性的规范，如防火、安全、环保、抗震的标准，以及其他质量标准、卫生标准。

（4）各方都应参加检查会审设计工作，包括业主、项目经理、设计监理（咨询），而且有可能包括施工单位、制造厂家、将来工程的运行使用单位（物业管理）等。在检查中必须找出各种问题和薄弱环节，以确保实施前所有的设计文件的正确性。

6.3.3 工程项目施工质量控制

工程施工阶段质量控制是工程质量控制的关键阶段。

工程项目施工阶段的质量控制从不同的角度来描述，可以有不同的划分，企业可以根据自己的侧重点不同采用适合自己的划分方法。主要有以下四种。

(1) 按工程项目施工质量管理主体划分为：建设方的质量控制、施工方的质量控制和监理方的质量控制。

(2) 按工程项目施工阶段划分为：施工准备阶段质量控制、施工阶段质量控制和竣工验收阶段质量控制。

(3) 按工程项目施工分部工程划分为：地基与基础工程的质量控制、主体结构工程的质量控制、屋面工程的质量控制、安装（含给水排水采暖、电气、智能建筑、通风与空调、电梯等）工程的质量控制和装饰装修工程的质量控制。

(4) 按工程项目施工要素划分为：材料因素的质量控制、人员因素的质量控制、设备因素的质量控制、方案因素的质量控制和环境因素的质量控制。

下面按工程项目施工阶段划分介绍施工全过程的质量控制。

1. 施工准备阶段的质量控制

施工准备阶段的质量控制是指在正式施工前进行的质量控制活动，属于事前控制，充分的事前质量控制，将为整个工程项目质量的形成创造有利条件。

施工准备阶段的质量控制重点是做好施工准备工作的同时，做好施工质量预控和对策方案。施工质量预控是指在施工阶段，预先分析施工中可能发生的质量问题和隐患及其产生的原因，并采取相应的对策进行预先控制，以防止在施工中出现质量问题。这一阶段的控制包括：

(1) 图纸学习和会审

设计文件和图纸的学习是进行质量控制和规划的一项重要而有效的方法。通过学习图纸，施工人员能够了解并熟悉工程特点、设计意图以及掌握关键部位的工程质量要求，更好地做到按图施工。

认真做好图纸会审，是施工前期的一项重要工作，通过图纸会审，能够及时发现设计中存在的问题，提出修改与洽商意见，从施工图纸上消除质量隐患，提高设计质量，从而保证工程质量。

(2) 编制施工组织设计

施工组织设计是指对施工过程中的各项活动做出全面的构思、计划和安排，指导施工准备阶段和施工全过程的工作，使工程施工建立在科学合理的基础上，保证工程质量，使项目取得良好的经济效益和社会效益。

施工组织设计根据设计阶段和编制对象的不同，可以分为施工组织总设计、单位工程施工组织设计和难度较大、技术复杂或新技术项目的分部分项工程施工设计三大类。施工组织设计通常应包括工程概况、施工部署、施工方案、施工准备工作计划、施工进度计划、技术质量措施，安全文明施工措施、各项资源需要量计划及施工平面图、技术经济指标等基本内容。施工组织设计中，对质量控制起主要作用的是施工方案和技术质量措施。

(3) 组织技术交底

技术交底是指单位工程、分部工程、分项工程正式施工前，对参与施工的相关管理人员、技术人员和工人进行不同重点和技术深度的技术性交待和说明。其目的是使参与项目施工的人员对工程的设计情况、建筑结构特点、技术要求、施工工艺、质量标准和技术安全措施等方面有一个较详细的了解，做到心中有数，以便科学地组织施工和合理地安排工序，避免发生技术错误或操作错误。

(4) 控制物资采购

采购物资前应按先评价后选择的原则，由熟悉物资技术标准和管理要求的人员，对拟选择的供方通过对技术、管理、质量检测、工序质量控制和售后服务等质量保证能力的调查，信誉以及产品质量的实际检验评价，各供方之间的综合比较，最后做出综合评价，再选择合格的供方建立供求关系。

(5) 严格选择分包单位

为了确保分包工程的质量、工期和现场管理能满足总合同的要求，总承包商应对拟选择的分包商，包括建设单位指定的分包商，通过审查资格文件、考察已完工程和施工工程质量等方法，对分包商的技术及管理实务、特殊及主体工程人员资格、机械设备能力及施工经验，认真进行综合评价，决定是否可以作为合作伙伴。

2. 施工过程的质量控制

施工过程的质量控制是指施工作业技术活动的投入与产出过程的质量控制，其内涵包括全过程的施工生产及其中各分部分项工程的施工作业过程。

(1) 严格进行材料、构配件试验和施工试验

在施工过程中，对于现场的物料以及施工过程中的半成品，如钢材、水泥、钢筋连接接头、混凝土、砂浆、预制构件等，必须按相关规范、标准和设计的要求，根据对工程质量的影响程度和使用部位的重要程度，在使用前采用抽样检查或全数检查。涉及结构安全的应由建设单位或监理单位现场见证取样，送有法定资格的单位检测，判断其质量的可靠性。检验和试验的方法有书面检验、外观检验、理化检验和无损检验等四种。严禁将未经检验和试验或检验和试验不合格的材料、构配件、设备、半成品等投入使用和安装。

(2) 实施工序质量监控

工序质量包含两个相互关联的内容，一是工序活动条件的质量，即每道工序投入的人力、材料、机械设备、方法和环境是否符合要求。二是工序活动效果的质量，即每道工序施工完成的工程产品是否达到相关质量标准。

工序质量监控的对象是影响工序质量的因素，特别是对主导因素的监控，其核心是管因素、管过程，而不单纯是管结果，其重点内容包括：

①设置工序质量控制点；

②严格遵守工艺规程；

③控制工序活动条件的质量；

④及时检查工序活动效果的质量。

(3) 组织过程质量检验

过程质量检验主要是指工序施工中或上道工序完工即将转入下道工序时所进行的质量检验，其目的是通过判断工序施工是否合乎设计或相关标准要求，决定该工序是否继续进行（转交）或停止。其具体形式有：

①质量自检和互检；

②专业质量监督；

③工序交接检查；

④隐蔽工程验收；

⑤工程预检（技术复核）；

⑥基础、主体工程检查验收。

(4) 重视设计变更管理

设计变更须经建设、设计、监理、施工单位各方同意，共同签署设计变更洽商记录，由设计单位负责修改，并向施工单位签发设计变更通知书。对建设规模、投资方案有较大影响的变更，须经原批准初步设计单位同意，方可进行修改。接到设计变更，应立即按要求改动，避免发生重大差错，影响工程质量和使用。

(5) 加强成品保护

成品保护工作主要抓合理安排施工顺序和采取有效的防护措施两个主要环节。并且，应树立施工成品质量维护的观念，采取施工成品质量维护的措施，如防护、包裹、覆盖、封闭。

(6) 积累工程施工技术资料

工程施工技术资料是施工过程中技术、质量和管理活动的记录，是实行质量追溯的主要依据，是评定单位工程质量等级的三大条件之一，也是工程档案的主要组成部分。施工技术资料管理是确保工程质量和完善施工管理的一项重要工作。应全面、科学、准确、及时地记录施工及试（检）验资料，按规定积累、计算、整理、归档，手续必须完备，并不得有伪造、涂改、后补等现象。

3. 竣工验收交付阶段的工程质量控制

(1) 坚持竣工标准

建设工程项目门类很多，性能、条件和要求各异，土建工程、安装工程、人防工程、管道工程、桥梁工程、电气工程及铁路建筑安装工程等都有各自相应的竣工标准。凡达不到竣工标准的工程，不能报请竣工质量核定和竣工验收。

(2) 做好竣工预检

竣工预检是承包单位内部的自我检验，其目的是为正式验收做好准备。竣工预检可以根据工程重要程度和性质，按竣工验收标准，分层次进行。通常先由项目部组织自检，对缺漏或不符合要求的部位和项目，确定整改措施，指定专人负责整改。在项目部整改复查完毕后，报请企业上级单位进行复检，通过复检，解决全部遗留问题，由勘察、设计、施工、监理等单位分别签署质量合格文件，向建设单位发送竣工验收报告，出具工程保修书。

(3) 整理工程竣工验收资料

工程竣工验收资料是对工程项目产品使用、维修、扩建和改建的指导文件和重要依据，工程项目交接时，承包单位应按合同要求，编制工程竣工文件，并将成套的工程技术资料进行分类整理、编目、建档后，移交给建设单位。

4. 回访保修的质量控制

工程项目在竣工验收交付使用后，按照相关规定，在保修期限和保修范围内，施工单位应主动对工程进行回访，听取建设单位和用户对工程质量的意见，对属于施工单位施工过程中的质量问题，应负责维修，不留隐患，若属于设计等原因造成的质量问题，在征得建设单位和设计单位认可后，协助修补。

施工单位在接到用户来访、来信的质量投诉后，应立即组织力量维修，发现影响安全的质量问题应紧急处理。

(1) 回访的方式

一般有季节性回访、技术性回访和保修期满前回访三种形式。

(2) 保修的期限

建设工程的保修期，自竣工验收合格之日起计算。

①基础设施工程、房屋建筑的地基基础工程和主体结构工程，为设计文件规定的该工程的合理使用年限；

②屋面防水工程、有防水要求的卫生间、房间和外墙面的防渗漏，为5年；

③供热与供冷系统，为2个采暖期、供冷期；

④电气管线、给排水管道、设备安装和装修工程，为2年。

⑤其他项目的保修期限由发包方与承包方约定。

(3) 保修的实施

①保修范围

各类建筑工程及建筑工程的各个部位，都应实行保修，主要是指那些由于施工的责任，特别是由于施工质量不良而造成的问题。

②检查和修理

在保修期内根据回访结果，以及建设单位或用户关于施工质量不良而影响使用功能的口头通知、书面通知，对涉及的问题，施工单位应尽快派人前往检查，并会同建设单位或用户共同做出鉴定，提出修理方案，组织人力物力进行修理，修理自检合格后，应经建设单位或用户验收签认。在经济责任处理上必须根据修理项目的性质、内容以及结合检查修理诸种原因的实际情况，在分清责任的前提下，由建设单位或用户与施工单位共同协商处理和承担办法。

5. 工程施工质量验收

工程施工质量验收是对已完工程的外观质量以及内在质量按规定程序检验后，确认其是否符合设计及各项验收标准要求的质量控制过程，也是确认是否可以交付使用的一个重要环节。

(1) 建筑工程施工质量验收的基本要求

①工程施工质量应符合《建筑工程施工质量验收统一标准》(GB 50300—2001) 和相关专业验收规范的规定；

②工程质量验收均应在施工单位自行检查评定的基础上进行；

③工程项目的施工，应符合工程勘察、设计文件的要求；

④参加工程施工质量验收的各方人员，应具备相关规定的资格；

⑤隐蔽工程在隐蔽前应由施工单位通知相关单位进行验收，并形成验收文件；

⑥涉及结构安全的试块、试件以及相关材料，应按规定进行见证取样检测，即在监理单位或建设单位监督下，由施工单位相关人员现场取样，并送至具备相应资质的检测单位

进行检测；

⑦检验批的质量应按主控项目和一般项目验收；

⑧对涉及结构安全和使用功能的重要分部工程应进行抽样检测；

⑨工程的观感质量应由验收人员通过现场检查后共同确认。

(2) 工程施工质量验收的划分

为便于施工质量的检验和验收，保证施工质量符合设计、合同和技术标准的规定，同时也更有利于衡量承包单位的施工质量水平，全面评价工程项目的综合施工质量，通常在验收时，将施工项目验收按项目构成划分为：单位工程、分部工程、分项工程和检验批。

建筑工程单位工程、分部工程、分项工程和检验批的划分原则和方法为：

①单位工程

单位工程即具备独立施工条件并能形成独立使用功能的建筑物及构筑物。建筑规模较大的单位工程，可以将其能形成独立使用功能的部分作为一个子单位工程。

②分部工程

单位工程（子单位工程）按专业性质和建筑部位等可以分为若干个分部工程，如地基与基础、主体结构、建筑装饰装修、建筑屋面、建筑给排水及采暖、建筑电气、智能建筑、通风与空调、电梯等分部工程。当分部工程较大或较复杂时，可以按材料种类、施工特点、施工程序、专业系统及类别等划分为若干个子分部工程。

③分项工程

分部工程（子分部工程）按主要工种、材料、施工工艺和设备类别等可以划分为若干个分项工程，如模板、钢筋、混凝土、给水管道及配件安装、给水设备安装等分项工程。

④检验批

根据施工及质量控制和专业验收需要，分项工程按楼层、施工段、变形缝等划分为一个或若干个检验批。

(3) 工程施工质量验收的程序和合格标准

1) 检验批

由监理工程师（建设单位项目技术负责人）组织施工单位项目专业质量（技术）负责人等进行验收。其合格标准为：

①主控项目和一般项目的质量经抽样检验合格；

②具有完整的施工操作依据、质量检查记录。

2) 分项工程

由监理工程师（建设单位项目技术负责人）组织施工单位项目专业质量（技术）负责人等进行验收。其合格标准为：

①所含的检验批均符合合格质量的规定；

②所含的检验批的质量验收记录应完整。

3) 分部分项工程

分部分项工程施工完成后应在施工单位自行验收合格后，通知建设单位（或工程监理）验收，重要的分部分项工程应请设计单位参加验收。分部工程（子分部工程）由总监理工程师（建设单位项目负责人）组织施工单位项目负责人和技术、质量负责人等进行验收；地基与基础、主体结构分部工程的勘察、设计单位工程项目负责人和施工单位技术、质量部门负责人也应参加相关分部工程验收。其合格标准为：

①所含的分项工程的质量均验收合格；

②质量控制资料完整；

③青纱帐地基与基础、主体结构和设备安装等分部工程相关安全及功能的检验和抽样检测结果符合相关规定；

④观感质量验收符合要求。

4）单位工程

单位工程完工后，施工单位应自行组织检查、评定，符合验收标准后，向建设单位提交验收申请。单位工程（子单位工程）由施工单位自行组织相关人员进行检查评定，并向建设单位提交工程验收报告；再由建设单位（项目）负责人组织施工（含分包单位）、设计、监理等单位（项目）负责人进行验收；验收合格后，建设单位在规定时间内将工程竣工验收报告和相关文件，报建设行政管理部门备案。其合格标准为：

①所含分部工程（子分部工程）的质量均验收合格；

②质量控制资料完整；

③所含分部工程相关安全和功能的检测资料完整；

④主要功能项目的抽查结果符合相关专业质量验收规范的规定；

⑤观感质量验收符合相关要求。

按国家现行管理制度，房屋建筑工程及市政基础设施工程验收合格后，尚需在规定时间内，将验收文件报政府管理部门备案。

当建筑工程质量不符合要求时，应按相关规定进行处理，对通过返修或加固处理仍不能满足安全使用要求的分部工程、单位工程（子单位工程），严禁验收。

§6.4 工程质量问题和质量事故及处理

6.4.1 工程质量问题和质量事故划分

1. 工程质量问题和质量事故

由于影响建筑工程质量的因素众多而且复杂多变，建筑工程在施工和使用过程中往往会出现各种各样不同程度的质量问题，甚至质量事故。监理工程师应学会区分质量问题和质量事故，并进行正确处理。

根据相关质量、质量管理和质量保证标准的定义，凡工程产品质量没有满足某个规定的要求，就称之为质量不合格。

由于工程质量不合格，必须进行返修、加固或报废处理，由此造成直接经济损失低于5 000元的称为质量问题；直接经济损失在5 000元（含5 000元）以上的称为工程质量事故。

2. 工程质量事故的分类

国家现行对工程质量通常采用按造成损失严重程度进行分类，其基本分类如下：

（1）一般质量事故：凡具备下列条件之一者为一般质量事故。

①直接经济损失在5 000元（含5 000元）以上，不满50 000元的；

②影响使用功能和工程结构安全，造成永久质量缺陷的。

(2) 严重质量事故：凡具备下列条件之一者为严重质量事故。

①直接经济损失在：50 000元（含50 000元）以上，不满100 000元的；

②严重影响使用功能或工程结构安全，存在重大质量隐患的；

③事故性质恶劣或造成2人以上重伤的。

(3) 重大质量事故：凡具备下列条件之一者为重大质量事故，属建设工程重大事故范畴。

1）工程倒塌或报废；

2）由于质量事故，造成人员死亡或重伤3人以上；

3）直接经济损失100 000元以上。

按国家建设行政主管部门规定建设工程重大事故分为四个等级：

①凡造成死亡30人以上或直接经济损失300万元以上为一级；

②凡造成死亡10人以上29人以下或直接经济损失100万元以上，不满300万元为二级；

③凡造成死亡3人以上，9人以下或重伤19人以上或直接经济损失30万元以上，不满100万元为三级；

④凡造成死亡2人以下，或重伤3人以上，19人以下或直接经济损失10万元以上，不满30万元为四级。

(4) 特别重大事故：凡具备国务院发布的《特别重大事故调查程序暂行规定》所列发生一次死亡30人及其以上，或直接经济损失达500万元及其以上，或其他性质特别严重，均属特别重大事故。

6.4.2 工程项目质量事故处理

1. 事故调查与分析

对工程质量事故的处理，首先要进行细致的现场调查，观察记录全部实况，充分了解与掌握引发质量事故的现象和特征；及时收集保存与事故有关的全部设计和施工资料，分析摸清工程施工环境的异常变化；找出可能产生质量事故的所有因素，并进行分析、比较和综合判断，确定最可能造成质量事故的原因；必要时，进行科学的计算分析或模拟实验予以论证确认。

进行质量事故原因分析时，采取的基本原理是确定质量事故的初始点（即原点），这项工作是反映质量事故的直接原因，在分析中具有关键作用；围绕原点对现场各种现象和特征进行分析，区别导致同类质量事故的不同原因，逐步揭示质量事故萌生、发展和最终形成的过程；综合考虑原因复杂性，确定诱发质量事故的起源点，即确定真正原因。

质量事故的调查与分析结果最终形成调查报告。

2. 处理方案的确定

(1) 处理依据

质量事故处理的依据包括施工承包合同、设计委托合同、材料设备订购合同；设计文件，质量事故发生部位的施工图；有关的技术文件，如检验单、试验报告、施工记录、施工组织设计、施工日志等；有关的法规、标准和规定等；质量事故调查分析报告。

（2）方案类型

质量事故处理的方案应根据事故的性质、原因、程度而采取不同的方案，主要有封闭保护、结构补强和返工重建等。

（3）方案选择

根据质量事故的具体情况，可以先提出几种可行的处理方案对比初选；必要时辅以实验验证；并要结合当地的资源情况，选择具有较高处理效果又便于施工的处理方案；对涉及的技术领域比较广泛、问题复杂，可以请专家论证，按经济、工期、效果等指标综合评判决策。

3. 方案实施与鉴定验收

（1）实施要求

严格按处理方案的质量要求进行施工，处理现场要有相关质量监督人员（政府监督部门、监理工程师或建设方），处理完后要按相关规定取样检测并验收。检测结果作为质量事故处理报告的附件材料。

（2）验收结论

所有质量事故，包括不进行技术处理的都需要提出明确的书面结论，书面验收结论一般包括事故已排除，可以继续施工；隐患已消除，结构安全有保证；经修补处理后，完全能满足使用要求；基本上满足使用要求，但需限制荷载等；其他对耐久性、建筑外观影响的结论等。

（3）责任分析

对责任的分析应慎重。对短期内难以做出结论的，可以提出进一步观测检验意见；对某些问题认识不一致，意见暂时不同意的，应继续调查，以便掌握更充分的资料和数据来支持其结论。

4. 处理报告

工程项目质量事故报告的内容一般包括：

（1）事故的基本情况。

（2）事故的性质和类型。

（3）事故原因的初步分析。

（4）事故的评价。

（5）事故责任人员情况。

（6）事故处理意见。

复习思考题

1. 简述工程项目质量的概念和特点。工程项目质量的影响因素是什么？
2. 简述工程项目质量管理的原则和基础工作。
3. 简述如何建立工程项目质量管理体系。
4. 简述我国建设项目质量管理制度。
5. 简述我国建设参与各方的质量责任和义务。

6. 简述工程项目质量控制的基本原理。
7. 简述工程设计质量控制。
8. 简述工程施工质量控制。
9. 简述工程施工质量验收的概念和工程施工质量验收的方法。
10. 简述工程项目质量问题与工程项目质量事故的处理区别。
11. 什么是工程一般事故？什么是工程重大事故？重大事故分几级？标准是什么？
12. 建设工程项目质量事故处理报告包括哪些内容？

第 7 章　工程项目安全管理

本章学习要点：掌握工程项目安全管理的概念和基本方针；了解工程项目安全管理的责任制度、群防群治制度、教育培训制度、市场准入制度、检查监督及奖惩制度和“三同时”制度；了解职业健康安全管理体系的基本结构、模式、内容和建立程序；掌握工程项目施工现场安全控制的基本内容，包括相关概念、安全保证计划、安全计划实施、安全技术交底、安全检查；最后，还要熟悉我国工程建设安全生产的监管体制和重大安全事故发生后的应急救援制度、报告和调查制度、行政责任追究制度等。

§7.1　工程项目安全管理概述

7.1.1　工程项目安全管理的概念

工程建设安全生产，是指建筑生产过程中要避免人员、财产的损失及对周围环境的破坏。工程建设安全生产包括建筑生产过程中的施工现场人员安全、财产设备安全，施工现场及附近的道路、管线和房屋的安全，施工现场和周围的环境保护及工程建设后的使用安全等方面的内容。

改革开放以来，建筑业持续快速发展，在国民经济中的地位和作用逐渐增强，已经成为我国的支柱产业之一。随着基本建设投资持续增长，工程建设的规模和技术难度都有所提高，许多新技术、新材料、新工艺也在建设项目中得到了应用，有些工程项目还对工期的要求很紧，这些都有可能引发新的危险因素。再加上在工程建设过程中，有些主体对安全生产重视程度不够、资金投入不足、监督管理制度也还不健全，导致建设工程安全生产事故一直居高不下，在各产业中仅次于采矿业，居第二位，给人民生命和财产安全造成了重大损失。因此社会各界要求规范建设工程安全生产，完善相关的立法。

7.1.2　工程项目安全管理的基本方针

我国《建筑法》和《安全生产法》都规定，工程建设安全生产，坚持“安全第一、预防为主”的方针。

所谓“安全第一”，是指在生产经营管理中，在处理保证安全与实现生产经营活动的其他各项目标的关系上，要始终把安全，特别是从业人员和其他人员的人身安全放在首要的位置，实现“安全优先”的原则，在确保安全的前提下，再来努力实现生产经营的其他目标。

所谓“预防为主”，是指对安全生产的管理，主要不是放在发生事故后去组织抢救、进行事故调查，找原因、追究责任、堵漏洞，而是要谋事在先，尊重科学，探索规律，采取有效的事前控制措施，千方百计地预防事故的发生，做到防患于未然，将事故消灭在萌芽状态。虽然人类在生产活动中还不可能完全杜绝安全事故的发生，但只有重视思想，预防措施得当，事故特别是重大事故的发生还是可以大大减少的。

根据这一基本方针，当前在工程建设领域已经比较成熟的安全生产管理制度有安全生产责任制度，群防群治制度，教育培训制度，市场准入制度，检查、监督及奖惩制度和“三同时”制度。

§7.2 工程项目安全管理的基本制度

7.2.1 工程项目安全管理责任制度

所谓安全管理责任制度，是指将各项保障生产安全的责任具体落实到各相关管理人员和不同岗位人员身上的制度。在建筑活动中，只有明确安全责任，分工负责，才能形成完整有效的安全管理体系，激发每个人的安全责任感，严格执行建筑工程安全的法律、法规和安全规程、技术规范，防患于未然，减少和杜绝建筑工程事故，为建筑工程的生产创造一个良好的环境。

安全责任制度的主要内容包括从事建筑活动的单位负责人的责任、各级管理人员的责任和从业人员的责任。

1. 企业主要负责人的责任

安全生产工作是企业管理的重要内容。相关法律规定从事建筑活动企业的安全生产工作应由企业负责人总负责，这既是对本单位的责任，也是对社会应负的责任。《安全生产法》规定，生产经营单位的主要负责人对本单位安全生产工作负有下列职责：

(1) 建立、健全本单位安全生产责任制；

(2) 组织制定本单位安全生产规章制度和操作规程；

(3) 保证本单位安全生产投入的有效实施；

(4) 督促、检查本单位的安全生产工作，及时消除生产安全事故隐患；

(5) 组织制定并实施本单位的生产安全事故应急救援预案；

(6) 及时、如实地报告生产安全事故。

对于满足安全生产必备条件所必需的资金投入，由生产经营单位的决策机构、主要负责人或个人经营的投资人予以保证，并对因必需资金投入不足而导致的后果承担责任。

2. 各级管理人员的责任

结合建筑企业及工程建设的特点，相关法规对各级管理人员的责任也作出了明确规定。

(1) 企业总工程师（技术负责人）对本企业劳动保护和安全生产的技术工作负总的责任。

(2) 项目经理、施工队长、车间主任应对本单位劳动保护和安全生产工作负具体领导责任。

(3) 工长、施工员对所管工程的安全生产负直接责任。

(4) 企业中的生产、技术、材料等各职能机构，都应在各自业务范围内，对实现安全生产的要求负责。

(5) 企业应根据实际情况，建立安全机构，并按照职工总数配备相应的专职人员，负责安全生产管理工作和安全监督检查工作，其主要职责是：

①贯彻执行相关安全技术劳动保护法规；

②做好安全生产的宣传教育和管理工作，总结交流推广经验；

③经常深入基层，指导下级安全技术人员的工作，掌握安全生产情况，调查研究生产中的不安全问题，提出改进意见和措施；

④组织安全活动和定期安全检查；

⑤参加审查施工组织设计（施工方案）和编制安全技术措施计划，并对贯彻执行情况进行督促检查；

⑥与相关部门共同做好新工人、特殊工种工人的安全技术训练、考核、发证工作；

⑦进行工伤事故统计、分析和报告，参加工伤事故的调查和处理；

⑧禁止违章指挥和违章作业，遇有严重险情，有权暂停生产，并报告领导处理。

3. 从业人员的责任

从业人员是指生产经营单位中从事生产安全经营活动的人员，他们包括直接操作人员、工程技术人员、管理人员、服务人员等。由于安全生产贯穿于生产全过程，依赖于每道工序、每个人的有机衔接和有效配合，每个从业人员的行为都直接关系到安全生产的实施与成效，因此，每个从业人员也都要从自身角度对本单位的安全生产承担责任。《安全生产法》规定，从业人员应承担的主要责任有：

(1) 作业过程中，应严格遵守本单位的安全生产规章制度和操作规程，服从管理，正确佩戴和使用劳动防护用品；

(2) 接受安全生产教育和培训，掌握本职工作所需的安全生产知识，提高安全生产技能，增强事故预防和应急处理能力；

(3) 发现事故隐患或其他不安全因素，应立即向现场安全生产管理人员或本单位负责人报告。

7.2.2 工程项目安全管理的群防群治制度

《建筑法》规定，建筑工程安全生产管理应坚持群防群治制度。

所谓群防群治制度，是指由广大职工群众共同参与的预防安全事故发生、治理各种安全事故隐患的制度。这一制度是群众路线在安全工作中的具体体现。实践证明，搞好安全生产只靠少数人是不成的，必须发动群众，使大家懂得安全生产的重要性，注意安全生产，防患于未然。

从实践中看，建立工程建设安全生产的群防群治制度应做到：

(1) 企业制定的有关安全生产管理的重要制度和制定的有关重大技术组织措施计划应提交职工代表大会讨论，在充分听取职工代表大会意见的基础上作出决策，发挥职工群众在安全生产方面的民主管理作用；

(2) 要把专业管理同群众管理结合起来，充分发挥职工安全员网络的作用；

(3) 发挥工会在安全生产管理中的作用，利用工会发动群众，教育群众，动员群众的力量预防安全事故的发生；

(4) 对新职工加强安全教育，对特种作业岗位的工人进行专业安全教育，不经训练，不能上岗操作；

(5) 发动群众开展技术革新、技术创造，采用有利于保证生产安全的新技术、新工艺，积极改善劳动条件，努力将不安全的、有害健康的作业变为无害作业；

(6) 组织开展遵章守纪和预防事故的群众性监督检查，职工对于违反有关安全生产的法律、法规和建筑行业安全规章、规程的行为有权提出批评、检举和控告。

7.2.3 工程项目安全生产的教育培训制度

安全生产教育培训制度，是对广大建筑业干部职工进行安全培训教育，提高安全意识，增加安全知识和技能的制度。安全生产，人人有责。只有通过对广大职工进行安全教育、培训，才能使广大职工真正认识到安全生产的重要性、必要性，才能使广大职工掌握更多更有效的安全生产的科学技术知识，牢固树立安全第一的思想，自觉遵守各项安全生产和规章制度。

《安全生产法》对安全生产教育和培训制度的内容有详细规定。

1. 安全生产的方针、政策、法律、法规以及安全生产规章制度的教育培训

对所有从业人员都要进行经常性的教育，对于企业各级领导干部和安全管理干部，更要定期培训，使其提高政策、思想水平，熟悉安全生产技术及相关业务，做好安全工作。

2. 安全操作技能的教育和培训

对安全操作技能的教育和培训，我国目前一般采用入厂教育、车间教育和现场教育多环节的方式进行。对于新工人（包括合同工、临时工、学徒工、实习和代培人员）必须进行入厂（公司）安全教育。教育内容包括安全技术知识、设备性能、操作规程、安全制度和严禁事项，并经考试合格后，方可进入操作岗位。

3. 特种作业人员的安全生产教育和培训

特种作业，是指容易发生人员伤亡事故，对操作者本人、他人及周围设施的安全有重大危险的作业。根据现行规定，特种作业大致包括电工、金属焊接切割、起重机械、机动车辆驾驶、登高架设、锅炉（含水质化验）、压力容器制作、制冷、爆破等作业。特种作业人员的工作，存在的危险因素很多，很容易发生安全事故，因此对他们必须进行专门的培训教育，提高其认识，增强其技能，以减少其失误，这对防止和减少生产安全事故具有重要意义。相关法规规定，特殊工种工人，除进行一般的安全教育外，还要经过本工种的安全技术教育，经考试合格后，方可获准独立操作，每年还要进行一次复查。

4. 采用新工艺、新技术、新材料、新设备时的教育与培训

相关法规规定，采用新工艺、新技术、新材料、新设备施工和调换工作岗位时，要对操作人员进行新技术操作和新岗位的安全教育，未经教育不得上岗操作。这有助于使相关人员了解和掌握其安全技术特性，以采取有效的安全防护措施，防止和减少安全生产事故的发生。

7.2.4 工程项目安全生产的市场准入制度

为确保安全生产，国家对生产经营单位及从业人员都实行了严格的市场准入制度，并

先后颁布了《安全生产许可证条例》（2004）、《安全生产检测检验机构管理规定》（2007）和《注册安全工程师管理规定》（2007）。这些法规规定生产经营单位必须具备法律、法规及国家标准或行业标准规定的安全生产条件。条件不具备的，不得从事生产经营活动。承担安全、评价、认证、检测、检验的机构必须取得国家的资质许可，方可从事相关活动。未经安全生产教育和培训合格的作业人员，不得上岗作业。特种作业人员必须经专门的安全作业培训，取得特种作业资格证书后，方可上岗作业。

《安全生产许可证条例》于2004年1月开始施行。该条例明确规定：国家对矿山企业、建筑施工企业和危险化学品、烟花爆竹、民用爆破器材生产企业（以下统称企业）实行安全生产许可制度。

1. 安全生产许可证的取得条件

建筑施工企业领取安全生产许可证，需要具备一系列安全生产条件，具体如下：

（1）建立、健全安全生产责任制，制定完备的安全生产规章制度和操作规程；

（2）安全投入符合安全生产要求；

（3）设置安全生产管理机构，配备专职安全生产管理人员；

（4）主要负责人和安全生产管理人员经考核合格；

（5）特种作业人员经相关业务主管部门考核合格，取得特种作业操作资格证书；

（6）从业人员经安全生产教育和培训合格；

（7）依法参加工伤保险，为从业人员缴纳保险费；

（8）厂房、作业场所和安全设施、设备、工艺符合相关安全生产法律、法规、标准和规程的要求；

（9）具备职业危害防治措施，并为从业人员配备符合国家标准或行业标准的劳动防护用品；

（10）依法进行安全评价；

（11）具备重大危险源检测、评估、监控措施和应急预案；

（12）具备生产安全事故应急救援预案、应急救援组织或应急救援人员，配备必要的应急救援器材、设备；

（13）具备法律、法规规定的其他条件。

2. 安全生产许可证的相关管理规定

（1）安全生产许可证的申请

建筑施工企业从事建筑活动前，应依照相关规定向省级以上建设主管部门申请领取安全生产许可证。

中央管理的建筑施工企业（集团公司、总公司）应向国务院建设行政主管部门申请领取安全生产许可证；其他建筑施工企业，包括中央管理的建筑施工企业（集团公司、总公司）下属的建筑施工企业，应向企业注册所在地省、自治区、直辖市人民政府建设主管部门申请领取安全生产许可证。

（2）安全生产许可证的有效期

安全生产许可证的有效期为3年。安全生产许可证有效期满需要延期的，企业应于期满前3个月向原安全生产许可证颁发管理机关办理延期手续。

企业在安全生产许可证有效期内，严格遵守有关安全生产的法律法规，未发生死亡事故的，安全生产许可证有效期届满时，经原安全生产许可证颁发管理机关同意，不再审查，安全生产许可证有效期延期3年。

（3）安全生产许可证的管理

根据《安全生产许可证条例》和《建筑施工企业安全生产许可证管理规定》，建筑施工企业应遵守如下强制性规定：

①未取得安全生产许可证的，不得从事建筑施工活动。建设主管部门在审核发放施工许可证时，应对已经确定的建筑施工企业是否有安全生产许可证进行审查，对没有取得安全生产许可证的，不得颁发施工许可证。

②企业不得转让、冒用安全生产许可证或使用伪造的安全生产许可证；

③企业取得安全生产许可证后，不得降低安全生产条件，并应加强日常安全生产管理，接受安全生产许可证颁发管理机关的监督检查。

7.2.5 工程项目安全管理的检查、监督及奖惩制度

安全生产检查、监督制度是上级管理部门或企业自身对安全生产状况进行定期或不定期检查的制度。通过检查可以发现问题，查处隐患，从而采取有效措施，堵塞漏洞，把事故消灭在发生之前，做到防患于未然，是“预防为主”的具体体现。安全生产检查、监督是国家对保障社会的安定和人民的安全应承担的责任。《安全生产法》及相关法规对此有明确规定。

国家实行安全生产事故责任追究制度，依法追究生产安全事故责任人员的法律责任。

国家对在改善安全生产条件、防止生产安全事故、参加抢险救护等方面取得显著成绩的单位和个人，给予奖励。县级以上人民政府及相关部门对报告或举报的有功人员应给予奖励。

7.2.6 安全管理“三同时”制度

“三同时”制度是指凡是我国境内新建、改建、扩建的基本建设项目、技术改建项目和引进的建设项目，其安全生产设施必须符合国家规定的标准，必须与主体工程同时设计、同时施工、同时投入生产和使用。安全生产设施主要是指安全技术方面的设施、职业卫生方面的设置和生产辅助性设施。

我国《劳动法》规定：“新建、改建、扩建工程的劳动安全卫生设施必须与主体工程同时设计、同时施工、同时投入生产和使用”。《安全生产法》也规定：“生产经营单位新建、改建、扩建工程项目的安全设施，必须与主体工程同时设计、同时施工、同时投入生产和使用。安全设施投资应当纳入建设项目概算。”

新建、改建、扩建工程的初步设计要经过行业主管部门、安全生产管理部门、卫生部门和工会的审查，同意后方可进行施工。工程项目完成后，必须经过主管部门、安全生产行政主管部门、卫生部门和工会的竣工检验；建设工程项目投产后，不得将安全设施闲置不用，生产设施必须和安全设施同时使用。

§7.3 安全管理体系标准

7.3.1 职业健康安全管理体系的基本结构和模式

1. 职业健康安全管理体系

工程建设项目实施过程中的职业健康安全问题可以分为三类，分别有相应的解决途径：

（1）对于人的不安全行为，一般从人的心理学和行为学方面研究解决，可以通过培训和提高人的安全意识和行为能力，以保证人的可靠性。

（2）对于物的不安全状态，一般从研究安全技术，采取安全措施来解决，可以通过各种有效的安全技术系统保证安全设施的可靠性。

（3）对于组织管理不力的问题，一般用系统论的理论和方法，研究工业生产组织如何建立职业健康安全系统化、标准化的管理体系，实行全员、全过程、全方位、以预防为主的整体管理。

为了运用系统论的理论和方法来解决依靠人的可靠性和安全技术可靠性所不能解决的生产事故和劳动疾病的问题，亦即从组织管理上来解决职业健康安全问题。英国标准化协会（BSI）、爱尔兰国家标准局、南非标准局、挪威船级社（DNV）等 13 个组织联合在 1999 年和 2000 年分别发布了《职业健康安全管理体系、规范》（OHSAS 18001，1999）和《职业健康安全管理体系、指南》（OHSAS 18002，1999）。

我国于 2001 年发布了《职业健康安全管理体系、规范》（GB/T28001-2001），该体系标准覆盖了国际上《职业健康安全管理体系、规范》（OHSAS1 8001，1999）的所有技术内容，并考虑了相关职业健康安全管理体系的现有文件的技术内容。

2. 《职业健康安全管理体系、规范》的基本结构

《职业健康安全管理体系、规范》的总体结构如图 7.1 所示。

3. 《职业健康安全管理体系、规范》的模式

现代工程项目职业健康和安全生产管理的第一方针是“安全第一、预防为主”。预防应通过合理、有效的策划来实现，策划方案又依赖于有效的实施、控制、反馈和修正。因此，《职业健康安全管理体系、规范》明确了一个动态循环的，由策划（Plan）、行动（Do）、检查（Check）和改进（Act）四个环节构成的 PDCA 循环管理模式。

7.3.2 职业健康安全管理体系的基本内容

职业健康安全管理体系的基本内容包括五个部分，有些部分还划分为下一级子目，具体有：

第一部分为：职业健康安全方针。

第二部分为：规划（策划），具体包括：

（1）对危险源辨识、风险评价和风险控制的策划；

（2）法规和其他要求；

（3）目标；

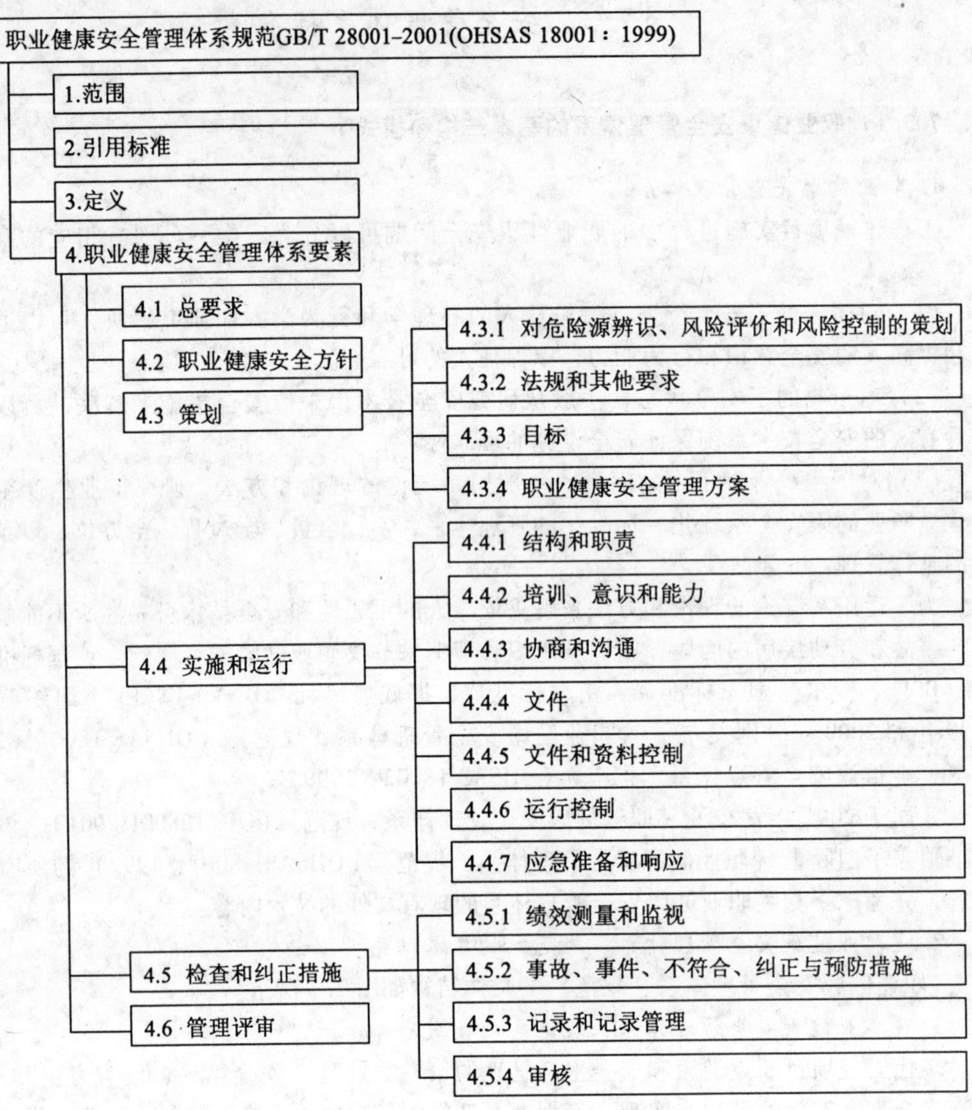

图 7.1 职业健康安全管理体系

(4) 职业健康安全管理方案。

第三部分为：实施和运行，具体包括：

(1) 结构和职责；

(2) 培训、意识和能力；

(3) 协商和沟通；

(4) 文件；

(5) 文件和资料控制；

(6) 运行控制；

(7) 应急准备和响应。

第四部分为：检查和纠正措施，具体包括：

（1）绩效测量和监视；

（2）事故、事件、不符合、纠正与预防措施；

（3）记录和记录管理；

（4）审核。

第五部分为：管理评审。

7.3.3　职业健康安全管理体系的建立程序

施工企业或工程项目部建立职业健康安全管理体系是一个系统工程，包括一系列的策划和组织工作。从头至尾，大致可以分为以下八个步骤。

1. 领导决策。最高管理者亲自决策建立职业健康安全与环境管理体系，方能获得各方面的支持和保证建立体系所需资源。

2. 成立工作组。最高管理者或授权管理者代表成立工作小组负责建立职业健康安全与环境管理体系。工作小组的成员要覆盖组织的主要职能部门，组长最好由管理者代表担任，以保证小组对人力、资金、信息的获取。

3. 人员培训。人员培训的目的是使组织内的相关人员了解建立职业健康与环境体系的重要性，了解标准的主要思想和内容。根据对不同人员的培训要求，可以将参加培训的人员分为四个层次，即最高管理层、中层领导及技术负责人、具体负责建立体系的主要骨干人员和普通员工。

4. 初始健康、安全状态评审。初始状态评审是对组织过去和现在的职业健康安全与环境的信息、状态进行收集、调查分析、识别和获取现有的适用于组织的健康安全与环境的法律法规和其他要求，进行危险源辨识和风险评价、环境因素识别和重要环境因素评价。评审的结果将作为确定职业健康安全与环境方针、制定管理方案、编制体系文件和建立职业健康安全与环境管理体系的基础。

5. 制定方针、目标、指标和管理方案。方针是组织对其健康安全与环境行为的原则和意图的声明，也是组织自觉承担其责任和义务的承诺。目标和指标是对职业健康安全管理方针的具体诠释，在制定时应综合考虑法律、法规和其他要求，自身潜在的危险和重要环境因素，商业机会和竞争机遇，可实施性、监测考评的现实性、相关方的观点等。管理方案是实现目标、指标的行动方案。

6. 管理体系策划与设计。体系策划与设计是依据制定的方针、目标和指标、管理方案，确定组织机构职责和筹划各种运行程序。建立组织机构应考虑的主要因素有合理分工；加强协作；明确定位，落实岗位责任；赋予权限。

文件策划的主要工作有确定文件结构；确定文件编写格式；确定各层文件名称及编号；制定文件编写计划；安排文件的审查、审批和发布工作等。

7. 体系文件的编写。体系文件包括管理手册、程序文件和作业文件，在编写中要根据文件的特点考虑编写的原则和方法。

8. 文件的审查审批和发布。文件编写完成后应进行审查，经审查、修改和汇总后进行审批，然后发布。

§7.4 工程项目施工现场安全管理

7.4.1 相关概念

1. 施工安全管理的概念

施工安全管理，是指在施工项目的实施过程中，对安全生产进行计划、组织、监控、调节和改进的一系列管理活动。其目的是通过对生产因素具体的状态控制，使生产因素不安全的行为和状态减少或消除，使安全事故引发的损失和伤害得以避免，从而保障施工项目的效益和目标。

2. 施工安全管理的目标

施工安全管理的目标是减少和消除生产过程中的事故，保证人员健康安全和财产免受损失。具体包括：

（1）减少或消除人的不安全行为；

（2）减少或消除设备、材料的不安全状态；

（3）改善生产环境和保护自然环境；

（4）使人与机械、设备、材料、环境之间相互协调。

3. 施工安全管理的特点

（1）涉及面广。建设工程项目一般规模大，实施周期长，施工过程中人、材料、机械、设备的流动量大，加上有些项目生产工艺复杂、工序繁琐、作业位置多变，因此项目实施过程中的不确定因素很多，安全隐患几乎到处存在，导致安全控制的范围很大。

（2）管理的动态性，由于建设工程项目的一次性，每项工程所处的条件不同，所面临的危险因素和防范措施也有所差异。再加上施工作业分散于施工现场的各个部位，尽管有各种规章制度和安全技术交底的环节，但在面对具体的生产环境时，仍然需要作业人员自己的判断和处理，并适应不断变化的情况。

（3）管理系统的交叉性。建设工程项目是开放系统，受自然环境和社会环境影响很大，施工安全管理需要把工程系统和环境系统及社会系统结合起来。

（4）管理的严谨性。安全状态具有触发性，其控制措施必须严谨，一旦失控，就会造成损失和伤害。因此，在施工安全管理过程中必须谨慎严密，切不可疏忽大意。

4. 施工安全管理的程序

施工安全管理的程序如图 7.2 所示。

（1）确定项目的安全目标。按照“目标管理”方法，在以项目经理为首的项目管理系统内进行分解，从而确定每个岗位的安全目标，实现全员安全控制。

（2）编制项目安全技术措施计划。对生产过程中的不安全因素，用技术手段加以消除和控制，并用文件化的方式表示，这是落实“预防为主”方针的具体体现，是进行工程项目安全控制的指导性文件。

（3）安全技术措施计划的落实和实施。包括建立健全安全生产责任制、设置安全生产设施、进行安全教育和培训、沟通和交流信息、通过安全控制使生产作业的安全状况处于受控状态。

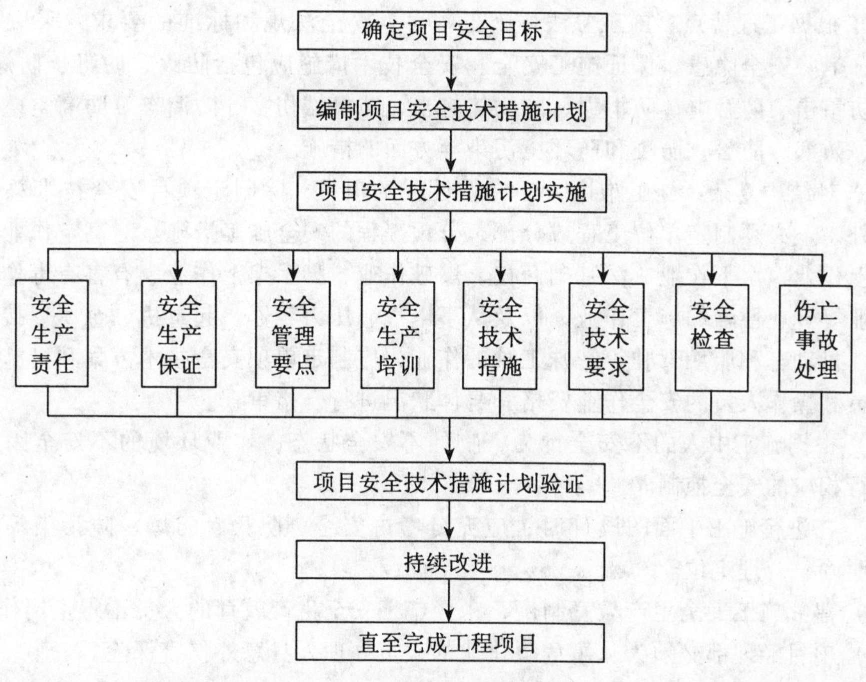

图7.2 施工安全管理的程序

(4) 安全技术措施计划的验证。包括安全检查、纠正不符合安全要求的情况，并做好检查记录工作。根据实际情况补充和修改安全技术措施。

(5) 持续改进，直至完成建设工程项目的所有工作。

5. 施工安全管理的基本要求

(1) 必须取得相关安全行政主管部门颁发的《安全施工许可证》后方可开工。

(2) 总承包单位和每一个分包单位都应持有《施工企业安全资格审查认可证》。

(3) 安全检察员、专业技术人员必须具备相应的执业资格才能上岗。

(4) 所有新员工必须经过三级安全教育，即进厂、进车间和进班组的安全教育。

(5) 特殊工种作业人员必须持有特种作业操作证，并严格按相关规定定期进行复查。

(6) 对查出的安全隐患要做到“五定”，即定整改责任人、定整改措施、定整改完成时间、定整改完成人、定整改验收人。

(7) 必须把好安全生产“六关”，即措施关、交底关、教育关、防护关、检查关、改进关。

(8) 施工现场安全设施齐全，并符合国家及地方相关规定。

(9) 施工机械（特别是现场安设的起重设备等）必须经安全检查合格后方可使用。

7.4.2 安全保证计划

《建设工程安全生产管理条例》规定，施工单位必须根据项目特点，制定安全施工组织设计或安全技术措施。项目安全保证计划应在项目开工前编制，经项目经理批准后实施。项目安全保证计划的内容涵盖工程概况、控制程序、控制目标、组织结构、职责权限、规章制度、资源配置、安全措施、检查评价和奖惩制度。具体包括：

（1）根据工程特点、施工方法、施工程序、安全法规和标准的要求，采取可靠的技术措施，消除安全隐患，保证施工安全。安全技术措施应包括防火、防毒、防爆、防洪、防尘、防雷击、防触电、防坍塌、防物体打击、防机械伤害、防溜车、防高空坠落、防交通事故、防寒、防暑、防疫和防环境污染等方面的措施。

（2）对结构复杂、施工难度大、专业性强的项目，除制定项目安全技术总体安全保证计划外，还必须制定单位工程或分部、分项工程的安全施工措施。对高空作业、井下作业、水上作业、水下作业、深基础开挖、爆破作业、脚手架上作业、有害有毒作业和特种机械作业等专业性强的施工作业，以及从事电气、压力容器、起重机、金属焊接、井下瓦斯检验、机动车和船舶驾驶等特殊工种的作业，应制定单项安全技术方案和措施，并应对管理人员和操作人员的安全作业资格和身体状况进行合格审查。

（3）根据施工中人的不安全行为，物的不安全状态，作业环境的不安全因素和管理缺陷进行相应的安全控制。

（4）在进行施工平面图设计时，应充分考虑安全、防火、防爆、防污染等因素，做到分区明确，合理定位。

（5）建立施工安全生产教育制度，未经施工安全生产教育的人员不得上岗作业。

（6）项目经理部必须为从事危险作业的人员办理人身意外伤害保险。

7.4.3 安全计划实施

项目经理部应根据安全生产责任制的要求，把安全责任目标分解到岗，落实到人。安全生产责任制必须经项目经理批准后实施。

（1）项目经理安全职责应包括认真贯彻安全生产方针、政策、法规和各项规章制度，制定和执行安全生产管理办法，严格执行安全考核指标和安全生产奖惩办法，严格执行安全技术措施审批和施工安全技术措施交底制度；定期组织安全生产检查和分析，针对可能产生的安全隐患制定相应的预防措施；当施工过程中发生安全事故时，项目经理必须按安全事故处理的相关规定和程序及时上报和处置，并制定防止同类事故再次发生的措施。

（2）安全员安全职责应包括落实安全设施的设置；对施工全过程的安全进行监督，纠正违章作业，配合相关部门排除安全隐患，组织安全教育和全员安全活动，监督劳保用品质量和正确使用。

（3）作业队长安全职责应包括向作业人员进行安全技术措施交底，组织实施安全技术措施；对施工现场安全防护装置和设施进行验收；对作业人员进行安全操作规程培训，提高作业人员的安全意识，避免产生安全隐患；当发生重大恶性工伤事故时，应保护现场，立即上报并参与事故调查处理。

（4）班组长安全职责应包括安排施工生产任务时，向本工种作业人员进行安全措施交底；严格执行本工种安全技术操作规程，杜绝违章指挥；作业前应对本次作业所使用的机具、设备、防护用具及作业环境进行安全检查，消除安全隐患，检查安全标牌是否按规定设置，标识方法和内容是否正确完整；组织班组开展安全活动，召开上岗前安全生产会；每周应进行安全讲评。

（5）操作工人安全职责应包括认真学习并严格执行安全技术操作规程，不违规作业；

自觉遵守安全生产规章制度，执行安全技术交底和相关安全生产的规定；服从安全监督人员的指导，积极参加安全活动；爱护安全设施；正确使用防护用具；对不安全作业提出意见，拒绝违章指挥。

(6) 承包人对分包人的安全生产责任应包括审查分包人的安全施工资格和安全生产保证体系，不应将工程分包给不具备安全生产条件的分包人；在分包合同中应明确分包人安全生产责任和义务；对分包人提出安全要求，并认真监督、检查；对违反安全规定冒险蛮干的分包人，应令其停工整改；承包人应统计分包人的伤亡事故，按规定上报，并按分包合同约定协助处理分包人的伤亡事故。

(7) 分包人安全生产责任应包括分包人对本施工现场的安全工作负责，认真履行分包合同规定的安全生产责任；遵守承包人的有关安全生产制度，服从承包人的安全生产管理，及时向承包人报告伤亡事故并参与调查，处理善后事宜。

(8) 施工中发生安全事故时，项目经理必须按国务院安全行政主管部门的相关规定及时报告并协助相关人员进行处理。

7.4.4　安全教育培训

为了使全体员工真正认识到安全生产的重要性和必要性，懂得安全生产和文明施工的科学知识，牢固树立“安全第一”的思想，自觉地遵守各项安全生产法律法规和规章制度，应广泛开展安全生产的宣传教育，建立经常性的安全教育考核制度，考核成绩要记入员工档案。

(1) 项目经理部的安全教育内容应包括学习安全知识、安全技能、设备性能、操作规程、安全生产法律、法规、制度和安全纪律，讲解安全事故案例。

(2) 作业队安全教育内容应包括了解所承担施工任务的特点，学习施工安全基本知识、安全生产制度及相关工种的安全技术操作规程；学习机械设备和电器使用知识、高处作业等安全基本知识；学习防火、防毒、防爆、防洪、防尘、防雷击、防触电、防高空坠落、防物体打击、防坍塌和防机械伤害等知识及紧急安全救护知识；了解安全防护用品发放标准，防护用具、用品使用基本知识。

(3) 班组安全教育内容应包括了解本班组作业特点，学习安全操作规程、安全生产制度及纪律；学习正确使用安全防护装置（设施）及个人劳动防护用品知识；了解本班组作业中的不安全因素及防范对策、作业环境及所使用的机具安全要求。

(4) 电工、电焊工、架子工、司炉工、爆破工、机操工、起重工、机械司机和机动车辆司机等特殊工种工人，除一般安全教育外，还要经过专业安全技能培训，经考试合格持证后，方可独立操作。

采用新技术、新工艺、新设备施工和调换工作岗位时，也要进行安全教育，未经安全教育培训的人员不得上岗操作。

7.4.5　安全技术交底

项目经理部必须实行逐级安全技术交底制度，上至项目经理，下至班组全体作业人员。安全技术交底必须具体、明确，针对性强；内容应针对分部分项工程施工中给作业人员带来的潜在危害和存在问题；应优先采用新的安全技术措施；应将工程概况、施工方法、施工程序和安全技术措施等向工长、班组长进行详细交底；定期向由两个以上作业队和多工种进行交叉施工的作业队伍进行书面交底；应保持书面安全技术交底签字记录。

1. 安全技术交底的主要内容

（1）相关工程项目的施工作业特点和危险点；

（2）针对危险点的具体预防措施；

（3）应注意的安全事项；

（4）相应的安全操作规程和标准；

（5）发生事故后应及时采取的避难和急救措施。

2. 安全交底的相关注意事项

（1）单位工程开工前，项目经理部的技术负责人必须将工程概况、施工方法、施工工艺、施工程序、安全技术措施，向承担施工的作业队负责人、工长、班组长和相关人员进行交底。

（2）结构复杂的分部分项工程施工前，项目经理部的技术负责人应有针对性地进行全面、详细的安全技术交底。

（3）项目经理部应保存双方签字确认的安全技术交底记录。

7.4.6 项目安全检查

为了及时发现工程实施过程中的危险隐患，以便有计划地采取措施，防止事故，保障工程项目的安全生产，应建立工程项目的安全检查制度。施工项目的安全检查应由项目经理组织，定期进行。

1. 安全检查的类型

（1）日常性检查，日常性检查即经常的、普遍的检查。企业一般每年进行1~4次；工程项目组、车间、科室每月至少进行1次；班组每周、每班次都应进行检查。专职安全技术人员的日常检查应该有计划，针对重点部位周期性地进行。

（2）专业性检查，专业性检查是针对特种作业、特种设备、特殊场所进行的检查，如电焊、气焊、起重设备、运输车辆、锅炉压力容器、易燃易爆场所等。

（3）季节性检查，季节性检查是指根据季节特点，为保障安全生产的特殊要求所进行的检查。如春季风大，要着重防火、防爆；夏季高温多雨雷电，要着重防暑、降温、防汛、防雷击、防触电；冬季着重防寒、防冻等。

（4）节假日前后的检查，节假日前后的检查是针对节假日期间容易产生麻痹思想的特点而进行的安全检查，包括节日前进行安全生产综合检查，节日后进行遵章守纪检查等。

（5）不定期检查，不定期检查是指在工程或设备开工和停工前，检修中，工程或设备竣工及试运转时进行的安全检查。

2. 安全检查的主要内容

安全检查的主要内容包括查思想、查管理、查隐患、查整改和查事故处理。安全检查的重点是违章指挥和违章作业。安全检查后应编制安全检查报告，说明已达标项目，未达标项目，存在问题，原因分析，纠正和预防措施。

3. 安全检查的注意事项

（1）安全检查要深入基层、紧紧依靠职工，坚持领导与群众相结合的原则，组织好检查工作。

（2）建立检查的组织领导机构，配备适当的检查力量，挑选具有较高技术业务水平的专业人员参加。

（3）做好检查的各项准备工作，包括思想、业务知识、法规政策和检查设备、奖金的准备。

（4）明确检查的目的和要求。既要严格要求，又要防止一刀切，要从实际出发，分清主、次矛盾，力求实效。

（5）把自查与互查有机结合起来，基层以自检为主，企业内相应部门之间互相检查，取长补短，相互学习和借鉴。

（6）坚持查改结合。检查不是目的，只是一种手段，整改才是最终目的。发现问题，要及时采取切实有效的防范措施。

（7）建立检查档案。结合安全检查表的实施，逐步建立健全检查档案，收集基本的数据，掌握基本安全状况，为及时消除隐患提供数据，同时也为以后的职业健康安全检查奠定基础。在制定安全检查表时，应根据用途和目的具体确定安全检查表的种类。安全检查表的主要种类有：设计用安全检查表；厂级安全检查表；车间安全检查表；班组及岗位安全检查表：专业安全检查表等。制定安全检查表要在安全技术部门的指导下，充分依靠职工来进行。初步制定出来的安全检查表，要经过群众的讨论，反复试行，再加以修订，最后由安全技术部门审定后方可正式实行。

7.4.7　施工伤亡事故预防

1. 工伤事故的概念

工伤事故即因工伤亡事故，是因生产与工作发生的伤亡事故。国务院《工人职员伤亡事故报告规程》中指出，企业对于工人职员在生产区域中所发生的和生产有关的伤亡事故（包括急性中毒事故），必须按规定进行调查、登记统计和报告。

工伤事故有两个条件：一是生产区域，二是和生产有关。当前伤亡事故统计中除职工以外还应包括民工、临时工，及参加生产劳动的学生、教师、干部。上述人员虽不在生产和工作岗位上，但是由于企业设备或劳动条件不良而造成的伤亡事故，如塔吊、架子、大模板倒塌而造成的事故也应在统计之列。

2. 伤亡事故分类

根据国家劳动部颁发的相关文件，按伤害程度和严重程度可以划为以下七类。

（1）轻伤事故：凡职工受伤不属于重伤，而歇工一天或一天以上的事故，均作为轻伤事故处理。

（2）重伤事故：凡有下列情况之一者，均作为重伤事故处理。

①经医师诊断成为残废或可能成为残废的。

②伤势严重，需要进行较大的手术才能挽救的。

③人体要害部位严重灼伤、烫伤或虽非要害部位，但灼伤、烫伤占全身面积三分之一以上的。

④严重骨折（胸骨、肋骨、脊椎骨、锁骨、肩胛骨、腿骨和脚骨等因受伤引起骨折），严重脑震荡等。

⑤眼部受伤较剧，有失明可能的。

⑥手部伤害：大拇指轧断一节的；食指、中指、无名指任何一只轧断两节或任何两只各轧断一节的；局部肌腱受伤甚剧，引起机能障碍，有不能自由伸屈的残废可能的。

⑦脚部伤害：一脚趾轧断三只以上的；局部肌腱受伤甚剧，引起肌能障碍，有不能行走自如的残废可能的。

⑧内部伤害：内脏损伤、内出血或伤及腹膜等。

⑨其他部位伤害严重的，不在上述各点以内，经医师诊查后，认为受伤较重，可以根据实际情况参照上述各点，由企业行政部门会同基层工会个别研究，提出意见，由当地劳动部门审查确定。

（3）多人事故：凡一次事故造成3人或3人以上负伤的事故，均为多人事故。

（4）急性中毒。

（5）重大伤亡事故：一次事故死亡1~2人的事故。

（6）多人重大伤亡事故：一次事故死亡3人或3人以上而不足10人的事故。

（7）特大伤亡事故：一次事故死亡10人或10人以上的事故。

3. 伤亡事故原因

系指直接使劳动者受到伤害的原因，主要有：（1）物体打击；（2）车辆伤害；（3）机器工具伤害；（4）起重伤害；（5）触电；（6）淹溺；（7）灼烫；（8）火灾；（9）刺割；（10）高处坠落；（11）坍塌；（12）冒顶片帮；（13）透水；（14）放炮；（15）火药爆炸；（16）瓦斯爆炸；（17）锅炉和受压容器爆炸；（18）其他爆炸；（19）中毒和窒息；（20）其他伤害。

总结分析我国建筑企业近年来发生的因工伤亡事故，不难得出，建筑工地发生伤亡事故的基本原因有两条：一是人的不安全行为；二是物质的不安全状态。据相关资料统计80%以上的伤亡事故是由于人的不安全行为所造成的。

4. 预防事故的措施

为了便于掌握和切实达到预防事故和减少事故损失，应采取以下安全技术措施。

（1）改进生产工艺，实现机械化、自动化

随着科学技术的进步，建筑企业不断改进生产工艺，加快了实现机械化、自动化的过程，促进了生产的发展，提高了安全技术水平，大大减轻了工人的劳动强度，保证了职工的安全和健康。因此，在编制施工组织设计时，应尽量优先考虑采用新工艺、机械化、自动化的生产手段，为安全生产、预防事故创造条件。

（2）设置安全装置

①防护装置就是用屏护方法与手段把人体与生产活动中出现的危险部位隔离开来的设施和设备。施工活动中的危险部位主要有“四口”（楼梯口、电梯井口、预留洞口、通道口）、“五临边”（未做防护栏杆的基坑周边、楼板周边、阳台周边、卸料平台外侧、斜道两侧）、机具、车辆、暂设电器、高温容器、高压容器等。

②保险装置是指机械设备在非正常操作和运行中能够自动控制和消除危险的设施设备，如锅炉、压力容器的安全阀，供电设施的触电保安器，各种提升设备的断绳保险

器等。

③信号装置是利用人的视觉、听觉反应原理制造的装置。信号装置是应用信号指示或警告工人该做什么、该躲避什么。信号装置可以分为三种：一是颜色信号，如指挥起重工的红、绿手旗，场内道路上的红、绿、黄灯；二是音响信号，如塔吊上的电铃，指挥吹的口哨等；三是指示仪表信号，如压力表、水位表、温度计等。

④危险警示标志，是指警示工人进入施工现场应注意或必须做到的统一措施。通常这类标志以简短的文字或明确的图形符号予以显示。如：禁止烟火、危险、有电等。

（3）预防性的机械强度试验和电气绝缘检验

①预防性的机械强度试验。施工现场的机械设备，特别是自行设计组装的临时设施和各种材料、构件、部件均应进行机械强度试验，且必须在满足设计和使用功能时方可投入正常使用。

②电气绝缘检验。要保证良好的作业环境，使机电设施、设备正常运转，不断更新老化及被损坏的电气设备和线路是必须采取的预防措施。为及时发现隐患，消除危险源，则要求在施工前、施工中、施工后均应对电气绝缘进行检验。

（4）机械设备的维修保养和有计划的检修

①严格坚持机械设备的维护保养规则，要按照其操作过程进行保护，使用后需及时加油清洗。使其减少磨损，确保正常运转，尽量延长其寿命，提高其完好率和使用率。

②有计划的检修。为了确保机械设备正常运转，对每类机械设备均应建立档案，以便及时地按每台机械设备的具体情况，进行定期的大修、中修、小修。

（5）文明施工

当前开展文明安全施工活动，已纳入各级政府及主管部门对企业考核的重要指标之一。一个工地是否科学组织生产，规范化、标准化管理现场，已成为评价一个企业综合管理素质的一个主要因素。

实践证明，一个施工现场如果做到整体规划有序、平面布置合理、临时设施整洁划一，原材料、构配件堆码整齐，各种防护齐全有效，各种标志醒目、施工生产管理人员遵章守纪，那这个施工企业一定获得较大的经济效益、社会效益和环境效益。反之，将会造成不良的影响。因此，文明施工也是预防安全事故，提高企业素质的综合手段。

（6）合理使用劳动保护用品

不少企业和施工现场曾多次出现有惊无险的事例；也出现了不少不适时发放，不正确使用劳保用品而丧生的例子。因此统一采购，妥善保管，正确使用防护用品也是预防事故、减轻伤害程度的不可缺少的措施之一。

（7）强化民主管理，认真执行操作规程，普及安全技术知识教育

随着改革开放，大量农村富余劳动力以各种形式进入了施工现场，从事他们不熟悉的工作，他们十分缺乏建筑施工安全知识，因此，绝大多数事故发生在他们身上。据相关部门统计，一般因工伤亡事故的农民工占 80% 以上，有的企业 100% 出现在他们身上。如果能从招工审查、技术培训、施工管理、行政生活上严格加强民主管理，将事故减少 50% 以上，则许多生命将被挽救。因此这是当前以及将来预防事故的一个重要方面。

§7.5 工程项目安全事故的调查处理及责任追究

7.5.1 工程建设安全生产的监督管理体制

1. 安全生产监督管理部门

根据《安全生产法》和《建设工程安全生产管理条例》的相关规定，国务院负责安全生产监督管理的部门（也就是国家安全生产监督管理总局），对全国建设工程安全生产工作实施综合监督管理。国务院建设行政主管部门对全国建设工程安全生产实施监督管理。国务院铁路、交通、水利等相关部门按照国务院的职责分工，负责相关专业建设工程安全生产的监督管理。

建设行政主管部门或其他相关部门可以将施工现场的监督检查委托给建设工程安全监督机构具体实施。

国务院建设行政主管部门对全国的建设工程安全生产实施监督管理。

县级以上地方人民政府建设行政主管部门对本行政区域内的建设工程安全生产实施监督管理。

2. 安全生产监督检查人员的义务

安全生产监督检查人员应当忠于职守，坚持原则，秉公执法。安全生产监督检查人员执行监督检查任务时，必须出示有效的监督执法证件；对涉及被检查单位的技术秘密和业务秘密，应当为其保密。

3. 安全生产监督检查措施

县级以上人民政府负有建设工程安全生产监督管理职责的部门在各自的职责范围内履行安全监督检查职责时，有权采取下列措施：

（1）要求被检查单位提供有关建设工程安全生产的文件和资料；

（2）进入被检查单位施工现场进行检查；

（3）纠正施工中违反安全生产要求的行为；

（4）对检查中发现的安全事故隐患，责令立即排除；重大安全事故隐患排除前或排除过程中无法保证安全的，责令从危险区域内撤出作业人员或暂时停止施工。

7.5.2 工程安全事故的应急救援制度

为了减轻工程建设安全事故导致对人身、财产的损害，尽快消除对人们生产生活、社会安定、经济发展的负面影响，《安全生产法》规定了工程建设安全事故的应急救援制度。

1. 应急救援体系

县级以上地方各级人民政府应组织相关部门制定本行政区域内特大生产安全事故应急救援预案，建立应急救援体系。

安全生产工作坚持“安全第一、预防为主”的方针。但由于各方面的原因，不可能做到百分之百地杜绝事故发生。作为地方人民政府，一方面要依法履行安全生产监督管理职责，根据本行政区域内的安全生产状况，组织安全生产监督管理部门和相关部门，对本行政区域内易发生重大生产安全事故的生产经营单位（包括建筑施工单位）进行严格检查；发现事故隐患，应尽快处理。另一方面，也要组织相关部门制定特大安全事故应急预案，建立应急救援体系。根据相关法规，市（地、州）、县（市、区）人民政府制定的特大安全事故应急预案，应报上一级人民政府备案。

2. 应急救援组织和人员

危险物品的生产、经营、储存单位以及矿山、建筑施工单位应建立应急救援组织；生产经营规模较小，可以不建立应急救援组织的，应指定兼职的应急救援人员。

建筑施工单位应设立安全生产管理机构，配备专职安全生产管理人员。专职安全生产管理人员负责对安全生产进行现场监督检查。发现安全事故隐患，应及时向项目负责人和安全生产管理机构报告；对违章指挥、违章操作的，应令其立即制止。

根据相关法规，目前我国建筑施工企业应按企业资质类别和等级足额配备专职安全生产管理人员，根据企业的生产能力或施工规模，专职安全生产管理人员数量为：

（1）集团公司：1人/（百万平方米·年）（生产能力），或1人/（10亿施工总产值·年），且不少于4人；

（2）工程公司（分公司、区域公司）：1人/（10万平方米·年）（生产能力），或1人/（1亿施工总产值·年），且不少于3人；

（3）专业公司：1人/（10万平方米·年）（生产能力），或1人/（1亿施工总产值·年），且不少于3人；

（4）劳务公司：1人/50名施工人员，且不少于2人。

3. 应急救援设备和器材

危险物品的生产、经营、储存单位以及矿山、建筑施工单位应配备必要的应急救援器材、设备，并进行经常性维护、保养，保证其正常运转。

建筑施工企业的安全防护用具、机械设备、施工机具及配件必须由专人管理，定期进行检查、维修和保养，建立相应的资料档案，并按照国家相关规定及时报废。针对施工现场安全防护用具、机械设备和施工机具处于露天作业、移动频繁、工况差、易造成安全事故的特点，施工单位应采取措施加强对安全防护用具、机械设备和施工机具的管理。

7.5.3　工程安全事故的报告和调查处理制度

1. 安全事故的分级

生产安全事故根据造成的人员伤亡或直接经济损失，一般分为以下等级：

（1）特别重大事故，是指造成30人以上死亡，或100人以上重伤（包括急性工业中毒，下同），或1亿元以上直接经济损失的事故；

（2）重大事故，是指造成10人以上30人以下死亡，或50人以上100人以下重伤，或5 000万元以上1亿元以下直接经济损失的事故；

（3）较大事故，是指造成3人以上10人以下死亡，或10人以上50人以下重伤，或1 000万元以上5 000万元以下直接经济损失的事故；

（4）一般事故，是指造成3人以下死亡，或10人以下重伤，或1 000万元以下直接经济损失的事故。

其中，“以上”包括本数，所称的“以下”不包括本数。

2. 安全事故报告和调查处理的原则

事故报告应及时、准确、完整，任何单位和个人对事故不得迟报、漏报、谎报或瞒报。

事故调查处理应坚持实事求是、尊重科学的原则，及时、准确地查清事故经过、事故原因和事故损失，查明事故性质，认定事故责任，总结事故教训，提出整改措施，并对事故责任者依法追究其责任。

3. 安全事故报告

生产经营单位发生生产安全事故后，事故现场相关人员应立即报告本单位负责人。

单位负责人接到事故报告后，应迅速采取有效措施，组织抢救，防止事故扩大，减少人员伤亡和财产损失，并按照国家相关规定立即如实报告当地负有安全生产监督管理职责的部门，不得隐瞒不报、谎报或拖延不报，不得故意破坏事故现场、毁灭相关证据。

负有安全生产监督管理职责的部门接到事故报告后，应立即按照国家相关规定上报事故情况。负有安全生产监督管理职责的部门和相关地方人民政府对事故情况不得隐瞒不报、谎报或拖延不报。

相关地方人民政府和负有安全生产监督管理职责的部门的负责人接到重大生产安全事故报告后，应立即赶到事故现场，组织事故抢救。

任何单位和个人都应支持、配合事故抢救，并提供一切便利条件。

4. 安全事故调查

特别重大事故由国务院或国务院授权相关部门组织事故调查组进行调查。

重大事故、较大事故、一般事故分别由事故发生地省级人民政府、设区的市级人民政府、县级人民政府负责调查。省级人民政府、设区的市级人民政府、县级人民政府可以直接组织事故调查组进行调查，也可以授权或委托相关部门组织事故调查组进行调查。未造成人员伤亡的一般事故，县级人民政府也可以委托事故发生单位组织事故调查组进行调查。

事故调查组一般由相关人民政府、安全生产监督管理部门、负有安全生产监督管理职责的相关部门、监察机关、公安机关以及工会派人组成，并应邀请人民检察院派人参加。事故调查组成员应具有事故调查所需要的知识和专长，并与所调查的事故没有直接利害关系。

事故调查组履行下列职责：(1) 查明事故发生的经过、原因、人员伤亡情况及直接经济损失；(2) 认定事故的性质和事故责任；(3) 提出对事故责任者的处理建议；(4) 总结事故教训，提出防范和整改措施；(5) 提交事故调查报告。

5. 安全事故处理

重大事故、较大事故、一般事故，负责事故调查的人民政府应自收到事故调查报告之日起 15 日内做出批复；特别重大事故，30 日内做出批复，特殊情况下，批复时间可以适当延长，但延长的时间最长不超过 30 日。

相关机关应按照人民政府的批复，依照法律、行政法规规定的权限和程序，对事故发生单位和相关人员进行行政处罚，对负有事故责任的国家工作人员进行处分。事故发生单位应按照负责事故调查的人民政府的批复，对本单位负有事故责任的人员进行处理。负有事故责任的人员涉嫌犯罪的，依法追究其刑事责任。

事故发生单位应认真吸取事故教训，落实防范和整改措施，防止事故再次发生。防范和整改措施的落实情况应接受工会和职工的监督。安全生产监督管理部门和负有安全生产监督管理职责的相关部门应对事故发生单位落实防范和整改措施的情况进行监督检查。

7.5.4 工程特大安全事故的行政责任追究

为了有效地防范特大安全事故的发生，严肃追究特大安全事故的行政责任，保障人民群众生命、财产安全，国务院《关于特大安全事故行政责任追究的规定》中对特大建筑质量安全事故相关责任主体的行政责任追究作了规定：

1. 地方政府领导和部门负责人失职、渎职的责任

地方人民政府主要领导人和政府相关部门正职负责人对下列特大安全事故的防范、发生，依照法律、行政法规和本规定的规定有失职、渎职情形或负有领导责任的，依照本规定给予行政处分；构成玩忽职守罪或其他罪的，依法追究其刑事责任。

2. 特大事故防范主管人员的责任

地方人民政府和政府相关部门对特大安全事故的防范、发生直接负责的主管人员和其他直接责任人员，比照本规定给予行政处分；构成玩忽职守罪或其他罪的，依法追究其刑事责任。

3. 肇事单位和个人的责任

特大安全事故肇事单位和个人应承担民事责任和行政处罚，情节严重的，还应接受刑事处罚，具体依照相关法律、法规和规章的规定执行。

复习思考题

1. 工程项目安全管理的基本方针是什么？
2. 施工企业主要负责人的安全责任是什么？
3. 取得安全生产许可证需要具备哪些条件？
4. 简述建设工程项目的职业健康安全管理的目的、内容、任务及其特点。
5. 简述安全生产与安全控制的概念、方针、目标与特点。
6. 简述安全交底的基本要求、主要内容。
7. 简述工程项目安全管理体系的结构、模式与内容。
8. 工程项目安全检查应注意哪些问题？
9. 我国的安全事故是如何分级的？
10. 一旦发生重大工程安全事故，应按什么程序报告和调查处理？

第8章　工程项目采购管理

本章学习要点：掌握工程项目采购的概念、原则和主要方式，理解招标采购和非招标采购方式的具体方法和差别，了解我国《招标投标法》等相关法规规定的工程施工、材料设备、咨询服务必须实行招标的范围；掌握我国工程招投标的基本程序，了解工程招标、投标、开标、评标、中标等主要阶段及其内容，其中重点掌握招标文件的内容；了解工程咨询服务包含的内容；掌握施工招标、材料设备招标、工程咨询服务招标各自的评标方法，并理解其差别。

§8.1　工程项目采购管理概述

8.1.1　工程项目采购的概念

工程项目采购的含义有广义和狭义之分。狭义的采购是指购买工程实施所需要的材料、设备等物资。而广义的采购则包括委托设计单位、委托咨询服务单位、工程施工任务的发包等。本章的工程项目采购采用广义的概念，是指采购人通过购买、租赁、委托或雇佣等方式获取工程、货物或服务的行为。

工程项目采购的对象可能是工程、货物或服务。工程是指各类房屋和土木工程建造、设备安装、管道线路敷设、装饰装修等建设以及附带的服务。货物是指各种各样的物品，包括原材料、产品、设备和固态、液态或气态物体和电力，以及货物供应的附带服务。服务是指除工程和货物以外的任何采购对象，如勘察、设计、工程咨询、工程监理等服务。因此，建设项目采购既包括工程和货物的采购，也包括服务的采购。

8.1.2　工程项目采购的原则

没有规矩，不成方圆。工程采购和其他行为一样，都要遵循一定的原则。工程采购主要是通过组织招标或竞争邀请的方式来实现的。我国《招标投标法》规定："建设工程的招标投标活动必须遵循公开、公平、公正和诚实信用的原则。"《政府采购法》则规定："政府采购应当遵循公开透明原则、公平竞争原则、公正原则和诚实信用原则。"可见，两部法律对工程、货物、服务的招标等采购原则的规定是相似的。

1. 公开透明原则

（1）进行招标活动的信息要公开。采用公开招标方式的，招标人应通过国家指定的报刊、信息网络或其他公共媒介发布招标广告，需要进行资格预审的，应发布资格预审公告；采用邀请招标方式的，招标方应向3个以上的特定法人或其他组织发出邀请书。

（2）开标的程序要公开。开标应公开进行，所有的投标人或其代表都可以参加。

(3) 评标的标准和程序要公开。评标的标准和程序应在提供给所有投标人的招标文件中载明，评标应严格按照招标文件载明的标准和办法进行。

(4) 中标的结果要公开。确定招标人后，招标人应向中标人发出中标通知书，并同时将中标结果通知所有未中标的投标人。

2. 公平竞争原则

所谓“公平”，就是要求给予所有投标人以平等机会，使他们享有的权利和履行的义务都是同等的，不得歧视任何一方。例如，招标方应向所有的潜在投标人提供相同的招标信息；招标方对招标文件的解释和澄清应提供给所有的投标人；提供投标担保的要求应同样适用于每一个投标者，等等。招标人与投标人在采购活动中的地位是平等的，任何一方不得向另一方提出不合理的要求，不得将自己的意志强加给对方。

3. 公正原则

所谓“公正”，就是要求按规定程序和事先公布的标准实施招标、投标活动。例如，招标人对招标标的的技术、质量要求应尽可能采用通用的标准，不得以标明特定的商标、专利等形式倾向某一特定的投标人，投标人也应遵守法定规则，不得串通投标，不得有向招标方及其工作人员行贿、提供回扣或给予其他好处等不正当竞争行为。

4. 诚实信用原则

所谓“诚实信用”，是民事活动的基本原则之一，在我国民法通则和合同法等基本法律中都规定了这一点。招标投标活动是以订立采购合同为目的的民事活动，当然也适用于这一原则。招标投标活动要求当事人应以诚实、守信的态度行使权利、履行义务，保证彼此都能得到自己应得的利益，同时不得损害第三人和社会的利益，不得规避招标、串通投标、泄露标底、骗取中标等。

8.1.3 工程项目采购的方式

1. 招标采购

根据《招标投标法》，招标分为公开招标和邀请招标。国际工程项目采购实践中，特别是在建设领域还有一种使用较为广泛的采购方式，被称为“议标”。

(1) 公开招标

公开招标，也称为无限竞争性招标，是指由招标方按照法定程序，在公开出版物上发布招标公告，所有符合条件的承包商或供应商都可以平等参加投标竞争，从中择优选择中标者的招标方式。

公开招标的优点在于能够在最大限度内选择承包商，竞争性更强，择优率更高，同时也能在较大程度上避免招标活动中的贿赂、串通行为，因此国际上政府采购通常采用这种方式。但公开招标也有一定的缺陷，比如由于投标人众多，一般耗时较长，需花费的成本也较大，对于采购标的小的招标来说，采用公开招标的方式往往得不偿失；另外有些项目专业性较强，有资格承接的潜在投标人较少，或要在较短时间内完成采购任务，也不宜采用公开招标方式。

(2) 邀请招标

邀请招标，也称为优先竞争性招标，是指招标方选择若干承包商或供应商，向其发出投标邀请，由被邀请的承包商、供应商投标竞争，从中选定中标者的招标方式。

邀请招标的方式在一定程度上弥补了公开招标方式的缺陷，同时也能实现招标的择优选择承包商或供应商的目的。但为了保证竞争性，邀请招标的特定对象也有一定的范围，也就是招标人应当向3个以上的潜在投标人发出邀请。

（3）议标

议标，是指招标方不发招标广告，也不发邀请书，而是与承包商或供应商直接商谈，达成一致意见后直接签约。

对不宜公开招标或邀请招标的特殊工程，应报主管机构，经批准后才可以议标。参加议标的单位一般不得少于两家。议标也必须经过报价、比较和评定阶段，业主通常采取多家议标，采取货比三家的原则，择优录用。“议标”在国际工程项目采购实践中，使用较为广泛。不过，目前在我国的《招标投标法》中，已经取消了议标这种方式，但在私人投资工程项目中还是有采用的。

2. 非招标采购

（1）单一来源采购

单一来源采购也就是没有竞争的采购，是指达到了竞争性招标采购的金额标准，但所购商品的来源渠道单一，或属专利、首次制造、合同追加、原有项目后续扩充，或所选择的承包商、供应商有独特的、垄断性的技术等特殊情况。在这种情况下，只能有一家承包商或供应商提供服务。

单一来源采购也称为直接采购。从竞争态势上看，采购方式处于不利地位，所以对于这种采购方法的使用“规则”都规定了严格的限制条件，一般而言多为出于紧急采购的时效性或只能从唯一的供应商或承包商取得货物。

（2）竞争性谈判采购

竞争性谈判采购，是指采购人通过与多家承包商或供应商进行谈判，最后从中确定中标承包商或供应商的一种采购方式。这种采购方式适用于紧急情况下的工程、货物、服务采购。谈判采购首先是私营领域主要的采购方式，而在公共领域中，谈判采购在国防和服务采购中也是主要的采购方法。但是由于谈判采购在竞争性、透明度以及评判程序主观性等方面存在的缺陷，这种采购方式常常存在很高的贿赂和利诱的危险。因此，竞争性谈判采购的应用也受到许多限制。

（3）询价采购

询价采购也称为货比三家，是指采购人向国内外相关承包商、供应商（通常不少于三家）发出询价单，让其报价，然后在报价的基础上进行比较并确定中标承包商或供应商的一种采购方式。适用询价采购方式的项目，主要是规格一致、标准化的工程项目。如果进行招投标，承包商准备投标文件需要高额费用，投标文件的审查通常需要较长的时间才能完成，因而是不经济、不适用的。

询价采购可以分为报价采购、订购、议价采购等。询价采购有可能导致“暗箱操作”或“行政垄断”，不符合公平、公正、公开的原则，只有在特殊情况下才予采用。

（4）征求建议采购

征求建议采购，是指由采购人通过发布通知的方式与少数承包商或供应商接洽，征求各方提交建议书的兴趣，并对表示兴趣的承包商或供应商发出邀请建议书。但当采购对象只能从有限数目的承包商或供应商处获得，或审查和评估建议书所需时间和费用与服务价值不相称，或为确保机密或处于国家利益的考虑，采购者可以直接向承包商或供应商征求建议。

8.1.4　招标采购的范围

我国《工程建设项目招标范围和规模标准规定》中规定，关系社会公共利益、公众安全的基础设施项目，关系社会公共利益、公众安全的公用事业项目，使用国有资金投资项目，国家融资项目以及使用国际组织或外国政府资金的项目，包括项目的勘察、设计、施工、监理以及与工程相关的重要设备、材料等的采购，达到下列标准之一的，必须进行招标：

（1）施工单项合同估算价在 200 万元人民币以上的；

（2）重要设备、材料等货物的采购，单项合同估算价在 100 万元人民币以上的；

（3）勘察、设计、监理等服务的采购，单项合同估算价在 50 万元人民币以上的；

（4）单项合同估算价低于第（1）、（2）、（3）项规定的标准，但项目总投资额在 3 000万元人民币以上的。

其中，关系社会公共利益、公众安全的基础设施项目的范围包括：

（1）煤炭、石油、天然气、电力、新能源等能源项目；

（2）铁路、公路、管道、水运、航空以及其他交通运输业等交通运输项目；

（3）邮政、电信枢纽、通信、信息网络等邮电通讯项目；

（4）防洪、灌溉、排涝、引（供）水、滩涂治理、水土保持、水利枢纽等水利项目；

（5）道路、桥梁、地铁和轻轨交通、污水排放及处理、垃圾处理、地下管道、公共停车场城市设施项目；

（6）生态环境保护项目；

（7）其他基础设施项目。

关系社会公共利益、公众安全的公用事业项目的范围包括：

（1）供水、供电、供气、供热等市政工程项目；

（2）科技、教育、文化等项目；

（3）体育、旅游等项目；

（4）卫生、社会、福利等项目；

（5）商品住宅，包括经济适用住房；

（6）其他公用事业项目。

使用国有资金投资项目的范围包括：

（1）使用各级财政预算资金的项目；

（2）使用纳入财政管理的各种政府专项建设基金的项目；

（3）使用国有企业、事业单位自有资金，并且国有资产投资者实际拥有控制权的项目；

国家融资项目的范围包括：

（1）使用国家发行债券所筹资金的项目；

（2）使用国家对外借款或担保所筹资金的项目；

（3）使用国家政策性贷款的项目；

(4) 国家授权投资主体融资的项目;
(5) 国家特许的融资项目。
使用国际组织或外国政府资金的项目的范围包括:
(1) 使用世界银行、亚洲开发银行等国际组织贷款资金的项目;
(2) 使用外国政府及其机构贷款资金的项目;
(3) 使用国际组织或外国政府援助资金的项目。

§8.2 工程施工招投标

由我国《招标投标法》和《工程建设项目招标范围和规模标准规定》规定的招标范围可见,我国招投标的实践是将施工、工程咨询服务和材料设备分为三个基本类别。然而,我国工程施工、材料设备和工程咨询服务招投标的程序基本上是一致的,都必须依照《招标投标法》的规定。

建设工程施工公开招标、投标的全部程序如图 8.1 所示。

8.2.1 工程招标

1. 招标公告或招标邀请书

招标人采用公开招标方式的,应发布招标公告。依法必须进行招标的项目的招标公告,应通过国家指定的报刊、信息网络或其他媒介发布。招标人采用邀请招标方式的,应向三个以上具备承担招标项目的能力、资信良好的特定的法人或其他组织发出投标邀请书。

《工程建设项目施工招标投标办法》对建设工程施工招标公告的内容作了详细规定:
(1) 招标人的名称和地址;
(2) 招标项目的内容、规模、资金来源;
(3) 招标项目的实施地点和工期;
(4) 获取招标文件或资格预审文件的地点和时间;
(5) 对招标文件或资格预审文件收取的费用;
(6) 对投标人的资质等级的要求。

2. 资格审查

《招标投标法》规定,招标人可以根据招标项目本身的要求,在招标公告或招标邀请书中,要求潜在投标人提供相关资质证明文件和业绩情况,并对潜在投标人进行资格审查。

招标人对投标人的资格审查分为资格预审和资格后审两种。

(1) 资格预审

资格预审,是指招标人在发出招标公告或招标邀请书以前,先发出资格预审的公告或邀请,要求潜在投标人提交资格预审的申请及相关证明资料,经资格预审合格的,方可参加正式的投标竞争。

(2) 资格后审

资格后审,是指招标人在投标人提交投标文件后或经过评标已有中标人选后,再对投

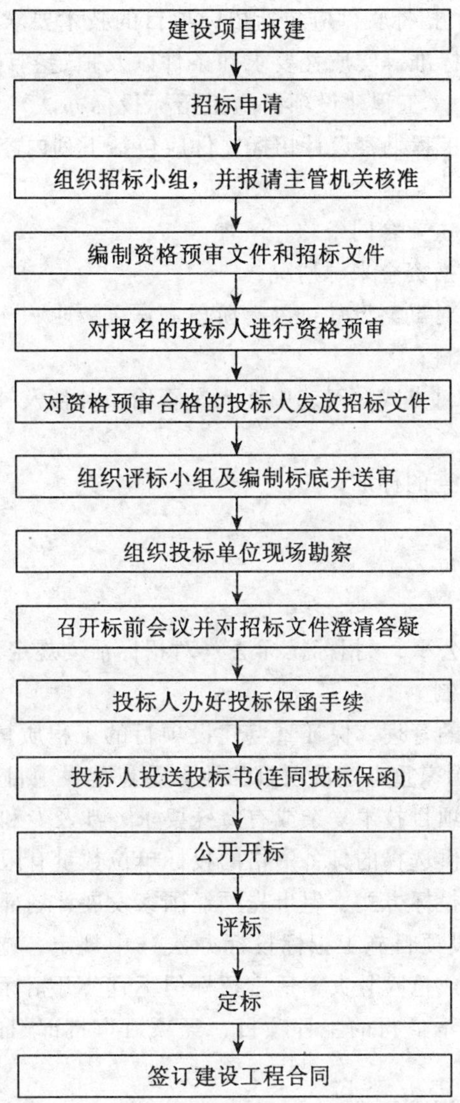

图 8.1　建设工程施工公开招标、投标的程序图

标人或中标人选是否有能力履行合同义务进行审查。

两种方式相比较，资格预审方式通过招标人在招标前对潜在投标人进行筛选，预选出有资格参加投标的人，从而大大减少了招标的工作量，有利于提高招标的工作效率，降低招标工作成本。资格预审方式还可以帮助招标人了解潜在投标人对项目投标的兴趣，以便于及时修正招标要求，扩大竞争。因此，资格预审同时受到招标人和投标人的青睐，成为招标人对投标人资格审查的主要方式。

3. 招标文件

在资格审查之后，招标人应根据招标项目的特点和需要编制招标文件。招标文件是招标投标活动中最重要的法律文件，招标文件不仅是准备投标文件和参加投标的依据，评审委员会评标的依据，也是拟订合同的基础。

依据《招标投标法》，招标文件应包括招标项目的技术要求、对投标人资格审查的标准，投标报价要求和评标标准等实质性要求和条件以及拟定签订合同的主要条款。《工程勘察设计招标投标办法》、《工程建设项目施工招标投标办法》对招标文件的具体内容作了具体规定。例如，建设工程勘察设计招标文件应包括下列内容：

（1）投标须知；

（2）投标文件格式及主要合同条款；

（3）项目说明书，包括资金来源情况；

（4）勘察设计范围，对勘察设计进度、阶段和深度要求；

（5）勘察设计基础资料；

（6）勘察设计费用支付方式，对未中标人是否给予补偿及补偿标准；

（7）投标报价要求；

（8）对投标人资格审查的标准；

（9）评标标准和方法；

（10）投标有效期。

4. *招标要求*

为保证招标的公正、公平，《招标投标法》对招标活动规定了一些限制性要求。

（1）招标方式上的限制

为加强重点建设项目的管理，保证重点建设项目的工程质量、竣工日期和投资效益，《招标投标法》中规定，国家重点建设项目和地方重点建设项目都必须进行公开招标。只有在某些特定情况下，如项目技术复杂或有特殊要求，涉及专利权保护，受自然资源或环境条件所限等原因，使可供选择的具备资格的投标单位数量有限，实行公开招标不适应或不可行时，方可采用邀请投标方式，但事先须经国家发展计划部门或省、自治区、直辖市人民政府批准。《工程建设项目施工招标投标办法》中规定，施工招标时除上述情况外，涉及国家安全、国家机密或抢险救灾，适宜招标但不宜公开招标的工程项目；公开招标的费用与项目的价值相比较不值得的工程项目，经项目审批部门的批准，可以进行邀请招标。

（2）禁止实行歧视待遇的要求

为防止招标人非法左右招标活动，保证竞争的公平和公正，《招标投标法》中规定：招标人不得以不合理的条件限制或排斥潜在投标人，不得对潜在投标人实行歧视待遇。招标文件不得要求或标明特定的生产供应者以及含有倾向或排斥潜在投标人的其他内容。

（3）保证合理时间的要求

为保证投标人编制标书的合理时间，《招标投标法》中规定，招标人规定的投标截止日期距招标文件开始发出之日，不得少于 20 日。而招标人要对已发出的招标文件进行必要的修改与澄清的，最迟必须在投标截止日期 15 日前，以书面形式通知所有投标文件的收受人。

（4）不得随意终止招标的要求

为了保障投标人的利益，《招标投标法》中规定，除不可抗力原因外，招标人在发布招标公告或发出投标邀请书后不得终止招标，也不得在出售招标文件后终止招标。

8.2.2 投标

1. 投标文件的内容

投标人应按照招标文件的要求编制投标文件。投标文件应对招标文件提出的实质性要求和条件作出响应。对招标文件提出的实质性要求和条件作出响应，是指投标文件的内容应对与招标文件规定的实质要求和条件（包括招标项目的技术要求、投标报价要求和评标标准等）一一作出相对应的回答，不能存有遗漏或重大的分离。否则将被视为废标，失去中标的可能。

《招标投标法》中还规定，招标项目属于建设施工的，投标文件的内容应包括拟派出的项目负责人与主要技术人员的简历、业绩和拟用于完成招标项目的机械设备等。

(1) 拟派出的项目负责人和主要技术人员的简历，通常包括项目负责人和主要技术人员的姓名、文化程度、职务、职称、参加过的施工项目等情况。

(2) 业绩。一般是指近 3 年承建的施工项目。通常应具体写明建设单位、项目名称与建设地点、结构类型、建设规模、开竣工日期、合同价格和质量达标情况等。

(3) 拟用于完成招标项目的机械设备。通常应将投标人自有的拟用于完成招标项目的机械设备以表格的形式列出，主要包括机械设备的名称、型号、规格、数量、国别产地、制造年份、主要技术性能等内容。

(4) 其他。如近两年的财务会计报表及下一年的财务预测报告等投标人的财务状况，现有主要施工任务，包括自建或尚未开工的工程等。

对于投标文件的内容，还有一项特殊的规定，就是投标人根据招标文件载明的项目实际情况，拟在中标后将中标项目的部分非主体、非关键性工作进行分包的，应在投标文件中注明。

2. 投标文件的提交

《招标投标法》中规定，投标人应在招标文件要求提交投标文件的截止时间前，将投标文件送达投标地点。招标人收到投标文件后，应签收保存，不得开启。投标人少于三个的，招标人应依照《招标投标法》重新招标。在招标文件要求提交投标文件的截止时间后送达的投标文件，招标人应拒收。

这一规定的主要含义有：

(1) 送达方式。按照通常的理解，送达包括直接派人将投标文件送到招标地点（直接送达）、通过邮局将投标文件寄给招标人（邮寄送达）、委托他人将投标文件带到招标地点（委托送达）等方式。从投标的严肃性和安全性来讲，直接送达更为适宜。

(2) 送达要求，主要包括时间和地点两方面的限制。要求提交投标文件的截止日期和地点都应预先在招标文件中明确。

(3) 重新招标。投标人少于 3 个（不包括 3 个）的，不能保证必要的竞争程度，原则上应重新招标。如果确因招标项目的特殊情况，即使重新进行招标，也无法保证有 3 个以上的承包商、供应商参加投标的，可以按国家相关规定采用其他采购方式。

(4) 送达拒收。投标人超过招标文件所确定的截止日期提交投标文件，如果招标人还接收，可能会给有的投标人在掌握了已开标的其他投标人的投标情况下再对自己的投标文件进行修改留下可乘之机，这显然是有悖于招标活动的公平、公正原则的。国际上的惯例是投标人少于3个，就重新招标，这种情况也称为“流标”。

3. 投标文件的补充、修改或撤回

投标人在招标文件要求提交投标文件的截止时间前，可以补充、修改或撤回已提交的投标文件，并书面通知招标人。补充、修改的内容为投标文件的组成部分。

按照通常理解，招标投标是当事人订立合同的一种方式。其中，招标是要约邀请，投标是要约。要约是可以补充、修改或撤回的，但是必须遵循法定的要求和程序，也就是要在提交投标文件的截止日期前，并且应书面通知招标人。补充、修改的内容为投标文件的组成部分，是指补充、修改的内容同招标文件的其他内容具有同等的法律效力，投标人应受补充、修改的投标文件的内容约束。

8.2.3 开标

开标，是指投标截止后，招标人按招标文件所规定的时间和地点，开启投标人提交的投标文件，公开宣布投标人的名称、投标价格及投标文件中的其他主要内容的活动。

1. 开标时间

开标时间应与提交投标文件的截止时间相一致，这一规定的目的是防止招标人或投标人利用提交投标文件的截止时间以后与开标时间之前的一段时间间隔做手脚，进行暗箱操作。比如，有些投标人有可能会利用这段时间与招标人或招标代理机构串通，对投标文件的实质性内容进行更改等。

2. 开标地点

为了使所有的投标人都能事先知道开标地点，并能够按时到达，开标地点应在招标文件中事先确定，以便使每一个投标人都能事先为参加开标活动做好充分的准备，如根据情况选择适当的交通工具，提前订好车票、机票等。

招标人如果确有特殊原因，需要变动开标地点，应对招标文件作出修改，并作为招标文件的补充文件，书面通知每一个提交投标文件的投标人。

3. 开标的参加人

开标由招标人负责主持。招标人自行办理招标事宜的，当然得自行主持开标；招标人委托招标代理机构办理招标事宜的，可以由招标代理机构按照委托招标合同的约定负责主持开标事宜。对依法必须进行招标的项目，相关部门可以派人参加开标，以监督开标过程严格按法定程序进行。但是，相关行政部门不得越俎代庖，代替招标人主持开标。

招标人应邀请所有投标人参加开标，以确保在所有投标人的参与、监督下，按照公开、透明的原则进行，堵塞在开标过程中可能发生的“暗箱操作”漏洞，既有利于保障投标人的正当权益，也可以表明招标人在开标形式上的公开和清白。参加开标是每一个投标人的法定权利，招标人不得以任何理由排斥、限制任何投标人参加开标。

4. 开标的程序要求

《招标投标法》中规定，开标时，由投标人或其推选的代表检查投标文件的密封情况，也可以由招标人委托的公证机构检查并公证；经确认无误后，由工作人员当众拆封，宣读投标人名称、投标价格和投标文件的其他主要内容。

招标人在招标文件要求提交投标文件的截止时间前收到的所有投标文件，开标时都应当众予以拆封、宣读，不能遗漏，否则就构成对投标人的不公正对待。

开标过程应当记录，并存档备查。这是保证开标过程透明和公正，维护投标人利益的必要措施，要求对开标过程进行记录，可以使权益受到侵害的投标人行使要求复查的权利，有利于确保招标人尽可能自我完善，加强管理，少出漏洞。此外，还有助于相关行政主管部门进行检查。

8.2.4　评标

评标，是指按照规定的评标标准和方法，对各投标人的投标文件进行评价比较和分析，从中选出最佳投标人的过程。评标是招标、投标活动中十分重要的阶段，评标是否真正做到公平、公正，决定着整个招标、投标活动是否公平和公正；评标的质量决定着能否从众多投标竞争者中选出最能满足招标项目各项要求的中标者。

1. 评标方法

根据《评标委员会和评标方法暂行规定》，评标方法包括经评审的最低投标价法、综合评估法或法律、行政法规允许的其他评标方法。

经评审的最低投标价法，是指评标委员根据招标文件中规定的评标价格调整方法，对所有投标人的投标报价以及投标文件的商务部分作必要的价格调整，再推荐符合招标文件规定的技术要求和标准且调整后投标报价最低的投标人为中标候选人的评标方法。经评审的最低投标价法一般适用于具有通用技术、性能标准或招标人对其技术、性能没有特殊要求的招标项目。

不宜采用经评审的最低投标价法的招标项目，一般应采取综合评估法进行评审。根据综合评估法，最大限度地满足招标文件中规定的各项综合评价标准的投标，应推荐为中标候选人。衡量投标文件是否最大限度地满足招标文件中规定的各项评价标准，可以采取折算为货币的方法、打分的方法或其他方法。需量化的因素及其权重应在招标文件中明确规定。

在我国工程施工招、投标中，无论是采用经评审的最低投标价法，还是综合评估法，都是十分重视投标人的报价高低的。

2. 评标结果

评标结束后，评标委员会应向投标人提交书面评标材料，并就中标人提出不同意见，根据不同情况，可以有三种不同意见：

(1) 推荐中标候选人。评标委员会可以在评标报告中推荐 1～3 个中标候选人，由招标人确定。

(2) 直接确定中标人。在得到招标人授权的情况下，评标委员会可以在评标报告中直接确定中标人。

(3) 否决所有投标人。经评审，评标委员会认为所有投标都不符合招标文件要求，可以否决所有投标。这时，强制招标的项目应重新进行招标。

8.2.5　中标

1. 中标通知书

中标人确定后，招标人应向中标人发出中标通知书，并同时将中标结果通知所有未中标的投标人。中标通知书，是指招标人在确定中标人后向中标人发出的通知其中标的书面凭证。

中标通知书对招标人和中标人具有法律效力。中标通知书发出后，招标人改变中标结果的，或中标人放弃中标项目的，应依法承担相关法律责任。从合同订立程序来说，招标是要约邀请，投标是要约，发出中标通知书是承诺。承诺一经到达中标人即生效，招标人就应受到承诺的效力约束，必须与中标人签订承包合同，否则要承担缔约过失责任。

2. 订立书面合同

招标人和中标人应自中标通知书发出之日起30日内，按照招标文件和中标人的投标文件订立书面合同。招标人和中标人不得再行订立背离合同实质性内容的其他协议。“实质性内容”，是指投标价格、投标方案等实质性内容。

招标文件要求中标人提交履约保证金的，中标人应当提交。履约保证金，是指招标人要求投标人在接到中标通知书后，提交的保证履行合同各项义务的担保。履约担保一般有三种形式：银行保函、履约担保书和保留金。

3. 提交书面报告

依法必须进行招标的项目，招标人应自确定中标人之日起15日内，向相关行政监督部门提交招标、投标情况的书面报告。

招标、投标活动是个复杂的过程，要消耗较长的时间，相关行政主管部门不能到每个项目招标的过程中去监督。为了了解招标、投标活动的情况，只能借助于招标人主动汇报的方式。

4. 履行合同

中标人应按照合同约定履行义务，完成中标项目。中标人不得向他人转让中标项目，也不得将中标项目肢解后分别向他人转让。

中标人按照合同约定或经招标人同意，可以将中标项目的部分非主体、非关键性工作分包给他人完成。接受分包的人应具备相应的资格条件，并不得再次分包。

中标人应就分包项目向招标人负责，接受分包的人就分包项目承担连带责任。

§8.3 材料设备招投标

工程建设材料、设备等物资的采购应以最合理价格为原则，即评标时不仅要考察其报价的高低，还要考虑货物运抵现场过程中可能支付的所有费用，如果是设备招标则还要评审设备在预定的寿命期内可能投入的运营、维修和管理的费用等。

在采购大宗建筑材料或定型批量生产的设备时，由于标的物的规格、性能、主要技术参数均为通用指标，因此评标一般仅限于对投标人的商业信誉、报价与交货期限等方面的比较。而订购非批量生产的大型复杂机组设备、特殊用途的大型非标准部件，招标评选时要对投标人的商业信誉、加工制造能力、报价、交货期限和方式、安装（或安装指导）、调试、保修及操作人员培训等各方面条款进行全面比较。

工程建设材料设备采购的评标方法一般包括综合评估法、经评审的最低评标价法、全寿命评标价法或相关法律行政法规允许的其他评标方法。

8.3.1　经评审的最低评标价法

经评审的最低评标价法是以设备投标价为基础，将评定的各要素按预定的方法转换成相应的价格，在原投标价上增加或扣减该值而形成评标价价格。评标价格最低的投标书为最优。比如采购机组、车辆等大型设备时，较多采用这种方法。在评标时，除投标价格以外，还需要考察的因素和折算方法如下：

1. 运输费用

运输费用这部分可能是需要招标单位额外支付的费用，包括运费、保险费和其他费用，如运输超大件设备需要对道路加宽、桥梁加固等所需要的支出等。换算为评标价格时可以按照运输部门（铁路、公路、水运）、保险公司及其他相关部门公布的取费标准，计算货物运抵最终目的地将要发生的费用。

2. 交货期

以招标文件规定的具体交货时间作为标准，当投标书中提出的交货期早于或晚于规定时间时，要考察这种提前或延误是否给招标单位带来收益或损失。

提前交货，有时会对招标人有好处，比如带来一定的收益，但是，有时也会带来麻烦，比如要增加现场的仓储管理费和设备保养费。如果迟于规定时间交货，但推迟的时间是在可以接受的范围内，则交货日期每延迟一定时间，就按照投标价的某一百分比计算折减价，将其加到投标价上去。

3. 付款条件

投标人应按照招标文件规定的付款条件来报价，对不符合付款条件的投标，可以视为非响应性投标而予以拒绝。但在定购大型设备的招标中，如果投标人在投标书中提出，若采用不同的付款条件（如增加预付款或前期阶段支付款）就可以降低报价，以此作为选择方案供业主参考，则这一付款要求也可以给予考虑。若支付要求的偏离条件在可以接受的条件下，应将偏离要求而给业主增加的费用（如资金利息等），按招标文件中规定的贴现率换算成评标时的净现值，加到投标书中提出的报价中。

4. 设备性能、生产能力

设备应具有招标文件技术规范中所规定的生产效率。如果所提供设备的性能、生产能力等某些技术指标没有达到相关技术规范要求的基准参数，则每种参数比基准参数低百分之几，应以投标设备实际生产效率单位成本为基础计算，在投标价格上增加若干金额。

5. 零配件和售后服务

零配件以设备运行若干年内各种易损备件的获取途径和价格作为评审要素。售后服务内容一般包括安装监督、设备调试、提供备件、负责维修、人员培训等工作，评价这些服务的可能性和价格。如果招标文件规定报价应包括这两部分费用，则评标时就不必考虑，如果要求投标人单独报价，则应将其加到投标价上。

对于技术规格简单的初级商品、原材料、半成品以及其他技术规格简单的货物，由于其性能质量相同或较容易比较其质量级别，可以把价格作为唯一尺度，将合同授予报价最低的投标者。

8.3.2　全寿命评标价法

许多生产线、成套设备、车辆等运行期间的各种后续费用（备件、油料及燃料、维修等）较高的货物，可以采用设备全寿命期的费用为基础进行评估。评标时应首先确定一个统一的设备评审寿命期，然后再根据各投标书的实际情况，在投标价上加上该年限运行期内所发生的各项费用，再减去寿命期末的残值。计算各项费用和残值时，都应按招标文件中所规定的贴现率折算成净现值。

这种方法是在经评审的最低评标法的基础上进一步增加运行期间的费用作为评审价格。这些应以贴现值计算的费用包括：

（1）燃料、零件费用；

（2）维护费用；

（3）使用期内的所有权费用；

（4）转手价值/残值。

例如，某货物采购招标，A 为国内投标人，B 为外国投标人，考虑设备的生命周期费用，评标价的计算如表 8.1 所示。

表 8.1　材料设备招标考虑生命周期费用时的评标价计算示例　（单位：百元）

项　目	A 标	B 标
初始费用评标总值	46 400	44 350
8 年的燃料费（折现值）	52 000	46 000
8 年的维护费用	34 000	28 000
减去残值/转售价值	2 000	5 000
生命周期费用	130 400	113 350
排名	2	1

8.3.3　综合评估法

按照预先确定的评分标准，分别对各投标书的报价和各种服务进行评分。

1. 评审计分的评审要素

主要内容应包括：投标价格，运输费、保险费和其他费用的合理性，投标书中所包括的交货期限，偏离招标文件规定的付款条件影响，备件价格和售后服务，设备的性能、质量、生产能力，技术服务和培训等。

2. 评审要素的分值分配

评审要素确定后，应根据采购对象的性质、特点及各要素对总投资的影响度划分权重和计分标准。

3. 采用综合评分法的相关要求

仅当评审因素无法通过货币方法量化时才采用综合评分法。其优点是简单、直观，其缺点是对分数的分配带有主观性。因此，一般不鼓励采用。

采用综合评分法评标时，对不同的技术特征分别打分，并且要对不同的技术特征给予不同的权重，例如，在设备采购中，典型的分数安排是：

设备价格：65 ~ 70 分；

备用零件：10 分；

技术特性：10 分；

售后服务：5 分；

标准化：5 分；

总分：100 分。

在招标文件中应明确打分权重，并且要明确选择的方法：最高得分的标书中标，或单位分数价格最低的标书中标。

综合评估法的优点是简便易行，评标时考虑要素较为全面，可以将难以用金额表示的某些要素量化后加以比较。其缺点是各个评标委员独立打分，对评标人的水平和知识要求比较高，否则主观随意性大。有时由于各投标人提供的设备型号差异，难以合理确定不同技术性能的相关分值。

例如，某大型机械设备采购项目采用综合评估法评标，如表 8.2 所示。

表 8.2　某大型机械设备招标的综合评估法示例

	项　目	总分	A 标	B 标	C 标
1	船体	30	20	15	25
2	动力设备：功率、性能及可靠性	30	25	20	26
3	冷藏：设备、性能及可靠性	30	28	20	23
4	服务设备及备用零件的供应	10	10	10	10
5	综合分数	100	83	65	80
6	评估价格（元）		450 000	365 000	435 000
7	单位分数价格（元）		5 421	5 615	5 437
拒绝综合打分在 75 以下的方案 B，在 A 和 C 中作选择，最终授标给 A			√		

§8.4　工程咨询服务招投标

由于工程勘察、设计、监理等咨询服务的招、投标与施工招、投标的程序基本上是一致的，其主要差别在于评标方法的差异。因此，本节重点介绍工程勘察设计招、投标的评标方法。

8.4.1　工程咨询服务

1. 概述

工程咨询服务工作贯穿于项目的整个周期中，具体来说，包括以下几个方面：

（1）对整个项目的可行性研究进行咨询，即对业主方人员编制的可行性研究报告进行审查或与业主方人员一同进行项目的可行性研究。

(2) 对整个项目的总体设计进行评审，或参与总体设计。

(3) 就项目中的某一技术方案或技术指标或工艺流程进行咨询。

(4) 就项目中的某一单项工程的设计方案进行咨询或设计。

(5) 编制招标文件，特别是招标文件中的技术规格部分。世界银行贷款项目一般都必须采用国际竞争性招标来完成，所以编制招标文件包括编写标书，对投标人做资格预审及最后评标，就成为聘请专家的重要因素。

(6) 帮助项目单位培训人员，包括聘请专家来华讲课或派人到咨询人总部去培训。

2. 咨询服务的类型

咨询人的服务大致可以分为以下四种类型：

(1) 投资前的调查，包括决定进行某一具体项目前所作的调查。调查的目标包括：确定投资的优先地位和部门政策；明确具体项目的基本特征和可行性；确定并明确为了顺利实施开发计划和投资项目，并充分发挥其作用，政府在政策经营活动和机构方面所应做的变更和改进。

(2) 准备性服务，即为了备选项目顺利上马和实施所做的工作，包括为充分明确一个项目的内容并为其实施所需的技术、经济等其他方面的工作，这类服务包括对项目所需资本及经营费用作出详细估算，对承包合同的工程及性能要求作出详细规定，并为土建工程及设备采购准备招标文件。同时包括准备采购文件，决定保险需要和规格，初步审查承包商的资格及分析投标和建议等。

(3) 项目实施性服务，包括项目整个执行期间所提供的服务，包括工程监督和项目管理。如审查和迅速处理承包人和供货商交收货物发票清单，以及对合同文件进行解释方面的技术服务，还包括对采购和对同一项目的承包商各项投入资源进行协调，以及在起初阶段对各种设施的运转和营运提供援助。

(4) 技术援助，包括广泛的咨询性和支援性的服务，如维修计划、管理咨询服务、培训、开发和部门规划、机构制度建立和健全，包括组织和管理方面的调查研究。

3. 咨询人的类别

各类组织均可以提供上述服务，包括咨询合伙公司、私人公司、公营公司、政府资助的公司、政府企业、私营非盈利组织、国际组织和大学。这些承担工程咨询服务任务的组织一般需具备两个条件：

(1) 在法律上和财务上是独立的，并且按照在商业法运营的情况下才能参与。

(2) 项目单位所在的非独立机构及其雇员不能提供项目下的咨询服务。

8.4.2 工程咨询服务评标方法

我国《工程建设勘察设计招标投标办法》中规定：勘察设计评标一般采取综合评估法进行。评标委员会应按照招标文件确定的评标标准和方法，结合经批准的项目建议书、可行性研究报告或上阶段设计批复文件，对投标人的业绩、信誉和勘察设计人员的能力以及勘察设计方案的优劣进行综合评定。

可见依据国家法规，工程勘察设计等咨询服务的招、投标中投标人报价的重要性不如工程施工招标中承包商报价，而业绩、信誉、方案优劣等也是要重点考察的因素。根据这些因素之间重要性的不同，可以将评标方法划分为以下类型。

1. 基于质量和费用的评标方法

基于质量和费用的评标方法（QCBS），是指在咨询机构中使用竞争程序，根据其咨询服务方案的质量和服务的价格来选择中标单位。对于质量和价格的权衡应取决于具体咨询服务的性质和内容。

在基于质量和费用的选择程序下，投标书技术方案的评审应分两个阶段进行：首先是质量，然后才是费用。

（1）质量评审

在这种程序下，技术方案通常根据下列五类内容进行评价：

①咨询人在咨询任务所涉及的领域中的一般经验。

②所建议的工作计划是否适宜及质量。

③被提名担任该项工作的关键人员的资格和能力。

④咨询人同意的对项目单位的知识转让。

⑤在执行任务所需关键人员中本国人员的参与程度。

质量评审的基础是技术方案对招标文件的响应性，如某份建议书对任务大纲中的重要方面不响应，或达不到邀请函中规定的技术及格分，将会被拒绝。

质量评审结束后，项目单位应编制一份对技术方案“质量”的评审报告，详细说明得出评审结果的依据和每份建议书的优缺点。

（2）费用评审

对商务标的审查，若存在计算错误，首先应予以校正；其次要将投标货币换算成评标货币；然后，将报价折算成评标分。报价的“费用”应不含税，但包括其他可以报销费用，如旅费、翻译费、报告打印费或文秘费等。可以给予报价最低的投标文件财务 100 分，其他投标文件的财务得分按其报价成反比递减。作为选择，也可以在对费用分配分值时使用正比或其他方法。所使用的方法应在招标文件中说明。

（3）质量和费用综合评审

将质量和费用得分加权后相加得到总分。应根据任务的复杂性和质量的相对重要性的情况下选定“费用”的权重。费用评分的权重不应过大，一般应控制在占总分的 10% ~ 20% 之间，在任何情况下均不应超过 30%。

2. 基于质量的评标方法

一般来说，技术复杂程度高，工作任务对最终产品影响大的咨询任务不应考虑费用因素，而简单的，直截了当的技术工作，工作任务对最终产品影响不大的咨询任务以及咨询成果可以相互比较的咨询任务，价格因素在选择咨询过程中就可以起重大作用，如常规的详细工程设计、建设监督和计算机服务；如地表测试、绘制地形图、简单的道路设计以及航空测量等。

不允许把费用作为考虑因素的咨询任务有技术复杂的咨询任务，如部门研究、机构发展、管理建议、复杂的工厂设计；如果咨询成果不是最好或不适当时具有重大危险的任务（大坝或桥梁的设计，港口的位置报告）；以及可以用实质上不同方法执行的任务，以至于建议书之间不具有可比性。

在这种不考虑费用因素的选择方式下，建议书邀请函可以要求咨询人只提交技术建议书，即使采用双信封制，其财务建议书也只是根据邀请函中提供的关键人员的工时数，估算其费用，在项目单位选定得到技术最高分的咨询人后，再根据咨询人已提供或应邀提供的财务建议书，进行合同谈判。谈判顺利完成后，应将其他财务建议书原封退回。

3. 基于最低费用的评标方法

这种方式适用于具有标准或常规性质的任务，如审计、非复杂工程的工程设计等，这类任务一般有公认的惯例和标准，而且涉及的金额不大。使用这种方法，项目单位应首先在建议书邀请函中规定咨询人应达到的“最低”技术“合格”分值。咨询人按双信封制分别提供技术建议书和财务建议书，项目单位先开启技术建议书并进行评审，选定达到最低技术合格分值的所有咨询人，公开开启他们的财务建议书，从中选出价格最低的咨询人进行谈判。应拒绝那些未达到最低分值技术建议书。

4. 基于咨询人资历的评标方法

对于非常小的任务，如像其他选聘方式一样来准备和评审建议书，则费用太高，因而可以采用这种方式。首先由项目单位编制出任务大纲，要求潜在的咨询人提供意向书及其与该任务相关的经验和能力情况，从中挑选出具有最适当资质和相关业绩的咨询人，要求其提交一份合并的技术—财务建议书，以供谈判。

复习思考题

1. 工程项目采购的对象有哪些类型？
2. 工程项目采购的主要方式有哪些？招标采购有哪些类型？非招标采购有哪些类型？
3. 公开招标的优缺点是什么？
4. 单一来源采购适用于什么情况？
5. 依据我国《招标投标法》的相关法律法规，施工、材料设备、咨询服务必须实行招标采购的范围是什么？
6. 我国工程招、投标包括哪几个基本的阶段？
7. 工程招标文件一般包括哪些内容？
8. 资格预审与资格后审有什么区别？资格预审一般考查哪些方面内容？
9. 工程咨询服务包括哪些内容？勘察、设计是否属于工程咨询服务？
10. 工程咨询服务一般有哪些评标方法？

第 9 章　工程项目合同管理与索赔

本章学习要点：掌握工程合同管理的基本概念和原则、工程索赔的概念和主要类型；理解工程项目合同体系的结构，尤其是了解业主方的合同关系、承包商方的合同关系；在工程项目合同订立方面，重点掌握工程合同审查、谈判和签订的内容；在工程项目合同履行方面，应掌握工程合同分析、实施控制、变更管理、价格调整、支付管理和争端解决的主要内容；最后，应熟悉工程索赔的程序，并掌握工期索赔和费用索赔的计算方法。

§9.1　工程项目合同管理与索赔概述

9.1.1　工程合同管理概述

1. 工程合同的概念

根据《合同法》第 2 条：合同是指平等主体的自然人、法人、其他组织之间设立、变更、终止民事权利义务关系的协议。依次类推，工程合同是指工程建设中的各个主体之间，为达到一定的目标而明确各自权利义务关系的协议。

对于工程合同，可以有广义和狭义的两种不同的理解。广义的工程合同并不是一项独立的合同，而是一个合同体系，是一项工程项目实施过程中所有与建筑活动相关的合同的总和，包括勘察设计合同、施工合同、监理合同、咨询合同、材料供应合同、贷款合同、工程担保合同等，其合同主体包括业主、勘察设计单位、施工单位、监理单位、中介机构、材料设备供应商、保险公司等。这些众多合同互相依存，互相约束，共同促使工程建设的顺利开展。狭义的工程合同仅指施工合同，即业主与施工承包商就施工任务的完成签订的协议。施工阶段是工程建设中工作量最大、耗时最长、最复杂的部分，他们能否认真履约是工程顺利进行的关键。

2. 工程合同管理的概念

建设工程合同管理，是指各级工商行政管理机关、建设行政主管部门和金融机构，以及业主、承包商、监理单位依据法律和行政法规、规章制度，采取法律的、行政的手段，对建设工程合同关系进行组织、指导、协调及监督，保护施工合同当事人的合法权益，处理施工合同纠纷，防止和制裁违法行为，保证施工合同的贯彻实施等一系列活动。

建设工程合同管理，既包括各级工商行政管理机关、建设行政主管机关、金融机构对建设工程合同的管理，也包括发包单位、监理单位、承包单位对建设工程合同的管理。可以将这些管理划分为两个层次：第一层次是国家机关及金融机构对建设工程合同的管理，即合同的外部管理；第二层次则是建设工程合同的当事人及监理单位对建设工程合同的管理，即合同的内部管理，如图 9.1 所示。其中，外部管理侧重于宏观的管理，而内部管理则是关于合同策划、订立、实施的具体管理。本章将讲述的是业主、承包商、监理单位对工程合同的内部管理。

3. 工程合同管理的原则

合同管理是法律手段与市场经济调解手段的结合体，是工程项目管理的有效方法。合同管理自提出、试用至推广，如今已经十分成熟。合同管理具有很强的原则性、权威性和可执行性，这也是合同管理能真正发挥效力的关键。一般说来，合同管理应遵循以下几项基本原则：

(1) 合同权威性原则

在市场经济体制下，人们已习惯于用合同的形式来约定各自的权利义务。在工程建设中，合同更是具有权威性的，是双方的最高行为准则。工程合同规定和协调双方的权利、义务，约束各方的经济行为，确保工程建设的顺利进行；一方出现争端，应首先按合同解决，只有当法律判定合同无效，或争执超过合同范围时才借助于法律途径。

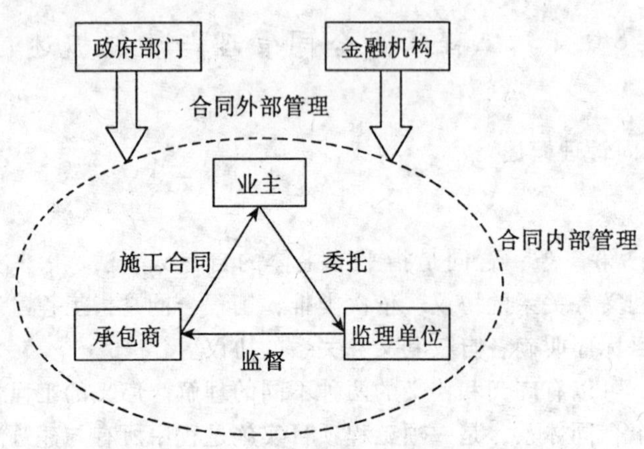

图 9.1 建设工程合同管理层次示意图

(2) 合同自由性原则

合同自由原则是在当合同只涉及当事人利益，不涉及社会公共利益时所运用的原则，这项原则是市场经济运行的基本原则之一，也是一般国家的法律准则。合同自由体现在两方面：

一是合同签订前，双方在平等自由的条件下进行商讨：双方自由表达意见，自己决定签订与否，自己对自己的行为负责。任何人不得对对方进行胁迫，利用权力、暴力或其他手段签订违背对方意愿的合同。

二是合同自由构成。合同的形式、内容、范围由双方商定；合同的签订、修改、变更、补充、解除，以及合同争端的解决等由双方商定，只要双方一致同意即可。合同双方各自对自己的行为负责，国家一般不介入，也不允许他人干涉合法合同的签订和实施。

(3) 合同合法性原则

首先，合同自由原则受合同法律原则的限制，所以工程实施和合同管理必须在法律所限定的范围内进行。超越这个范围，触犯法律，会导致合同无效，经济活动失败，甚至会带来承担法律责任的后果。

其次，合同不能违反社会公众利益。合同双方不能为了自身利益，而签订损害社会公众利益的合同，例如不能为了降低工程成本而不采取必要的安全防护措施，不设置必要的安全警示标志，不采取降低噪音、防止环境污染的措施等。

再次，法律对合法的合同提供充分保护。合同一经依法签订，合同以及双方的权益即受到法律保护。如果合同一方不履行或不正确地履行合同，致使对方受到损害，则必须赔偿对方的经济损失。

(4) 诚实信用原则

合同是在双方诚实信用的基础上签订的，工程合同目标的实现必须依靠合同双方及相关各方的真诚合作。双方互相了解并尽力让对方了解己方的要求、意图、情况。业主应尽可能地提供详细的工程资料、信息，并尽可能详细地解答承包商的问题；承包商应提供真实可靠的资格预审文件，各种报价文件、实施方案、技术组织措施文件。

在项目实施过程中，双方应真诚合作，不欺诈、不误导。任何一方应对所提供信息的正确性承担责任。承包商按照自己的实际能力和情况正确报价，按合同约定全面履行合同责任，积极施工，遭到干扰应尽力避免业主损失，防止损失的发生和扩大。

(5) 公平合理原则

经济合同调节合同双方经济关系，应不偏不倚，维持合同双方在工程中一种公平合理的关系，这反映在如下几个方面：

①承包商提供的工程（或服务）与业主支付的价格之间应体现公平，这种公平通常以当时的市场价格为依据。

②合同中的权利和义务应平衡，任何一方在享有某一项权利的同时必须履行对应的义务；反之在承担某项义务的同时也应享有对应的权利。应禁止在合同中出现规定单方面权利或单方面义务的条款。

③风险的分担应合理。由于工程建设中一些客观条件的不可预见性，以及临时出现的特殊情况，不可避免地会产生一些事故或意外事件，使得业主或承包商遭受损失。工程建设是业主和承包商合力完成的任务，风险也应由双方合力承担，而且这种风险的分担应尽量保证公平合理，应与双方的责、权、利相对应。

④工程合同应体现出工程惯例。工程惯例是指工程中通常采用的做法，一般比较公平合理，如果合同中的规定或条款严重违反惯例，往往就违反了公平合理原则。

9.1.2　工程索赔概述

1. 工程索赔概念

工程索赔是指在工程承包合同履行过程中，承包人由于非自身的责任或原因而遭受损失时，可以根据合同的约定，凭相关证据，通过合法的途径和程序向发包人提出赔偿要求。非自身责任包括两种情形：

其一，发包人不能切实履约，如未按合同规定及时交付设计图纸造成工程拖延、未按时提交施工现场、未能在规定时间内付款、干扰影响工程进度等；

其二，发包人没有违反合同约定，但是由于其他原因，如合同范围内的工程变更、有记录可查的特殊反常恶劣天气、国家政策的修改等。

索赔是工程承包中经常发生的正常现象，属于正确履行合同的正当权利要求。由于施工现场条件、气候条件的变化，施工进度、物价的变化，以及合同条款、规范、标准文件和施工图纸的变更、差异、延误等因素的影响，使得工程承包中不可避免地出现索赔事件。工程承包市场多为“买方市场”，承包人作为卖方相对来说承担着更多的风险。因此，我们看到的索赔多为承包人提出，亦即通常意义上的“工程索赔”。但在工程建设的实际过程中，发包人对承包人的索赔亦时有发生，国际工程承包界称之为反索赔。

2. 工程索赔的种类

角度和标准不同，工程索赔的分类方法也有所不同。

(1) 按照索赔要求分类

按承包人的索赔要求，工程索赔可以分为：工期索赔，即要求业主延长工期；费用索赔，即要求业主补偿费用损失。

(2) 按照合同类型分类

按照发包人和承包人所签订的合同类型，工程索赔可以分为：总包合同索赔；分包合同索赔；合伙合同索赔；劳务合同索赔和其他合同索赔。

(3) 按照干扰事件的性质分类

按照干扰事件的性质不同，工程索赔可以分为：

①工期延长索赔：由于发包人未能按照合同约定的要求为承包人提供设计施工图纸、相关技术材料、应有的施工条件（场地、道路等）等，造成工期拖延，承包人可以凭其合理的证据提出索赔。

②工程变更索赔：由于发包人或项目工程师指令增加或减少工程量以及增加附加工程、变更工程程序，从而引起承包人的工期延长和费用损失，承包人可以提出索赔。

③工程中断索赔：当工程施工受到承包人不能控制因素的影响而不得不中断一段时间，从而影响工程进度及费用，承包人可以对此提出索赔。

④工程终止索赔：当工程在竣工前受到某种原因如不可抗力因素影响而被迫停止，并且不再继续进行，承包人因此蒙受损失，可以对此向发包人提出索赔。

⑤其他原因索赔：由于诸如物价涨跌、汇率变化、货币贬值、政策法令变化等原因引起的索赔。

(4) 按照索赔的起因分类

按照引起索赔的原因，工程索赔可以分为：发包人违约索赔；合同错误索赔；合同变更索赔；工程环境变化索赔；不可抗力因素索赔等。

(5) 按照索赔的依据分类

按照索赔所依据的文件，工程索赔可以分为：

①合同内索赔：即双方在合同中约定了可以给予承包人补偿的事项，承包人可以据此向发包人提出索赔要求。这类索赔较为常见。

②合同外索赔：即引起索赔的干扰事件已经超出了合同条文的范围或是在条文中没有规定，索赔的依据需要扩大到相关法律法规如民法、建筑法等。

③通融性索赔：这类索赔不是根据法律和合同，而是取决于发包人的道义、通融。发包人可以从工程整体利益角度选择同意或不同意。

(6) 按照索赔发生的时间分类

按索赔发生的时间工程索赔可以分为：合同履行期间的索赔；合同终止后的索赔。

(7) 按照处理索赔的方式分类

按照索赔的处理时间和处理方式不同，工程索赔可以分为：

①单项索赔：只针对某一干扰事件提出，原因和责任较为单一。索赔的处理在合同实施过程中，干扰事件发生时或发生后立即进行。这项索赔由合同管理人员处理即可，在合同规定的索赔有效期内向业主提交索赔报告，处理起来比较简单。

②总索赔：又称为一揽子索赔。由于在工程建设过程中，某些单项索赔的原因和处理比较复杂，无法立刻解决；抑或是发包人拖延答复单项索赔而使之得不到及时解决；或堆积至工程后期的工期索赔等，在这些情况下，承包人将在工程竣工前把工程进行过程中未解决的单项索赔集中起来，提出一份总索赔报告。合同双方在工程交付前后进行最终的谈判，一揽子解决索赔问题。

§9.2　工程项目合同体系

一项工程项目的建设就是一个复杂的社会生产过程，包括大量复杂的经济关系。从阶段上说，一项建设工程要经历可行性研究、勘察、设计、施工、运行、维护等各阶段，而每一阶段也包括大量的工作，如施工阶段包括房建、市政、土建、水电、机械设备、通讯等专业设计和施工活动。此外，在建设过程中还需要各种材料、设备、资金和劳动力的供应。从主体上说，直接参与工程建设的单位有业主、施工单位、勘察设计单位、监理单位、咨询机构、材料设备供应商、运输公司等，与工程建设相关联的单位有银行、保险公司等，此外社会公众也可能与工程建设发生关系。

工程建设的主体多、过程复杂、技术难度高、周期长，各种错综复杂的经济关系显得十分杂乱，彼此之间的相互依赖和相互牵制使得管理的难度大大增加。但随着合同管理的出现，随着工程合同体系的建立和完善，使得工程项目管理井井有条。即使有十几个甚至上百个合同，只要逐一顺利实施，整个工程的建设就能按部就班地完成。

在工程建设的各阶段中，施工阶段是最主要的阶段，其中业主和承包商签订的施工合同也成为工程合同体系的主干。此外，业主向银行贷款、委托勘察设计等，产生一系列的经济合同关系；承包商获取材料供应、向银行办理履约担保、租赁设备、与运输公司签订运输协议等，也形成一系列经济合同关系。业主和承包商各自与其他主体所签订的相关经济合同就构成了图9.2合同体系的分支，如图9.2所示。

9.2.1　业主的主要合同关系

业主作为工程（或服务）的买方，是工程的所有者，业主可能是政府机关、企业、其他投资者，或几个企业的组合，或政府与企业的组合（例如合资项目，BOT项目的业主）。投资者出资建设一个项目，可以自己直接管理，充当业主，也可以委托代理人（或代表）以代业主的身份进行工程项目的管理。至于业主和代理业主，在工程项目管理中通常不区分，统一称为业主。

业主根据对工程的需求，确定工程项目的整体目标，这个目标是所有相关工程合同的核心。要实现该目标，业主必须将建筑工程的勘察设计、各专业施工、设备和材料供应等工作委托出去，必须与相关单位签订如下几种合同：

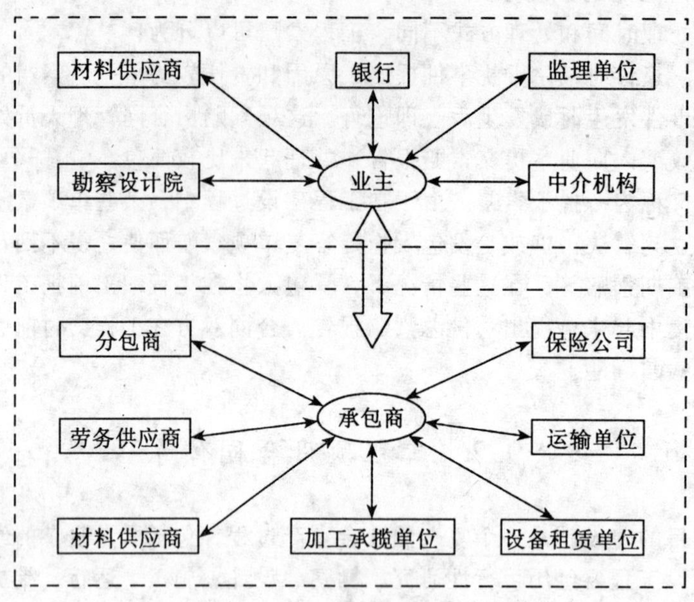

图 9.2　建设工程合同体系示意图

(1) 工程施工合同，即业主与施工承包商签订的施工承包合同。一个或数个承包商承包或分别承包工程的土建、机械安装、电气安装、装饰装修、通讯等工程。

(2) 勘察设计合同，即业主与勘察设计单位签订的合同。勘察设计单位负责工程的地质勘察和技术设计工作。

(3) 监理合同，即业主与监理单位签订的合同。监理单位负责监督业主、承包商的履约行为，对工程建设的进度进行监控，并协调业主和承包商之间的关系。

(4) 材料、设备供应合同。若合同约定由业主负责提供某些材料和设备，业主将与相关的材料和设备供应单位签订供应合同。

(5) 贷款合同，即业主与金融机构签订的合同。后者向业主提供资金保证。按照资金来源的不同，可能有贷款合同、合资合同或 BOT 合同等。

在不同的项目中，业主的主要经济合同关系大体相似，但具体的合同形式和范围可能会有很大差别。业主与其他单位的经济关系既可以出现在同一份合同中，也可以在不同的合同中分别规定，例如业主可以将施工、材料供应、设备安装等分别委托，也可以将它们合并委托，如将施工和设备安装委托给一家承包商。同样，在施工阶段，业主既可以与多个承包商就工程的各部分签订平行承包合同，也可以与一个承包商签订总承包合同，还可以签订一揽子承包合同，由该承包商负责整个工程的设计、供应、施工甚至管理等工作。

9.2.2　承包商的主要合同关系

承包商是工程施工的具体实施者，是工程承包合同的执行者。承包商通过投标接受业主的委托，签订工程承包合同。工程承包合同和承包商是任何建筑工程中都不可缺少的。

承包商要完成承包合同的责任，包括工程量表所确定的工程范围的施工、竣工和保修，为完成这些工程提供劳动力、施工设备、材料，有时也包括技术设计。任何承包商不可能也不必具备所有的专业工程的施工能力、材料和设备的生产和供应能力，承包商同样必须将各类专业工作委托出去，所以承包商也有着复杂的合同关系。

(1) 分包合同，即承包商把从业主处承包的工程任务中的某些分项工作分包给另一承包商，并与该分包商签订的合同。对于一些大的工程，承包商往往无力独自承担合同，而必须与其他承包商合作才能完成总包合同责任。

(2) 材料、设备供应合同，即承包商为工程建设进行必要的材料、设备采购，而与供应商签订的供应合同。

(3) 运输合同，即承包商为解决材料和设备的运输问题，而与运输单位签订的合同。

(4) 加工合同，即承包商将建筑构配件、特殊构件加工任务委托给加工承揽单位而签订的合同。

(5) 租赁合同，即承包商与设备租赁公司签订的租用设备的合同。在建筑工程中承包商常常需要施工设备、运输设备、周转材料，当有些设备、周转材料在现场使用率较低，或自已购置需要大量资金投入而又不具备这个经济实力时，可以采用租赁方式。租赁有着非常好的经济效果。

(6) 劳务供应合同，即承包商与劳务供应商之间签订的合同，由劳务供应商向工程提供劳务。

(7) 保险合同，即承包商按合同要求对工程进行保险，与保险公司签订保险合同。

9.2.3 其他主要合同关系

在实际工程中，还可能有如下情况：

(1) 设计单位、各供应单位也可能存在各种形式的分包。

(2) 承包商有时也承担工程（或部分工程）的设计，则承包商有时也必须委托设计单位。

(3) 如果工程付款条件苛刻，要求承包商垫资承包，承包商就必须借款，与金融机构签订借（贷）款合同。

(4) 在许多大型工程中，尤其是在业主要求全包的工程中，承包商经常是几个企业合伙，即合伙承包。合伙承包是指若干家承包商（最常见的是设备供应商、土建承包商、安装承包商、勘察设计单位）联合投标，共同承接工程，他们之间订立合伙合同。合伙承包已成为许多承包商的经营战略之一，国内外工程中都很常见。

(5) 在一些大型工程中，承包商还可能将自己承包的工程或工作的一部分再分包出去。承包商也需要材料和设备的供应，也可能租赁设备、委托加工，需要材料和设备的运输，需要劳务。所以承包商又有复杂的合同关系。

§9.3 工程项目合同订立

民事合同订立的基本程序是要约—承诺，有些合同订立的程序还包括要约邀请。工程合同订立也遵循要约邀请—要约—承诺的程序，其中招标是要约邀请，投标是要约，定标是承诺。因此，工程招、投标是合同订立程序的一部分，由于在第 8 章采购管理中已讲述了工程招、投标的过程，在此不再赘述，而是重点讲述中标之后的合同审查、谈判和签订程序。

9.3.1 工程合同审查

中标后，招标人和中标人还必须在不背离中标通知书中确定的未来工程合同实质性内容的前提下，对在工程招标、投标过程中形成的工程合同文件进行审查，对审查出来的问题通过合同谈判予以协商解决，并在此基础上最终签订一份对双方均有利的、合法的工程合同。

1. 合同的合法性审查

合同的订立必须遵守相关法律法规，否则会导致合同全部或部分无效。合同的合法性审查通常包括以下几个方面：

(1) 审查合同双方当事人的缔约资格。当事人双方应具有发包和承包建设工程项目、签订工程合同的资质、资格和权利。

(2) 审查建设工程项目是否具备招标、投标、订立和实施合同的条件。

(3) 审查工程合同的内容和所要求的实施行为及其后果是否符合相关法律法规的要求。

2. 合同的完备性审查

合同的完备性审查是指审查工程合同的各种合同文件是否齐备。建设工程施工合同的组成文件很多，因此要特别注意这些文件是否齐备，是否包含了有助于有效确立当事人双方工程合同权利、义务关系的技术、经济、商务、贸易和法律等各类文件。

3. 合同条款的审查

首先要审查合同条款是否对合同履行过程中的各种问题都进行了全面、具体和明确的规定，有无遗漏。若有遗漏，需要补充相关条款。然后审查合同条款是否存在以下情况：

(1) 合同条款之间存在矛盾性，即不同条款对同一具体问题的规定或要求不一致；

(2) 有过于苛刻的、单方面的约束性条款，导致当事人双方在合同中的权利、义务与责任不平衡；

(3) 条款中隐含较大的履约风险；

(4) 条款用语含糊，表述不清；

(5) 对当事人双方合同利益有重大影响的默示合同条款等。

如果存在以上问题，需要工程合同当事人双方通过协商对合同条款进行修改、补充、明确，达成一致意见，避免在合同履行过程中引起合同纠纷，妨碍建设工程项目的顺利实施。

合同审查是一项综合性很强的工作，要求合同管理人员必须熟悉与建设工程项目建设相关的法律法规，精通合同条款，对建设工程项目环境条件有全面的了解，有丰富的工程合同管理经验。通过合同审查，有效帮助当事人双方订立更加完善、权利义务与责任分配和风险分配更加合理的合同。

9.3.2 工程合同谈判

1. 合同谈判的主要任务

首先，在工程合同谈判过程中，合同当事人双方的共同目标是完善合同条款，从而避免合同文件中存在的缺陷和漏洞，如合同工作范围含糊不清，合同条款抽象，可操作性不强，合同条款中出现错误、矛盾和二义性等，给未来工程合同履行奠定良好的基础。

其次，在工程合同谈判过程中，除完善合同条款外，招标人还有尽量降低合同价格以及其他目标。此外，招标人在评标过程中发现其他投标人的一些好的建议、措施、技术和方法等，可以在合同谈判中向中标人提出，建议其采纳。

再次，进入工程合同谈判阶段，中标人的被动地位有所改变，中标人可以利用这一机会与招标人讨价还价，去掉单方面约束性条款、减少合同风险，力争改善自己的不利处境，争取对自己更为有利的合同价格和合同条款。

最后，在工程合同谈判中，双方应对合同各方面的内容作具体研究、商讨，补充完善合同条款，争取修改对自己不利的条款，为签订一份内容完备、用语明确规范、合同权利义务与责任分配和风险分配合理的工程合同打下基础。

2. 工程合同谈判的准备工作

要获得工程合同谈判的成功，在谈判前就应做好充分的准备工作，以便谈判时能做到有的放矢。一般合同谈判的准备工作可以从以下几个方面进行。

(1) 收集资料与信息

对投标人而言，收集的资料包括合同对方当事人的资信状况、资金落实情况或资金来源情况、招标人对己方的前期评估印象和意见，对方当事人参加工程合同谈判的人员名单及其相关情况等。对招标人而言，要收集有关中标人（承包人）工程合同履行能力的信息，包括技术、经济、管理方面的能力，以及目前其承包工程的情况，合同对方当事人谈判人员的情况等。

(2) 具体分析

①对谈判目标进行可行性分析。分析自身设置的谈判目标是否正确合理、是否切合实际，以及合同对方当事人设置的谈判目标是否合理。

②当事人合同地位进行分析。对当事人所处的合同地位进行分析，即对合同对方当事人在合同中所处的整体的与局部的优势、劣势进行分析。

③对合同对方当事人的谈判人员分析。了解合同对方当事人的谈判人员有哪些，以及他们的身份、地位、权限、性格、喜好等，以便与其建立良好的关系，发展谈判双方的友谊，争取在谈判前彼此对对方就具有亲切感和信任感，为谈判创造良好的氛围。

(3) 拟定谈判方案

在具体分析工作完成之后，合同当事人各方应及时总结出该建设工程项目的实施风险、双方的共同利益、双方的利益冲突，以及双方在哪些问题上已取得一致，哪些问题还存在着分歧，从而拟定谈判方案，决定谈判的重点，在运用谈判策略和技巧的基础上，争取获得对双方有利的谈判结果。

3. 工程合同谈判程序

(1) 一般讨论。谈判开始阶段通常都是先广泛交换意见，各方提出自己的预想方案，探讨各种可能性，经过研究和商讨逐步将双方意见综合并统一起来，形成共同的问题和谈判目标，为下一步详细谈判做好准备。

（2）技术谈判。在一般讨论结束之后，便进入技术谈判阶段。技术谈判主要是对工程合同技术方面的条款和内容进行研究、讨论和谈判，包括合同工程范围、技术规范、标准、方案、技术资料、建设工程项目施工条件、建设工程项目施工方案、建设工程项目施工进度、工程质量保证与检查、竣工验收等方面的内容。

（3）商务谈判。技术谈判结束之后，合同当事人双方应对工程合同商务方面的条款和内容进行谈判，包括工程合同价款、支付条件、支付方式、预付款、履约保证、保留金、货币汇率风险的防范、合同价格的调整等方面的内容。因技术条款和商务条款往往是联系在一起的，所以不能把技术谈判和商务谈判完全割裂开来进行谈判。

（4）拟定合同草案。工程合同谈判进行到一定阶段后，在合同当事人双方都已表明了观点，对原则性问题基本达成共识的情况下，相互之间就可以交换书面意见，然后逐条逐项地审查合同条款。在合同当事人双方对工程合同的具体条款和内容都达成一致意见后，双方应共同拟定合同草案。合同草案经双方研究、讨论并通过后，即可以签署合同协议书，形成正式的工程合同。

9.3.3 工程合同签订

在完成了工程招标、投标、评标、中标、合同审查、合同谈判等前述环节的工作之后，招标人和中标人即可以正式订立合同。合同的订立，意味着双方之间权利义务的正式明确，意味着项目实施的一些规则将要界定，这些都要借助一些具体的合同形式和条款。一般来说，工程合同的正式订立，还需重视以下问题。

1. 有效避免缔约过失行为

缔约过失责任是指合同订立过程中，一方因违背其依据诚实信用原则所应尽的义务，而致使另一方的信赖利益遭受损失应承担的民事责任。在建设工程项目招标、投标过程中，招标人和投标人应注意尽到自己的相关法律义务，有效避免发生缔约过失行为。

招标人的缔约过失行为的主要形式有：

（1）招标人变更或修改招标文件后未履行通知义务；

（2）招标人违反附随义务，如招标人隐瞒建设工程项目真实情况，招标人发现投标人的投标文件错误（这些错误是投标人疏忽或其他原因造成的难以完全避免的结果）后没有给予适当确认而恶意地利用投标文件错误进行授标等；

（3）招标人采用不公正、不合理的招标方式进行招标；

（4）招标人违反公平、公正和诚实信用原则拒绝所有投标；

（5）招标人泄露或不正当使用非中标人的技术成果和经营信息；

（6）业主借故不与中标人签订工程合同；

（7）由于招标人的原因终止招标或导致招标失败。

投标人的缔约过失行为的主要形式有：

（1）投标人串通投标，如哄抬标价、压低标价；

（2）投标人以虚假手段骗取中标，如投标人不如实填写资格预审文件，隐瞒足以对招标人授标产生重大影响的自身实际情况（企业信誉、经营情况、管理水平等），虚报企业资质等级，假借其他企业的资质等级，以他人名义投标等；

(3) 中标人借故不与招标人签订工程合同。

2. 工程合同风险的合理分配

风险是指危险发生的意外性和不确定性，以及这种危险导致的损失发生与否及损失程度大小的不确定性。为有效地控制风险并尽可能减少风险对建设工程项目的影响，在工程合同订立时，合同当事人双方应对建设工程项目风险进行全面分析、研究，然后通过工程合同的定义和分配，将建设工程项目风险转化为工程合同风险。

工程合同风险分配一般遵循以下原则：

(1) 谁有能力控制某种风险，就将风险交给谁；双方都没有能力控制的风险，通过保险等手段将风险转移给第三方。

(2) 谁承担风险，就有获得相应收益的权利。

(3) 承担的风险要有上限，应根据主体的承受能力来分配。在工程项目中，业主承担风险的能力比承包商更强，因此，不可预见和不可抗力风险应由业主承担。

(4) 利用合同的约束力，风险分配的结果应在合同中约定。

工程合同的风险分配是业主与承包商多阶段沟通、商议的结果，大致包括以下过程，如图 9.3 所示。

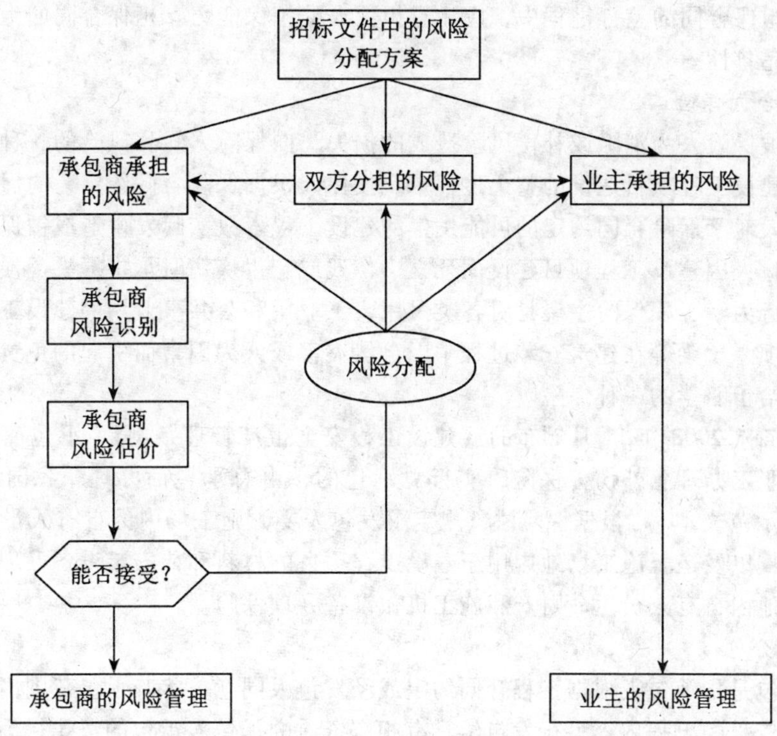

图 9.3　工程合同的风险分配程序示意图

首先在招标文件中，业主经过初步的风险识别工作，考虑业主与承包商承担风险的能力，提出初步的风险分配方案；随后，承包商认真分析招标文件，进行详细的项目风险识别工作，对风险进行估价，在投标时承包商实际上也提议了对初步风险分配方案进行调整后的风险分配方案；在确定中标单位后，业主与承包商商议工程承包合同条款时，业主会对标书中的风险分配方案进行审查，双方进行又一轮协商；最后，将确定的风险分配方案写入工程合同。

在工程项目风险分配过程中，招标文件和签订合同是两个关键环节。首先业主制定招标文件应该详细、准确，便于承包商制定项目计划，提议风险分配方案，如果招标文件中有错误或遗漏，就可能导致项目方案的调整，这本身就是一项严重的风险。合同则以书面形式对风险分配方案进行约定，是保护双方权益的最有力依据。而承包商在编制标书时，也尽可能全面地识别风险，并提出比较详细、公正的风险分配方案，有利于签订公正、合理的合同，否则承包商在合同履行过程中将会很被动。

3. 工程合同担保

担保是合同的当事人双方为了全面履行合同，根据相关法律、行政法规的规定或双方约定，经协商一致而采取的一种具有法律效力的保护措施。我国担保法规定了保证、抵押、质押、留置、定金五种担保形式。我国工程建设领域使用最广泛的担保为定金。

不论是作为工程合同的当事人还是担保人，工程担保合同的签订均涉及其重大经济利益，工程合同中的债权人在一定程度上转移了合同风险，债务人则被加重了工程合同履行的负担，担保人则多负担了一定经营风险。因此，各方当事人均须审慎签订工程担保合同。在工程担保合同的签订过程中，应注意担保人的担保能力、担保合同的生效条件以及担保内容的完备性。

4. 工程合同保险

保险是被保险人为消除或补偿风险造成的损失，向保险人转移风险的一种机制。工程保险是指在建设工程项目建设的整个过程中，投保人根据保险合同约定，向保险人支付保险费，保险人对于保险合同约定的可能发生的建设工程事故实际发生造成被保险人财产损失或当被保险人因建设工程项目建设而死亡、伤残或产生疾病时承担损失、损害赔偿责任的商业保险行为。工程保险主要是对各类民用、工业用和公共事业用的建设工程项目，包括道路、水坝、桥梁等在建筑安装过程中因自然灾害或人为因素而引起的免责事项外的一切意外损失给予赔偿的一种保险。

根据国务院 2003 年 11 月颁布的《建设工程安全生产管理条例》，承包商必须为从事危险作业的职工办理意外伤害保险，实行总承包的，由总承包商办理。我国《建设工程施工合同（示范文本）》根据保险法，规定了发包人要为施工场内的自有人员及第三方人员生命财产，以及运至施工场地内用于建设工程项目的材料和待安装设备办理保险；承包人为施工场地内自有人员生命财产和施工机械设备办理保险。

5. 工程分包

工程分包是指承包人根据工程合同约定或经发包人同意，将其承包范围内的非主要部分及专业性较强的工程内容另行发包给具有相应资质的承包人承包的法律行为。在建设工程项目建设过程中，任何承包人都不可能自己独立完成全部工程合同工作内容，因此承包人须与其他承包人合作，通过工程分包，充分发挥各自的技术、管理、财力的优势，有效转嫁工程合同风险。

建设工程项目的总承包人可以将承包范围内的部分工程发包给具有相应资质条件的分

包人。总承包人按照总承包合同的约定对发包人负责，分包人按照工程分包合同的约定就分包的建设工程项目工作内容对总承包人负责，总承包人和分包人就分包的建设工程项目工作内容对发包人承担连带责任。

6. 工程合同争议解决方式的选择

工程合同在履行过程中纠纷的解决是一个十分复杂的问题，主要的原因有两个：一是工程合同内容、关系特别复杂，二是工程合同的技术背景复杂。我国合同法、仲裁法规定了四种纠纷解决方式，即和解、调解、仲裁、诉讼。

工程合同关系的稳定和有效维系对于合同当事人双方而言是十分重要的，因此当工程合同出现争议时，争议双方应尽量采取较为温和的纠纷解决方式解决纠纷，能采取和解、调解或仲裁方式解决争议的，就尽可能不要采用诉讼。

7. 工程合同文件的组成及解释顺序

工程合同文件数量多，有时难免出现因各个文件之间存在相互矛盾和规定不一致进而致使合同无法顺利、有效履行的情况。因此在订立这些工程合同时，当事人双方应在合同中约定工程合同文件的组成及解释顺序。

《建设工程施工合同示范文本》规定的合同文件解释顺序为：

（1）合同履行过程中当事人双方有关工程的洽商、变更等书面协议或文件；

（2）合同协议书；

（3）中标通知书；

（4）投标书及其附件；

（5）合同专用条款；

（6）合同通用条款；

（7）标准、规范及相关技术文件；

（8）图纸；

（9）工程量清单；

（10）工程报价单或预算书。

8. 工程合同价款相关条款的确定

工程合同当事人双方应在合同中就工程合同价款的相关条款做出明确约定，具体包括工程合同价款的计算依据、计算方法、支付依据、支付程序、支付方式、结算方法、结算程序、结算期限等。必要时可以在合同中约定一个工程造价专业咨询机构对工程合同最终结算价款进行审核，审核结果对合同双方均有约束力。

工程合同价款的计算、支付和结算是一项政策性、专业性强，且又复杂、细致的技术经济工作，这项工作涉及工程合同当事人双方的经济利益。如果工程合同中有关工程合同价款的相关条款不完备、不明确，则必然潜伏着隐患和危机，潜伏着争议。近几年来，越来越严重的拖欠农民工工资问题就是典型的实例。因此，工程合同当事人双方（尤其是承包人）在签订合同时，应特别注意明确约定工程合同价款计算、支付和结算等工程合同价款相关重要条款，这是有效减少和避免工程合同价款支付难、结算难的问题的重要合同管理措施。

9. 有效避免无效工程合同

建筑工程施工合同被确认无效后，将导致合同自始无效，而不是从合同被确认无效之时起无效，即使建设工程施工合同自成立时起就不具备法律效力，即使合同当事人在事后予以追认，也不能使这类合同在法律上生效。无效建设工程施工合同在当事人之间不产生合同责任，其法律后果常常使当事人双方无法有效实现欲通过建设工程施工合同实现的预期目标和合同权益。因此，为有效确保建设工程施工合同的法律效力，维护合同双方当事人的合同权益和合法权益，发包人和承包人都应积极有效地防止产生无效建设工程施工合同。

2004 年 10 月最高人民法院颁布了《最高人民法院关于审理建设工程施工合同纠纷案件适用法律问题的解释》，规定了无效建设工程施工合同的几种情形。

（1）承包人未取得建设施工企业资质或超越资质等级订立的建设工程施工合同；

（2）没有资质的实际施工人借用有资质的建筑施工企业名义与他人订立的建设工程施工合同；

（3）建设工程必须进行招标而未招标或中标无效的情形下订立的建设工程施工合同；（我国《招标投标法》规定了中标无效的六种情形：招标代理机构泄密或恶意串通；招标人泄露招标情况或标底；招标人在定标前与投标人进行实质性谈判；招标人违法确定中标人；投标人串标或行贿；投标人弄虚作假骗取中标。）

（4）承包人非法转包、违法分包建设工程所订立的建设工程施工合同。

§9.4 工程项目合同履行

9.4.1 工程合同履行的原则

1. 实际履行原则

当事人订立合同的目的是为了满足一定的经济利益，满足特定的生产经营活动的需要。当事人一定要按合同约定履行义务，不能用违约金或赔偿金来代替合同的标的。

2. 全面履行原则

当事人应严格按合同约定的数量、质量、标准、价格、方式、地点、期限等完成合同义务。全面履行原则对合同的履行具有重要意义，这项原则是判断合同各方是否违约以及违约应当承担何种违约责任的根据和尺度。

3. 协作履行原则

即合同当事人各方在履行合同过程中，应当互谅、互助，尽可能为对方履行合同义务提供相应的便利条件。

4. 诚实信用原则

诚实信用原则是《合同法》的基本原则，这项原则是指当事人在签订和执行合同时，应讲究诚实，恪守信用，实事求是，以善意的方式行使权利并履行义务，不得回避法律和合同，以使双方所期待的正当利益得以实现。

5. 情事变更原则

情事变更原则是指在合同订立后，如果发生了订立合同时当事人不能预见并不能克服的情况，改变了订立合同时的基础，使合同的履行失去意义或履行合同将使当事人之间的利益发生重大失衡，应允许受不利情况影响的当事人变更合同或解除合同。情事变更原则实质上是按诚实信用原则履行合同的延伸，其目的在于消除合同因情事变更所产生的不公平后果。

9.4.2　工程合同分析

合同分析是指从执行的角度分析、补充、解释合同，将合同目标和合同规定落实到合同实施的具体问题上和具体事件上，用以指导具体工作，使合同能符合日常工程管理的需要。

从项目管理的角度来看，合同分析就是为合同控制确定依据。合同分析确定合同控制的目标，并结合项目进度控制、质量控制、成本控制的计划，为合同控制提供相应的合同工作、合同对策、合同措施。从这一方面看，合同分析是承包商项目管理的起点。

1. 合同分析的作用

(1) 分析合同漏洞，解释争议内容

当合同中出现错误、矛盾和二义性解释，以及施工中出现合同未作出明确约定的情况，在合同实施过程中双方会有许多争执。要解决这些争执，首先必须作合同分析，按合同条款，分析争执的意思，以判定争执的性质。其次，双方必须就合同条款的解释达成一致。特别是在工程索赔中，合同分析为工程索赔提供了理由和根据。

(2) 分析合同风险，制定风险对策

工程承包是高风险的行业，存在诸多风险因素，这些风险有的可能在合同签订阶段已经经过合理分摊，但仍有相当的风险并未落实或分摊不合理。因此，在合同实施前有必要作进一步的全面分析，以落实风险责任，并对自己承担的风险制定和落实风险防范措施。

(3) 分解合同工作，落实合同责任

合同事件和工程活动的具体要求（如工期、质量、技术、费用等)、合同双方的责任关系之间的逻辑关系极为复杂，要使工程按计划有条理地进行，必须在工程开始前将这些因素落实下来，这都需要进行合同分析分解合同，以落实合同责任。

(4) 进行合同交底，简化合同管理工作

在实际工作中，由于许多工程小组、项目管理职能人员所涉及的活动和问题并不涵盖整个合同文件，而仅涉及小部分合同内容，因此他们没有必要花费大量的时间和精力全面把握合同，而只需要了解自己所涉及的部分合同内容。为此，可以采用由合同管理人员先作全面的合同分析，再向各职能人员和工程小组进行合同交底的方法。

2. 合同总体分析与结构分解

(1) 合同总体分析

合同总体分析的主要对象是合同协议书和合同条件。通过合同的总体分析，将合同条款和合同规定落实到一些带有全局性的具体问题上。

对工程施工合同来说，承包方合同总体分析的重点包括：承包方的主要合同责任及权利、工程范围，业主方的主要责任和权利，合同价格、计价方法和价格补偿条件，工期要求和顺延条件，合同双方的违约责任，合同变更方式、程序，工程验收方法，索赔规定及合同解除的条件和程序，争执的解决等。

在合同分析中应对合同执行中的风险及应注意的问题做出特别的说明和提示。

合同总体分析的结果是工程施工总的指导性文件，应将其以最简单的形式和最简洁的语言表达出来，以便进行合同的结构分解和合同交底。

（2）合同结构分解

合同结构是指一个项目中所有合同之间的构成状况和相互联系。对合同结构进行分解则是按照系统规则和要求将合同对象分解成相互独立、相互影响、相互联系的单元。合同结构分解应与项目的合同目标相一致。根据结构分解的一般规律和施工合同条件自身的特点，施工合同条件结构分解应遵循以下规则：

①保证施工合同条件的系统性和完整性。

施工合同条件分解结果应包括所有的合同要素，这样才能保证应用这些分解结果时等同于应用施工合同条件。

②保证各分解单元间界限清晰、意义完整，保证分解结果明确有序。

③易于理解和接受，便于应用。即要充分尊重人们已经形成的概念和习惯，只在根本违背合同原则的情况下才做出更改。

④便于按照项目的组织分工落实合同工作和合同责任。

3. 合同漏洞补充与解释

（1）合同漏洞补充

合同漏洞是指当事人应当约定而未约定或约定不明确、或约定了无效和可能被撤消的合同条款而使合同处于不完整的状态。为鼓励交易，节约交易成本，相关法律要求对合同漏洞应尽量予以补充，使之足够明确、清楚，达到使合同能够全面适当履行的条件。根据《合同法》第61条、第62条的规定，补充合同漏洞有约定补充、解释补充和法定补充三种。

约定补充是指当事人对合同的疏漏之处按照合同订立的规则，在平等自愿的基础上另行协商，达成合同的补充协议，并与原合同共同构成一份完整的合同。

解释补充是指以合同的客观内容为基础，依据诚实信用原则并考虑到交易惯例，对合同的漏洞做出符合合同目的的填补。解释补充分为两种：

①按照合同相关条款确定。例如，履行方式条款与履行地点条款、合同价款等就存在较为密切的联系。如果履行地点不明，但合同规定了履行方式，就有可能从中确定履行的地点。

②根据交易习惯确定。交易习惯既包括某种行业或交易的惯例，也包括当事人之间已经形成的习惯做法。

法定补充是指根据法律的直接规定，对合同的漏洞加以补充。主要包括以下几方面：

①质量要求不明确的，按照相关国家标准、行业标准履行；没有国家标准、行业标准的，按照通常标准或符合合同目的的特定标准履行。质量等级要求不明确的，最低应按质量合格的标准进行施工。如发包方要求质量等级优良的，承包方可以适时主张优质优价。

②价款或报酬不明确的，按照订立合同时履行地的市场价格履行；依法应执行政府定价或政府指导价的，按照相关规定执行。工程价款不明确的，根据国家建设标准定额进行计算。

③合同工期不明确的，除国务院另有规定外，应依据各省、市、自治区和国务院主管部门颁发的工期定额计算得出的合同工期。工期定额法律暂时没有规定的特殊工程，其合同工期由双方协商。协商不成的，报建设工程所在地的定额管理部门审定。

④付款期限不明确的，开工前发包方即应支付进场费和工程备料款；施工过程中，承包方的工作报表一经审核后即应拨付工程进度款；工程竣工后，工程造价一经确认，即应在合理的期限内付清全部工程款。

⑤履行方式不明确的，按照有利于实施合同目的的方式履行。

⑥履行费用的负担不明确的，由履行义务一方负担。

（2）歧义解释

我国《合同法》第 125 条规定："当事人对合同条款的理解有争议的，应当按照合同所使用的词句、合同的有关条款、合同的目的、交易习惯以及诚实信用原则，确定该条款的真实意思。合同文本采用两种以上文字订立并约定具有同等效力的，对各文本使用的词句推定具有相同含义。各文本使用的词句不一致的，应根据合同的目的予以解释"。

合同的解释方法主要有：

1）词句解释，即首先应确定当事人双方的共同意图，据此确定合同条款的含义。

2）整体解释，即当事人双方对合同产生争议后，应从合同整体出发，联系合同条款上下文，从总体上对合同条款进行解释，而不能断章取义，割裂合同条款之间的联系。

3）合同目的解释，即肯定符合合同目的的解释，排除不符合合同目的的解释。

4）交易习惯解释，即按照该国家、该地区、该行业所采用的惯例进行解释。

5）诚实信用原则解释。诚实信用原则是合同订立和合同履行的最根本的原则，因此，无论对合同的争议采用何种方法进行解释，都不能违反诚实信用原则。

6）其他规则，具体包括：

①第一语言规则。如果在工程实施时两种语言含义出现分歧，则以第一语言解释的真实意思为准。

②具体、详细的规定优先于一般、笼统的规定，详细条款优先于总论。

③合同专用条件、特殊条件优先于通用条件。

④文字说明优先于图示说明，工程说明、规范优先于图纸。

⑤数字的文字表达优先于阿拉伯数字表达。

⑥手写文件优先于打印文件，打印文件优先于印刷文件。

⑦对于总价合同，总价优先于单价；对于单价合同，单价优先于总价。

⑧合同中的各种变更文件，如补充协议、备忘录、修正案等，按照时间最近的优先。

4. 合同工作分析与合同交底

（1）合同工作分析

合同工作分析是在合同总体分析和合同结构分解的基础上，依据合同协议书、合同条件、规范、图纸、工程量表等，确定各项目管理人员及各工程小组的合同工作，以及划分各责任人的合同责任。合同工作分析涉及承包商签约后的所有活动，其结果实质上是承包商的合同执行计划，包括：

①工程项目的结构分解，即工程活动的分解和工程活动逻辑关系的安排；

②技术会审工作；

③工程实施方案、总体计划和施工组织计划；

④工程详细的成本计划；

⑤与承包合同同级的各个合同的协调，包括各个分合同的工作安排和各个分合同之间

的协调。

（2）合同交底

合同交底是指合同管理人员在对合同的主要内容做出解释和说明的基础上，通过组织项目管理人员和各工程小组负责人学习合同条文和合同总体分析结果，使大家熟悉合同中的主要内容、各种规定、管理程序，了解承包商的合同责任和工程范围、各种行为的法律后果等，使大家都树立全局观念，避免执行中的违约行为，使大家的工作协调一致。

合同交底应分解落实如下合同和合同分析文件：合同事件表（任务单、分包合同）、施工图纸、设备安装图纸、详细的施工说明等。并且对这些活动实施的技术和法律问题进行解释和说明。合同交底一般包括以下主要内容：

①工程概况及合同工作范围；

②合同关系及合同涉及各方之间的权利、义务与责任；

③合同工期控制总目标及阶段控制目标，目标控制的网络表示及关键线路说明；

④合同质量控制目标及合同规定执行的规范、标准和验收程序；

⑤合同对本工程的材料、设备采购、验收的规定；

⑥投资及成本控制目标，特别是合同价款的支付及调整条件、方式和程序；

⑦合同双方争议问题的处理方式、程序和要求；

⑧合同双方的违约责任；

⑨索赔的机会和处理；

⑨合同风险的内容及防范措施；

⑪合同进展文档管理的要求。

9.4.3 工程合同实施控制

合同控制是指承包商的合同管理组织为保证合同所约定的各项义务的全面完成及各项权利的实现，以合同分析的成果为基准，对整个合同实施过程进行全面监督、检查、对比和纠正的管理活动。这项工作包括以下几个方面内容：

1. 工程实施监督

工程实施监督是工程管理的日常事务性工作，首先应表现在对工程活动的监督上，即保证按照预先确定的各种计划、设计、施工方案实施工程。工程实施状况反映在原始的工程资料上，如质量检查报告、分项工程进度报告、记工单、用料单、成本核算凭证等。

2. 跟踪

即将收集到的工程资料和实际数据进行整理，得到能够反映工程实施状况的各种信息，如各种质量报告、各种实际进度报表、各种成本和费用收支报表以及它们的分析报告。将这些信息与工程目标进行对比分析，就可以发现两者的差异。差异的大小，即为工程实施偏离目标的程度。如果没有差异，或差异较小，则可以按原计划继续实施工程。

3. 诊断

即分析差异的原因，采取调整措施。差异表示工程实施偏离目标的程度，必须详细分析差异产生的原因和差异的影响，并对症下药，采取措施进行调整。在工程实施过程中要不断进行调整，使工程实施一直围绕合同目标进行。

9.4.4　工程合同变更管理

1. 工程合同变更的内容

工程变更一般是指在工程施工过程中，根据合同的约定对施工的程序、工程的数量、质量要求及标准等做出的变更。

按照国际土木工程合同管理的惯例，一般合同中都有一条专门的变更条款，对有关工程变更的问题做出具体规定。变更内容包括：

(1) 改变合同中所包括的任何工作的数量（但这种改变不一定构成变更）。

(2) 改变任何工作的质量和性质。如工程师可以根据业主要求，将原定的水泥混凝土路面改为沥青混凝土路面。

(3) 改变工程任何部分的标高、基线、位置和尺寸。如公路工程中要修建的路基工程，工程师可以指示将原设计图纸上原定的边坡坡度，根据实际的地质土壤情况改建成比较平缓的边坡坡度。

(4) 删减任何工作。

(5) 任何永久工程需要的附加工作、工程设备、材料或服务。

(6) 改动工程的施工顺序或时间安排。若某一工段因业主的征地拆迁延误，使承包商无法开工，那么业主对此负有责任。工程师应和业主及承包商协商，变更工程施工顺序，以免对工程进展造成不利影响。

2. 工程变更的程序

(1) 工程变更的提出

①承包商提出的工程变更。承包商在提出工程变更时，一般情况是工程遇到不能预见的地质条件或地下障碍。如原设计的某大厦的基础为钻孔灌注桩，承包商根据开工后钻探的地质条件和施工经验，认为改成沉井基础较好。另一种情况是承包商为了节约工程成本或加快工程施工进度，提出工程变更。

②业主方提出变更。业主一般可以通过工程师提出工程变更。若业主方提出的工程变更内容超出合同限定的范围，则属于新增工程，只能另签合同处理，除非承包商同意作为变更。

③工程师提出工程变更。工程师往往根据工地现场工程进展的具体情况，认为确有必要时，可以提出工程变更。工程承包合同施工中，因设计考虑不周，或施工时环境发生变化，工程师本着节约工程成本和加快工程与保证工程质量的原则，提出工程变更。

(2) 工程变更的批准

由承包商提出的工程变更，应交与工程师审查与批准。由业主提出的工程变更，为便于工程的统一管理，一般可以由工程师代为发出。而工程师发出工程变更通知的权利，一般由工程施工合同明确约定。如果合同对工程师提出工程变更的权利作了具体限制，而约定其余均应由业主批准，则工程师就超出其权限范围的工程变更发出指令时，应附上业主的书面批准文件，否则承包商可以拒绝执行。

(3) 工程变更指令的发出及执行

为了避免耽误工作，工程师在和承包商就变更价格达成一致意见之前，有必要先行发布变更指示，即分两个阶段发布变更指示：第一阶段是在没有规定价格和费率的情况下直接指示承包商继续工作；第二阶段是在通过进一步协商之后，发布确定变更工程费率和价格的指示。

工程变更指令的发出有两种形式：书面形式和口头形式。

9.4.5 工程合同价格调整

1. 工程合同价格调整的必要性

由于工程建设的周期往往都比较长，较高层的房屋建筑需要 2~3 年，大型工业建筑项目、港口工程、高速公路往往需要 3~5 年，而大型水电站工程需要 5~10 年。在这样一个比较长的建设周期中，急剧的通货膨胀、关键材料的短缺与外币汇率的变化等因素都会造成工程的价格、工期和工程内容的变化。因此在考虑工程造价时，都必须考虑与工程相关的各种价格的波动。如世界银行强制规定，若合同期超过 18 个月（或时间虽短但通货膨胀率高）时，必须在合同中包括价格调整规定。

业主在招标时，一方面在编制工程概（预）算，筹集资金以及考虑备用金额时，均应考虑价格变化问题。另一方面对工期较长、较大型的工程，在编制招标文件的合同条件中应明确地规定出各类费用变化的补偿办法，以使承包商在投标报价时不计入价格波动因素，这样便于业主在评标时，对所有承包商的报价可以在同一基准线上进行比较，从而优选出最理想的承包商。

2. 引起工程合同价格调整的因素

在工程招标承包时，施工期限在一年左右的项目和实行固定总价合同的项目，一般均不考虑合同价格调整，以签订合同时的单价和总价为准，物价上涨的风险全部由承包商承担，但是对于建设周期比较长的工程项目，则均应考虑下列因素引起的价格变化：

（1）劳务工资以及材料费用的上涨；

（2）其他影响工程造价的因素，如运输费、燃料费、电力等价格的变化；

（3）外币汇率的不稳定；

（4）国家或省、市立法的改变引起的工程费用的上涨。

一般对前两类因素用调价公式来调整合同价格，后两类因素可以编制相应的条款进行调整。

3. 公式法调价

（1）第一类公式

$$D = \sum_{i=1}^{n} d_i(1 + R_i)^{\frac{t_i}{2}} - d_i \tag{9-1}$$

式中：D——工程价格上涨总费用估算值；

d_i——标价中各分项费用调价前值；

R_i——标价中各分项费用年平均上涨率；

t_i——标价中各分项（如材料等）的使用期或按实际情况确定的时间；

n——分项费用项目数；

i——1，2，…，n。

几点说明：

①式（9-1）主要在业主一方编制预算时使用，可以取工资及主要材料、设备历年的

上涨率，并假定工程实施期间物价也保持同样的上涨率，估算出在工程实施期间工程价格总的上涨费用，以便在筹集资金时考虑这一不利因素。需特别指明的是，业主一方在计算价格上涨时，使用期不仅指施工期，而应该由编制概预算时到预计工程完工的总时间段。

②式（9-1）也可以用于当招标文件规定在工程实施期间，每月结算不考虑调价时，或合同为总价包干合同时，承包商在投标报价中用来估算工程实施期间工程价格总的上涨费用，以便在各分项报价中考虑，减少或避免由于物价上涨等因素引起的风险。但如果业主的招标文件明确规定允许月结算调价时，则绝不能再用式（9-1），以免导致报价过高。

（2）第二类公式

$$P_1 = \lambda P_0 \tag{9-2}$$

式中：P_1——价格调整后应付给承包商的结算月份工程结算款总额的当地货币部分；

P_0——按合同价格结算应付给承包商的结算月份工程结算款总额的当地货币部分；

λ——价格调整系数；其中

$$\lambda = \left[a + b\frac{L}{L_0} + c\frac{PL}{PL_0} + d\frac{T}{T_0} + e\frac{M_1}{M_{10}} + f\frac{M_2}{M_{20}} + \cdots + r\frac{M_n}{M_{n0}} \right]$$

式中：L——工程所在国际算月份劳务工资的现行价格指数或每小时工资；

L_0——工程所在国订合同时劳务工资的基本价格指数或每小时工资；

PL——结算月份施工设备的现行价格指数或价格；

PL_0——订合同时施工设备的基本价格指数或价格；

T——结算月份每辆卡车的吨公里运输价；

T_0——订合同时每辆卡车的吨公里运输价；

$M_1, M_2, \cdots, M_n$——结算月份各种主要材料的现行价格指数或价格；

$M_{10}, M_{20}, \cdots, M_{n0}$——订合同时各种主要材料的基本价格指数或价格；

a——固定系数，代表合同中不能调整的部分，如管理费、利润以及预计承包商的固定开支部分；

$b, c, d, e, f, \cdots, r$——权重系数，代表各类费用（工资、设备、运输，各种材料等）在合同总价当地货币中所占比例的估计值；

$$a + b + c + d + e + f + \cdots + r = 1。$$

9.4.6　工程合同支付管理

1. 工程进度款支付管理

（1）承包商提供报表

每个月的月末，承包商应按工程师规定的格式提交一式六份本月支付报表，说明承包商认为自己有权得到的款额，同时提交相关当月进度情况的详细报告在内的证明文件。该报表的内容包括以下几方面：

①本月实施的永久工程价值；

②工程量清单中列有的，包括临时工程、计日工费等任何项目应得款；

③预付的材料款；

④按合同约定方法计算的，因物价浮动而需增加的调价款；

⑤按合同相关条款约定，承包商有权获得的补偿款。

(2) 期中付款证书的最低金额

为了督促承包商每个月必须达到一定的工程量才能获得支付，可以规定一个合同总价的百分比，也可以规定一个具体金额。业主方在投标书附录中规定该最低金额时应宽严适度，一般可以参照下列公式计算确定

$$\text{最低金额数}=\frac{\text{合同总价}}{\text{工期月数}}\times(0.5\sim0.6) \tag{9-3}$$

(3) 工程师的签证

工程师接到报表后，要审查款项内容的合理性和计算的正确性。在核实承包商本月应得款的基础上，再扣除保留金、动员预付款，以及所有因承包商的责任而应扣减的款项后，据此签发期中支付的临时支付证书。如果本月承包商应获得支付的金额小于投标书附录中规定的期中支付最小金额，工程师可以不签发本月进度款的支付证书，这笔款可以接转下个月一并支付。工程师的审查和签证工作，应在收到承包商报表后的28天内完成。工程进度款支付证书属于临时支付证书，工程师有权对以前签发过的证书进行修改；若对某项工作的完成情况不满意，也可以在证书内删去或减少这项工作的价值。

(4) 业主的支付

承包商的报表经过工程师认可并签发工程进度款的支付证书后，业主应在接到证书后的28天内向承包商付款。如果逾期支付，将按投标书附录约定的利率计算延期付款利息。

2. 竣工结算

(1) 竣工结算程序

根据FIDIC合同条件，颁发工程移交证书后的84天内，承包商应按工程师规定的格式报送竣工报表。报表包括以下内容：

①至工程移交证书中指明的竣工日为止，根据合同完成全部工作的最终价值；

②承包商认为应该支付的其他款项，如要求的索赔款、应退还的部分保留金等；

③承包商认为根据合同应支付的估算总额。

所谓估算总额，是指这笔金额还未经过工程师审核同意。估算总额应在竣工结算报表中单独列出，以便工程师签发支付证书。

工程师接到竣工报表后，应对照竣工图进行工程量详细核算，对其他支付要求进行审查，然后再依据检查结果签署竣工结算的支付证书。这项签证工作，工程师也应在收到竣工报表后28天内完成。业主依据工程师的签证予以支付。

(2) 对竣工结算总金额的调整

在单价合同的情况下，承包商在整个施工期内完成的工程量乘以工程量清单中的相应单价后，再加上其他有权获得费用的总和，即为工程竣工结算总额。但在颁发工程移交证书后，由于施工期内累计变更的影响，实际完成工程量与清单内估计工程量的差异，导致承包商按合同约定方式计算的实际结算款总额比原定合同价格增加或减少过多时，均应对结算价款总额予以相应调整。

3. 最终决算与支付

最终决算是指颁发履约证书后，对承包商完成全部工作价值的详细结算，以及根据合同条件对应付给承包商的其他费用进行核实，确定合同的最终价格。

(1) 最终支付证书的申请

国际上，一般在履约证书颁发56天内，承包商应按批准的格式向工程师提交最终报表草案一式六份，以及工程师要求提交的相关资料，其内容如下：

①按合同完成的所有工作的价值；

②承包商认为根据合同或其他规定应进一步得到的款项，如剩余的保留金与缺陷责任期内发生的索赔费用等。

最终报表草案经承包商与工程师协商，对其进行适当的补充或修改后形成最终报表。承包商在提交最终报表时，还需提交一份书面结清单，以确认最终报表的总额是根据合同应支付给承包商的所有款项的全部和最终的结算额。该清单只有在最终证书款项得到支付且业主退还承包商履约保函后才有效。

(2) 最终支付证书的颁发

工程师在接到最终报表及书面结清单后的28天内向业主发出一份最终支付证书（同时将一份副本交承包商)，说明：

①最终应付款；

②在对业主以前支付过的款额与业主有权得到的全部金额（误期损害赔偿费除外）加以核算后，业主应支付给承包商的余额，或承包商还应支付给业主的余额（如有时）。

(3) 最终支付

业主应在收到最终支付证书起56天内支付该证书中开具的款额。

(4) 延误支付的处理

如果业主不能按工程师签发的期中、最终支付证书及时支付工程款，承包商有权就未付款额按月收取延误付款的融资费。该融资费应按复利计算，利率为支付货币所在国中央银行的贴现率加3%。承包商有权得到这类付款而不需正式通知，并且不损害承包商的任何其他权利和补偿。

9.4.7 工程合同争端解决

工程合同争端有多种类型，也有多种解决方式，常见的有和解、仲裁、诉讼、工程师裁定、调停、调解、争议裁决委员会（DAB）等方式。其中，和解、仲裁、诉讼是较为传统的模式，也是使用较多的方式。随着建筑业市场的发展，双赢、友好、持续合作的经营理念得到了推广，业主和承包商都更倾向于以友好的方式来解决争议。工程师裁定、调停、调解、DAB等有着共同的特点，就是在第三方主持下友好协商地解决问题。这几种方式被归纳为一类，通称为工程合同争议替代解决方式（ADR)。有关工程合同争端解决方式的内容在相关教材中已有详细论述，下面只对工程合同争端的主要类型进行介绍。

1. 合同主体的争议

在工程建设中，无论是勘察合同、设计合同、施工合同还是监理合同对于主体资格都有具体的要求。这些要求是为了保证各主体具备足够的承担业务的能力，能承担相应的责任。

但目前，超越资质等级承揽工程、出借出租企业资质、以他人名义承揽工程等现象比较普遍。联合体承包也容易导致争议，联合体承包的资质审查应更严格，联合体内部各单位之间的分工、责任也必须明确，否则可能导致工作的冲突，给工程成本、进度、质量控制带来影响。

2. 工程款支付的争议

拖欠工程款主要存在于施工承包合同，是由于行业的竞争现状、市场运作不规范、信用体系缺乏等一系列因素导致的。反过来，工程款支付又是导致工程合同争议的主要因素。

建设行业的过度竞争是导致拖欠工程款的最主要因素。据相关资料统计，目前建筑施工企业的平均利润率仅仅接近于2%，许多施工企业处于亏损状态。建设行业处于“僧多粥少”的局面，企业为了承接工程，竞相降低报价，直到没有利润的情况。与此同时，施工企业往往还要垫资建设。一旦业主拖欠工程款，将影响到承包商的良性运作，进一步影响工人工资的支付，形成一个恶性的拖欠工程款的链条。

“三边工程”（边设计、边施工、边投产）容易引起造价失控，从而影响工程款的支付。由于工程是分段进行设计、施工的，使造价计算的准确性降低。此外，各分段之间相互干扰，增加了管理的难度，也会增加费用。

材料、人工的价格上涨可能导致大幅度调整工程合同价，从而影响工程款支付。如合同中对此没有约定，双方又不能尽快达成一致意见，将会导致争议。如果有约定，但价格上涨数额过大，可能超出了业主承受范围，导致拖欠工程款的争议。

此外，处于优势地位的业主在签订合同时，业主往往提出一些不平等条款，或提出一些模棱两可的条款，而承包商往往由于缺乏足够的法律意识和自我保护意识，忽视了自身将要承担的风险，一旦风险出现又无力承担，从而引发争议。

3. 工程质量的争议

下列行为都可能引发工程质量争议。

（1）建设单位不顾实际的压低造价、压缩工期可能导致承包商偷工减料。

（2）不按建设程序运作。如建设单位不依法委托工程监理单位对工程质量实施监督，导致工程质量失去控制。

（3）在设计或施工中提出违反法律、行政法规和建筑工程质量、安全标准的要求。

（4）将工程发包给没有资质的单位或将工程任意肢解进行发包。

（5）建设单位未将施工图设计文件报县级以上人民政府建设行政主管部门或其他相关部门审查。

（6）建设单位采购的建筑材料、建筑构配件和设备不合格或给施工单位指定厂家，明示、暗示使用不合格的材料、构配件和设备。

（7）施工单位脱离设计图纸、违反技术规范以及在施工过程中偷工减料。

（8）施工单位未履行属于自己在施工前产品检验的强化责任。

（9）施工单位对于在质量保修期内出现的质量缺陷不履行质量保修责任。

（10）监理制度不严格。如工程监理单位未能依照法律、行政法规及相关的技术标准、设计文件和建筑工程承包合同，对承包单位在施工质量、建设工期和建设资金使用等方面实施监督。

4. 工程分包与转包的争议

下列行为都可能引发有关分包和转包的争议。

（1）分包合同中履约范围约定不清。分包合同中必须明确分包商承担的履约范围，否则将引起多个分包商履约范围的冲突，导致纠纷。

（2）非法转包。转包是法律明令禁止的行为，一旦因此发生纠纷，应由实施转包行为的承包商承担责任。

（3）配合与协调不好。总承包商与分包商因合同约定不明或配合不协调等原因，极易就分包合同部分与建设单位产生纠纷。

（4）被追究违约责任或被罚款。

（5）各方对分包管理不严。

5. 设计变更的争议

下述原因都可能引发设计变更争议。

（1）工程本身具有的不可预见性。

（2）设计与施工以及不同专业设计之间的脱节。

（3）边设计、边施工、边投产的“三边工程”，使整个设计、施工阶段都不具备连续性，容易发生变更冲突。

（4）口头变更导致事后责任无法分清。

6. 工期进度和工程量的争议

工程进度和工程量争议主要表现为，对于工程进度和工程量的确认不及时或含糊不清，影响到日后结算。

目前，建筑业的工程款支付大都采用按施工进度支付的方法，一般为按月支付或按季度支付。在支付之前，承包商先制作工程量表提交监理工程师认可，再报业主支付。该过程中可能出现业主拖延支付、监理工程师对工程量表审查不严的情况，都可能导致争议。

7. 合同竣工验收的争议

隐蔽工程验收是一个易引发争议的环节。施工单位必须建立、健全施工质量的检验制度，严格工序管理，作好隐蔽工程的质量检查和记录。隐蔽工程在隐蔽前，施工单位应通知建设单位和建设工程质量监督机构检查验收。

未经竣工验收提前使用也可能引发争议。建筑法第 61 条规定，建筑工程竣工需经验收合格后，方可交付使用；未经验收或验收不合格的，不得交付使用。若未经验收合格即提前使用并产生纠纷，由过错方承担责任。

8. 安全事故赔偿的争议

工程施工含有较大的危险性，施工过程中也经常会发生一些安全事故，从而引发争议。实际上许多施工安全事故是由于承包人自身没有严格按照安全施工要求施工造成的，一般的安全事故也都是由承包人一方承担。许多施工合同中都约定，所有的施工安全事故都由承包人承担。其实，建设工程施工中建设单位和承包人都有保证安全施工的义务，如果是由于建设单位违反规定，没有履行相应的保证安全施工义务，即使合同约定全部责任由承包人承担，建设单位还是应承担相应的责任。

9. 不可抗力的争议

对不可抗力如何认定，对事后责任如何认定，是工程合同签订与履行中的两个难点，也容易引起争议。

根据我国《民法通则》，“不可抗力是指不能预见、不能避免并且不能克服的客观情况。”基本上采用了折中说，体现了主观标准与客观标准的统一。根据该规定，不可抗力具有严格的构成条件：一是不可预见性，二是不可避免性，三是不可克服性，四是履行期间性。不可抗力一般包括自然灾害、政府行为、社会突发事件几类。然而具体的认定需根据实际情况。例如，在某施工合同中，某承包商承包的土建工程延期，承包商抗辩的理由是6月份遭遇连续十多天的大雨，无法施工，这种情况属于不可抗力。承包商以此为理由，不承担工程延期的责任。实际上，在南方梅雨季节连续十几天下雨是很常见的，这是一个有经验的承包商在编制施工组织设计时应当预见到的，不属于不可抗力。

关于不可抗力责任的认定是另外一个难点。《合同法》第117条规定："因不可抗力不能履行合同的，根据不可抗力的影响，部分或全部免除责任。但法律另有规定的除外。"究竟在多大范围内免除责任，是容易引起争议的，往往需要权威专家来裁定或仲裁机构或法院来裁定。

10. 其他争议

其他争议包括技术风险引起的争议、承包人违反劳动、保险法规引起的争议、知识产权争议等。

所谓技术风险，是指在工程建设中一些科技含量较高的工作存在的风险，这在勘察、设计、施工中都存在。

承包人违反劳动、保险法规的问题在现阶段表现得较为突出，承包人恶意拖欠民工工资、不为民工办理劳动保险、不提供良好工作条件、工作强度太高等问题已成为一个较严重的社会问题。这些都会严重影响建设工程的顺利履行。

知识产权争议以前发生不多，但随着我国社会的整体法律意识不断增强，对知识产权的保护将会更重视。知识产权的争议可能包括两种：一是设计文件本身知识产权的归属问题；二是设计人提供的设计文件，或施工单位采用的施工方案可能侵犯第三人专利或其他知识产权。如果合同中对于设计人提交的设计文件侵犯第三人知识产权问题没有约定处理方式，一旦第三人行使追索权，发包人将可能面临共同侵权而导致的销毁图纸、停止建设、赔偿损失等法律风险。

§9.5 工程项目索赔管理

9.5.1 工程索赔程序

1. 索赔内部处理阶段

索赔内部处理，也就是提出索赔的一方分析索赔事件，归纳索赔理由，编制索赔报告的过程。

(1) 索赔事实及责任的确定

在发现索赔事件之后，需要对引起索赔事件的原因进行调查，确认索赔事实的存在，同时索赔是由非承包人的原因所引起。这一点非常重要，只有非承包人责任引起的损失才有可能提出索赔，否则不能构成索赔条件。在实际的工程建设中，参与人众多，责任常常是多方面的，因此有必要进行责任分析，划清各方的责任范围，避免在索赔谈判中引起合同双方的争议和矛盾。

(2) 索赔证据

索赔证据作为索赔文件的一部分，关系到索赔的成败。如果证据不足或没有证据，仅有损害事实的存在，索赔是不能成立的。为了使索赔有可靠的事实和充分的依据，必须注意资料的积累。因此在工程建设中除了做好施工日志外，重大问题的会议上应做好文字记录，并争取与会者签字，同时承包人还应建立业务档案制度，注意积累记录每天发生的文字来往、图纸、照片等，做到处理索赔时以事实和数据为依据。

在工程建设实践中，常见的索赔依据有：

①国家的法律，政府的相关法规、法令、文件、技术规范等。

②具有法律效力的专业资料。

③完整的工程项目资料。包括：所有合同文件；来往信函；各种会议纪要；施工进度计划和实际的施工进度安排；与发包人及其代表人物的谈话资料；施工现场的工程文件，如施工记录、施工备忘录、施工日志、检查日记、监理工程师填写的施工记录等；工程照片；气候报告；工程检查验收报告和各种技术鉴定报告；建筑材料的相关凭据，包括采购、订货、运输、进场、检验、使用等方面的凭据；各种报表。包括施工人员计划表、人工日报表、材料和设备表等；各种会计核算资料；工程中停电停水以及道路开通和封闭的记录和证明；官方的物价指数，工资指数，中央银行的外汇比价等相关的公布资料。

（3）索赔损失值计算

承包人的索赔要求都体现为一定的索赔额，在索赔报告中必须准确客观地计算出索赔事件对工期和费用的影响，定量计算索赔额，同时出具索赔额度计算的过程证明文件。索赔所要求给予补偿的时间和费用的计算应合情合理，是建立在对损失事实的精确计算的基础上的。索赔的数额应是实际损失，以合同标准为基础进行计算；如果合同中没有相应的标准规定，则应以合理的标准为基础计算。实际损失可以表现为工期和费用两方面，重点是收集、分析、对比实际和计划的施工进度、工程成本和费用方面的资料，在此基础上计算索赔值。

（4）编制索赔报告，提出索赔要求

索赔报告是合同管理人员在项目管理其他职能人员的配合协助下起草的，索赔报告是索赔内部处理阶段的可交付成果。在索赔报告中应特别强调：索赔事件发生的不可预见性，承包人无法制止这类事件的发生；承包人为了避免和减轻索赔事件的影响和损失已经尽可能地采取了最大的努力；索赔事件和工程因此受到的影响及损失之间存在直接的因果关系。一般来说，索赔报告包括如下内容：针对什么提出索赔；索赔事件陈述；索赔理由；索赔事件的影响；索赔额度的计算；索赔要求的结论；附件及相关证明文件。

2. 索赔解决阶段

承包人提交了索赔报告之后，合同双方进入索赔解决阶段，最终将通过双方讨价还价或其他方式解决索赔问题。归结起来有以下五种情形：

（1）直接支付

承包人提出索赔要求，提交索赔报告给监理工程师或发包人的代表人，经其核实审定之后，再交发包人审查。如果发包人和监理工程师不提出疑问或反驳意见，同时也没有要求承包人提交补充证明材料和数据，则表示他们对承包人的索赔要求认可，索赔获得了成功。这是索赔中最为理想化的状况。但在实际情况中直接、全部认可索赔报告这种情形发生的可能性极小，绝大多数索赔都会导致双方意见不同，而进入下一阶段的谈判。

（2）谈判协商

一般索赔都将经过谈判过程，也就是双方协商解决。对于每一项索赔工作，承包、发包双方都应力争通过友好协商的方式解决，不要轻易诉诸仲裁或诉讼。因为索赔争执的过程将耗费大量的人力、物力、财力，对双方均没有好处。在谈判中，双方通过摆事实、讲道理，明确界定各方责任，共同商讨，同时互作让步，使争执得以解决。谈判协商一般采取非正式的形式；双方互相探讨立场观点，争取达到一致见解。若需要正式会议，双方应提出论据及相关资料，争取通过一次或数次谈判，达成解决索赔问题的协议。

(3) 调解

如果双方难以通过谈判协商达成一致，为争取友好解决，根据国际工程施工索赔的经验，在双方自愿的情况下，可以由双方协商邀请中间人进行调解。调解人应依据国家法律政策和合同约定，查清事实、分清责任，且始终保持中立公正的态度，在此基础上对争执双方进行说服，提出索赔解决方案。调解的结果为调解书，调解书是争执的解决方案，由合同双方和调解人签署后即具有法律效力。调解书生效后，如果某一方不执行调解决议，则可以认定为违法行为。

(4) 仲裁

类似于任何合同争端，对于索赔争端，最终的解决途径是通过仲裁或法院诉讼。根据合同法的规定，当事人不愿和解、调解或和解、调解不成的，可以根据仲裁协议向仲裁机构申请仲裁。当事人没有订立仲裁协议或仲裁协议无效的，可以向人民法院起诉。当事人应履行发生法律效力的判决、仲裁裁决、调解书；拒不履行的，对方可以请求人民法院执行。

所以，工程项目合同争端的仲裁机构、仲裁地点，应尽量在合同文件中明确。仲裁委员会在查清事实、辨明是非的基础上，按法律和相关政策对索赔争议做出裁决。仲裁机关具有最终决定权，仲裁结果具有法律效力。当然，在仲裁书下达后15天内，如果争执一方对仲裁结果不服，可以向人民法院提起诉讼。超过该期限，仲裁决议生效，必须执行。

(5) 诉讼

即通过司法方式解决。合同任何一方可以向法院提起诉讼，另一方必须应诉。法院依照国家相关法律和司法程序对索赔争议进行审判处理。法院经过法庭调查、法庭辩论，首先进行司法调解，如果调解不成则依法做出判决，该判决具有最终的强制性的法律效力。

9.5.2 工期索赔管理

1. 工期索赔的原因

在工程施工过程中，常常会发生一些不可预见的干扰事件，使得施工不能顺利进行。预定的施工进度计划受到影响，工期因此延长。

FIDIC 土木工程合同条件第 44.1 分条明确规定了可以延长工期的五种情况，赋予承包人工期索赔权。条款第 44.1 条规定：

如果由于 a. 额外或附加工作的数量或性质，或 b. 本合同条件中提到的任何误期原因，或 c. 异常恶劣的气候条件，或 d. 由业主造成的任何延误、干扰或阻碍，或 e. 除去承包商不履行合同或违约或由他负责的以外，其他可能发生的特殊情况，使承包人有理由延期完成工程或其任何区段或部分，则工程师应在与发包人和承包人适当协商之后，决定竣工期延长的时间，并相应通知承包人，同时将一份副本呈交发包人。

FIDIC 的这个条款是保护承包人利益的核心条款。与获得现场占有权的延误（第 42 条），颁发图纸和指示的延误（第 6 条），不利的自然阻碍或条件（第 12 条），暂时停工（第 40 条），额外的工作（第 51 条）或工程的损害或延误（第 20 条和第 65 条）综合运用，可以避免承包人由于工期延误而可能受到的罚款，进而可以获得由于工期延长而增加的各种费用。

2. 工期索赔的计算

工期索赔的计算方法必须可行且有理有据。工期索赔计算中一个重要问题就是如何计算“延长工期”。一般说来，在工程施工过程中出现完全停工的事件是较少见的，而大部分情况下仅是工程进度的放缓，而只有在关键线路上的延误才能引起工期的延长。

(1) 计算的基本思路

工期索赔值可以通过预定施工网络进度计划与实际状态的网络进度计划相对比得到，对比的重点是两种网络计划的关键线路，因为关键线路是总工期的决定因素。

在工程施工的过程中，由于发生了一个或一些干扰事件，使得网络计划中某个或某些活动的持续时间发生改变，将这些活动受到干扰后的持续时间代入网络计划中，进行新工期的计算。新工期与原工期的时间之差即为工期索赔值。一般来说，如果受干扰的活动位于关键线路上，则该活动的持续时间的延长可以视为总工期的延长值。如果该活动位于非关键线路上，持续时间改变后仍在非关键线路上，则该活动对总工期并无影响，也不能就此提出工期索赔。需要注意的一点是，在工程进行过程中，网络计划可以动态调整，工期索赔也可以随之同步进行。

所以，工期索赔计算的基本思路归结起来有两点：确定干扰事件对工程活动持续时间的影响；确定该工程活动持续时间对总工期的影响。通过不断的新的网络计划分析可以得到总工期所受到的影响即工期索赔值。

(2) 活动持续时间的影响计算

①工程拖延

由于业主推迟提供工程相关技术资料、施工场地设施等原因，工程会因此推迟或中断，使整个工期受到影响。通常，这些活动的实际延误天数即可以作为工期延长天数。

②工程变更

工程变更下的活动持续时间影响计算有三个方面：

其一，承包人所承担的工程量发生合同约定之外的变化，网络计划需要更新。此时，通常考虑承包商应承担的风险之后，将变化工程量与其所属类别预计总工程量相比较得一比例系数，然后用该系数与这一类别预计总工期相乘，可以得各类别的工期延长天数，之后将各类别汇总即可。

其二，由于发包人的责任造成工程停工、返工、窝工、等待变更指令等事件，经过监理工程师签字认可后，可以根据实际工程记录延长相应网络时间的持续时间。

其三，发包人指令变更施工顺序，由此引起网络事件之间逻辑关系的变更。通过新旧网络进度计划图的对比可以得到工期的变化天数。

③工程中断

由于罢工、恶劣气候条件、发包人指令停止工程施工以及其他不可抗力因素造成工程中断，一般将工程实际停滞时间视为工期索赔时间。实际停滞时间包括工程停工时间以及处理干扰事件后果需要的时间。监理工程师签证的现场实际施工记录可以作为凭证。

（3）整个工期的影响计算

在活动持续时间的影响计算的基础上便可以开展整个工期的影响计算，得到最终的工期索赔值。在实际工程中通常采用以下两种计算方法：

①网络计算法

网络计算法通过对比分析干扰事件发生前后的施工网络进度计划，得出工期值之差，计算索赔值。这种方法较为科学合理，适用于各种干扰事件的索赔。只需将发生变化的网络事件的实际持续时间代入原网络进度计划中，得到一新网络进度计划，即可以计算出总工期的延长天数，承包人可以因此提出工期索赔。通过分析可知，非关键线路上的事件变化不会对总工期造成影响。

②比例计算法

网络计算法相对来说较为科学合理，但工程复杂，网络事件众多，需要依靠计算机的网络分析程序才能完成。若干扰事件只影响某些单项工程、单位工程或分部分项工程的工期，则可以采用较为简单粗略的比例计算法。其一，以受干扰部分的工程直接造价与整个工程的合同直接造价相比得到一比例系数，再将该系数与该部分工程的工期拖延量相乘，可得总工期索赔数。其二，若是增加附加工程，则可以将附加工程或新增工程量的价格与原合同总价相比得一比例系数，再将该系数与原合同约定总工期相乘，得到索赔工期。

9.5.3 费用索赔管理

1. 费用索赔的原因

费用索赔是整个工程合同索赔的重点和最终目标。工期索赔在很大程度上也是为了费用索赔。一般来说，施工费用超支主要来自两种情况：

一是施工受到干扰，导致工作效率降低，如工程师发出的指令、图纸、详图和标高延误或有误等；

二是发包人指令工程变更或产生额外工程，导致工程成本增加。

由于这两种情况所引起的新增费用或额外费用，承包人均有权索赔。

2. 费用索赔的分析

费用索赔都是以补偿实际损失为原则，实际损失包括直接损失和间接损失两个方面，其中要注意的一点是索赔对发包人不具有任何惩罚性质，所有干扰事件引起的损失以及这些损失的计算，都应有详细的具体证明，并在索赔报告中出具这些证据。因此承包人应妥善保存整理各种实际损失的证据，如各种费用支出的账单、员工工资表、现场用工用料用机的证明、财务报表、工程成本核算资料等。没有合理合法的证据，索赔要求是无法成立的。

索赔费用的组成包括：

（1）人工费：完成合同约定之外的额外工作所花费的人工费用；由于非承包人责任导致的工效降低所增加的人工费用；法定的人工费增长以及非承包人责任的工程延误导致的人员窝工费和工资上涨费等。

（2）材料费：由于索赔事项的材料实际用量超过计划用量而增加的材料费；由于客观原因材料价格大幅度上涨；由于非承包人责任的工程延误导致的材料价格上涨和材料超

期储存费用。

(3) 施工机械使用费：由于完成额外工作增加的机械使用费；非承包人责任的工效降低增加的机械使用费；由于发包人或监理工程师原因导致机械停工的窝工费。

(4) 分包费用：是指分包人的索赔费，应如数列入总承包人的索赔款总额以内。

(5) 工地管理费：是指完成额外工程、索赔事项工作以及工期延长期间的工地管理费。

(6) 利息：发包人拖期付款利息；由于工程变更的工程延误增加投资的利息；索赔款的利息；错误扣款的利息。这些利息的具体利率可以按当时的银行贷款利率或当时的银行透支利率或合同双方协议利率来确定。

(7) 总部管理费：是指工程延误期间所增加的管理费。

(8) 利润：一般来说由于工程范围变更和施工条件变化引起的费用索赔，承包人可以列入利润。索赔利润的款额计算通常是与原报价单中的利润百分率保持一致，即在直接费用的基础上增加原报价单元中的利润率，作为该项索赔的利润部分。

3. 费用索赔的计算

费用索赔计算出的赔偿金额，是用于赔偿承包人因索赔事件而受到的实际损失，应是承包人为履行合同所必须支出的费用，发包人按该金额赔偿后，承包人能够恢复到未发生索赔事件前的财务状况。其宗旨在于承包人不致因索赔事件而遭受任何损失，但也不会因索赔事件而获得额外收益。所以索赔金额计算的基础是成本，用索赔事件影响所发生的成本减去事件影响时原计划应有的成本，其差值即为赔偿金额。

索赔金额的计算方法很多，因具体情况不同可以采用不同的方法，但归结起来主要有两种。

(1) 总费用法

总费用法又称为总成本法，这是最简单的计算方法：计算出该项工程的总费用，减去原合同报价，即得索赔金额；或以承包人的额外成本为基点加上管理费和利息等附加费作为索赔金额。

这种计算方法简单但不尽合理，因为实际完成工程的总费用中，可能包括由于承包人的原因（如管理不善，材料浪费，效率低等）所增加的费用，而这些费用是属于不该索赔的；原合同价也可能因工程变更或单价合同中的工程量变化等原因而不能代表真正的工程成本；承包人的合同报价也不一定合理，依此计算的索赔金额也会出现问题，等等。所以这种计算方法用得极少，往往会引起争议，不容易被对方和仲裁人认可。

但是在某些特定条件下，当需要具体计算索赔金额很困难，甚至不可能时，也有采用该方法的。这种情况下出现了修正的总费用法。修正的总费用法原则上与总费用法相同，但在计算过程中做出相应的修正，修正的内容主要有：具体核实已开支的实际费用，取消其不合理部分，以求接近实际情况；计算索赔金额的时期仅限于索赔事件影响的时段，而不是整个工期；只计算在该时期内受影响项目的费用，而不是全部工程项目的费用；不直接采用原合同报价，而是采用在该时期内如没有受到索赔事件影响而完成该项目的合理费用。根据上述修正，可以比较合理地计算出因索赔事件影响而实际增加的费用。

(2) 分项费用法

分项费用法是根据索赔事件所造成的损失或成本增加，按费用项目逐项分别进行分析、计算索赔金额的方法。

这种方法比总费用法复杂，但能客观地反映承包人的实际损失，比较科学合理，易于被当事人接受，有利于对索赔报告的分析评价和索赔的解决，在国际工程中被广泛采用。通常分三步。第一步分析每个或每类索赔事件所影响的费用项目，不得有遗漏。这些费用项目通常应与合同报价中的费用项目一致。第二步计算每个费用项目受索赔事件影响的数值，通过与合同价中的费用价值进行比较即可以得到该项费用的索赔值。第三步将各费用项目的索赔值汇总，得到总费用索赔值。

第一步：工程直接费的超支计算

通常可以提出索赔的直接费用项目与合同报价中所包含的内容应该一致，工程直接费的项目及其索赔费用计算原则详见表 9.1，以人工费超支计算为例。

表 9.1　　工程直接费超支计算分析表

费用项目类别	索赔事件说明	费用索赔计算原则
人工费	平均工资上涨	按工资价格指数和人工费
	现场生产工人停工、窝工	按实际停工时间和报价中的人工费单价，视实际情况而定，一般将人工费单价乘以小于 1 的折算系数。
	人员闲置	
	增加劳动力投入，额外雇佣劳务人员	按合同报价中的人工费单价或合同规定的加班补贴标准乘以实际工时数即可。
	节假日加班工作、夜班补贴	
	人员的遣返费、赔偿金以及重新招聘的费用	按实际支出
	劳动生产率低下、不经济使用劳动力	可将索赔事项的实际成本与合同中相应的预算成本比较，得出差额即是索赔值； 或者比较正常情况下的生产率和受干扰状态下的生产率，得到生产率的降低值，以此进行索赔。

第二步：工程总部管理费的计算

在分项计算出各项工程直接费的超支数额之后，单独进行工程总部管理费的计算。计算方法主要有以下种类：

1）国际上应用最广的 Eichealy 公式。

如果计算工期延长的费用索赔：

$$\begin{matrix}\text{延期合同应}\\\text{分担的管理费}\end{matrix}=\frac{\text{合同原价}}{\text{同时期承包人所有合同的实际价值之和}}\times\begin{matrix}\text{同时期承包人的}\\\text{总计划管理费}\end{matrix}$$

$$\text{单位时间管理费率}=\frac{\text{延期合同应分担的管理费}}{\text{计划合同工期}}$$

$$\text{管理费索赔额}=\text{单位时间管理费率}\times\text{合同延期时间}$$

如果计算已经得到工程直接成本索赔额的费用索赔：

$$\text{该索赔合同应分担的管理费}=\frac{\text{被索赔合同的计划直接成本}}{\text{同期承包人所有合同直接成本总额}}\times\text{同期承包人的总计划管理费}$$

$$\text{直接成本包含的管理费率}=\frac{\text{该索赔合同应分担的管理费}}{\text{合同计划直接成本}}$$

$$\text{管理费索赔额}=\text{直接成本包含的管理费率}\times\text{工程直接成本索赔额}$$

2）按照赔偿工程实际损失的原则，承包人的总部管理费开支可以按照一定的会计核算准则分摊到已经计算好的工程直接费超支额或有争议的合同上。

①直接分摊：工地管理费按细部项目根据实际情况分别计算，归入工程直接费总成本；总部管理费则按工程直接费总成本分摊。此法适用范围较广。

②日费率分摊：按合同额分配管理费，再用日费率法计算损失。具体公式为：

$$\text{争议合同应分摊的管理费}=\frac{\text{争议合同额}}{\text{承包人同期完成的总合同额}}\times\text{同期总部管理费总额}$$

$$\text{日管理费}=\frac{\text{争议合同应分摊的管理费}}{\text{争议合同履行天数}}$$

$$\text{管理费索赔值}=\text{日管理费}\times\text{争议合同延长天数}$$

③分离费用法：当管理费发生时，及时记录和分离各个工程项目的管理费用，同时可以分离出索赔项目的总部管理费。

④初始预算法：按照承包人在投标报价或作预算时规定的总部管理费的百分比计算。

⑤行业平均值法：根据国家、行业或权威机构公布的该类型工程承包人的平均管理费率计算；一般公式为：总部管理费用索赔额 = 工程直接费用索赔额 × 平均管理费率

⑥合同规定费率法：依据合同中规定的费用索赔可以采用的总部管理费率计算即可。

第三步：各费用项目的汇总

将各分项的工程直接费超支索赔额和管理费索赔额汇总就得到总索赔额。目前看来，分项费用法与总费用法相比较，能够同时适用于单项索赔和总索赔，且计算原则和方法更为科学合理，易被争议双方以及第三方仲裁人员接受，有利于索赔问题的顺利解决。因此，分项费用法使用更为广泛。

复习思考题

1. 业主是工程项目的所有权者，而承包商是工程项目的具体实施者，那么到底应由哪一方对工程项目的实施总负责？
2. 简述建设工程示范性合同文本的主要功能和优点。
3. 简述承包商投标时应注意的问题。
4. 简述工程合同审查的主要内容。
5. 工程合同谈判的常用技巧和策略有哪些？
6. 土木工程中对于合同文件解释的惯例有哪些？
7. 工程变更的概念及性质如何？并简述工程变更的程序。
8. 为什么要进行工程合同价格调整？简述工程合同价格调整的方法和原则。
9. 在某项目中，一个承包商借用他人资质投标并中标，签订了合同，业主事先知道

此事。合同实施一段时期后，业主与承包商发生冲突，业主主张合同无效，试问是否可以？这种情况下，双方的经济责任应如何判定？

10. 工期索赔的计算方法有哪些？其具体流程分别是什么？

第 10 章　工程项目风险管理

本章学习要点：工程项目风险管理的主要内容包括风险识别、风险评价、风险应对和风险监控。首先要理解风险的概念，即风险是导致损失或伤害的可能性，掌握风险的种类。在风险识别方面，要掌握风险识别的各种方法，如检查表法、流程图法、头脑风暴法、德尔菲法、SWOT 分析法等。在风险评价方面，掌握主观评分法、决策树法、层次分析法、模糊综合评价法。在风险应对方面，掌握风险规避、风险减轻、风险预防、风险转移、风险自留和风险利用的原理和手段。其中重点掌握工程保险和保证担保的方式和要点；最后，了解工程项目风险监控的必要性和基本程序。

§10.1　工程项目风险管理概述

工程项目由于是一个复杂的、开放的系统，受到的影响因素很多。例如，在项目实施过程中人的管理经验不足、技术手段低下、质量意识淡薄、监督管理不严，材料的质量不合格、运输延误、使用不规范，施工方法不科学、不合理都可能导致工期的延误或质量的低劣，从而给项目投资人、建设单位带来巨大损失，甚至危及社会公共利益和人身、财产安全。常言道，"天有不测风云"，工程项目投资周期长、实施难度大、参与主体多，各种潜在的危险因素更是难以全部预测，正可谓"风险无处不在，损失时有发生"。为了采用全面、系统的方法来防范工程项目实施过程中可能出现的各种损失，规避或抑制导致这些损失的诱导因素，一门系统的风险管理学科作为项目管理学的子学科，已经形成并发展成熟起来。

10.1.1　基本概念

1. 工程项目风险

所谓风险，是指导致损失或伤害的可能性。这一概念包括两个要点，一是风险是与对财、物的损失或对人身的伤害联系在一起的，二是这种损失和伤害并非必然发生。如果损失或伤害肯定不发生或肯定发生，都不存在管理的必要性和可能性了。

工程项目风险，是指在工程项目实施全寿命周期中导致损失或伤害的可能性。因此，工程项目风险包括项目决策风险、项目前期准备的风险、项目设计风险、项目施工风险、项目采购风险、项目运营风险等。工程项目风险管理也应贯穿于整个项目的各个实施阶段。

根据风险的定义，风险的大小可以下式来度量

$$R=f\ (P,\ C) \tag{10-1}$$

式中：R——指风险；

P——指不利事件发生的概率；

C——指不利事件发生的后果。

2. 工程项目风险管理

工程项目风险管理，是指项目管理组织对工程项目实施过程中可能遇到的各种风险因素进行规划、识别、评价、应对及监控，以科学的管理方法实现最大安全保障的实践活动的总称。其目的是控制和处理项目风险，防止或减少损失，减轻或消除风险的不利影响，以最低成本取得对项目安全保障的满意结果。

工程项目的策划、决策、设计、施工等各个阶段中，风险的来源、形成过程、潜在破坏机制、影响范围等都错综复杂，单一的管理技术或单一的工程技术、财务、组织、教育和程序措施都有其局限性。因此，项目管理组织需要综合运用多种方法、手段和工具辅助识别、评价和应对风险，准确理解项目出现偏差的危险信号，尽可能早地采取正确行动，将不利后果减轻到最低程度。因此，工程项目风险管理是一种综合性的管理活动，其理论和实践涉及自然科学、社会科学、工程技术、系统科学、管理科学等多学科，需运用分析、比较、归纳、计算等方法。

10.1.2 工程项目风险的特点与分类

1. 工程项目风险的特点

(1) 客观性

风险的存在取决于决定风险的各种客观因素和主观因素，是不以项目管理者的主观意志为转移的。在工程项目实施过程中，无论是自然界的风暴、洪灾、地震，还是社会矛盾、政治斗争、民族纷争等，都可能对项目实施产生不利影响。项目管理者往往不能阻止这些事件发生，而只能通过辨识其中的规律，及时发现可能导致风险的因素，采取措施防患于未然。

(2) 突发性

突发性也称不确定性，风险事件何时发生，会导致什么样的后果等均是不确定的，往往给人一种突发的感觉。没有经验的项目管理者面对突然而至的风险事件，往往不知所措，其结果是加剧了风险的破坏性。风险的这一特点，要求项目管理者通过对历史经验、数据的搜集和分析，对工程项目发生事故的可能性和损失大小进行预测，并对风险事件发生的征兆进行预警，完善风险管理系统。

(3) 多变性

工程项目风险本身也会受到各种因素的影响，在风险性质、破坏程度等方面呈现动态变化的特征。例如，施工过程中的安全风险会随着高空作业的增多而增大，进度风险会随着冬季的寒冷程度而变化。

(4) 相对性

工程项目中有多个参与方，业主、设计单位、施工单位、监理单位等各方单位的利益取向都是不同的，承担风险的能力也不一样。风险与机遇是相伴而生、相对而立的。同一个事件对一方是风险，对另一方则可能是机遇；即使对同一方在某一种情形下是风险，在另一种情形下可能是机遇。例如，如果某工程的地质条件比较复杂，存在大面积岩石或淤泥的可能性很大，若采用单价合同，则对承包商是机遇，对业主是风险；若采用固定总价合同，则对承包商是风险，对业主是机遇。因此，必须明确风险管理者的立场，具体情况具体分析。

（5）阶段性

工程项目中风险的发展通常可以分为三个阶段。一是潜在风险阶段，是指风险正在酝酿之中，但尚未发生的阶段。该阶段还没有损失，但潜在风险可能进一步发展变化。二是风险发生阶段，是指风险已变成现实，事件正在发展的阶段，此时风险正在发生，但其后果还没有形成。三是造成后果阶段，是指已经造成了人身、财产或其他损失或伤害的阶段。通常这一后果的产生是无法挽回的，只能设法减少损失或伤害的程度。

2. 工程项目风险的种类

对工程项目中数量繁杂的风险因素进行分类，是简化项目风险识别、风险分析、风险评价、风险应对、风险监控等管理工作的必要步骤。在实践中，项目风险有多种分类标准。

（1）按风险后果划分

①纯粹风险，不能带来机会、无获得利益可能的风险，称为纯粹风险。纯粹风险造成的损失是绝对的损失，例如某工程项目空气压缩机房在施工过程中失火，业主和承包商都会蒙受损失，社会财产也遭受了损失。自然灾害、政治、社会方面的风险一般也都表现为纯风险。

②投机风险，既可能带来机会、获得利益，又隐含威胁、造成损失的风险，称为投机风险。投机风险有三种可能的后果：造成损失、不造成损失和获得利益。例如，采用单价合同的施工项目，如果遇到不可预见的地质状况导致工程量增加，承包商反而会得到更多的工程款支付，获利也会增加。

（2）按风险来源划分

按风险来源的不同，可以划分为自然风险、政治风险、经济风险、技术风险、行为风险、组织风险等。

①自然风险，是指由自然力的作用，造成财产损毁或人员伤亡的风险，例如洪水、地震。

②政治风险，是指由于政局变化、政权更迭、罢工、战争等引起社会动荡而造成财产损失和损害以及人员伤亡的风险。

③经济风险，是指工程项目由于经营管理不善、市场预测失误、价格波动、供求关系变化、通货膨胀、汇率变动等导致经济损失的风险。

④技术风险，是指工程建设勘察、设计、施工等技术方面的风险，例如地下施工基坑支护方案不合理带来的塌方问题。

⑤行为风险，是指由于个人或组织的过失、疏忽、侥幸、恶意等不当行为造成财产毁损、人员伤亡的风险。

⑥组织风险，是指由于项目有关各方关系不协调以及其他不确定性而引起的风险，如业主、承包商、监理单位之间相互不配合。

（3）按风险影响程度划分

①局部风险。是指由于某个特定因素导致的风险，其影响范围较小。

②总体风险。总体风险影响到项目实施的全局，如经济、政治等因素。

但局部与总体也是相对的，局部风险若处理不当，可能导致连锁反应，影响到整个项目的实施。例如，工程项目所有工序都有延误风险，但在关键路线上的工序一旦延误，就会推迟整个项目的完成日期。

(4) 按风险是否可管理划分

①可管理的风险。是指可以预测、并可以采取相应措施加以控制的风险。

②不可管理的风险。是指用人的智慧、知识等无法预测和控制的风险。

风险能否管理主要取决于风险不确定性是否可以消除以及风险管理主体的管理能力和经验。

(5) 按风险后果承担者划分

按风险后果承担者不同，可以划分为项目业主风险、政府风险、承包商风险、投资方风险、设计单位风险、监理单位风险等。例如，项目业主风险包括工程项目方案的选择，设计单位/监理单位/承包商的选择，工程材料、设备供货商的选择，工程实施中各种问题处理方案的选择，政府官员干预，合同条件缺陷等。承包商风险包括投保决策不当、投标报价不合理、施工技术不熟悉、合同条件不公平、资源组织和调配不当等。

(6) 按风险因素的性质划分

①内部风险。包括各方主体的行为风险、组织风险、技术风险等。

②外部风险。包括工程项目相关的政治风险、经济风险、法律风险、市场风险、自然风险等。

这种划分有助于项目参与主体对不同风险分类进行管理。

10.1.3 工程项目风险管理的过程

工程项目风险管理过程，一般由若干主要阶段组成，这些阶段不仅其间相互作用，而且与项目管理的其他内容也相互影响。每个阶段的完成都需要项目风险管理人员的努力。

不同的组织或个人对于风险管理过程的认识是不一样的。美国系统工程研究所(SEI) 把风险管理的过程主要分成若干个环节，即风险识别 (Identify)、风险分析 (Analyze)、风险计划 (Plan)、风险跟踪 (Track)、风险控制 (Control) 和风险管理沟通(Communicate)。

美国项目管理学会 (PMI) 制定的 PMBOK (2000 版) 中描述的风险管理过程为：风险管理规划、风险识别、风险定性分析、风险量化分析、风险应对设计、风险监视和控制六个部分。

本书根据我国工程项目管理的实际情况，将风险管理的主要过程划分为风险识别、风险估计、风险评价、风险应对和风险监控五个阶段。

1. 风险识别

风险识别是风险管理的第一步，是对工程项目所面临的和潜在的风险加以分析、判断、归类的过程。工程项目周围存在的风险是多种多样的，包括项目外部的和内部的、技术的和非技术的。这些风险存在于什么地方？发生的条件是什么？发生的可能性有多大？发生后的损失又是如何？这些在风险识别中均应有初步的分析和判断。

2. 风险估计

风险估计是在风险识别的基础上，通过对所收集大量资料的分析，利用概率统计理论，估计和预测风险发生的可能性和相应损失的大小。风险估计是对风险的定量化分析，可以为风险管理者进行风险决策、选择管理技术提供可靠的数据。

3. 风险评价

风险评价是在风险识别和风险估计的基础上，对风险发生的概率、损失程度和其他因素进行综合考虑，得到描述风险的综合指标——风险量，并与公认（或经验）的风险（安全）指标相比较，得到是否要采取控制措施的结论。

4. 风险应对

风险应对是在风险发生时实施风险管理计划中的预定措施。风险应对措施分为两类：一类是在风险发生前，针对风险因素采取控制措施，以消除或减轻风险。其具体的措施包括规避、缓解、分散、抑制和利用等。另一类是在风险发生前，通过财务安排来减轻风险对项目目标实现程度的影响，其具体的措施有自留、转移等。

5. 风险监控

风险监控是跟踪已识别的风险，监视残余风险和识别新的风险，保证计划执行，并评估这些计划对降低风险的有效性。

10.1.4　工程项目风险管理的组织

工程项目风险管理的组织，是指为实现风险管理目标而建立的组织结构，即组织机构、管理体制和领导人员。没有一个健全、合理和稳定的组织结构，项目风险管理活动就不能有效进行。

工程项目风险管理的组织结构没有固定标准，具体如何设立、采取何种方式、需要多大的规模，取决于多种因素。其中，工程项目风险在时空上的分部特点是决定性的因素。项目风险存在于项目的所有阶段和方面，如技术风险、财务风险、采购风险、劳务风险等，也就需要各方面的管理人员来协同管理。因此工程项目风险管理需要各方面的专业管理人员，但也需要一个统筹协调的人，也就是说，项目风险管理职能的履行在组织上具有集中和分散相结合的特点。

此外，项目的规模、技术和组织上的复杂程度、风险的复杂和严重程度、风险成本的大小、项目执行组织最高管理层对风险的重视程度、国家和政府法律法规和规章的要求等因素，都对项目风险组织的组织结构有影响。

工程项目风险管理的组织结构宜采用矩阵式组织结构，如图 10.1 所示。

项目风险管理组织结构的最上层是项目经理。项目经理对整个工程项目的风险管理及其他管理任务负全面责任。项目经理可以委托一名风险管理专职人员担任项目风险管理小组组长，帮助项目经理组织和协调整个项目管理组织的风险管理活动。

至于项目风险分析人员，应由各个职能部门中具有技术经济知识、计算机操作能力和项目管理经验的权威人士来担任。若无合适人选，可以从外聘请。从外聘请的优点是更有利于保证风险分析的客观性和公正性。无论何种情况，项目管理组织都要参与项目风险分析过程，这样既可以保证风险分析做得合理，又能够了解问题的来龙去脉，对风险分析、评价、应对、监控的具体情况做到心中有数。

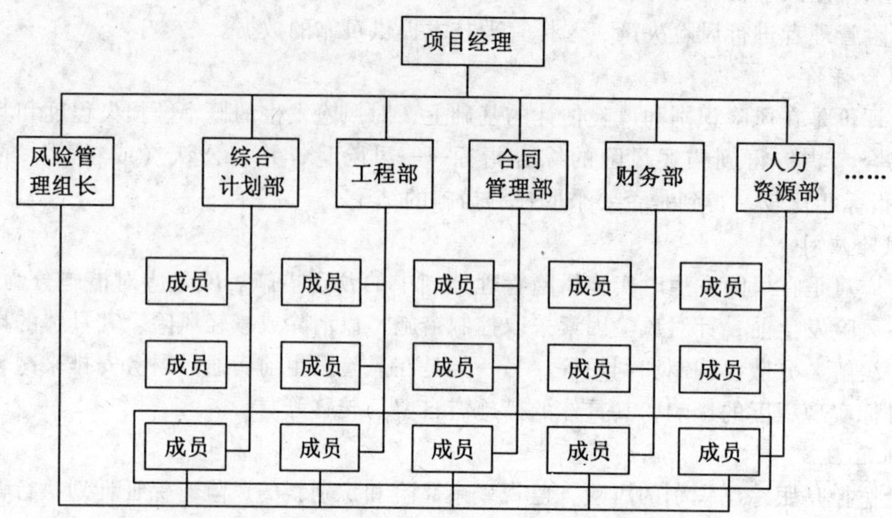

图 10.1 工程项目风险管理的矩阵式组织结构图

§10.2 工程项目风险识别

工程项目风险识别，就是确定何种风险事件可能影响项目，并将这些风险的特性整理成文档。这项工作是后续的风险评价、风险应对、风险监控等管理工作的基础。风险识别的质量不高，全面性、准确性、及时性不能得到保证，风险应对和监控的工作就无法取得理想的效果。但是，由于工程项目规模大、投资巨、周期长、参与主体多、影响因素繁杂，导致大多数情况下风险并不是显而易见的，其往往隐藏在工程项目实施的各个环节，或被种种假象所掩盖。同时，在工程项目实施过程中，管理人员对项目风险的认识程度也有一个循序渐进的过程。但不管在哪个阶段，都需要经过合理的识别程序，采用有效的识别方法，将各种对项目实施和目标系统有影响的风险因素罗列出来，形成项目风险列表，为后续的风险分析、应对和监控提供基础。

10.2.1 工程项目风险识别过程

工程项目风险识别主要包括收集资料、分析不确定性、确定风险事件、编制风险识别报告等若干阶段。

1. 收集数据或信息

工程项目受到政治、经济、法律、市场、社会文化等多方面环境因素的影响。其中，政治、法律因素在国际工程承包项目中更显重要。此外，工程本身的技术特点、项目参与主体的能力和信誉等也是要重点考察的内容。

(1) 政治环境

①项目所在国政治和经济形式是否稳定，党派斗争的情况，军队的情况，民众对政府的依赖程度，有无发生暴动、战争或政变的可能性；

②项目所在国与相邻国家之间的政治关系，有无发生相互封锁或冲突的可能；

③项目所在地政府和人民对我国的政治态度如何，有无发生排斥、歧视、经济上的不平等待遇，甚至出现打击、抢劫的可能性，以及对工程师和劳工签证的签发情况。

（2）法律方面

①项目所在国的民法规定，尤其是有关民事主体法律地位、权利、义务的规定；

②项目所在国的经济法规，尤其是建筑法规、公司法、合同法、劳动法、环境保护法、税法、会计法、海商法、仲裁法等；

③项目所在国有关的涉外法律规定；

④项目所在国有关的具体规定，如：劳动力的雇佣、设备材料的进出口、运输方面的有关法令、规定等；

⑤项目所在国对我驻外机构和项目机构的设立以及经营范围限定的法律规定等。

（3）市场环境

①当地施工用料供应情况和市场价格，特别是当地砂、石等地方建筑材料货源和价格，运输能力与途径，有无可能自己开采，是否征收开采时的矿山使用费；

②当地专业分包的情况，包括业绩、实力、工作饱满程度等；

③当地机、电设备采购条件、租赁费用、零配件供应和机械设备加工、修理能力等；

④当地生活用品供应情况、食品供应及价格水平；

⑤当地劳务的技术水平、劳动态度、雇佣价格及雇用当地劳务的手续、途径等；

⑥当地运输情况、车辆及船舶租赁价格、汽车零配件供应情况、油料价格及供应情况、公路和桥梁管理的相关规定、当地司机水平及雇佣价格等；

⑦有关海港、航空港及铁路的装卸能力、费用以及管理的相关规定等；

⑧当地近几年的市场价格和物价指数变化情况等；

⑨当地水电、通信等设施情况。

（4）自然环境

①气象资料：年平均温度，年最高温度；风玫瑰图、最大风速、风压值；日照；年平均湿度，最高湿度、最低湿度；室内计算温度、湿度；高温和低温持续时间；

②水文资料：年降雨量、雨量分布、雨季时间长短、最大降雨量、河流及洪水情况、供水情况；潮汐、风浪、台风、飓风等（特别是对港口工程和近海、沿海和沿海城市的各类工程）；

③地质情况：各国各地区地址总体构造及特征；承载能力，地基是否大孔土、膨胀土；地震及设防等级。

（5）工程项目的具体情况

①工程性质、规模、复杂程度以及自然条件（如水文、气象、地质等）；

②工程现场工作条件，特别是道路交通、通信、电力和水源；

③工程的材料供应条件；

④工期、质量、环保和安全的要求；

⑤有无已建成的类似项目可供参考。

（6）业主和竞争对手情况

①业主信誉是否良好，尤其是否按时支付工程款；

②项目资金来源是否可靠，是业主自有、国有还是机构贷款；

③是否要求承包商垫资承包；

④竞争对手的数量、实力及与业主的关系。

(7) 承包商的情况

①承包商的施工能力和特点；

②承包商的设备和机械，特别是临近地区有无本公司或其他公司可供调用或借用的设备和机械；

③有无从事过类似工程的经验和业绩；

④是否有能力开出保函；

⑤有无融资渠道，特别是项目开工时所需垫付资金的来源；

⑥投标项目对承包商今后业务发展的影响。

2. 分析不确定性

在收集基本数据和相关信息的基础上，应从以下几个方面对工程项目的不确定性进行分析。

(1) 不同目标的不确定性分析。工程项目的基本目标是成本、进度和质量，随着项目管理内容的外延和社会对安全、环保、节能等的影响，工程项目的目标体系也扩展和丰富了。这些目标之间既是相互联系、相互影响的，也存在一定的对立关系。工程项目实施的最终目标在于得到一个协调各个目标，协调各方利益的建成设施。不同因素可能对某一个目标的满足有影响，也可能交叉影响某几个项目目标。因此要从实际情况出发，本着统筹协调的原则，对不同目标的不确定性因素进行客观的分析。

(2) 不同建设阶段的不确定性分析。工程项目是分阶段进行建设的，不同阶段出现的风险因素有明显差别。例如，地质风险是勘察设计阶段的主要类型，但在施工阶段和运营阶段就不太明显。因此，应针对项目决策阶段、前期准备阶段、勘察设计阶段、施工阶段、运营阶段分别进行风险事件的不确定性分析。

(3) 工程建设环境的不确定性分析。工程项目的政治、经济、法律、市场、气候等环境因素对项目实施有直接或间接的影响，而且这些因素是不断变化的。因此，对工程建设环境因素的不确定性分析不仅要确保详细，还要确保及时的、动态的跟踪和调整。

(4) 工程结构的不确定性分析。不同工程结构的特点和技术难点不同，可能出现安全、质量问题的环节、可能性和控制措施不同，对不同外界影响因素的反应也不同。因此，应区别工程结构形式，进行系统的分析。

3. 确定风险事件

在工程项目不确定分析的基础上，进一步分析这些不确定性因素引发工程项目风险的大小。然后对这些风险进行归纳、分类。为风险管理的方便，可先划分为内部风险、外部风险两类，再细分为政治、经济、法律、组织、技术等风险，如表 10.1 所示。

4. 编制风险识别报告

在工程项目风险分类的基础上，应编制出风险识别报告。该报告是风险识别的成果，通常包括的内容有已识别的风险列表、风险征兆。

表 10.1　　工程项目的风险因素

种类编号	项目来源的类型	种类编号	风险因素
外部风险			
S_1	政治、经济、法律、社会因素	S_{11}	法律法规变化
		S_{12}	行业政策变化
		S_{13}	人力、材料等价格上涨
		S_{14}	不科学的决策程序
		S_{15}	不合理的监管措施
S_2	自然环境因素	S_{21}	不可抗力
		S_{22}	不确定的地质条件
		S_{23}	恶劣的气候
		S_{24}	环境污染
S_3	第三方因素	S_{31}	公众对项目的反对
		S_{32}	第三方侵权
内部风险			
S_4	项目决策与前期工作	S_{41}	项目需求、标准等不合理
		S_{42}	评审不合理
		S_{43}	征地、拆迁与补偿冲突
		S_{44}	办理建设程序拖延
S_5	设计	S_{51}	设计缺陷
		S_{52}	采用未经验证的新技术
S_6	施工	S_{61}	超支
		S_{62}	延期
		S_{63}	质量不达标
		S_{64}	过多的合同偏差
		S_{65}	设计变更
		S_{66}	人力/材料的紧缺
		S_{67}	分包商或材料供应商的过错
S_7	资金使用与管理	S_{71}	工程款支付拖延
S_8	资产移交与使用	S_{81}	使用功能达不到要求
		S_{82}	维护成本高于预期
		S_{83}	维护频率高于预期
S_9	各方关系因素	S_{91}	组织和协调风险
		S_{92}	管理经验不足
		S_{93}	职责分配不合理
		S_{94}	权利、义务分配不合理
		S_{95}	缺乏责任追究机制
		S_{96}	项目参与方之间工作方法和观念差异
		S_{97}	项目参与方之间缺乏信任

(1) 项目风险列表

已识别出的工程项目风险是风险识别重要的成果之一，通常以风险清单的形式表现出来。风险清单将工程项目所面临的风险汇总并按类进行排列，可以给人们一个整体的感觉。例如，某国际工程中承包商的项目风险列表如表10.2所示。

表10.2　某国际工程中承包商的项目风险列表

类别	风险因素	风险识别
国别风险	政治风险	分析该国政局是否稳定；腐败程度；当地政府对中国是否友好；与当地政要有无特殊关系；何种宗教、信仰。
	经济风险	该国国民产出；主要投资来源及数量大小；收入水平与消费水平；价格水平及其变动；基础设施完善程度及基建规模大小；市场发展前景如何；外汇情况。
	商务风险	该项目的资金来源；业主的资信情况；所在国的国际商誉。
	社会和自然风险	所在国的民风民俗、社会文化；社会治安状态；劳动力情况；有无不利施工的恶劣气候及现场资源条件。
合同风险	工期风险	分析该项目的工期是否合理，正常施工情况下能否按期完成；拖延工期的惩罚措施有无危害；各种不可预见因素对工期可能造成的影响。
	工程管理条件风险	分析其是否符合国际惯例；有无特殊的要求等。
	支付条件	考察支付的时间是否跟得上工程进度，有无附加条件。
	工程责任	分析合同对质量和安全生产的要求；质量标准的定位是否合理，会不会构成对成本的危害；安全标准的成本应予以估列；对承包商社会责任的要求作认真的分析，有无不合理的要求。
技术风险	报价失误风险	工地调查不细致；规范理解不透彻。
	变更设计风险	分析变更设计的意图和原因。
组织风险	各方关系不协调风险	业主与咨询单位的责任和目标是否一致。
	承包商管理风险	承包商管理体制能否适应国际市场要求。
	分包风险	分包商组织不力，和主承包商讨价还价。
费用和收益风险	施工风险	设备在运输中可能损失和由此带来的开工延误；铁路沿线的施工用地费用；工程设计、施工工艺的选择；填料的缺乏，缴纳土地资源费。
	施工费用管理风险	施工报检繁琐，施工转序慢、周期长；路面施工材料运输方案难以确定；要投入三套路面施工设备。
	财务风险	银行保函被没收的风险；贷款利率升高。
	管理风险	工程前期费用可能因投标失败而无法弥补；语言障碍导致人员管理培训费用增加。
	收益风险	工程款支付周期长，手续繁琐；退税手续多，退税期长，可能不足额。

（2）工程项目风险的征兆

风险征兆也称为触发器或预警信号，是指风险已经发生或即将发生的外在表现，是风险发生的苗头和前兆。比如项目管理没有按照计划程序执行，或项目组成员矛盾重重，沟通欠缺，施工组织混乱，关键资源没有应急获取措施等，可以作为项目组织风险的征兆。再如，国家或地区发生通货膨胀，可能会使工程项目需要的资源价格上涨，从而导致工程项目投资超概算的风险，所以通货膨胀一般是发生工程项目投资风险的一种征兆。

对工程项目风险征兆也需要密切注视，并考虑应对计划和措施。

10.2.2　工程项目风险识别方法

在工程项目风险识别过程中一般要借助于一些技术和工具，不但有助于提高风险识别的效率，而且保证风险识别的全面性和准确性。常见的项目风险识别方法有检查表法、流程图法、头脑风暴法、德尔菲法、SWOT 分析法。

1. 检查表法

检查表法是项目管理中用来记录和整理数据的常用工具。在项目管理过程中，许多风险都是之前的项目中发生过的，是可以通过长期的项目风险管理经验积累而获得的。采用检查表法，可以将项目中可能发生的许多潜在风险列在一个表中，供识别的人员进行检查核对，既可以判别某项目是否存在表中所列或类似的风险，也可以开拓项目管理人员的思路。检查表不足之处是专业人员不可能编制一个包罗万象的检查表，因而使检查表具有一定的局限性。

在制定检查表之前，首先要对风险识别和管理的目标有清晰的认识，例如要重点考察项目成本控制方面的风险，就侧重分析成本控制方面的不确定性因素。随后，应广泛搜集资料。资料搜集人员要有足够的专业知识、耐心和责任感，保证资料的真实可靠；资料来源可以是个体样本，也可以是总体样本；搜集时间要足够长，以保证搜集的数据体现项目风险规律。然后，再设计方便实用的检查表，请专家填写。最后进行整理、汇总和分析工作。

常用的检查表有项目成功或失败原因的检查表、项目各阶段可能出现风险因素的检查表，如表 10.3、表 10.4 所示。

表 10.3　　工程项目融资成功与失败原因检查表

工程项目融资的失败原因	本项目情况
1. 工期延误，因而利息增加，收益推迟	
2. 成本、费用超支	
3. 技术失败	
4. 承包商财务失败	
5. 政府过多干涉	
6. 未向保险公司投保人身伤害险	
7. 项目技术陈旧	

续表

工程项目融资的失败原因	本项目情况
8. 项目产品或服务在市场上缺乏竞争力	
9. 担保物价值不足	
工程项目融资的成功条件	本项目情况
1. 切实进行了可行性研究，编制了财务计划	
2. 项目要用的产品和材料的成本有保障	
3. 价格合理的能源供应有保障	
4. 项目产品或服务有市场	
5. 能以预想价格买到建筑材料	
6. 承包商有丰富的经验和良好的信誉	
7. 不采用未经检验的新技术	
8. 项目资金来源稳定、可靠	
9. 对不可抗力已采取了措施	
10. 对通货膨胀率进行了预测	

表 10.4 项目各阶段可能出现的风险因素检查表

项目阶段	可能的风险因素
全过程	1. 对一个或多个阶段的投入时间不够 2. 未记录必要的工程记录
项目前期	1. 未充分考虑各种项目方案 2. 未进行正式的可行性研究 3. 未广泛、全面地搜集政治、经济、法律、市场、自然等方面的信息 4. 未考察已建类似项目的情况
勘察设计	1. 未全面考察地质状况 2. 还未完成勘察，就开始设计 3. 未考察设计方案可行性 4. 设计中计算疏漏
施工	1. 采用未经检验的新施工技术 2. 材料供应不及时 3. 材料质量问题 4. 施工机械、设备不正常运转 5. 恶劣自然条件影响
竣工和交付	1. 工程档案文件不齐全 2. 局部工程质量缺陷

2. 流程图法

流程图，是描述项目的工作流程和项目不同活动之间的相互关系的图表。流程图包括：项目系统流程图、项目实施流程图、项目作业流程图等多种形式。

流程图是一种项目风险识别的常用工具，可以帮助项目管理人员分析和了解项目风险所处的具体项目环节、各环节之间存在的风险以及风险的起因和影响。通过对项目流程的分析，可以发现和识别项目风险可能发生在项目的哪个环节或哪个地方，以及项目流程中各环节对风险影响的大小。

绘制项目流程图的步骤包括：

(1) 确定工作过程的起点（输入）和终点（输出）；

(2) 确定工作过程经历的所有步骤和判断；

(3) 按顺序连成流程图。

3. 头脑风暴法

头脑风暴法又称为集思广益法，是指通过营造一个无批评的自由会议环境，使与会者畅所欲言，充分交流、互相启迪，产生大量创造性意见的过程。

头脑风暴法的主要过程包括：

(1) 选择人员。一般要选择不同职能部门的风险分析专家、有经验的管理人员。主持人一般由具有很全面的知识结构、很强的逻辑思维能力和总结分析能力的人来担当。

(2) 明确中心议题，并醒目标注。例如，明确讨论的议题有：承包商到外省去投一个高速公路的标，中标的可能性有多大？有哪些竞争对手，实力如何？该公路项目的预期收益如何？当地政府的支付能力和信誉如何？等等。专家们要集中讨论这些议题。

(3) 轮流发言并记录。无条件接纳任何意见，不加以评论。在轮流发言时，任何一个成员都可以先不发表意见而跳过。应尽量原话记录每条意见，主持人应一边记录一边与发言人核对表述是否正确。一般可以将每条意见写在白板或白纸上。

(4) 发言终止。轮流发言地过程可以循环进行，直到每个人都想不出新的意见为止。

(5) 对意见进行评价。组员在轮流发言停止之后，共同评价每一条意见。最后由主持人总结出几条重要结论。所以头脑风暴会要求主持人有较高的素质和较强的归纳、综合能力。

4. 德尔菲法

德尔菲（Delphi）法是一种反馈匿名函询法。其做法是在对所要预测的问题征得专家意见之后，进行整理、归纳、统计，再匿名反馈给各专家，再次征求意见，再集中，再反馈，直到得到稳定的意见。其过程为：匿名征求专家意见—归纳、统计—匿名反馈—归纳、统计……若干轮后，停止。

德尔菲法的应用步骤如下：

第一步：挑选工程项目部内部、外部的专家组成小组，专家们不会面，彼此不了解；

第二步：要求每位专家对所研讨的问题进行匿名分析；

第三步：所有专家都会收到一份全组专家的综合分析答案，并要求所有专家在这次反馈的基础上重新分析，若有必要，该程序可以反复进行。

5. SWOT 分析法

SWOT 是英文 Strength（优势）、Weakness（劣势）、Opportunity（机会）、Threat（威

胁）的简写。SWOT 方法，是指在了解企业或工程项目部自身特点的基础上，判明自身发展面临的机会和威胁，然后对环境作出准确判断，继而制定企业或项目部发展的战略和策略。

SWOT 分析的作用包括：

（1）把外界的条件和约束同组织自身的优缺点结合起来，分析企业或项目部所处的位置；

（2）可以随环境变化作动态系统分析，减少决策风险；

（3）是一种定性的分析工具，可操作性强。

SWOT 分析一般分为五个步骤：

（1）列出项目的优势和劣势，可能的机会与威胁，填入道斯矩阵的四个区域；

（2）将内部优势与外部机会相结合，形成 SO 策略，制定抓住机会、发挥优势的战略；

（3）将内部劣势与外部机会相结合，形成 WO 策略，制定利用机会克服弱点的战略；

（4）将内部优势与外部威胁相结合，形成 ST 策略，制定利用优势减少威胁的战略；

（5）将内部劣势与外部威胁相结合，形成 WT 策略，制定弥补缺点、规避威胁的战略。

某大型施工承包商到海外承揽工程所作的 SWOT 分析如表 10.5 所示。

表 10.5　　某大型施工承包商海外承揽工程的 SWOT 分析表

优势与劣势	优　势	劣　势
战略选择 / 机会与威胁	1. 人力资源优势 2. 部分行业的技术优势 3. 与世界大多数国家的良好外交关系 4. 企业实力在发展中国家占优	1. 融资能力差 2. 国家工程管理人才缺乏 3. 政府支持不足
机会 1. 亚、非等地区都有大量工程项目 2. 我国有许多对外援助项目	SO 战略 巩固亚洲市场，尽快扩大非洲、拉美市场份额。并利用对外援助项目，扩大影响力	WO 战略 完善融资渠道，争取政府在担保、税收等方面的支持，并培养自己的专业技术人才
威胁 1. 地方保护主义 2. 欧美等发达国家的大型承包商实力很强	ST 战略 利用外交消除地方保护，多承揽项目，并从专业承包、劳务分包向总承包业务过渡	WT 战略 暂时避免同欧美大型承包商争夺欧洲、北美市场的高端业务，主攻非洲、中东、拉美等

§10.3　工程项目风险评价

经过系统的风险识别过程之后，项目管理者可能会发现项目实施全过程的风险因素繁多，类别多样，触发条件不同，后果也各异。由于项目实施有不同的方案，对应不同的风险水平，有些项目方案可能由于整体风险太高是不可以接受的，那么如何评判项目方案的整体风险水平呢？而在选定一种项目方案之后，针对项目实施的各种风险，又分别应采取什么样的应对措施呢？项目风险评价就是为了使项目管理者对不同项目方案的整体风险水平有一个评判，以便准确地选择项目方案；也是为了对项目中存在的各项风险的严重程度有一个定性或定量的判断，从而决定采取何种应对风险的策略。

10.3.1　工程项目风险评价概述

1. 工程项目风险评价的概念

工程项目风险评价，是指系统分析和权衡项目风险的各种因素，依据风险对项目目标的影响程度进行项目风险分级排序，并采用适当的评价方法综合评价项目方案整体风险水平的过程。这项工作包括两方面内容：

（1）项目单个风险评价

运用定性和定量方法，对项目各阶段的单个风险发生的可能性和损害大小进行测定、测试、衡量和估算等，对风险按潜在危险大小进行优先排序，作为制定风险对策、选择风险控制方案的依据。单个风险评价的主要内容包括：

①风险事件发生的可能性大小；

②风险事件发生可能的结果范围和危害程度；

③风险事件发生预期的时间；

④风险事件发生的频率。

（2）项目整体风险评价

在项目风险规划、识别和单个风险评价的基础上，通过建立项目风险的系统评价模型，对项目风险因素影响进行综合分析，确定项目的整体风险水平，从而决定是否采用某一种项目方案。

也有些教材将项目单个风险评价称为项目风险估计，将项目整体风险评价称为项目评价的，本书认为将“项目单个风险评价”与“项目整体风险评价”更有区分度和对比性。但这只是名称上的差异，其内容是一致的。

2. 工程项目风险评价的作用

（1）通过风险评价，以确定风险大小的先后次序。对工程项目中各类风险进行评价，根据各类风险对项目目标的影响程度，包括风险出现的概率及后果，以确定各类风险的排序，为考虑风险控制先后和风险应对措施提供依据。

（2）通过风险评价，明确各风险事件之间的内在联系。工程项目中各种各样的风险事件，粗看是互不相干的，但当进行详细分析后，便会发现某一些风险事件的风险源是相同的或有着密切的关联。例如，某工程由于是用了不合格的材料，承重结构强度严重达不到标准值，引发了不可预见的重大质量事故，造成了工期拖延、费用失控，以及工程技术性能或质量达不到设计要求等多种后果。对这种情况，从表面上看工程进度、费用和质量控制均出现了问题，但其根源只有一个，即，材料质量控制不严格，在以后的管理中只要注重材料质量控制，就可以消除这类风险。

(3) 通过风险评价，可以进一步认识已估计的风险发生的概率和引起的损失，降低风险估价过程中的不确定性。当发现原估计和现状出入较大，必要时可以根据工程项目进展现状，重新估计风险发生的概率和可能的后果。

(4) 对多个不同的项目方案，分别进行项目整体风险评价，判断其整体风险水平的高低，为合理选择项目方案提供依据。

10.3.2 项目单个风险评价方法

1. 风险等级评价方法

根据风险的概念，用某一特定危险情况发生的可能性和风险可能导致后果的严重程度的乘积来表示风险的大小，可以用以下公式表达

$$R = p \cdot f \tag{10-2}$$

式中：R——风险的大小；

p——危险情况发生的可能性；

f——危险造成后果的严重程度。

根据上述公式计算风险的大小，可以用近似的方法来估计。首先把危险发生的可能性 (p) 分为“很大”、“中等”和“极小”三个等级；然后把发生危险可能产生后果的严重程度 (f) 分为“轻度损失（轻微伤害）”、“中度损失（伤害）”和“重大损失（严重伤害）”三个等级；p 和 f 的乘积就是风险的大小 (R)，可以近似按级别分为：“可忽略风险”、“可容许风险”、“中度风险”、“重大风险”和“不容许风险”共5级，如表10.6所示。

表10.6 风险等级评价表

可能性 (p) \ 后果 (f)	轻度损失（轻微伤害）	中度损失（伤害）	重大损失（严重伤害）
很大	Ⅲ	Ⅳ	Ⅴ
中等	Ⅱ	Ⅲ	Ⅳ
极小	Ⅰ	Ⅱ	Ⅲ

注：表中：Ⅰ表示“可忽略风险”；Ⅱ表示“可容许风险”；Ⅲ表示“中度风险”；Ⅳ表示“重大风险”；Ⅴ表示“不容许风险”。

2. 风险区域图示法

风险的大小也可以用区域图示的方法来表示，如图10.2所示。

如果某个风险事件发生的概率和可能造成的损害都很大，则其处于风险区A；如果风险事件发生的概率和可能造成的损害都很小，则其处于风险区D；如果风险发生的概率很大，而可能造成的损失很小，则其处于风险区C；如果风险发生的概率很小，但其可能造成大的损失，则其位于风险区B。

经过有效的风险应对措施，风险大小是可以改变的，也可以实现在不同风险区域之间的转移。例如，如某风险事件经过风险评价，处于风险区 A，则应采取措施，降低其概率，使其转移到风险区 B；或采取措施降低其造成的损失，使其转移到风险区 C。对于处在风险区 B 和 C 的风险事件，还可以采取有效措施，使其转移到风险区 D。

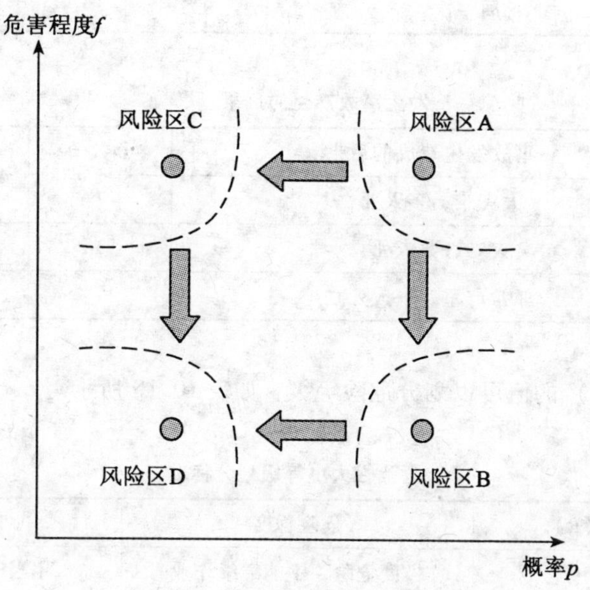

图 10.2　项目风险区域图示法

3. LEC 方法

LEC 方法又称为作业条件危险性分析法或格雷厄姆－金尼方法，该方法一般用于工程项目安全风险的评价，但其他风险的评价也可以参照使用。

将可能造成安全风险的大小用事故发生的可能性（L）、人员暴露于危险环境中的频繁程度（E）和事故后果（C）三个随机自变量的乘积来衡量，即

$$R = L \cdot E \cdot C \tag{10-3}$$

式中：R——风险大小；

L——事故发生的可能性，按表 10.7 取值；

E——人员暴露于危险环境中的频繁程度，按表 10.8 取值；

C——事故后果的严重程度，按表 10.9 取值。

该方法因为引用了 L、E、C 三个自变量，故简称为 LEC 方法。

表 10.7　事故发生的可能性（L）

分数值	事故发生的可能性	分数值	事故发生的可能性
10	必然发生的	0.5	很不可能，可以设想
6	相当可能	0.2	极不可能
3	可能，但不经常	0.1	实际不可能
1	可能性极小，完全意外		

表 10.8 暴露于危险环境的频繁程度（E）

分数值	人员暴露于危险环境的频繁程度	分数值	人员暴露于危险环境的频繁程度
10	连续暴露	2	每月一次暴露
6	每天工作时间内暴露	1	每年几次暴露
3	每周一次	0.5	非常罕见的暴露

表 10.9 发生事故产生的后果（C）

分数值	事故发生造成的后果	分数值	事故发生造成的后果
100	大灾难，多人死亡	7	严重致残
40	灾难，数人死亡	3	较大，受伤较重
15	非常严重，一人死亡	1	引人注目，轻伤

根据危险性（R）的值可以划分危险等级，如表 10.10 所示。

表 10.10 危险性大小等级划分标准

危险性分数值（R）	危险程度	备注
≥320	极度危险，不能继续作业	相当于“不容许风险”
160～320	高度危险，需要立即改进	相当于“重大风险”
70～160	显著危险，需要改进	相当于“中度风险”
20～70	比较危险，需要注意	相当于“可容许风险”
≤20	稍有危险，可以接受	相当于“可忽略风险”

4. 敏感性分析法

敏感性分析，是指通过分析、预算项目的主要制约因素发生变化时引起项目评价指标变化的幅度，以及各种因素变化对实现预期目标的影响程度，从而确认项目对各种风险的承受能力。敏感性分析可以是对项目中单一因素进行分析，即假设项目活动其他因素不变，只分析一个敏感性因素的变化对项目活动的影响，这称为单因素敏感性分析；敏感性分析也可以是对项目中多个因素进行分析，即同时分析多个因素变化对项目活动的影响，这称为多因素敏感性分析。由于多因素敏感性分析需要综合考虑多种敏感性因素可能的变化对项目活动的影响，分析起来比较复杂。下面举一实例进行单因素的敏感性分析。

例 10.1 某一小型生产项目有几个备选方案，其中之一的建设期投资额、年设计生产能力、产品单价、变动成本、税率、折现率和项目 10 年末折旧期时的残值分别为：$P_i = 34000$ 元，$Q_t = 600t$，$P = 400$ 元/t，$w = 220$ 元/t，$r = 20$ 元，$i = 16\%$，$S = 10000$ 元。试分析该方案的项目参数——变量、产品价格和变动成本的变动对项目性能指标——净现值和内部收益率的影响。

解 由技术经济学可知，项目净现值 NPV 为

$$NPV = -P_i + (p-w-r)\ Q\frac{(1+i)^n-1}{i\ (1+i)^n}+\frac{S}{(1+i)^n}$$

其中 i 为贴现率，内部收益率 IRR 就是使净现值 NPV 等于零时的贴现率。

为测试敏感度，让产量、产品价格、变动成本三个参数中的两个不便，另一个分别以 -30%，-20%，-10%，10%，20%，30%的幅度变动，观察 NPV、IRR 的值，进行比较。产量、产品价格和变动成本变动后的净现值和内部收益率数值如表 10.11 所示。可见，产品价格对净现值影响最大，其次是变动成本，产量影响最小。从项目风险管理的角度来看，项目管理组应做好市场预测，采取措施控制市场供求出现不利变化而造成的损失。

表 10.11　产量、产品价格和可变成本变动后的净现值和内部收益率

		-20%	-10%	0	10%	20%
产量 Q	NPV	34359	79858	126257	172656	219655
产量 Q	IRR	18.58%	22.03%	25.37%	28.62%	31.80%
价格 p	NPV	-105738	10259	126257	242254	358252
价格 p	IRR	7.14%	16.78%	25.37%	33.37%	41.03%
成本 w	NPV	265454	195855	126257	56658	-12940
成本 w	IRR	34.92%	30.22%	25.37%	20.32%	14.98%

10.3.3　项目整体风险评价方法

1. 主观评分法

主观评分法，是指利用专家的经验等隐形知识，直观判断每一单个风险并赋予相应的权重，如 0~10 之间的一个数。其中，0 代表没有风险，10 代表风险最大，然后把各个风险的权重加起来，再与风险评价基准进行分析比较。

例 10.2　某项目要经过 5 个工序，表 10.12 列出了已识别出该项目的前 5 个风险，试进行该项目的风险评价。

表 10.12　主观评分法

风险类别 / 工序	费用风险	工期风险	质量风险	组织风险	技术风险	各工序权重系数
可行性研究	5	6	3	8	7	29
设　计	4	5	7	2	8	26
试　验	6	3	2	3	8	22
施　工	9	7	5	2	2	25
试运行	2	2	3	1	4	12
合　计	26	23	20	16	29	114

解 (1) 利用专家经验，估计每一工序的分值，见表 10.12；

(2) 左右、上下累加，项目全部风险权重值和为 114；

(3) 计算最大风险权重值，也就是在每一项风险给分都为最高的 9 分时的项目全部风险权重值和：$5\times5\times9=225$；

(4) 计算项目整体风险系数：$\frac{114}{225}=0.5067$；

(5) 假设项目风险整体评价基准为：0.6；

(6) 项目整体风险系数 0.5067 小于项目风险整体评价基准 0.6，表示项目整体风险水平是可以接受的。

2. 决策树法

决策树法，是指利用树枝形状的图像模型来表述项目风险评价问题，项目风险评价可以直接在决策树上进行，其评价准则可以是收益期望值、效用期望值或其他指标值。该方法既能反映项目风险背景环境，同时又能描述项目风险发生的概率、后果以及项目风险发展的动态，具有很好的直观性和实用性。

某工程项目的改建有两种方案，其相应的状态、概率分别如图 10.3 所示。

在决策树分析过程中，应考虑两个指标。第一个指标是各个方案在考虑各种状态及其概率的情况下的期望收益，如图 10.3 中，方案一、方案二的期望收益分别为 34、15。期望收益往往是选择项目方案的首要指标。在常规思维下，决策者自然会选择期望值更高的方案一。但这种选择不是唯一的，如果仅仅考虑期望收益这一个指标，选择就是片面的。

第二个指标是决策者的风险承受能力。以图 10.3 为例，如果决策者不具备很强的风险承受能力，只能承受损失 6 的风险，而不能承受损失 50 的风险。此时，即使方案一的期望收益更高，决策者也会选择相对更为稳妥的方案二。因此，对第二个指标的考察也是必不可少的。

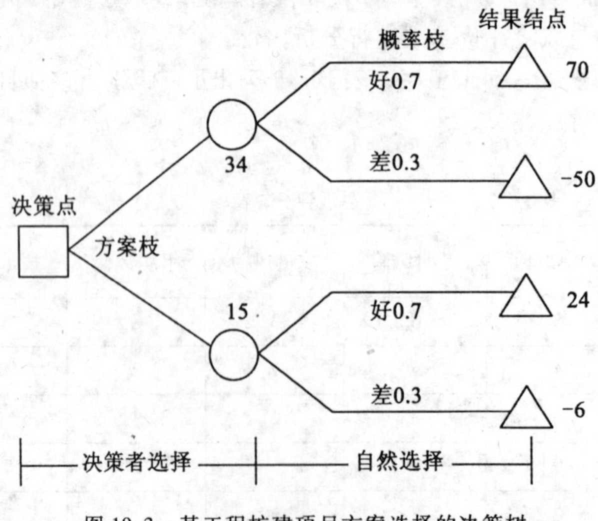

图 10.3 某工程扩建项目方案选择的决策树

3. 层次分析法

层次分析法（AHP）是将决策有关的元素分解成目标、准则、方案等层次，在此基础之上进行定性分析和定量分析的决策方法。该方法是美国运筹学家匹茨堡大学教授萨蒂于 20 世纪 70 年代初，在为美国国防部研究“根据各个工业部门对国家福利的贡献大小而进行电力分配”课题时，应用网络系统理论和多目标综合评价方法，提出的一种层次权重决策分析方法。这种方法的特点是在对复杂的决策问题的本质、影响因素及其内在关系等进行深入分析的基础上，利用较少的定量信息使决策的思维过程数学化，从而为多目标、多准则或无结构特性的复杂决策问题提供简便的决策方法。尤其适合于对决策结果难以直接准确计量的场合。层次分析法的步骤如下：

（1）通过对系统的深刻认识，确定该系统的总目标，弄清规划决策所涉及的范围、所要采取的措施方案和政策、实现目标的准则、策略和各种约束条件等，广泛地收集信息。

（2）建立一个多层次的递阶结构，按目标的不同、实现功能的差异，将系统分为几个等级层次。

（3）确定以上递阶结构中相邻层次元素间相关程度。通过构造两个比较判断矩阵及矩阵运算的数学方法，确定对于上一层次的某个元素而言，本层次中与其相关元素的重要性排序——相对权值。

（4）计算各层元素对系统目标的合成权重，进行总排序，以确定递阶结构图中最底层各个元素的总目标中的重要程度。

（5）根据分析计算结果，考虑相应的决策。

4. 模糊综合评价法

模糊综合评价法是模糊数学在实际工作中的一种应用方式。其中，评价就是按照指定的评价条件对评价对象的优劣进行评比、判断，综合是指评价条件包括多个因素。综合评价就是对受到多个因素影响的评价对象作出全面的评价。采用模糊综合评价法进行风险评价的基本思路是：综合考虑所有风险因素的影响程度，并设置权重区别各因素的重要性，通过构建数学模型，推算出风险的各种可能性程度，其中可能性程度值高者为风险水平的最终确定值。其具体步骤包括：

（1）选定评价因素，构成评价因素集；

（2）根据评价的目标要求，划分等级，建立备选集；

（3）对各风险要素进行独立评价，建立判断矩阵；

（4）根据各风险要素影响程度，确定其相应的权重；

（5）运用模糊数学运算方法，确定综合评价结果；

（6）根据计算分析结果，确定项目风险水平。

由于层次分析法、模糊综合评价法的计算过程比较繁琐，且在许多参考书中有详细阐述，这里不作详细阐述。

§10.4　工程项目风险应对

工程项目风险应对措施是指在风险识别和评价的基础上，为避免风险发生或减小风险发生的可能性或减小风险后果的损失程度而采取的各种措施。工程项目中常见的风险应对策略和措施有：风险规避、风险减轻、风险预防、风险转移、风险自留、风险利用。

10.4.1 风险规避

风险规避，就是通过变更工程项目计划，从而消除风险或消除风险产生的条件，或者是保护工程项目的目标不受风险的影响。

从风险管理的角度看，风险规避是一种最彻底地消除风险影响的方法。当风险发生的概率很大，造成损失的严重程度也很大，但又没有更好的方式应对时，主动放弃项目或改变项目的目标或方案可能是一种合理的选择，例如对风险大的项目放弃投标。

1. 风险规避方式

风险规避的方式有以下两种：

（1）规避风险事件发生的概率；

（2）规避风险事件发生后可能的损失。

2. 规避风险应注意的问题

在采取规避风险时，应注意以下几点：

（1）当风险可能导致损失频率和损失幅度极高，且对该风险有足够的认识时，这种策略才有意义。

（2）当采用其他风险策略的成本和效益的预期值不理想时，可以采用回避风险的策略。

（3）不是所有的风险都可以采取回避策略的，例如地震、洪灾、台风等。

（4）由于回避风险只是在特定范围内及特定的角度上才有效，因此，避免了某种风险，又可能产生另一种新的风险。例如，在地铁工程建设中，采用明挖法施工有支撑失败、顶板坍塌等风险。如果为了回避这种风险而采用逆作法施工方案，又会产生地下连续墙失败等其他新的风险。

总之，虽然风险回避是一种必要的、有时甚至是最佳的风险对策，但风险规避是一种消极的防范手段，这种手段虽然能避免工程项目中的严重损失，但有时也相应地失去了获利机会。因此，风险规避也可能会挫伤项目成员的工作积极性，损坏项目组甚至整个企业的良好形象。

10.4.2 风险减轻

风险减轻也称风险缓解，就是要降低风险发生的可能性或降低损失的严重性。风险减轻可以达到什么目标，可以将损失降低到何种程度，对于不同类别的风险是不一样的。

（1）对于已知风险，应对比较容易。例如，工程项目延期的风险就可以通过加班加点、快速跟进、调整改变活动的逻辑关系、压缩关键路径上活动的持续时间等监督优化手段来减轻。

（2）对于不可预测风险，应对难度更高，所需要的工作更多。例如，开发任何一种新产品都存在潜在的市场方面的风险，但如果能做好前期的市场调研，认真分析消费现状及趋势，就可以大大降低这一风险。

在风险管理的实践中，项目管理者应尽可能将不可预测的风险转化为已知风险，使整体风险程度降低，使得项目风险更易于控制。

10.4.3　风险预防

风险预防，是指事先采取有针对性的措施，以防止某些风险的发生。风险预防是一种主动的风险管理策略，通常采取有形的和无形的手段。

1. 有形手段

工程技术或措施是一种有形手段，可以用于消除物质性风险威胁。比如在山区修建公路时，为防公路两侧山体滑坡，可以采用锚固技术加固两侧的山体；施工单位为高空作业人员配备安全带，下方设置安全网等。有形的风险预防手段具体运用时，常有如下方式：

（1）预防风险因素的出现，即预先采取一定措施减少风险因素，防止风险事件的发生。如前面讲到的在山区公路两侧对山体采用锚固技术就属于这一状况。

（2）减少已存在的风险因素，如对高空作业的建筑工人佩戴安全系数更高的安全设备就可以大大减少伤亡事故的发生。

（3）将风险因素与人、财、物在时间或空间上相隔离，如在施工过程中，操作人员可以借助一定的设备或技术远离易燃、易爆、剧毒等危险物品，以避免事故发生时危机操作人员。

有形手段在多数情况下虽然有效，但毕竟需要一定的工程技术设施，需要耗费较大的成本。因此在运用这种手段时，须进行成本效益分析，充分考虑其经济性。

2. 无形手段

有形手段也并非包治百病的良药，有形手段只能在一定程度上减少风险因素或降低风险后果的严重程度。因此还需辅之以无形的风险预防手段。无形手段分为教育法和程序法两种。

（1）教育法。许多工程项目风险是由于人的因素引发的，人的行为、人的素质都是重要的风险来源。因此加强对相关人员的教育和培训，也是减轻人为因素带来风险的重要途径。通过教育和培训，应达到如下目的：

①了解与工程项目相关的资金、合同、质量、安全等方面的知识及常识，熟悉工程方面的法律法规、规程规范、工程标准、安全技能等。

②加强相关人员的职业道德素养和责任心、使命感，清楚自己的行为是整个项目活动的组成部分，个人的过失会给项目带来极大的风险与损失。

③改善个人的心理素质和安全技能，使人的行为与周围环境、机械、设备等有机协调。

（2）程序法。规范或制度反映了工程项目活动的客观规律，是前人工作经验的总结，按相关规范或制度来操作可以大大降低项目面临的风险。

例如，合理地设计项目组织形式有利于预防风险。项目发起单位如果在财力、经验、技术、管理、人力或其他资源方面无力完成项目，可以与其他单位组成联合体，预防自身不能克服的风险。

10.4.4　风险转移

风险转移，是指为避免承担风险损失而将风险转移给其他经济单位，所以又称为合伙分担风险。其目的不是降低风险发生的概率和减轻不利后果，而是借用合同或协议，在风险事故一旦发生时将损失的一部分转移到有能力承受或控制项目风险的个人或组织。

实行风险转移策略要遵循两个原则：

(1) 必须让承担风险者得到相应的回报；

(2) 对于各种具体风险，谁最有能力就让谁分担。

转移风险有多种途径，常见的有合同、工程保险与工程担保等，其中保险与担保属于财务型的处理方式，通过合同转移属于非财务型的处理方式。

1. 合同

工程项目承发包中的许多做法，如发包、组建联合体投标、分包等，都是转移风险的有效途径。发包是通过合同形式获得货物、工程与服务的方式，通过发包将风险转移给承包商。分包往往是指承包商将自身并不擅长的部分工程进一步分包给分包商的做法，通过分包承包商将部分项目风险也转移给了分包商。组建联合体则是将工程项目投标和承包的风险，由若干个各有所长的公司进行分担。

2. 工程保险

工程保险，是指风险承担者通过向保险公司交纳一定数额的保险费，一旦发生自然灾害或意外事故，便可以从保险公司取得对损失的补偿。工程项目中的一些事故虽然概率有高有低，但要做到完全避免却是不可能的，然而一旦发生，项目参与方却难以承受。于是，工程保险成为了一种有效的转移风险、降低损失的措施。而保险公司也可能通过衡量事故发生概率的大小来确定保险费的高低，从而赚取一定的利润。这样一来，工程保险对于项目参与方、保险公司来说是一种互利互惠、双赢的方式。

当前我国工程保险主要的类型有：

(1) 建筑工程一切险

建筑工程一切险承保建筑工程项目在建设过程中因自然灾害或意外事故而造成的损失，这种建筑工程包括各类以土木建筑为主体的工业、民用和公用事业的工程。

建筑工程一切险的投保人一般应是承包商，若承包商由于某些原因不予办理投保，业主可以代承包商投保，但费用仍由承包商承担。建筑工程一切险的被保险人是指在工程在建期间，对工程项目承担一定风险、具有保险利益的各方，可以包括业主、投资商或开发商、承包商、分包商、监理工程师、建筑师、设计师等。

建筑工程一切险承保的财产范围一般可以建筑工程合同的内容为依据，主要包括：

①建筑工程在工地内的物料。

②建筑施工用机械、设备、工具、临时工房及房屋内的物品。

③工地内现成的建筑物。

④投资者或开发商在工地内的原有财产。

⑤场地清理费用等。

(2) 安装工程一切险

安装工程一切险，承保安装工程项目在安装过程中因自然灾害或意外事故造成的损失。其目的在于为各种机器的安装及钢结构工程的实施提供尽可能全面的专门保险。

安装工程一切险一般应由承包商投保，若由于某些原因承包商未投保，业主可以代其投保，但费用由承包商承担。所有安装工程的保险项目具有保险利益的关系方均可以成为安装工程一切险的被保险人，一般包括项目投资者或开发商、主承包商和分包商、设备供应商、制造商、技术顾问等。

安装工程一切险的保险标的为在安装工程实施现场的物品，主要包括：

①安装项目。包括要求安装的设备、装置、物件、基础工程及为安装工程所需的各种设施。

②土木建筑工程项目。当该项目已被包括在安装项目内时，不必另行投保。

③场地清理费用。

④投资者或开发商、承包商在工地上的其他财产，等等。

(3) 工程项目其他险

工程项目其他险是指除建筑工程一切险及安装工程一切险之外的与工程项目有关的工程保险，主要是前两种险种承保范围以外的一些特定财产或责任的保险，如雇主责任险、人身意外伤害险、货物运输险、工程合同保险、设计责任险、监理责任险等。

3. 工程担保

与工程保险一样，工程担保是工程项目风险应对中最常见的形式之一。工程担保的当事人一般有三方：委托人、权利人和担保人（或保证人），担保人应委托人的要求向权利人作出某些保证，若委托人未能完成或履行保证而使权利人遭受损失，权利人有权从担保人处获得一定的补偿。工程担保的主要类型有以下几种。

(1) 投标保证担保

对某些工程项目，业主可以通过招标、投标的方式选择承包商。为防止在招标、投标期间，投标人做出有损于业主的行为，业主可以要求投标人进行投标担保。投标人应在规定时间内将标书及投标保证一并交于招标方，开标后，业主应迅速将未中标的投标人的投标保证予以退还。另外，业主与中标者签订承包合同之后，也应将中标者的投标保证予以退还。投标保证担保的担保人可以是担保公司也可以是银行。

(2) 履约保证担保

履约保证担保能有效地促使承包商严格按合同办事，使工程项目顺利进行，履约保证担保是工程担保中最重要的担保形式，因而保证金额也最大。

履约保证担保的担保人也可以有多种选择，可以是银行、担保公司，也可以是同业承包商。如果担保人是银行，则在承包商有不履约行为时，银行往往只能向业主进行损失赔偿，而不会在工程方面给予专业性帮助。但当担保人是具有一定专业性的担保公司时，情况会有所不同，因为一旦当承包商遇到困难无法履约时，担保公司可以对其进行资金和技术上的支援，帮助其履行合同，完成工程项目建设。有时担保公司还可以在征得业主同意的情况下，更换承包商以完成后续的合同任务，而业主只按原合同支付工程款，对于实际工程造价与原合同中价格的差额，由担保公司承担。另外，有信誉、有实力的承包商作为担保人也是一种资源共享、风险分担的好方式。

(3) 预付款保证担保

为保证工程项目顺利实施，业主向承包商预先提供一定数额的工程款，以供其周转使用，但若承包商不将这笔工程款用于工程项目建设，而是挪作他用或卷款潜逃，将会对业主造成极大损失。针对这种情况，就需有担保人为承包商担保。担保人可以是银行，承包商取得预付的工程款时，需向业主提供与预付工程款数额相当的银行保函，若承包商不提供银行保函，业主可以取消预付工程款。

(4) 支付保证担保

为保证工程项目顺利进行，承包商要按时发放工人工资，并支付分包商、供应商各种费用，若承包商由于某些原因不能对工资费用按时进行支付，就可能会引起法律诉讼，这不但会影响到项目的顺利实施，还可能牵涉到业主的其他资产。针对这种情况，就需有担保人为承包商进行支付保证担保，支付保证担保可以包含于履约保证担保，也可以单独规定。

(5) 维修保证担保

当项目在维修期内出现质量缺陷时，承包商应负责予以维修。为此需由担保人为承包商进行维修保证担保。根据《建筑法》和《建设工程质量管理条例》中的规定，维修保证担保的担保人可以是银行或担保公司，也可以是同业承包商。另外还可以通过维修保证金的方式进行担保。维修保证担保可以包含于履约保证担保，也可以单独规定。

(6) 完工担保

完工担保是针对承包商保证价格、质量的前提下，在合同规定期限内完成工程项目建设的行为进行的担保。

(7) 分包保证担保

工程项目存在总分包关系时，总承包商要为分包商的工作行为向业主负全部责任，总承包商为防止分包商的某些行为损害到自身利益，就会要求分包商通过担保人为其行为进行担保。与前面几种担保不同，分包保证担保的权利人是总承包商，而不是业主。

(8) 业主支付担保

业主支付担保是指针对业主不按合同规定向承包商支付工程款的行为进行的担保，业主支付担保的委托人是业主，权利人是承包商。

(9) 其他工程担保

除了上述工程担保的形式以外，在实践中还存在着许多其他形式的工程担保形式，如差额保证担保、保留金保证担保、免税进口材料设备保证担保、机具使用保证担保、税务保证担保、施工执照担保等。

10.4.5 风险自留

风险自留，是指工程项目主体将项目风险既不予以转移也不借助其他措施或力量，而是将风险的不良后果留给自己承担的一种风险应对方式。

风险自留根据采取风险应对措施时管理者是否存在意识上的主动，可以分为主动风险自留和被动风险自留。被动风险自留是在未能正确识别、估计、评价工程项目风险的情况下，而被迫采取自担风险损失后果的应对方式。被动风险自留是消极的，有可能给项目带来极大的损失，应尽量避免盲目的、被动的风险自留。而主动风险自留是一种主动的、有意识的、有准备的风险应对方式，是在认真进行风险识别、评价的基础上，衡量各种应对措施后，认为将风险留给自身最为可行时采取的处理方式。

主动风险自留具有一定的前提条件：

(1) 进行过认真的风险分析评价，即对风险因素及其损失的严重程度有清楚的认识。

(2) 风险不可转移、回避，损失又不能预防，还不能采取其他措施，除自留外，别无选择，或相对于其他应对方式而言，风险自留最合算。

(3) 经分析，对风险后果有能力承担。

(4) 风险一旦发生，就应已经做好应对风险的准备工作。

(5) 风险自留费用低于投保费用。

10.4.6　风险利用

风险利用，是指对既可能带来损失，也可能带来获利机会的投机风险，主动承担、有效管理以便化被动为主动、变损失为收益的风险应对方式。例如，投资一个项目，如果没有经过认真地调查、分析、研究及后期的精心组织管理，那么这个工程项目很可能会带来损失。但若项目选择得好，经营管理得当，项目就是一种获利机会。再比如对某项城市公路工程进行投标，报价过高会有不能中标的风险，报价过低又会有难以回收成本的风险，但若该工程工期要求很短，业主最关心的是工期而不是报价，这对某些有条件的承包商而言是一种可以利用的获利机会，因为这些有条件的承包商完全可能以较短的工期而中标，同时报价还不至于很低。由此可见，风险利用要具备一定的条件并会把握时机。

风险利用是一种比前面讲到的措施更高层次的处置风险的方式。在许多情况下，风险利用更是一种心态或态度。管理人员必须有利用风险的意识、利用内、外部的环境有利条件的意识，才能在风险管理中化险为夷，变风险为机遇。

§10.5　工程项目风险监控

10.5.1　工程项目风险监控概述

工程项目风险监控，是指通过对风险规划、识别、评价、应对全过程的监视与控制，从而保证风险管理能达到预期的目标，工程项目风险监控是项目实施过程中的一项重要工作。监控风险实际上是监视项目的进展和项目环境，即项目情况的变化。

项目风险监控的目标包括：

(1) 核对风险管理策略和措施的实际效果是否与预见的相同；

(2) 寻找机会改善和细划风险规避计划，获取反馈信息，使将来的决策更符合实际。

在风险监控过程中，及时发现那些新出现的以及预先制定的策略或措施不见效或性质随着时间的推延而发生变化的风险，然后及时反馈，并根据对项目的影响程度，重新进行风险规划、识别、评价和应对，同时还应对每一风险事件制定成败的判断标准。

10.5.2　工程项目风险控制的依据

工程项目风险控制的依据包括：

(1) 风险管理计划。

(2) 风险应对计划。根据风险管理的计划制定的应对措施方案是有效控制的基础。

(3) 项目的沟通。通过项目沟通中的文档，可以了解项目进展及项目风险状况，这些文档包括事件记录、行动规程、风险预报等。

(4) 项目的变更。工程项目的实施过程中，由于社会与环境的种种原因导致的项目变更经常会带来新风险，值得项目管理者密切关注。

(5) 项目实施过程中新识别的风险。随着工程项目的进展及内、外部环境的变化，新风险的产生是一件必然的事情。

(6) 项目评审。风险应对计划是否有效、执行是否有效可以通过项目评审者的监测与记录来了解，以此为依据来调整应对计划或制定新的应对计划。

10.5.3 工程项目风险控制的途径

在工程项目风险控制工作中，对风险的监视与控制主要通过对项目的进度、质量与费用的考察来进行。具体而言，风险的监视与控制可以运用以下方法展开。

1. 技术因素度量

在工程项目实施过程中，对项目的技术完成情况与原定进度计划相比较，若存在偏差，就有可能还存在进度方面的风险，这时就需要具体分析，是由于对原来已识别的风险估计不足，或在这方面又出现了新的风险，还是由于原应对计划存在问题，根据这种分析结果，更新应对措施，以保证按时完成预定目标。

2. 项目挣值分析

这种方法通过项目基准计划费用来监督控制项目。具体应用时应将实际已完成的工作与原计划相对比，确定是否在费用与进度方面符合要求，若存在较大偏差，则应对项目风险进一步的分析与评价及采取应对措施。

3. 项目风险应对审计

项目风险应对审计即风险审计员通过检查与记录风险应对计划执行的有效性对项目进行监督，并以此作为采取纠偏措施的依据。

4. 定期项目评估

风险随时在变，通过定期进行项目风险评估，可以对项目风险的现状及时作出估计与评价，以采取控制措施。事实上，在每次项目团队会议中，都应涉及项目风险问题，汇报项目风险最新情况，讨论新的措施。通过这种定期评估，也能够逐渐培养项目组所有成员对风险的关注，这无疑对项目是有利的。

10.5.4 工程项目风险控制的措施

风险的控制措施有纠正措施、权变措施、工程变更等。若原先已经识别并列入应对计划的风险并未按预期发展，而是有了新的变化，这时要进一步或重新进行分析评价并采取纠正措施；若是通过监视，发现有新出现的风险，这些风险在原来做计划时预先没有考虑到，就应采取应急的权变措施，并将这些措施纳入应对计划；如果根据监视的结果，须频繁采取纠正措施，以至于严重影响项目的进展，应考虑项目变更申请，通过变更项目环境、项目范围、工程设计、实施方案、费用及进度安排等应对风险。

需要指出的是，工程项目风险控制不仅可以保证项目按预定计划顺利实施，而且也是项目组积累风险管理经验最好的机会。项目管理人员要善于把握运用这一机会培养后备管理人才，对项目组成员进行风险教育，同时也要将风险判别核查表作进一步的丰富、修改及完善，纳入项目知识库，以备后来之用。

例 10.3 某工业项目，建设单位委托一家监理单位协助组织工程招标并负责施工监理工作。总监理工程师在主持编制监理规划时，安排了一位专业监理工程师负责项目风险分析和相应监理规划内容的编写工作。经过风险识别、评价，按风险量的大小将该项目中的风险归纳为大、中、小三类。根据该建设项目的具体情况，监理工程师对建设单位的风险事件提出了正确的风险对策，制定了相应的风险控制措施（见表 10.13）。

表 10.13　　风险对策及控制措施表

序号	风险事件	风险对策	控制措施
1	通货膨胀、材料涨价	风险转移	建设单位与承包单位签订固定总价合同
2	承包单位技术、管理水平低	风险回避	出现问题向承包单位索赔
3	承包单位违约	风险转移	要求承包单位提供第三方担保或提供履约保函
4	建设单位购买的昂贵设备运输过程中的意外事故	风险转移	从现金净收入中支出
5	第三方责任	风险自留	建立非基金储备

问题：1. 针对监理工程师提出的风险转移、风险回避和风险自留三种风险对策，指出各自的适用对象（指风险量大小）。

2. 分析监理工程师在表 10.13 中提出的各项风险控制措施是否正确？并说明其理由。

答：

1. 其各自适用对象如下：

(1) 风险转移适用于风险量大或中等的风险事件。

(2) 风险回避适用于风险量大的风险事件。

(3) 风险自留适用于风险量小的风险事件。

2. 其分析说理如下：

(1) 正确。固定总价合同对建设单位没有风险。

(2) 不正确。应选择技术管理水平高的承包单位。

(3) 正确。第三方承担或承包单位提供履约保函可以转移风险。

(4) 不正确。从现金净收入中支出属风险自留（或答“应购买保险”）。

(5) 正确。出现风险损失，从非基金储备中支付，有应对措施。

复习思考题

1. 比较分析风险和风险管理。“项目风险”是独立于我们个人能力而存在的，你同意这一观点吗？请说明原因。

2. 风险和机会有何不同，请阐述你的观点？

3. 房地产开发项目的业主、承包商、监理单位分别面临哪些风险？

4. 工程项目中实施风险管理有哪些好处？你现在的工作需要哪种程度的风险管理？

5. 生产 VCD 碟片的某企业的损益值如表 10.14 所示。

表 10.14

项目方案	自然状态		
	需求高 S_1	需求高 S_2	需求高 S_3
扩建原厂 d_1	100	80	-20
建设新厂 d_2	140	50	-40
转包外厂 d_3	60	30	10

问：

（1）不考虑企业的风险承受能力，以等概率为标准选择一项目方案；

（2）假定企业考虑风险的能力有强有弱，如果 $P(S_1)=0.3$，$P(S_2)=0.5$，$P(S_3)=0.2$，请结合企业的风险承受能力，合理选择项目方案。

6. 以你参与的一个实际工程项目投标为例，结合公司情况和项目特点，进行 SWOT 分析。

7. 对于工程项目中以下三种常见的风险：（1）业主要求垫资，且工程款支付滞后；（2）人工、材料价格大幅度上涨；（3）不利的地质条件。承包商可以采取哪些风险应对措施？

8. 列出你现在任务中的 5 个困难和 5 个不确定性因素。描述每个困难和不确定性因素中存在的机会。你将如何利用这些机会？

9. 咨询工程师职业责任保险的作用是什么？

10. 工程项目风险监控有哪些途径？

第 11 章　工程项目信息管理

本章学习要点：本章要求了解信息、工程项目信息的定义及其特点；掌握工程项目信息的概念、范围、分类；掌握工程项目信息管理的定义、任务、原则、基本要求以及基本内容；掌握工程项目文档管理；了解工程项目信息管理体系，即工程项目信息管理组织、工程项目信息日常管理以及工程项目信息系统开发及硬件平台建设；了解工程项目信息安全管理。

§11.1　工程项目信息概述

11.1.1　工程项目信息的定义

1. 信息的定义

信息是经过加工处理后具有参考价值的数据资料，文字、数字、声音、图像等。信息具有事实性、时效性、不完全性、等级性、共享性以及价值性等基本特征。

2. 工程项目信息的定义

工程项目信息是指用口头、书面或电子的方式传输（传达、传递）的工程项目知识、新闻和情报，其形式主要以声音、文字、数字和图像等。

工程项目信息与人力资源、物资、设备等一样，都是项目实施的重要资源之一。

11.1.2　工程项目信息的范围及分类

1. 工程项目信息的范围

工程项目信息包括在项目决策过程、实施过程（设计准备、设计、施工和物资采购过程等）和运行过程中产生的信息，以及其他与项目建设相关的信息。

2. 工程项目信息的分类

工程项目所涉及的信息类型广泛，专业多，信息量相当大，形式多样。工程项目信息可以按照信息的单一属性进行分类，也可以按照两个或两个以上信息属性进行综合分类。

（1）单一信息属性分类

①按信息的内容属性，可以将工程项目信息分为组织类信息、管理类信息、经济类信息、技术类信息。如图 11.1 所示。

②按项目管理工作的对象分类，即按照项目的分解结构，如子工程项目 1、子工程项目 2、子单位工程 1、子单位工程 2、分部工程 1 等进行信息分类。

③按项目建造的过程分类，包括项目策划信息、立项信息、设计准备信息、勘察设计信息、招投标信息、施工信息、竣工验收信息、交付使用信息、运营信息等。

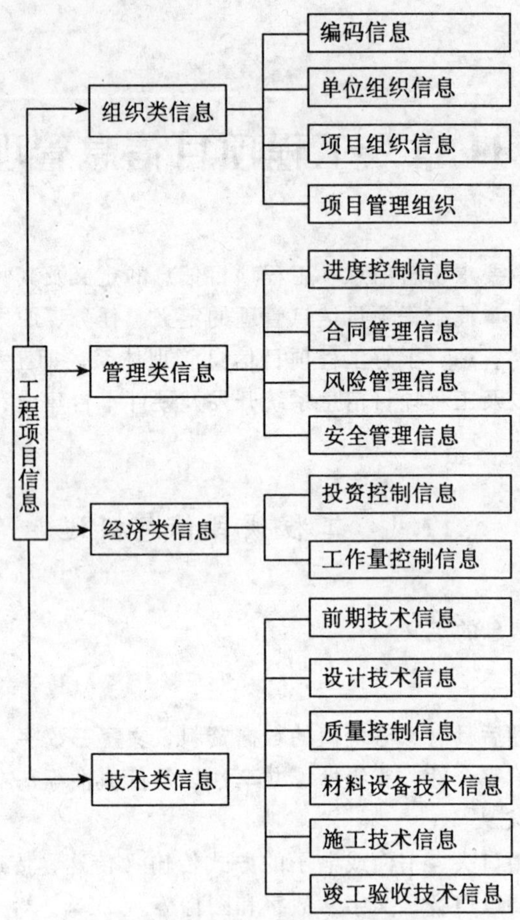

图 11.1 工程项目信息的分类体系

④按项目管理职能划分，可以分为进度控制信息、质量控制信息、投资控制信息、安全控制信息、合同管理信息、行政事务信息等。

⑤按照工程项目信息来源划分，可以分为工程项目内部信息和工程项目外部信息。

⑥从工程信息的来源看，可以将信息分为业主信息、设计单位信息、施工单位信息、咨询单位信息、监理单位信息、政府信息等。

⑦从工程项目信息的形式来看，可以将工程项目信息分为数字类信息、文本类信息、报表类信息、图像类信息、声像类信息等。

(2) 多属性综合分类

为了满足项目管理工作的要求，须对工程项目的信息进行多维组合分类，即将多种分类进行组合，形成综合分类，如：

第一维：按项目的分解结构分类；

第二维：按项目建造过程分类；

第三维：按项目管理工作的任务分类。

§11.2　工程项目信息管理

11.2.1　工程项目信息管理及任务

1. 工程项目信息管理

工程项目信息管理主要是指对有关工程项目的各类信息的收集、储存、加工整理、传递与使用等一系列工作的合理组织和控制。

因此，工程项目信息管理反映了在工程项目决策和实施过程中组织内、外部联系的各种情报和知识。

2. 工程项目信息管理的任务

工程项目一般具有周期长、参建单位多、单件性和专业性强等特征，一个项目在决策和实施过程中，项目信息数量往往巨大，变化多且错综复杂，项目信息资源的组织和管理任务十分重大。具体而言，工程项目信息管理的主要任务包括编制工程项目信息管理规划、明确工程项目管理班子中信息管理部门的任务，编制和确定信息管理的工作流程，建立工程项目信息处理平台以及建立工程项目信息中心。

（1）编制工程项目信息管理规划

编制工程项目信息管理规划的主要任务是按照工程项目的任务和实施要求设计项目实施和项目管理中的信息和信息流，并编制工程项目信息管理手册，从而保证在实施过程中信息流通畅。

为了充分利用和发挥信息资源的价值、提高信息管理的效率、以及实现科学有序的信息管理，工程项目的业主方和项目参建方都应编制各自的信息组织与管理手册，其目的是为了描述和定义信息管理做什么、谁做、什么时候做以及工作成果是什么等，主要内容包括：

①信息管理任务目录；

②信息管理的任务分工表和管理职能分工表；

③信息的分类；

④信息的编码体系和编码；

⑤信息输入、输出模型；

⑥各项信息管理工作的工作流程图；

⑦信息流程图；

⑧信息处理的工作平台及其使用规定；

⑨各种报表和报告的格式，以及报告周期；

⑩项目进展的月度报告、季度报告、年度报告和工程总报告的内容及其编制；

⑪工程档案管理制度；

⑫信息管理的保密制度等。

（2）明确工程项目管理班子中信息管理部门的任务

工程项目信息管理部门是信息管理的核心，必须协调好工程项目管理班子中各个工作部门，从而有效获取和处理工程项目信息，其主要工作任务是：

①负责编制信息管理手册，在项目实施过程中进行信息管理手册的必要的修改和补充，检查并督促其执行；

②负责协调和组织工程项目管理班子中各个工作部门的信息处理工作；

③负责信息处理工作平台的建立和运行维护；

④与其他工作部门协同组织收集信息、处理信息，并形成各种反映工程项目进展和工程项目目标控制的报表和报告；

⑤负责工程档案管理等。

(3) 编制和确定信息管理的工作流程

编制和确定信息管理的工作流程是建立工程项目管理信息系统流程的基础工作，从而保证工程项目信息管理系统正常运行，并控制信息流。其主要工作流程包括：

①信息管理手册编制和修订的工作流程；

②为形成各类报表和报告，收集、录入、审核、加工、传输和发布信息的工作流程；

③工程档案管理的工作流程；

④信息技术二次开发的工作流程等。

(4) 建立工程项目信息处理平台

由于工程项目大量数据处理的需要，在当今时代应重视利用信息技术的手段进行信息管理，其核心的手段是基于网络的信息处理平台。

(5) 建立工程项目信息中心

目前，许多工程项目都专门设立信息中心，以确保信息管理工作的顺利进行；也有一些大型工程项目专门委托咨询公司从事项目信息动态跟踪和分析，以信息流指导工程建设的物质流，从宏观上对项目的实施进行控制。

建立工程项目信息中心的重要目的是在工程项目各参建方之间共享项目信息和知识，具体目标是努力做到在恰当的时间、恰当的地点、为恰当的人及时地提供恰当的项目信息和知识。随着现代信息和通讯技术的发展，如视频会议、远程在线讨论组等，信息交流技术使分处异地的工程项目参建各方可以利用功能丰富的现代信息和通讯技术实现“遥控”式“异处本地化”的交流和沟通，传统的时空观在信息交流和沟通中的重要性越来越低。

11.2.2 工程项目信息管理的原则及基本要求

1. 工程项目信息管理的原则

为了便于信息的搜集、处理、储存、传递和利用，在进行工程项目信息管理具体工作时，应遵循以下基本原则：

(1) 系统性原则

工程项目管理信息化是一项系统工程，是对工程项目管理理念、方法和手段的深刻变革，而不是工程管理相关软件的简单应用。工程项目信息管理的成功与否，受项目的组织、系统的适用性、业主或业主的上级组织的推广力度等方面的因素影响。因此，应将实施工程项目管理信息化上升到战略性的高度，并有目标、有规划、有步骤地进行。

(2) 标准化原则

在工程项目的实施过程中，建立健全信息管理制度，不仅从组织上保证信息生产过程的效率，并对有关工程项目信息的分类进行统一，对信息流程进行规范，将工程报表格式化和标准化。

（3）定量化原则

工程项目信息是经过信息处理人员采用定量技术进行比较和分析的结果，并不是项目实施建造过程中产生数据的简单记录。

（4）有效性原则

项目管理者所处的层次不同，所需要的项目管理信息不同。因此，需要针对不同的管理层提供不同要求和浓缩程度的信息。

（5）可预见性原则

工程项目产生的信息作为项目实施的历史数据，可以用来预测未来的情况，通过先进的方法和工具为决策者制定未来目标和规划。

（6）高效处理原则

通过采用先进的信息处理工具，尽量缩短信息在处理过程中的延迟，而项目信息管理者的主要精力应放在对处理结果的分析和控制措施的制定。

2. 工程项目信息管理的基本要求

为了全面、及时、准确地向项目管理人员提供相关信息，工程项目信息管理应满足以下几方面的基本要求：

（1）时效性

工程项目信息如果不严格注意时间，那么信息的价值就会随之消失。因此，要严格保证信息的时效性，并从以下四方面进行解决：

①迅速且有效地收集和传递工程项目信息；

②快速处理“口径不一、参差不齐”的工程项目信息；

③在较短的时间内将各项信息加工整理成符合目的和要求的信息；

④采用更多的自动化处理仪器和手段，自动获取工程项目信息。

（2）针对性和实用性

根据工程项目的需要，提供针对性强、适用的信息，供项目管理者进行快速有效的决策。因此，应采取如下措施加强信息的针对性和适用性：

①对搜集的大量庞杂信息，运用数理统计等方法进行统计分析，找出影响重大的因素，并力求给予定性和定量的描述；

②将过去和现在、内部和外部、计划与实施等进行对比分析，从而判断当前的情况和发展趋势；

③获取适当的预测和决策支持信息，使之更好地为管理决策服务。

（3）准确可靠

工程项目信息应满足工程项目管理人员的使用要求，必须反映实际情况，且准确可靠。工程项目信息准确可靠体现在以下两个方面：

①各种工程文件、报表、报告要实事求是，反映客观现实；

②各种计划、指令、决策要以实际情况为基础。

（4）简明、便于理解

工程项目信息要让使用者易于了解情况，分析问题。所以，信息的表达形式应符合人们日常接收信息的习惯，而且对于不同的人，应有不同的表达形式。例如，对于不懂专业，不懂项目管理的业主，则要采用更加直观明了的表达形式，如模型、表格、图形、文字描述等。

11.2.3 工程项目信息管理的内容

工程项目实施建造过程产生的大量的信息，通过组织的流通，使项目管理人员及时掌握完整、准确的信息，从而进行科学的决策。而信息管理工作的好坏，会直接影响工程项目管理工作的成就。因此，工程项目管理人员应充分重视信息管理工作，掌握工程项目信息管理的理论、方法和手段。工程项目信息管理内容如下：

1. 明确工程项目信息流程

工程项目信息流是指工程项目信息在项目管理组织机构内部上下级之间、平行部门之间以及项目管理组织与外部环境之间的流动。

工程项目中的信息流包括两个最重要的信息交换过程，即工程项目与外界的信息交换和工程项目内部的信息交换。

(1) 工程项目与外界的信息交换

工程项目作为一个开放的系统，会从外界获取大量信息的同时，也会向外界传递必要的信息。

①由外界输入的信息

由外界输入的信息主要包括环境信息、物价变动信息、市场状况信息、外部系统给项目的指令等。

②工程项目向外界输出的信息

工程项目向外界输出的信息主要包括项目状况的报告、请示、要求等。

(2) 工程项目内部的信息交换

在工程项目实施过程中，项目参建方因进行沟通而产生大量信息。从信息的产生和传递的路径来看，主要包含三方面的信息：

①自上而下的信息流

自上而下的信息流主要包括决策、指令、通知、计划，且其传递是从粗到细的逐步细化过程。

②由下而上的信息流

由下而上的信息流一般是按照初始的统计口径统计数据信息，并逐层过滤，最终形成可供领导决策的报表或报告。

③横向或网状信息流

工程项目实施过程中，各职能部门之间存在大量的信息交换，即横向或网状信息流。

2. 建立工程项目信息编码体系

为了便于对数据进行存储、加工和检索，提高数据处理的效率，需要建立工程项目信息编码体系，用来表示工程项目的专有名称、属性以及状态。

(1) 编码的原则

①唯一性，编码必须保证其所提供的实体是唯一的；

②可扩充性，编码时要留出足够的可扩充的位置，以适应新情况的变化；

③标准化，便于系统的开拓；

④稳定性；

⑤适用性。

(2) 编码方法

编码的方法主要有顺序编码、成批编码、多面码、十进制码、文字数字码。这五种编码方法，各有其优缺点，在实际工作中针对具体情况选用。

3. 建立健全工程项目信息采集制度

工程项目信息管理应适应项目管理的需要，为预测未来和正确决策提供依据，提高管理水平。因此，工程项目应建立项目信息管理系统，优化信息结构，实现项目管理信息化。

因此，公司、项目部应配备信息管理员，及时收集信息，并将信息准确、完整地传递给使用单位和人员。另外，对于分包商，也应负责分包范围的信息收集整理。

在信息收集、整理过程中，必须保证信息真实、准确，按照项目信息管理的要求及时整理，并经相关负责人审核。

4. 利用高效的信息处理手段处理工程项目信息

为了有效地控制项目的投资、进度、质量、安全、合同等，提高工程项目建设的投资收益，应在全面、系统收集工程项目信息的基础上，加工整理收集来的信息资料，一方面掌握项目建设实施过程中各方面的进展情况，另一方面直接或借助于数学模型来预测项目建设未来的进展状况，从而为项目管理人员做出正确的决策提供可靠的依据。

5. 检索和传递工程项目信息

完善工程项目检索系统，可以快捷方便查询并保存工程项目相关报表、文件、资料、人事和技术档案。通过项目信息的传递使工程项目信息在各参建方以及部门之间进行有效的信息交流和交换，从而为科学的决策提供可靠的支持。

6. 使用工程项目信息

对工程项目的信息进行加工处理，以报表、文字、图形、图像、声音等形式提供给项目管理者，为项目管理提供决策服务。为了提高信息的使用效率和使用质量，利用计算机管理信息系统，已成为高效使用工程项目信息的前提条件。

§11.3 工程项目文档管理

11.3.1 工程项目文档管理概述

1. 工程项目文档管理的定义

工程项目文档资料，是在工程项目规划和实施过程中直接形成的、具有保存价值的文字、图表、数据等各种历史资料的记载，工程项目文档资料是建筑工程开展规划、勘测、设计、施工、管理、运行、维护、科研、抗灾等不同工作的重要依据，包括各种技术文件资料和竣工图纸，以及政府规定办理的各种报批文件，必须按照完整化、准确化、规范化、标准化、系统化的要求整理编制。

工程项目文档管理是指对作为信息载体的工程项目文档资料进行有序地收集、加工、分解、编目、存档，并为项目各参建方提供专用的和常用的信息的过程。而工程项目文档管理系统是工程项目文档管理的重要工具，也是工程项目管理信息系统的重要组成部分。

工程项目文档包括工程项目立项、可行性研究报告、设计、施工、质量检测、监理、竣工验收、试运行等过程的各种文档、图纸、图片、照片、录音、录像等各种资料。

2. 工程项目文档的类型

工程项目文档是工程项目数据和信息的载体。在工程项目实施过程中，按照项目文档的使用频率和保存单位，可以将工程项目文档分为基建文件、工程监理资料、施工资料等，如表 11.1 所示。

表 11.1 工程项目文档的分类

文档类别	文件资料
一、基建文件	
决策立项文件	主要包括项目建议书，对项目建议书的批复文件，可行性研究报告，对可行性研究报告的批复文件，关于立项的会议纪要，领导批示，专家对项目的有关建议文件，项目评估研究资料，计划部门批准的立项文件，计划部门批准的计划任务。
建设用地、征地、拆迁文件	主要包括政府计划管理部门批准征用土地的计划任务，国有土地使用证，政府部门批准用农田的文件，房屋土地管理部门拆迁安置意见，选址意见通知书及附图，建设用地规划许可证，许可证附件及附图。
勘察、测绘、设计文件	主要包括工程地质勘察报告，水文地质勘察报告，建筑用地界桩通知单，验线通知单，规划设计条件通知书及附图，审定设计方案通知书及附图，审定设计方案通知书要求征求有关人防、环保、消防、交通、园林、市政、文物、通讯、保密、河湖、教育等部门的审查意见和要求取得的有关协议，初步设计图纸及说明，施工图设计及说明，设计计算书，消防设计审核意见，政府有关部门对施工图设计文件的审批意见。
工程招投标及承包合同文件	主要包括工程项目的招标文件包括勘察招投标文件，设计招投标文件，施工招投标文件，设备材料采购招投标文件，工程监理招投标文件。
工程开工文件	主要包括年度施工任务批准文件，工程施工图纸修改通知书，工程项目规划许可证、附件及附图，固定资产投资许可证，建设工程开工证，工程质量监督手续。
商务文件	主要包括工程投资估算材料，工程设计概算，施工图预算，施工预算，工程决算，交付使用固定资产清单，建设工程概况。
工程竣工备案文件	主要包括工程竣工验收备案表，工程竣工验收报告，由规划、公安消防、环保等部门出具的认可文件或准许使用文件，工程质量保证书、保修书，住宅使用说明书。
其他文件	主要包括工程竣工总结，由建设单位委托长期进行的工程沉降观测记录，工程未开工前的原貌、竣工新貌照片，工程开工、施工、竣工的录音录像资料。

续表

文档类别	文件资料
二、工程监理资料	
监理合同类文件	主要包括委托工程监理合同，有关合同变更的协议文件。
工程的监理管理资料	主要包括工程监理规划、监理实施细则，监理月报，监理会议纪要，监理通知，监理工作总结。
监理工作记录	主要包括工程技术文件报审表，工程质量控制报验审批文件（工程物资进场报验表、施工测量放线报审文件，见证取样记录文件，分部、分项工程施工报验表，监理抽检文件，质量事故报告及处理资料），工程进度控制报验审批文件（工程开工报审文件，施工进度计划（年、季、月）报审文件，月工、料、机动态文件，停、复工、工程延期文件），造价控制报验、审批文件。
监理验收资料	主要包括竣工移交证书，工程质量评估报告。
三、施工资料	
施工管理资料	包括工程概况表，施工进度计划分析，项目大事记，施工日志，不合格项处置记录，工程质量事故报告（建设工程质量事故调查笔录、建设工程质量事故报告书），施工总结。
施工技术资料	主要包括工程技术文件报审表,技术管理资料(技术交底记录、施工组织设计、施工方案),设计变更文件(图纸审查记录、设计交底记录设计变更、洽商记录)。
施工物资资料	主要包括工程物资选样送审表，工程物资进场报验表，产品质量证明文件（半成品钢筋出厂合格证、预拌混凝土构件出厂合格证、钢构件出厂合格证），材料、设备进厂检验记录（设备开箱检查记录，材料、配件检验记录，设备及管道附件试验记录），产品复试记录、报告（材料试验报告（通用）、水泥试验报告、钢筋原材试验报告、砌墙砖（砌块）试验报告、砂试验报告、碎（卵）石试验报告、轻集料试验报告、防水卷材试验报告、防水涂料试验报告、混凝土掺合料试验报告、钢材机械性能试验报告、金相试验报告）。
施工测量记录	主要包括工程定位测量记录，基槽验线记录，楼层放线记录，沉降观测记录。
工程施工记录	主要包括通用记录、土建专用施工记录、电梯专用施工记录。 其中通用记录主要包括隐蔽工程检查记录表，预检工程检查记录表，施工通用记录表，中间检查交接记录等； 土建专用施工记录主要包括地基处理记录，地基勘探记录，桩基施工记录，混凝土搅拌测温记录表，混凝土养护测温记录表，砂浆配合比申请单、通知单，混凝土配合比申请单、通知单，混凝土开盘鉴定，预应力筋张拉记录，有黏结预应力结构灌浆记录，建筑烟（风）道、垃圾道检查记录； 电梯专用施工记录主要包括电梯承重梁、起重吊环埋设隐蔽工程检查记录，电梯钢丝绳头灌注隐蔽工程检查记录，自动扶梯、自动人行道安装条件记录

续表

文档类别	文件资料
施工试验记录	主要包括施工试验记录（通用）、设备试运转记录、土建专用施工试验记录、电气专用施工试验记录、管道专用施工试验记录、通风空调专用施工试验记录、电梯专用施工试验记录。 其中设备试运转记录主要包括设备单机试运转记录、调试报告等； 土建专用施工试验记录主要包括钢筋连接试验报告，回填土干密度试验报告，土工击实试验报告，砌筑砂浆抗压强度试验报告，混凝土抗压强度试验报告，混凝土抗渗试验报告，超声波探伤报告，超声波探伤记录，钢构件射线探伤记录，砌筑砂浆试块强度统计、评定记录，混凝土试块强度统计、评定记录，防水工程试水检查记录； 电气专用施工试验记录主要包括电气接地电阻试验记录，电气绝缘电阻试验记录，电气器具通电安全检查记录，电气照明、动力试运行记录，综合布线测试记录，光纤损耗测试记录，视频系统末端测试记录； 管道专用施工试验记录主要包括管道灌水试验记录，管道强度严密性试验记录，管道通水试验记录，管道吹（冲）洗（脱脂）试验记录，室内排水管道通球试验记录，伸缩器安装记录表； 通风空调专用施工试验记录主要包括现场组装除尘器、空调机漏风检测记录，风管漏风检测记录，各房间室内风量测量记录，管网漏风平衡记录，通风系统试运行记录，制冷系统气密性试验记录； 电梯专用施工试验记录主要包括电梯主要功能检查试验记录表，电梯电气安全装置检查试验记录，电梯整机功能检验记录，电梯层门安全装置检查试验记录，电梯负荷运行试验记录，轿厢平层准确度测量记录表，电梯负荷运行试验曲线图表，电梯噪声测试记录表，自动扶梯、自动人行道运行试验记录。
施工验收资料	主要包括施工验收资料分部、分项工程施工报验表，分部工程验收记录（竣工验收通用记录，基础、主体工程验收记录，幕墙工程验收记录），单位工程验收记录，工程竣工报告，质量评定资料。
竣工图	工程项目的竣工图。
工程资料、档案封面和目录	包括工程资料总目录卷汇总表、工程资料封面和目录、工程档案封面和目录、移交资料。 其中工程资料封面和目录主要包括工程资料案卷封面、工程资料卷内目录、工程资料卷内备考表； 工程档案封面和目录主要包括城市建设档案封面、城建档案卷内目录、城建档案案卷审核备考表等； 移交资料主要包括城市建设档案移交书、城市建设档案缩微品移交书、城市建设档案移交目录。

3. 工程项目文档的特点

工程项目文件档案资料与其他一般性的资料相比较，具有以下基本特点：

（1）全面性和真实性

工程项目文件档案资料必须全面反映工程项目的各类信息，并形成一个完整的系统；另外，必须真实反映工程情况，包括发生的质量事故、风险以及存在安全隐患等。

（2）继承性和时效性

随着建筑技术、施工工艺、新材料以及建筑企业管理水平的不断提高和发展，文件档案资料可以被继承和积累。同时，工程项目文件档案资料有很强的时效性，其价值会随时间的推移而衰退，在文件资料成形之时必须立即传达到相关部门，否则会造成严重后果。

（3）分散性和复杂性

工程项目建设周期长，生产工艺复杂，建筑材料种类多，影响因素复杂，参建方多，阶段性强，由此致使工程项目文件档案资料的分散性和复杂性。

（4）多专业性和综合性

工程项目文件档案资料依附于建筑、市政、公用、消防、保安等多种专业，也涉及电子、力学、声学、美学等多种学科，并综合了投资、质量、进度、安全、合同、组织协调等多方面内容。

（5）随机性

部分工程项目文件资料产生是由具体工程事件引发的，如安全事故、质量事故。因此，工程项目文件资料具有随机性特点。

4. 工程项目文档的管理要求

随着信息技术的发展，以电子计算机为基础的现代文档信息处理系统飞速发展，为工程项目文档管理增添了新的功能，也为工程项目文档信息管理提出了新的需求：

（1）工程项目文档的信息共享需求

工程项目文档的信息共享的目的是快捷地对项目各种数据和信息进行统计、分析，为项目参建方营造一个信息沟通与协调合作的共享环境。

（2）工程项目文档的安全性需求

由于现代工程项目参建方众多，必须对不同类型的用户分配不同的权限，以保证工程项目文档信息由正确的人负责，正确的人处理和为正确的人提供。

（3）工程项目文档的信息检索需求

由于工程项目建设规模大、牵涉面广、协作关系复杂，使工程项目建设管理工作涉及大量信息。因此，需要为数量庞大的工程项目文档信息，提供有效合理的归档和检索手段，快捷迅速地查询各类文档。

（4）工程项目文档内容正确、实用，不失真

工程项目文档的正确与否是工程项目的决策重要影响因素。错误的文档将会导致错误的决策。因此，必须保证工程项目文档正确、实用，且在传递过程中不失真。

11.3.2 工程项目文档管理系统

工程项目文档管理系统是工程项目管理人员对工程项目实施过程中产生的各类管理和技术文档进行跟踪与控制的管理信息系统。

工程项目文档管理系统一般包括文档类型树维护、文档基本信息管理、文档流转管理、文档共享管理、案卷管理、文档归档管理、档案管理以及档案报表等模块。

1. 文档类型树维护

文档类型树维护是档案管理员对工程项目的归档目录进行新增、查询、修改、查看、删除的功能模块。文档类型树维护包括归档目录类型树维护和临时文档类型树维护。其中归档目录类型包括文书类、基本建设类、设备仪器类、科学技术研究类、会计档案类、声像类、实物类。

2. 文档基本信息管理

文档基本信息管理是文档管理员对文档进行新增、查询、修改、删除、查看的功能模块。文档基本信息因文档类别不同而存在一定的差异，文档类别一般包括：科技档案类（包括基本建设类、设备仪器类、科学技术研究类三类档案）、声像类、文书类、实物类。

3. 文档流转管理

文档流转管理是文档管理员将文档共享给其他文档管理员查看、下载的功能模块。其目的是根据工作的需要将文档流转给其他人员，从而实现协同办公。

4. 文档共享管理

文档共享管理是对文档管理员所流转的文档进行查看、下载的功能模块。

5. 案卷管理

案卷管理是档案管理员对归档的案卷进行新增、查询、查看、修改、删除的功能模块。案卷的类型包括科技档案类案卷、声像档案类案卷、文书档案类案卷、实物类档案案卷等。案卷的基本信息包括案卷题名、档号、卷内文件起始时间、卷内文件结束时间、类目代码、保管期限、全宗号、目录号、光盘盘号、变更情况、通栏标题、立卷人、审核人等。

6. 归档管理

归档管理是档案管理人员对文档进行归档的功能模块。档案管理员选择需要归档的文档，并置于相应的归档目录下，系统自动将该文档复制到相应的目录下，从而完成对文档的分类归档。

7. 档案管理

档案管理是档案管理员对已归档的文档进行查询、查看、修改、删除以及文档管理员查询、下载已归档文档的管理模块。

档案管理员可以对已归档的文档进行查询，同时可以对归档的文档进行修改（一旦修改文档类型，即将该文档从初始文件夹剪切至修改后的文件夹里面）和删除。文档管理员对于不保密的档案可以进行查询、下载，对于保密的档案只能查询到目录，不能下载。只有在档案管理员将该文件流转给文档管理员后，方可浏览和下载。

8. 档案报表

档案报表是将档案按照工程项目竣工备案要求对案卷目录和卷内目录进行输出的管理模块。

§11.4 工程项目信息管理体系

工程项目管理信息系统的成功实施，不仅应具备一套先进适用的工程项目信息管理系统和性能可靠的计算机硬件、软件平台，更为重要的是应该建立一整套与工程项目管理信息系统相适应的、科学合理的信息管理体系，及时、准确地获得并高效、安全可靠地使用所需的信息。

11.4.1　工程项目信息管理组织

在工程项目信息的管理过程中应组建信息管理机构，明确信息管理组织体系，明确信息管理部门与其他业务部门的关系，特别是应发挥信息化领导小组的作用。

1. 工程项目信息管理领导小组

工程项目信息管理领导小组包括信息化委员会和信息主管部门。

（1）信息化委员会

信息化委员会是工程项目信息管理组织中的独立部门，由信息主管负责牵头召集，组织的最高层领导和其他部门的负责人均为该委员会成员。委员会下设信息主管部门，具体负责信息资源管理工作。

（2）信息主管部门

信息部门是高层组织机构的直属部门，直接服从于信息化委员化，信息管理部门的领导人被称为信息主管，往往是由组织的高层决策人士兼任。在以信息主管为首的信息管理部门领导下，下设系统运行部、系统开发部和信息资源部。系统运行部负责信息系统的运行工作；系统开发部负责应用软件的开发工作；信息资源部负责组织信息资源。

2. 工程项目信息管理机构

工程项目信息管理机构主要是由信息使用部门、信息供应部门、信息处理部门、信息咨询部门以及信息管理部门组成。

（1）信息使用部门

信息使用部门主要负责提出信息的需求、信息的内容、范围、时限等具体要求，并将获取的信息进行分析研究，辅助管理决策。

（2）信息供应部门

信息供应部门主要负责从外部获取与工程项目相关的信息资源。

（3）信息处理部门

信息处理部门主要是使用各种技术工具和技术方法处理与工程项目相关的信息，即按照使用部门提出的要求，将供应部门提供的原始数据进行处理后供用户使用。

（4）信息咨询部门

信息咨询部门主要是为使用部门提供咨询意见，帮助他们向信息供应部门、信息处理部门提出要求，帮助用户研究信息和使用信息。

（5）信息管理部门

信息管理部门在信息工作的所有职能部门中处于核心的地位，负责协调各部门，确保能够合理有效地开发和利用信息资源。

11.4.2　工程项目信息日常管理

1. 工程项目信息管理制度

在工程项目管理信息系统的实施中，必须采取积极的组织措施，建立科学的信息管理制度，保证工程项目管理信息系统软、硬件正常、高效的运行。

工程项目信息管理制度是整个工程项目管理信息系统得以正常运行的基础，建立健全的工程项目信息管理制度，应从以下六个方面着手：

（1）建立统一的工程项目信息编码体系，包括项目编码、项目各参建方组织编码、投资控制编码、进度控制编码、质量控制编码、合同管理编码等。

（2）规范和统一工程项目管理信息系统的输入输出报表。

（3）建立完善的项目信息流程，规范工程项目各参建方之间的信息关系的同时，结合项目的实施情况，不断地优化和调整信息流程，以适应信息系统运行的需要。

（4）建立基础数据管理的制度，加强基础数据的收集和传递，保证基础数据的全面、及时、准确地按统一格式输入信息系统。

（5）划分各相关部门的职能，对信息系统中管理人员进行合理任务分工，并明确在数据收集和处理过程中的职责。

（6）建立项目的数据保护制度，保证数据的安全性、完整性和一致性。

2. 项目信息管理系统的教育培训

项目信息管理系统的教育培训是围绕工程项目管理信息系统的应用对项目管理组织中的各级人员进行广泛的培训。培训对象主要包括项目领导、开发人员、使用人员。针对不同的对象采用不同的方式进行，但培训的主要方式包括内部培训和外部培训，其中利用外部资源往往可以收到意想不到的效果，如请有关专家对决策者和领导干部的培训，软件公司对二次开发人员和操作人员进行培训等，不论采用哪种方式，只要目标明确、组织得当，都会收到良好的效果。

11.4.3 工程项目信息管理系统开发及硬件平台建设

1. 开发或引进工程项目信息管理系统

工程项目管理信息系统是工程项目信息管理的核心，开发先进适用的工程项目管理信息系统软件不仅是软件开发人员的工作，也应成为整个工程项目管理的一项重要课题。开发工程项目管理信息系统软件应注意以下问题：

（1）统一规划，分步实施；

（2）开发团队的合理构成；

（3）注意开发方法和工具的选择；

（4）重视现代建设监理理论的支撑与渗透作用；

2. 建立工程项目管理信息系统的硬件平台

工程项目管理信息系统的硬件，至少要满足工程项目管理信息系统的正常运行的需要，但在具体的建立过程中应注意以下问题：

（1）有关设备性能的可靠性问题。不论是服务器、工作站还是各种网络设备的选择，首先应考虑其运行的可靠性，这是工程项目管理信息系统正常运行的基础。

（2）尽可能采用高性能的网络硬件平台。目前大型工程项目管理信息系统已不局限于单机的数据处理，大多数是采用基于局域网或使用 Web 技术。

§11.5　工程项目信息安全管理

11.5.1　工程项目信息安全管理的基本概念

工程项目信息安全管理是指对工程项目信息的保密性、完整性和可用性的保持。其中信息的保密性是指为保障信息仅仅为那些被授权使用的人获取；信息的完整性是指信息在传输、储存、利用等过程中不发生篡改、丢失、缺损等，同时也是指信息处理方法的正确性；信息的可用性是指信息及相关的信息资产在被授权使用的人需要的时候，可以立即提供。

工程项目信息安全建设是一项复杂的系统工程，也是工程项目信息资源的规划、管理以及信息技术等多种因素相结合而成为一个可持续的动态发展的过程。项目信息安全问题的解决只能通过一系列的规划和措施，把安全风险降低到可被接受的程度，同时采取适当的机制使风险保持在此程度之内。

11.5.2　工程项目信息安全管理的内容

工程项目信息安全管理是工程项目管理信息系统安全的核心，主要包括安全策略和安全教育两个方面。

1. 安全策略

安全策略从宏观的角度反映建筑企业整体的安全思想和观念，作为制定具体策略规划的基础，为所有其他安全策略标明应该遵循的指导方针。具体的策略可以通过安全标准、安全方针、安全措施来实现。安全策略是基础，安全标准、安全方针、安全措施是安全框架，在安全框架中使用必要的安全组件、安全机制等提供全面的安全规划和安全架构。

值得注意的是建筑企业制定的安全策略应当遵守相关的法律条令，有时安全策略的内容和员工的个人隐私相关联，在考虑对信息资产保护的同时，也应该对这方面的内容有一个明确的说明。

2. 安全教育

为了保证安全的成功和有效，信息管理部门必须对建筑企业各级管理人员、用户、技术人员进行信息安全培训。所有的企业人员必须了解并严格执行企业信息安全策略。

信息安全教育应当定期地、持续地进行。在企业中建立信息安全文化并容纳到整个企业文化体系中才是最根本的解决方法。

11.5.3　工程项目信息安全管理体系

工程项目信息安全建设是一个全方位的工程，必须全面考虑。安全技术和产品都应该与建筑企业的 IT 业务实际情况相结合，才能建设成为完整的信息安全系统。因此，需要建立完善的安全管理体系。安全管理体系包括安全技术、安全服务和安全管理三方面。

安全技术是整个信息系统安全保障体系的基础，由专业安全服务厂商提供的安全服务是信息系统安全的保障手段，信息系统内部的安全管理是安全技术有效发挥作用的关键。安全技术、安全服务和安全管理构成信息安全管理。安全技术偏重于静态的部署，安全服务和安全管理则分别从信息系统外部和内部两个方面动态的支持与维护。安全技术、安全服务和安全管理三者之间有密切的关联，它们从整体上共同作用，保证信息系统长期处于一个较高的安全水平和稳定的安全状态。

总之，项目信息安全需要从各个方面综合考虑，全面防护，形成一个安全体系。只有三个方面都做到足够的高度，才能保障企业信息系统能够全面地、长期地处于较高的安全水平。

复习思考题

1. 工程项目信息管理的定义、任务、原则分别包含哪些方面?
2. 工程项目信息管理的内容包括哪些方面?
3. 工程项目文档管理系统必须具备哪些基本功能?
4. 工程项目信息管理体系包含哪些?
5. 作为一个工程项目信息安全管理员，需要从哪些方面加强工程项目信息安全管理?

第 12 章　工程项目管理信息化

本章学习要点：本章要求了解工程信息化的定义及其意义；了解工程项目管理信息化的发展历程及发展趋势；了解工程项目管理软件的产生背景及发展历程，掌握工程项目管理软件的应用规划；了解常用的工程项目管理软件的特点和功能；掌握工程项目管理信息系统的概念、特点、结构、功能定位；了解工程项目管理信息系统的发展趋势；掌握项目信息门户的内涵、意义、特征；了解目前比较流行的项目信息门户产品。

§12.1　工程项目管理信息化概述

12.1.1　工程项目管理信息化

1. 信息化

信息化是指信息资源的开发和利用以及信息技术的开发和利用。完整的信息化包括一定的信息技术水平，信息基础设施，信息产业水平，社会信息基础支持的环境，社会、经济、文化等方面允许信息化发展的自由度，信息活动的不断提升和丰富的过程等。

信息资源的开发和利用是信息化建设的核心内容，因为信息化建设的初衷和归属，都是通过对信息资源的充分开发和利用来发挥信息化在各行各业的作用。

信息技术的开发和利用是信息化建设的加速器，因为信息技术为人们提供了新的、更有效的信息获取、传输、处理和控制的手段和工具，极大地提高了人类信息活动的能力，扩展了人类信息活动的范围，加速了社会的信息化进程。

2. 工程项目管理信息化

工程项目管理信息化是指工程项目信息资源的开发和利用，以及信息技术在工程项目中的开发和应用。因此，其涵义包含两方面：一方面，在投资建设一个新的工程项目时，应重视开发和充分利用国内外同类或类似工程项目的有关信息资源；另一方面，在工程项目决策阶段、实施阶段和使用阶段，应注重信息技术的开发和应用。

工程项目管理信息化基本实施途径就是以硬件系统、相关软件、工程项目管理软件、数据库组成的工程项目管理信息系统（简称 PMIS），是近年来顺应工程项目日趋扩大、技术日趋复杂、对工程质量、工期、费用的控制日益严格的形势下发展起来的。在工程项目管理中引入现代信息技术是促进工程项目管理现代化、科学化的基本保证。

3. 工程项目管理信息化的意义

通过工程项目管理信息化，可以对信息资源进行充分地开发和利用，并实现信息存储数字化和存储相对集中，如图 12.1 所示，其中图（a）是点对点的传统模式，图（b）是项目信息门户方式，该方式改变了传统的参建方两两之间点对点的信息交换方式，实现了工程项目参建方集中从项目信息门户网站（PIP）中获取所需要的工程项目信息、信息处理和变换的程序化、信息传输的数字化和电子化、信息获取便捷化、信息透明化、信息流扁平化。其意义主要体现在以下七个方面：

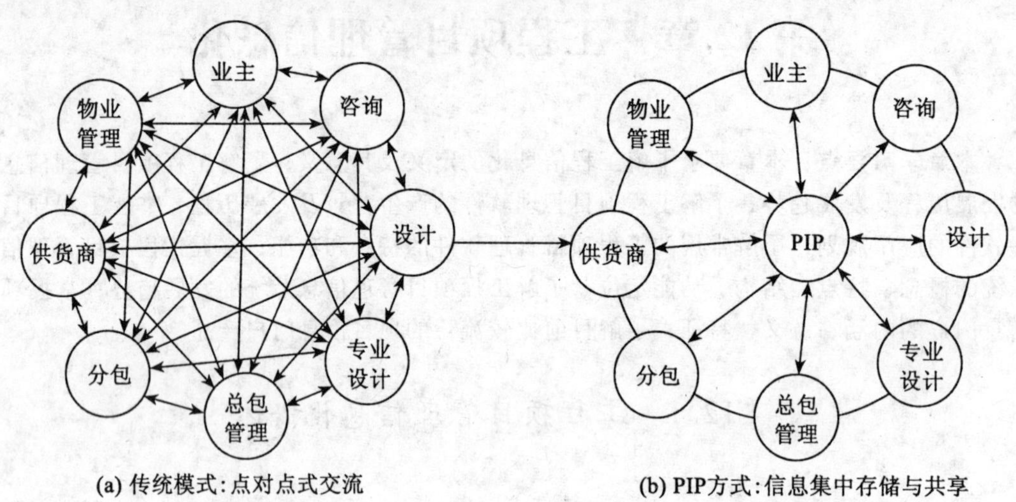

图 12.1 信息交流与存储方式的变革

（1）有利于工程项目实施期的项目目标控制，也有利于项目建成后的运行。

（2）有利于工程项目信息的检索和查询，有利于数据和文件版本的统一，并有利于项目的文档管理。

（3）对工程项目信息的收集、传递、存储、处理、运用等工作实现自动化处理，提高工程项目信息的正确性、及时性、针对性；及时查询工程的进展情况信息，进而能及时地发现工程项目存在的问题，及时做出决策纠正偏差。

（4）可提高数据传输的抗干扰能力，使数据传输不受距离限制，并可提高数据传输的保真度和保密性。

（5）打破“信息孤岛”现象，并实现工程项目组织的虚拟化，通过项目信息高效共享，实现工程项目信息在项目生命周期的不同阶段之间、不同组织之间以及各组织的不同职能部门之间无障碍、及时、准确的交流，实现多项目、跨地域、分布式、协同工作。

（6）有利于提高工程项目的经济效益和社会效益，以达到为工程项目建设增值的目的。

（7）使项目抗风险的能力和水平大大提高。

4. 工程项目管理信息化的原则

（1）高层推动，目标明确；

（2）立足现实，经济适用；

（3）分层决策，安全可靠；

（4）循序渐进，不断完善。

12.1.2 工程项目管理信息化发展的历程及趋势分析

1. 工程项目管理信息化发展历程

从应用角度看，工程项目管理信息化发展大致经历了简单应用工具软件、局部应用、局域网应用、互联网应用等四个阶段。

(1) 简单应用工具软件阶段

早期工程项目管理信息化，应用场所仅仅限于办公室、人事管理和财务管理等，是以文字处理、报表打印和资料管理为主的简单应用。随着一些工具软件的先后推出，大多建筑企业形成了以工具软件为代表的初步信息化，而且随着各类工具软件的推陈出新，信息化呈加速增长的趋势。伴随着信息化的深入发展，这些工具软件的运用无法实现企业经营管理和战略决策发展的初步需要，无法与日益重要的经营业务相接轨的问题也日益凸显，这个阶段信息化仍然没有实现局部应用。

(2) 局部应用阶段

随着信息技术的进步，基于局部业务部门的应用软件（例如财务管理、人事管理、项目预算管理）逐步推出，推动了企业以解决局部业务为主的计算机应用。企业一些主要职能部门，如财务、人事、行政办公等有条件的部门率先以自己部门业务为目标，局部的实现部门业务信息化，不仅提高了局部业务处理的效率，更重要的是打开了对内对外信息应用的一小扇门窗。不过由于当时缺乏全局通盘的规划和考虑，导致后来留下了信息孤岛的隐患，但为建筑企业最初的信息化起到了示范作用，是建筑企业信息化的领导者。

(3) 局域网应用阶段

局域网应用阶段是建筑企业职能部门的办公环境局部网络化，财务软件、制表软件、分析软件、库存软件等单项软件系统在建设企业的部门中应用，其明显的特点是“散”，还不是真正意义上的企业资源规划（ERP）建设。因此，如何实现各种应用软件的整合与集成，让这些分散的、孤立的数据群体建立一个有机的、互通的联系是本阶段所面临的一个关键问题，也是促进下一阶段发展的主要里程碑工作。

(4) 互联网应用阶段

随着互联网技术的发展和无线网络的成熟，工程现场的协同办公环境已经可以方便地搭建起来，工程实施过程相关的数据信息可以及时通过互联网传输到公司总部，为真正意义上的 ERP 奠定了基础。Internet 给拥有不同资源的企业提供了一个平等竞争的机会，顺应这种发展趋势，建筑企业的信息化实现了互联网应用。

工程项目管理信息化发展历程如图 12.2 所示。

2. 工程项目管理信息化发展趋势

(1) 行业化应用趋势

行业化应用将在全面执行新的国家建设部关于建设企业信息化标准的前提下，推动建筑工程项目管理向规范化、制度化、科学化的健康轨道发展。建筑企业实现网络化的远程管理，提高企业资源统一调度。在工程现场行业管理者、监理、业主和施工管理员可以在同一平台上协同工作，在满足日常项目管理的需要的同时，保证了工程项目投资、进度、质量、安全等目标的实现。

行业化的应用，将大大降低建筑企业对项目成本控制、工程资源配置和标准化管理等

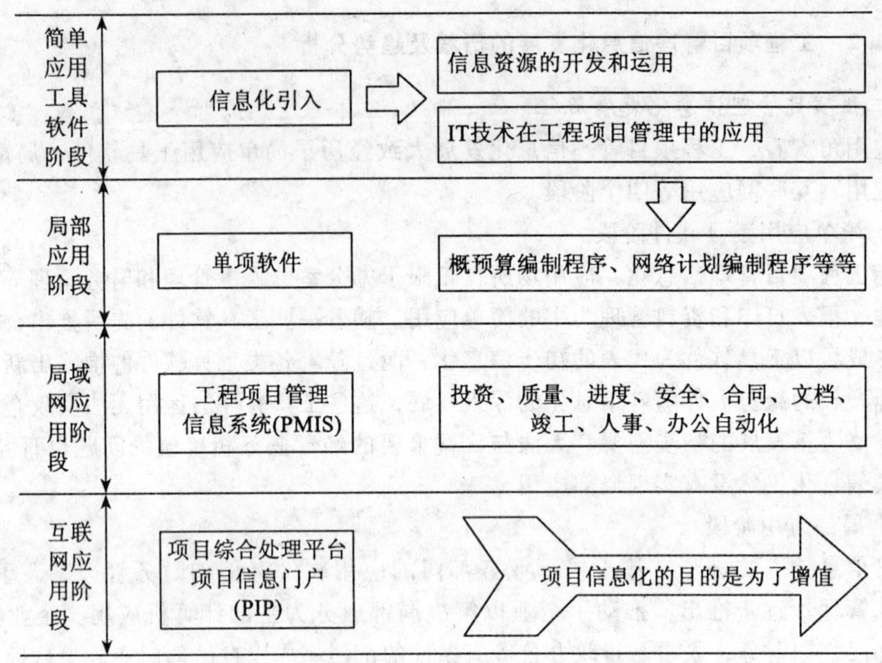

图 12.2　工程项目管理信息化发展历程示意图

工作的难度，为公司总部对各分散的项目部的深化管理提供了评判和指导凭据，对各项目的工期、成本，质量监管向规范化和科学化发展。

（2）服务化趋势

市场化及行业本身的残酷竞争，使企业的竞争与管理的压力加大，迫使企业从全国及全球市场格局出发，在战略体系的指导下主动地建立信息化战略目标和操作策略，要实现这一战略目标，信息建设服务化是企业竞争成功的核心基础。

首先，工程项目管理信息化的发展是服务于建筑行业，必须为建设企业的战略目标而服务。其次，国内建设企业的管理已经初步构建了“面向市场、面向渠道、面向客户、面向服务的市场化管理体系”，依赖于现代信息化手段来解决工程项目全寿命周期的管理。最后，满足大型工程项目的各参建方的信息沟通、协同办公。

因此，以工程项目管理先进理念为核心，以分布式、协同综合管理平台为依托的综合服务体系成为工程项目管理信息化发展的必然。

（3）集成化网络应用

集成化网络应用是解决企业内部与下属分公司、分布在外地的项目部进行沟通，以及与政府职能机构、客户以及项目相关方进行信息交互的重要技术手段之一，因此集成化的网络应用是建筑企业信息化的必然趋势，尤其是基于 Web 方式的技术架构，可实现信息的共享和传输，包括图纸、照片、音频数据、打印数据和电脑数据。

（4）分布式、协同办公

工程项目涉及业主、监理、设计、施工、分包商等各参建方，一项工作需要各参建方协同完成。因此，工程项目管理信息化，需要具备实现相关方协同办公的要求，并能根据实际情况进行业务流程的调整，从而避免重复做工并推动协同式的工作流程。

(5) 无线技术应用

工程项目现场的环境一般不是很好，无线技术可以方便、快捷的架设现场的局域网络，无线应用技术，还可以为现场的移动办公提供辅助手段。因此，无线技术的应用成为一种必然。

基于 GPRS 手机、PDA 和短信应用的无线技术，企业重大事件不仅可及时发送到责任人手机，而且可以通过手机和掌上电脑进行业务处理，使企业工作人员、项目管理人员，尤其是领导从办公桌上解脱出来；还可以利用手机对资源管理平台进行日常业务操作，非常具有实用性，且极大地方便了经常不在电脑旁的企业高层领导和现场施工管理者；出差人员可随时随地办公，节约信息传递费用，提高管理效率。

因此，“实时办公”成为可能，而不仅仅是一个梦想。提高工作灵活性，不再局限于台式电脑，手机、掌上电脑都可以成为办公的辅助工具。

§12.2　工程项目管理软件

在工程领域内，工程项目管理软件的推广应用，从根本上改变了原有的一些管理方法和手段，并把人们从原来繁重的工作中解放出来，对工程项目管理产生了深远的影响。项目管理软件是随着网络计划技术的推广应用而出现的。网络计划技术起源于美国，其一是由美国杜邦化学公司创立的关键路径法（CPM），其二是由美国海军部发明的计划评审技术（PERT）。最初，用手工绘制网络图并进行大量的计算、调整、分析是十分困难的，往往是计划滞后于工程项目的实际变化，造成很多失误和浪费。因此，自 20 世纪 80 年代初工程项目管理软件就相继出现，并从根本上解决了这一矛盾。借助计算机的高速处理能力，可以快速、准确地编制和调整网络计划，及时、合理地进行项目管理和控制。随着计算机技术的不断进步，工程项目管理软件从早期简单地进行网络计划编制，到后来基于网络计划进行进度、资源等协调控制，软件系统的规模不断扩大，功能持续增强。

12.2.1　工程项目管理软件应用规划

1. 工程项目管理软件应用规划的必要性

工程项目管理软件应用规划是在准确获取工程项目所应用软件的需求、目标、范围的基础上，科学地选择市场上的工程项目管理软件，并随之调整工程项目管理模式，应用实施的管理过程。

将项目管理软件引入到项目管理过程中，同时也是引入了一种项目管理模式。项目管理是系统工程，在项目管理过程中引入项目管理软件，特别是以项目管理软件为核心的工程项目管理信息系统的引入同样也是一个系统工程，是一个人机合一的有层次的系统工程，包括项目各个参建方的领导和项目管理团队成员理念的转变，项目管理决策和组织管理的转变；项目管理手段的转变。

工程项目管理软件的应用包含了前期规划、方案设计、设备采购、网络建设、软件选型、应用培训、二次开发等一系列工作，若未经周密的规划就仓促实施，必然会影响到最终的使用效果，严重的还会使整个项目的管理处于一种混乱无序的状态之中。

2. 工程项目管理软件应用规划的内容

在工程项目管理中引入项目管理软件，特别是以项目管理软件为核心的工程项目管理信息系统的引入，是一个人机合一的、层次性的系统工程，涉及项目各个参建方的领导和项目管理团队成员理念的转变，项目管理决策和组织管理的转变以及项目管理手段的转变。因此，工程项目管理软件的引进和应用，需要经过周密的规划，否则会影响最终的使用效果，甚至导致整个项目的管理处于一种混乱无序的状态。

工程项目管理软件应用规划的内容主要包括以下四个方面：

(1) 确定项目计划的层次和作业、组织、资源、费用的划分原则

应根据项目管理的需要来划分项目计划的层次。一般而言，不同的管理层对应不同级别、对应项目管理组织中的不同职责。在此基础上，确定作业、组织、资源和费用的划分原则。在划分时除了应考虑项目的具体情况、项目的管理目标和管理深度、项目管理团队的管理基础外，还应兼顾项目其他参建方的管理水平和管理基础，否则只能是一厢情愿。

(2) 确定并建立项目管理软件的编码系统

每一个项目都有一套统一的信息编码系统，是各方的项目管理思想和具体管理方式的一种体现，一方面是工程项目各个参建方进行交流的基础，另一方面也是各方对项目的不同理解的统一。典型的工程项目管理软件的编码系统包括工作分解结构、组织分解结构、资源分解结构、费用分解结构和其他包括作业代码结构、作业分类代码结构及报表文档编码结构在内的辅助编码结构。

(3) 建立工程项目管理软件应用的管理办法和相关细则

在实施工程项目管理软件前建立项目管理软件应用的管理办法和相关细则，同时要在工程项目的招标文件和合同中体现这些办法和细则，还应有相应的制约性规定。

工程项目管理软件应用的管理办法和相关细则包括与项目管理软件应用配套的招标文件和合同条件、实施时的管理措施、管理流程和使用方法、奖励和惩罚机制等。

(4) 工程项目管理软件实施前的准备

工程项目管理软件实施前最重要的准备工作是人员的培训工作，即对项目管理人员进行分层次、有针对性的培训，因项目管理软件的应用能否成功，最终在于项目管理人员能否在日常的项目管理工作中理解、接受并贯彻项目管理软件所带来的新思想，能否熟练地操作和使用软件。

12.2.2 常见的工程项目管理软件

自 1982 年第一个基于 PC 的项目管理软件出现至今，项目管理软件已经历了 20 多年的发展历程。据相关资料统计，目前国内外正在使用的项目管理软件已有 2000 多种，这里我们主要对国内外较流行的几种项目管理软件做简单介绍。

根据工程项目管理软件的功能和价格水平，大致可以划分为两个档次：一种是供专业项目管理人士使用的高档工程项目管理软件，这类软件功能强大，如 Primavera 公司的 P3，Gores 技术公司的 Artemis，ABT 公司的 Work Bench，Welcom 公司的 OpenPlan 等；另一类是低档工程项目管理软件，应用于一些中小型项目，这类软件虽然功能不很齐全，但是价格较便宜，如 TimeLine 公司的 TimeLine，Scitor 公司的 Project Scheduler，Primavera 公司的 Sure Trak，Microsoft 公司的 Project 2003 等。

根据工程项目管理软件的功能，可将其分为：综合进度管理软件，合同事务管理与费用控制管理软件，建筑工程监理软件，文档管理软件，预算、决策类管理软件。

1. Microsoft Project 2003

Microsoft Project 2003 可用于控制简单或复杂的项目。Microsoft Project 2003 的界面标准、易于使用，具有项目管理所需的各种功能，包括项目计划、资源的定义和分配、实时的项目跟踪、多种直观易懂的报表及图形、用 Web 页面方式发布项目信息、通过 Excel、Access 或各种 ODBC 兼容数据库存取项目文件等。

2. Primavera Project Planner

P3 软件是 Primavera Project Planner 的简称，是由美国 Primavera Systems Inc. 开发的一个基于计算机技术和网络计划技术的工程项目管理软件，在国际上有着极高的知名度和普及程度，P3 作为专业的工程项目管理软件，能满足工程项目管理的许多要求，特别是该软件可以将进度、资源、资源限量和资源平衡很好地结合起来，网络版 P3 软件使得工程的众多参建方如业主、监理、施工承包商可以同时在同一个工程组的不同子工程内按授予的不同权限进行读操作，共享同一个数据库。

3. 清华思维尔项目管理软件

清华思维尔项目管理软件是将网络计划及优化技术应用于工程项目的实际管理中，以国内建设行业普遍采用的双代号时标网络图作为项目进度管理与控制的主要工具。通过挂接各类工程定额实现对项目资源、成本的精确分析与计算。不仅能够从宏观上控制工期、成本，还能从微观上协调人力、设备、材料的具体使用。该软件具有遵循规范、灵活实用、控制方便、制图高效、接口标准、输出精美等特点。

4. Primavera Expedition 合同管理软件

Primavera Expedition 合同管理软件是由 Primavera 公司开发的。它以合同为主线，通过对合同执行过程中发生的诸多事务进行分类、处理和登记，并和相应的合同有机地关联，使用户可以对合同的签订、预付款、进度款和工程变更进行控制；同时，可以对各项工程费用进行分摊和反检索分析；可以有效处理合同各方的事务，跟踪有多个审阅回合和多人审阅的文件审批过程，加快事务的处理进程。

§12.3　工程项目管理信息系统

12.3.1　工程项目管理信息系统的概念及特点

1. 工程项目管理信息系统的概念

工程项目管理信息系统（Project Management Information System，PMIS）是一个全面使用现代计算机技术、网络通讯技术、数据库技术、MIS 技术、GPS、GIS、RS（即 3S）技术以及土木工程技术、管理科学、运筹学、统计学、模型论和各种最优化技术，为工程承包企业经营管理和决策服务、为工程项目管理服务的人机系统。其本质是一个由人、计算机、网络等组成的能进行管理信息收集、传递、储存、加工、维护和使用的系统。

工程项目管理信息系统是在项目管理组织、项目工作流程和项目管理工作流程基础上设计的，并全面反映他们之间的信息和信息流。因此，工程项目管理信息系统可以从以下三个角度进行理解：

(1) 项目参与方之间的信息流通

在工程项目信息系统中，每个参与方为信息系统网络上的一个节点，它们都负责具体信息的收集（输入）、传递（输出）和信息处理工作。

(2) 项目管理职能之间的信息流通

工程项目管理信息系统是一个非常复杂的系统，该系统由许多子系统构成，可以建立各个工程项目管理信息子系统，例如，成本管理信息系统、合同管理信息系统、质量管理信息系统、材料管理信息系统等。它们是为专门的职能工作服务的，用来解决专门信息的流通问题，共同构成项目管理信息系统。

(3) 项目实施过程的信息流通

项目实施过程中的工作程序既可表示项目的工作流，又可以从一个侧面表示项目的信息流。在项目管理信息系统中，应设计各工作阶段的信息输入、输出和处理过程及信息的内容、结构、要求、负责人等。

2. 工程项目管理信息系统的特点

工程项目管理信息系统具有以下三方面的特征：

(1) 面向决策管理、职能管理和业务（项目）管理

工程项目管理信息系统服务于公司、分子公司、项目三层结构或者公司、项目两层结构。

(2) 人机网络协同系统

工程项目管理信息系统为地域分散、复杂的工程项目提供了基于计算机网络的工程项目协同办公平台。

(3) 以管理为核心，以信息系统为工具

工程项目管理信息系统以工程项目先进的管理方法和管理理论为核心，以管理信息系统为依托，支持工程项目的业务处理、领导决策和支持。因此，工程项目管理是核心，信息系统是基本的工具。

3. 工程项目管理信息系统的作用

工程项目管理信息系统在工程项目管理工作中具有十分重要的作用，主要体现在以下几个方面：

(1) 能为工程项目各层次、各岗位的管理人员收集、处理、传递、存储和分发各类数据和信息。

(2) 能为高层次的工程项目管理人员提供预测、决策所需的数据、数学分析模型和必要的手段，为科学决策提供可靠支持。

(3) 能提供必要的办公自动化手段，使工程项目管理人员能摆脱繁琐的日常事务工作，集中精力分析、处理项目管理工作中的一些重大问题。

(4) 能提供人、财、物、设备诸要素之间综合性强的数据及必要的调控手段，以便于项目管理人员实现对工程建设的动态控制。

12.3.2 工程项目管理信息系统的结构及主要模块功能定位

1. 系统结构

工程项目管理是以投资、进度、质量三大控制为目标，以合同管理为核心的动态系

统，因此，工程项目管理信息系统至少应具有辅助三大目标控制及合同管理任务的功能。但也有辅助的办公自动化、项目编码管理子系统、文档管理子系统、用户与权限管理子系统等。其结构如图 12.3 所示，一般包括项目信息管理子系统、投资管理子系统、进度管理子系统、质量管理子系统、合同管理子系统、安全管理子系统、办公自动化、项目编码管理子系统、文档管理子系统、用户与权限管理子系统等。工程项目管理信息系统的各功能模块是相互独立的，其间有内在的逻辑联系和数据联系。因此，工程项目管理信息系统是一个集成控制系统。

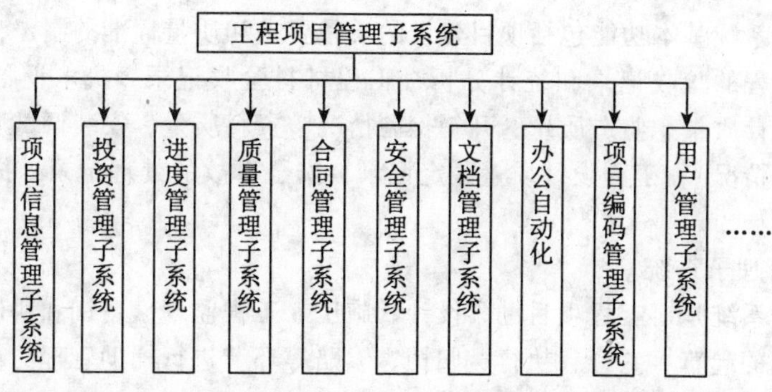

图 12.3　工程项目管理信息系统功能模块示意图

2. 主要模块基本功能

(1) 进度管理子系统

进度管理子系统是通过项目的计划进度和实际进度的不断比较，为进度管理者及时提供工程项目进度控制信息，以有效控制工程项目实施进度的功能模块。

进度管理子系统的基本方法是网络计划编制方法、计划进度与实际进度的比较方法。计划进度和实际进度的比较可通过工作开始时间、工作完成时间、完成率、形象进度的比较实现。

进度管理子系统基本功能包括编制双代号网络计划、单代号搭接网络计划和多平面群体网络计划，工程实际进度的统计分析，实际进度与计划进度的动态比较，工程进度变化趋势预测，计划进度的定期调整，工程进度各类数据的查询，提供针对不同管理平面的工程进度报表，绘制网络图和横道图。

(2) 投资管理子系统

投资管理子系统是通过项目的投资计划和投资实际值的不断比较，为投资管理者及时提供工程概算、预算、标底、投标价、合同价、结算、决算等信息，辅助其控制项目计划投资实现的功能模块。投资计划值与实际值的比较是一个动态的过程，即是将与投资有关的这些费用进行比较，从中发现投资偏差。

投资管理子系统的基本方法是将项目总投资按照投资控制项进行切块，求出项目投资计划值与实际值的偏差以及该偏差在投资计划值中所占的比例，尤其应注重占了 80% 项目总投资额的 20% 的投资控制项。

投资管理子系统基本功能包括投资切块分析，编制项目概算和预算，投资切块与项目概算的对比分析，项目概算与预算的对比分析，合同价与投资切块、概算、预算的对比分析，实际投资与概算、预算、合同价的对比分析，项目投资变化趋势预测，项目结算与预算，合同价的对比分析，项目投资的各类数据查询，提供针对不同管理平面的项目投资控制和管理报表。

(3) 质量管理子系统

质量管理子系统是辅助质量管理员制定项目质量标准和要求，通过项目实际质量与质量标准、要求的对比，及时获得质量信息，以控制工程项目质量的功能模块。

质量管理子系统的基本方法是质量数据的存储、统计和比较。

质量管理子系统基本功能包括项目建设的质量要求和质量标准的制定，分项工程、分部工程和单位工程的验收记录和统计分析，工程材料验收记录，机电设备检验记录（包括机电设备的设计质量、监造质量、开箱检验情况、资料质量、安装调试质量、试运行质量、验收及索赔情况），工程设计质量鉴定记录，安全事故的处理记录，提供工程质量报表。

(4) 合同管理子系统

合同管理子系统是对工程项目勘察设计、施工、工程监理、咨询和科研等工程管理活动所涉及的合同的起草、签订、执行、归档、索赔等环节进行辅助管理的功能模块。

合同管理子系统的基本方法是用于合同文本起草和修改的公文处理和合同信息的统计，通过合同信息的统计可以获得月度、季度、年度的应付款额、合同总数等信息。

合同管理子系统基本功能包括提供和选择标准的合同文本，合同文件、资料的管理，合同执行情况的跟踪和处理过程的管理，涉外合同的外汇折算，经济法规库（国内外经济法规）的查询，提供合同管理报表。

(5) 安全管理子系统

安全管理子系统是辅助安全管理员制定安全预案，并及时获取工程项目安全报表、安全检查等信息，以预防工程项目安全、及时整改安全隐患和处理安全事故的功能模块。

安全管理子系统主要以及时上报安全报表、安全事故、下发安全隐患整改为主。

安全管理子系统包括安全支持信息管理、安全上报、安全日常管理、安全事故处理、安全隐患整改。其中安全支持信息包括安全制度、安全预案和参建单位安全组织信息管理；安全日常管理包括安全出入证的管理、安全检查和安全交底。

(6) 文档管理子系统

文档管理子系统是工程项目管理人员对工程项目实施过程中产生的各类管理和技术文档进行跟踪与控制的信息管理系统管理。

文档管理子系统的核心是对工程项目建造过程中的文档进行日常管理，并将其共享给工程项目参与人员，以便更好地支持工程项目的决策和管理。

文档管理子系统包括文档类型树维护、文档基本信息管理、文档流转管理、文档共享管理、案卷管理、文档归档管理、档案管理、档案报表等功能模块。

12.3.3 工程项目管理信息系统的发展

1. 传统模式下工程项目信息管理存在的问题分析

信息是生产的依据，是决策的基础，是组织要素之间联系的主要内容，是工作过程之间逻辑关系的桥梁。信息管理在工程项目管理过程中的地位和重要性非常显著。在传统工程项目建设管理模式中，层次性极强的纵向组织结构、独立的设计单位和独立的施工单位使生产过程各自分离，工程项目的管理被肢解，没能统一规划、集中管理，其结果是造成大量的人力、财力、物力的严重浪费。

此外，传统模式下的工程项目管理中还存在着严重的信息沟通障碍，主要表现在：多为上下级的纵向命令，缺乏横向沟通；信息传递的路线长，沟通层次多；信息传递过程中由于信息传递手段的落后，信息表现方式单调而造成信息传递内容存在着信息内容缺省、信息内容被歪曲、信息内容过载、信息内容的传递被延误，甚至还造成信息管理和沟通的成本过高。

上述信息沟通障碍问题，不但进一步加剧了已经严重的支离破碎的建筑生产过程，还造成了工程建设过程中的信息孤岛现象及孤立建造状态，严重地破坏了组织的有效性，大大地降低了组织的建造效率，从而造成工程建设过程中的变更、返工、拖延、浪费、争议、索赔甚至诉讼等问题的不断出现，其最终后果导致工程建设成本增加，工期拖延，质量下降，甚至可能会由此造成整个工程项目建设的失败。

2. 未来工程项目管理信息系统的发展趋势

未来工程管理信息系统发展的总方向是专业化、集成化和网络化，同时强调系统的开放性和可用性。

（1）工程管理信息系统中不同子系统之间集成度的提高，不同的工程信息管理子系统通过统一的数据模型和高效的文档管理系统高度的集成和共享，从而提高工程管理信息系统中信息处理的效率。

（2）工程项目管理信息系统开放性的提高，对具体软硬件平台的依赖性降低，系统的可移植性与互操作性不断提高，从而有利于工程项目管理信息系统推广和应用。

（3）工程项目管理信息系统与建筑业其他计算机辅助系统集成度的提高，如投资管理子系统与 CAD 系统的集成，工程项目管理信息系统与物业管理信息系统的集成等。

（4）工程项目管理信息系统可以更加方便地管理地域分布散的多个项目。

（5）工程项目管理信息系统更加注重与通讯功能和计算机网络平台的集成。

（6）工程项目管理信息系统的功能更加趋于专业化，与工程项目管理理论结合更为紧密；同时针对不同的工程任务和管理者，软件功能将更加具有针对性。

（7）工程项目管理信息系统采用更为先进的系统开发方法，提高开发的效率，并积极引导用户的参与，从而更利于用户的使用和学习。

§12.4　项目信息门户

12.4.1　项目信息门户的内涵

1. 项目信息门户的概念

项目信息门户（Project Information Portal，PIP）是在对项目全寿命周期中工程项目各参建方产生的信息和知识进行集中管理的基础上，为项目参建方在互联网平台上提供一个获取个性化项目信息的单一入口，通过单点登录即可访问所需的各种工程信息，从而为项目参建方提供一个高效率信息交流和共同工作的环境，项目信息门户框架结构如图 12.4 所示。项目信息门户强调的是信息的共享和传递，其实质是信息处理系统，但与工程项目管理信息系统存在差别，其核心功能是在互动式的文档管理的基础上，通过互联网促进项目参建方之间的信息交流和促进项目参建方的协同工作，从而达到为工程项目建设增值的目的。

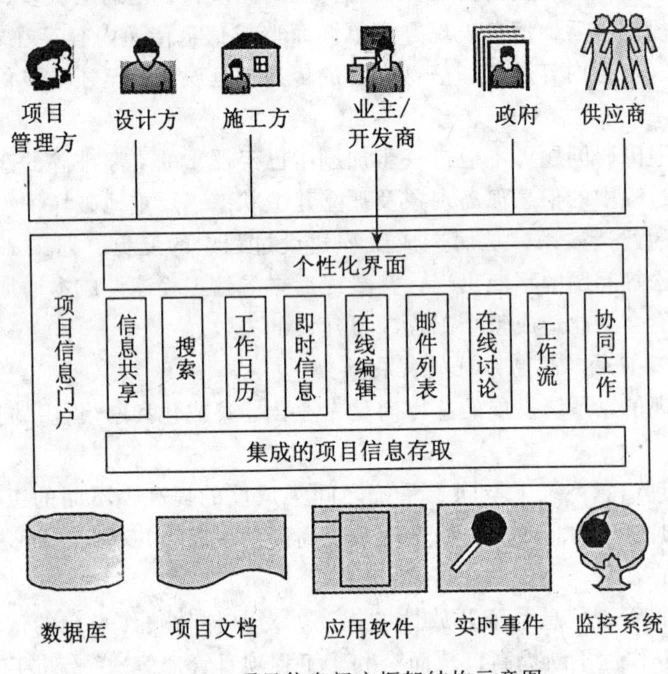

图 12.4　项目信息门户框架结构示意图

"项目全寿命周期"包括项目的决策期、实施期（设计准备阶段、设计阶段、施工阶段）和运行期。

"项目参建方"包括政府主管部门和项目法人的上级部门、金融机构（银行和保险机构以及融资咨询机构等）、业主方、工程管理和工程技术咨询方、设计方、施工方、供货方、设施管理方等。

"信息和知识"包括数字、文字、图像和语音表达的组织类信息、管理类信息、经济类信息、技术类信息及法律和法规类信息。

"提供一个获取个性化项目信息的单一入口"指的是经过用户名和密码认定后而提供的信息门户的入口。

因此，运用项目信息门户能够解决工程项目，尤其是大中型工程项目建设中存在的大量信息交流、协调问题，促进项目的协同工作。

2. 项目信息门户的类型

(1) 按照运行模式分类

项目信息门户按照其运行模式分类，有 PSWS 和 ASP 两种模式。

①PSWS 模式（PSWS——Project Specific Web Site）

即项目专用门户网站，服务于一个项目的业主方内部、业主方和项目各参建方之间信息交流、协同工作和文档管理的专用网站。一般而言，项目的主持单位应购买商品门户的使用许可证，或自行开发门户，并购置供门户网站运行的硬件设施及网址。

②ASP 模式（Application Server Provider）

即公用门户，由 ASP 服务商提供的为众多单位和众多项目服务的共用网站。因此，项目的主持单位和项目的各参建方成为 ASP 服务商的客户，而不需要购买商品门户产品或自主开发门户网站。

（2）按应用项目数量分类

从应用项目数量上分析，可将项目信息门户分为单项目信息门户和项目群信息门户。

①单项目信息门户

单项目信息门户仅仅服务于某一个项目，为一个工程的各参建方的信息交流和共同工作服务，侧重于对一个工程各参建方的内部协同工作。

②项目群信息门户

项目群信息门户是服务于某一工程群体，侧重于工程群体的总体和宏观的管理，包括项目的汇总信息、分布于各区域的项目的汇总信息、单个项目的进度、投资。质量、安全、工程文档等重要信息。

3. 项目信息门户的功能框架

通过集成大量的应用工具，项目信息门户为工程项目的各参建方提供远程环境下的变更与桌面管理、文档管理、工作流管理、项目通信与讨论、网站管理以及电子商务等功能。其功能框架如图 12.5 所示。

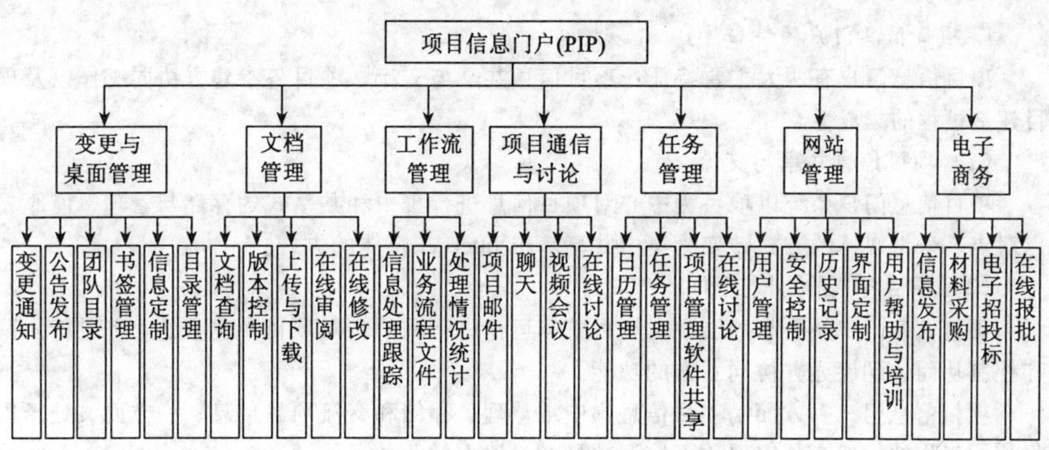

图 12.5　项目信息门户功能框架

（1）桌面管理（Desktop Management）

桌面管理包括变更通知、公告发布、团队目录、书签管理、信息定制、目录管理等相关功能。

（2）文档管理（Documents management）

文档管理包括文档查询、版本控制、文档的上传和下载、在线审阅、文档在线修改，项目参建方可以在其权限范围内通过 Web 界面对中央数据库中的各种格式的文档（包括CAD）直接进行修改。

文档版本控制是指系统自动记录各种文档的不同版本信息以及每一次不同项目参建方对于该文档某一版本的详细访问情况（包括访问者、具体操作、访问时间等）。

(3) 工作流管理（Work flow Management）

工作流管理功能中，主要通过流程定义和建模、流程运行控制以及流程与外部的交互来支持项目的工作流程，最大程度地实现工作流程自动化。工作流管理包括处理跟踪、业务流程文件、处理统计等工作。

(4) 项目通信与讨论（Project Messaging and Collaboration）

项目通信与讨论也称为项目协同工作，包括项目邮件、聊天、视频会议、在线讨论等内容。使用同步和异步手段使工程项目参建方结合一定的工作流程进行协作和沟通。

(5) 任务管理（Task Management）

任务管理包括任务管理、日历管理、项目管理软件共享、在线讨论等。

(6) 网站管理（Website Administration）

网站管理也称为系统管理，包括用户管理、安全控制、历史记录、界面定制、用户帮助与培训等功能。如安全管理建设项目信息门户有严格的数据安全保证措施，用户通过一次登录即可以访问所有规定权限内的信息源。

(7) 电子商务（E-Commerce）

电子商务包括信息发布、材料采购、电子招投标、在线报批等功能。

12.4.2 项目信息门户的特征及意义

1. 项目信息门户的特征

项目信息门户有两大主要特征：项目信息共享与交流、项目各参建方协同工作以及项目建造过程的集成性。

(1) 项目信息共享与交流

项目信息门户系统以项目为中心对项目信息进行集中和共享式的存储与管理，使原先点对点基于纸媒体的方式转变为集中共享基于 Internet 媒体的方式。

(2) 项目各方的协同工作

项目信息门户从更高的层面对项目整体运作进行调节，对项目参建方的业务进行协调和控制从而达到参建方协同工作的功能。

项目信息门户一方面是项目信息集中地整理、存储和交流项目信息；一方面又处于项目协同工作的枢纽，从宏观角度协调项目各参建方的业务运作。

(3) 项目建造过程的集成性

项目信息门户的实施思想来自于工程项目建设过程的集成化思想。由于传统工程建设生产过程的复杂性和专业分工的需要，工程项目的实施过程有很大的分离性，直接表现为工程项目参建方在组织和项目实践阶段上的隔离与分散。从工程项目整体层面和角度来看，这种分离导致了工程项目参建方在项目知识和组织目标上的割裂，造成工程项目参建方在信息沟通和组织协调上的巨大困难，因此而产生的变更、返工、争议和索赔等不确定性因素成为项目运作失败的根源。项目信息门户正是从 IT 技术应用的角度提高建设过程的集成度。

2. 项目信息门户实施的意义

项目信息门户应用，对工程项目中的信息管理带来了极大的好处，主要体现在以下几个方面：

(1)"信息存储数字化和存储相对集中"，有利于项目信息的检索和查询，有利于数据和文件版本的统一，并有利于项目的文档管理；

(2)"信息处理和变换的程序化"，有利于提高数据处理的准确性，并可提高数据处理的效率；

(3)"信息传输的数字化和电子化"，可提高数据传输的抗干扰能力，使数据传输不受地域的限制，并可提高数据传输的保真度和保密性；

(4)"信息获取便捷"、"信息透明度提高"以及"信息流扁平化"，提高了项目信息的准确性、可获取性和可重复性，从而大大提高信息交流的效率和获取所需工程信息的成本，降低了协同工作的复杂程度。

12.4.3 项目信息门户的主要产品

国际上有众多项目信息门户的产品，如：http://www.buzzsaw.com；http://www.pkmserver.cn；http://www.pkmserver.de；http://www.Projecttalk.com 等。其中有些已有中文版,完全可以用中文操作,如 http://www.buzzsaw.com 和 http://www.pkmserver.cn。

国际上还有很多与项目信息门户类似的产品，如：Project Extranets；Project Hub；Project Web Site；Project Portal；Web-Based Project Management；Web-Based Project Communication；Web-Based Project Collaborative 等。

1. Buzzsaw（http://www.buzzsaw.com）

Buzzsaw 平台由 Buzzsaw.com（http://www.buzzsaw.corn）公司开发。后来，Buzzsaw.com 公司与美国计算机辅助设计软件（AutoCAD）巨人 Autodesk 公司合并成为其下属的一个分支部门。Buzzsaw.com 于 1999 年末成立，创始人卡尔·贝什（CarBass）时任 Amodesk 公司的首席技术官（CTO）。

Buzzsaw 平台提供公用门户（ASP）模式服务，以应用业务为核心，出租应用、出售访问服务，进行集中管理，并对不同用户根据合同提供相应服务，为基本建设提供基于互联网的开放性工作平台。

Buzzsaw 的功能主要有文档管理、信息交流、协同工作以及工作流管理四个方面。

2. PKM（http://www.pkm.com）

PKM（Project Kommunikation Management）是德国 Drees & Sommor 公司，基于长期在建筑界和信息技术方面的经验开发的信息门户，是一个应用在大型项目上的项目管理与信息发布的成熟产品。

PKM 为特定用户提供的基于互联网的交流平台，可在项目生命周期内为项目交流提供支持。PKM 平台设有中心服务器，可以确保在任何时间为项目参建方提供关于数据和文件的存储、传送和交流的实时服务。PKM 平台的每位用户依据各自被赋予的权限对相应的文件夹加以操作。只有经过授权的用户才可以登录 PKM 平台，登录权限由平台管理员设定。PKM 的交流管理系统包括讯息空间、工作空间、项目日历、工作流引擎、搜索、控制面板、收件箱、上载等。

3. E-project（http：//www. eproject. com）

E—project 由 E-project 公司开发，可以管理项目的整个生命周期的启动、计划、执行、控制和结束。企业可以根据实际情况实现合理的项目运作，对项目的人、财、物进行适当的分配和管理。其提供的服务主要功能包括协同的项目管理平台、协同的项目运作方式、完整的项目信息管理以及严密的安全控制。

4. Bidcom（http：//www. bidcom. com）

Bidcom 公司通过互联网向大型房地产工程和市政基础设施工程提供在线项目管理服务。通过互联网，为房地产工程和市政基础设施工程提供一个在线协同工作平台，所有的项目参与者只需通过一台可以上网的电脑终端，甚至是无线上网的手机，可以不受时间和地点限制共享整个工程项目的文件、图纸等所有资讯；还向在现场工程项目管理人员提供一整套带摄像头的掌上网络终端，现场人员可通过此终端与发展商的项目管理人员、设计院的建筑师、承包公司的总工程师、以及监理公司的监理人员及时交流现场的技术问题，从而提高项目管理的效率。

5. Cephren（http：//www. cephren. com）

Cephren 为全球建筑行业提供企业与企业之间（Business-to-Business，B2B）在线工作场所，通过以网络为框架联合行业内各企业协同工作。其核心开发理念在于使几十家公司能够在一起进行交流，从设计、施工到管理上的每件事进行合作。

6. Project talk（http：//www. projecttalk. com）

Project talk 是由 Meridian Systems（http：//www. Meridiansystems. com）提供的项目管理、协作和计划的项目信息门户，用以满足建筑设计/施工（Architecture，Engineering and Construction，简称 AEC）行业需求。通过 Project talk，所有的项目团队成员能彼此实时联系，并获取所需的信息、分享设计图纸、施工场地图片、项目进度表、报告等，从而有效地完成多项目的采购管理、成本控制、文档管理、协同工作及现场管理。

7. Build（http：//www. Build-online. com）

Build-online. com 产品致力于帮助各种类型的公司通过更有效的文档管理、自动化的工作流及更迅速地查找和检索公司的信息来管理公司的知识，以提高工作效率。可用于同一个公司的不同部门来管理文件，也可以应用于不同公司的交流及协同工作，从而解决了在不同的部门、公司甚至国家之间如何进行关键文档的版本控制、分发、签收和查账索引的问题，避免了日后产生的各种纠纷及诉讼。且 Build-online 使用户可以迅速开始协作而不需要在硬件、软件或昂贵的设施方面投资。

复习思考题

1. 工程项目管理信息化经历了哪些发展阶段？

2. 工程项目管理软件的应用为什么要进行必要的规划？工程项目管理软件应用的基本步骤包含哪些？

3. 工程项目管理信息系统应如何进行功能定位，至少应包含哪些子体系？

4. 项目信息门户与常见的工程项目管理软件、工程项目信息系统有什么本质的区别？项目信息门户有哪些代表性产品？

5. 结合我国建设工程信息化现状，我国应如何实施项目信息门户？

参 考 文 献

[1] 丁士昭．工程项目管理．北京：中国建筑工业出版社，2006
[2] 成虎．工程项目管理．北京：高等教育出版社，2004
[3] 吴涛，丛培经主编．建设工程项目管理实施手册．北京：中国建筑工业出版社，2002
[4] 任宏，张巍．工程项目管理．北京：高等教育出版社，2005
[5] 丁士昭主编．建设工程项目管理．北京：中国建筑工业出版社，2004
[6] 丛培经主编．工程项目管理．北京：中国建筑工业出版社，2005
[7] 陆惠民，苏振民，王延树主编．工程项目管理，南京：东南大学出版社，2002
[8] 梁世连主编．工程项目管理．北京：中国建材工业出版社，2004
[9] 成虎主编．工程项目管理．北京：中国建筑工业出版社，2001
[10] 全国一级建造师执业资格考试用书编写委员会编写．建设工程项目管理．北京：中国建筑工业出版社，2005
[11] 丛培经编著．建设工程项目管理规范培训讲座．北京：中国建筑工业出版社，2003
[12] 宫立鸣，孙正茂．工程项目管理．北京：化学出版社，2005
[13] 刘伊生．工程项目管理．北京：北方交通大学出版社，2001
[14] 丁士昭．国际工程项目管理模式的探讨——暨对我国重大工程项目管理模式改革和发展的思考．土木工程学报（建设工程与管理分册），2002（1）
[15] Roy Pileher. Principles of Construction Management. Third Edition. McGraw Hill，1992
[16] 乐云．国际新型建筑工程 CM 承发包模式．上海：同济大学出版社，1998
[17] 张金锁主编．工程项目管理学．北京：科学出版社，2002
[18] 丛培经主编．实用工程项目管理手册．北京：中国建筑工业出版社，2004
[19] 仲景冰主编．工程项目管理．北京：北京大学出版社，2007
[20] 祝惠青主编．2005 全国一级建造师执业资格考试．北京：中国电力出版社，2005
[21] 田金信主编．建设项目管理．北京：高等教育出版社，2002
[22] 桑培东主编．建筑工程项目管理．北京：中国电力出版社，2004
[23] 王要武主编．工程项目管理百问．北京：中国建筑工业出版社，2002
[24] 何佰森编著．工程招投标与监理．北京：人民交通出版社，1999
[25] 吴贤国主编．工程项目监理．北京：科学出版社，2007
[26] 应惠清主编．土木工程施工．上海：同济大学出版社，2005
[27] 吴贤国主编．建筑工程概预算．北京：中国建筑工业出版社，2007
[28] 宋伟主编．工程项目管理．北京：科学出版社，2007
[29] 戚振强编著．建设工程项目质量管理．北京：机械工业出版社，2004

[30] 顾慰慈编著．建设项目质量监控．北京：中国建筑工业出版社，2004
[31] 张毅主编．工程建设质量监督．上海：同济大学出版社，2003
[32] 王祖和主编．项目质量管理．北京：机械工业出版社，2004
[33] 李三民主编．建筑工程施工项目质量与安全管理．北京：机械工业出版社，2003
[34] 许元龙译．业主委托的工程项目管理．北京：中国建材工业出版社，2005
[35] 姜华主编．施工项目安全控制．北京：中国建筑工业出版社，2003
[36] 中国建筑学会建筑统筹管理分会编著．工程网络计划技术规程教程．北京：中国建筑工业出版社，2000
[37] 中华人民共和国建设部．建设工程工程量清单计价规范（GB 50500—2003）．北京：中国计划出版社，2003
[38] 联合国工业发展组织编．工业可行性研究编制手册．北京：中国财政经济出版社，1999
[39] 中国工程咨询协会编译．施工合同条件．北京：机械工业出版社，2002
[40] 中国工程咨询协会编译．生产设备和设计—施工合同条件．北京：机械工业出版社，2002
[41] 中国工程咨询协会编译．设计采购施工（EPC）/交钥匙工程合同条件．北京：机械工业出版社，2002
[42] 李惠强．建设工程监理．北京：中国建筑工业出版社，2003
[43] 官振祥等．工程项目质量管理与安全．北京：中国建材出版社，2001
[44] 乐云，崔政．项目实施组织策划的理论与实践．建设监理，2005
[45] 李永奎．项目管理软件应用模式研究．项目管理技术，2003
[46] 任建琳，施裕生．工程建设进度控制．北京：水利电力出版社，1993
[47] 王家远．建设项目风险管理风险．北京：中国水利水电出版社，2004
[48] 雷艺君、钱昆润．实用工程建设监理手册．北京：中国建筑工业出版社，2003
[49] 宋志航．利用面向对象分布计算技术集成建设项目管理信息系统的研究．上海：同济大学博士论文，2002
[50] 蔡中辉．建设工程项目信息管理．北京：中国计划出版社，2007
[51] 刘喆，刘志君．建设工程信息管理．北京：化学出版社，2005
[52] 丁士昭．建设工程信息化导论．北京：中国建筑工业出版社，2005
[53] 卢勇．基于互联网的工程建设远程协作的研究．同济大学博士论文，2003
[54] 彭勇．基于互联网的投资控制与合同管理信息系统的研究．同济大学博士论文，2001
[55] 中国建设监理协会．建设工程进度控制．北京：知识产权出版社，2006
[56] 中国建设监理协会．建设工程质量控制．北京：知识产权出版社，2006
[57] 中国建设监理协会．建设工程投资控制．北京：知识产权出版社，2006
[58] 中国建设监理协会．工程建筑合同管理．北京：知识产权出版社，2006
[59] 中国建设监理协会．建设工程信息管理．北京：知识产权出版社，2006
[60] 中华人民共和国财政部．政府采购管理暂行办法．1999. 4
[61] 中华人民共和国发展计划委员会等 7 部委，工程建设项目施工招投标办法

[62] 中华人民共和国国家标准．网络计划技术常用术语（GB/T13400.1—92）．北京：中国标准出版社，1992

[63] 中华人民共和国国家标准．网络计划技术网络图画法的一般规定（GB，/T 13400.2—92）．北京：中国标准出版社，1992

[64] 中华人民共和国国家标准．网络计划技术在项目计划管理中应用的一般程序（GB，/T 13400.3—92）．北京：中国标准出版社，1992

[65] 中华人民共和国行业标准．工程网络计划技术规程（JGJ/T 121—99）．北京：中国建筑工业出版社，1999

[66] 中华人民共和国建设部．关于培育发展工程总承包和工程项目管理企业的指导意见（建市［2003］30 号）

[67] 中华人民共和国建设部政策法规司编．建设法律法规（2004 年版）．北京：中国建筑工业出版社，2004

[68] 建设工程项目管理规范（GB/T50326-2000）．北京：中国计划出版社，2000